Spanish Reader Series

Contemporary Latin American Literature

Spanish Reader Series

Contemporary Latin American Literature

Original Selections from the Literary Giants for Intermediate and Advanced Students

Gladys M. Varona-Lacey

New York Chicago San Francisco Lisbon London Madrid Mexico City
Milan New Delhi San Juan Seoul Singapore Sydney Toronto

Library of Congress Cataloging-in-Publication Data

Contemporary Latin American literature : original selections from the literary giants for
   intermediate and advanced students / [compiled by] Gladys M. Varona-Lacey.
        p.   cm. — (Spanish reader series)
        Includes bibliographical references and index.
        Contents: Mariano Azuela—Horacio Quiroga—Gabriela Mistral—César Vallejo—Jorge Luis
   Borges—Miguel Ángel Asturias—Nicolás Guillén—Alejo Carpentier—Pablo Neruda—José María
   Arguedas—Juan Rulfo—Julio Cortázar—Octavio Paz—Emilio Carballido—Gabriel García
   Márquez—Mario Vargas Llosa—Carlos Fuentes—Elena Poniatowska—Isabel Allende—Rosario
   Ferré.
        ISBN 0-658-01506-0
        1. Spanish language—Readers—Spanish American literature.   2. Spanish American
   literature—20th century.   I. Varona-Lacey, Gladys.   II. Series.

   PC4117.C582   2001
   468.6′421—dc21   2001030432

           13 14 15 16 17 18 19 20 21 22 23 24 25 26 27 28   QFR/QFR   1 5 4 3 2

ISBN 978-0-658-01506-9
MHID   0-658-01506-0

Cover design by Jennifer Locke
Cover illustration copyright © The Bus/Frida Kahlo

Literary credits can be found in the Acknowledgments on page 289, which is to be considered
an extension of this copyright page.

McGraw-Hill books are available at special quantity discounts to use as premiums and sales
promotions or for use in corporate training programs. To contact a representative, please visit
the Contact Us pages at www.mhprofessional.com.

This book is printed on acid-free paper.

para Kevin . . .

Contents

Preface

The authors in *Contemporary Latin American Literature* are twentieth-century writers, including those of the "post-Boom," who have helped shape Spanish American literature. Their influences are still with us as we commence the twenty-first century. While a number of writers included in the anthology are no longer living, many are at the zenith of their literary craft. The selections presented in this anthology are meant to be representational and not exhaustive. Many distinguished authors were omitted due to space limitations. I apologize to these authors for the exclusion. I hope that the reader will seek them out.

The introduction, "Latin American Literature: An Overview," provides the reader with sufficient background to understand the development of Latin American literature through the centuries. Not all authors mentioned in the introduction are included in the anthology. The authors and selections that are included are presented in chronological order. Major literary influences and movements are referenced within the context of each writer. Readers will find that more than one literary selection has been provided for almost every author in the anthology. A variety of each writer's work ensures not only more complete representation but also diversity of reading options. The book includes a total of twenty authors and fifty-five literary selections encompassing short stories, chapters taken from novels, poetry, a play, and an essay. All the works are presented in their original form and are generously foot glossed to facilitate reading comprehension. The glosses provide readers with English definitions of difficult Spanish words, and with explanations of historical accounts, political events, places, mythical allusions, and literary references. Readers using this anthology should be able to pay more attention to both the content and style of the literary selection, rather than spend time looking up words or names in a dictionary or a reference book.

A concise biographical note introduces each author. This brief introduction allows readers to dedicate most of their time to reading the selections. To further facilitate readers' comprehension, several sections have been prepared for every literary work. Immediately preceding each piece is a section entitled *Al leer considere lo siguiente*. This short paragraph includes reading guidelines and a very brief synopsis of the text to be read. Following each selection is *Después de leer*, a list of several questions that address not only plot and characters but also mood and narrative style. At the conclusion of each author's last selection, readers will find *Algunos estudios de interés*, a bibliographical listing intended for those who want more insight into a particular author or work.

Readers who wish to broaden their knowledge of Latin American literature may find useful the general bibliography included at the end of the book.

Many people helped bring to completion *Contemporary Latin American Literature*. I want to express my gratitude to Professor Gustavo Alfaro, Tufts University; Professor Miguel Gil, Wells College; Professor Blas Puente-Baldoceda, Northern Kentucky University; Professor Carlos Figueras, University of Illinois at Chicago; and Ms. Edna Staffieri of North Central High School (Indianapolis) for their insightful suggestions and critical comments. Thanks also to Professor James Maharg, University of Illinois at Chicago, who read the first sample chapters. I also want to thank my colleagues at Ithaca College: Jane Kaplan, Colleen Kattau, Sabatino Maglione, Richard Rainville, and Bernardo Torres. I am grateful to Professor Marta Paley Francescato, at George Mason University, and Professor Eladio Cortés, at Rutgers University, for providing me with information to locate several of the authors who appear in the anthology. For similar assistance, I am indebted to Ms. Frances Barraclough, English translator of José María Arguedas's *Los ríos profundos*. I also wish to thank Dr. Howard Erlich, Ithaca College's dean of humanities and sciences, for releasing me from some of my teaching obligations as this book entered its final stages. Carolina Cifuentes, Guadalupe López, and Norman Duarte all deserve a word of thanks for their editorial work and proofreading. Special appreciation goes to Elizabeth Millán and to Christopher Brown of McGraw-Hill for giving me their confidence, support, guidance, commitment, and friendship for the duration of the project. To the many students I have had throughout the years in introductory literature classes, I owe an acknowledgment. This anthology is the result of their many suggestions on how to make their reading assignments more accessible. I am also indebted to my husband, Professor R. Kevin Lacey, Binghamton University, for his many useful suggestions. For their patience and understanding, I thank my daughters Alina and Alexa. The last person to whom I would like to express my gratitude is my father, Professor Emeritus Alberto J. Varona, the first person to introduce me to the extraordinarily rich literature produced in Spanish America.

Latin American Literature: An Overview

Exploration, Conquest, and Colonial Periods

The first works written in Spanish and describing what was once known generically as "America" resulted from the encounter between Europeans and the indigenous populations of the Western Hemisphere. These diverse cultures met at a time when Europe was entering the Renaissance[1] period and leaving behind the mind-set that dominated the Middle Ages.[2] The earliest Spanish-language documents written about the newfound lands convey this transition. They are imbued with a medieval perception of a world where imaginary beings and fantastic places abound, although also quite apparent is the manifestation of individualism, a salient characteristic of the Renaissance.

Navigators, explorers, conquerors, and priests were the first to write about what eventually would be termed Spanish America. These men wrote to inform the Spanish crown of the wealth they had found and the potential of future explorations in the area. They also wrote to justify their own deeds and achievements, and, in some rare cases, to take up the cause of the indigenous populations. Religion, too, was to play an important role in their writings.

Christopher Columbus (1451–1506) in his *Diaries* was the first to depict to European audiences the inhabitants, flora, and fauna of the newfound lands. His descriptions are an obvious intertwining of fantasy—much influenced by the writings of Marco Polo—and reality. At the same time one cannot help but notice the enrichment of the Spanish language through the borrowing of indigenous vocabulary and the many new themes that the American continent provided. The writings of Hernán Cortés (1485–1547) are largely self-serving. His *Cartas de relación* (1519, 1520, 1522, 1524, 1526), letters written to the Spanish monarch Charles V, deal with the conquest of Mexico and give detailed descriptions of Tenochtitlán, the majestic capital of the Aztec empire. Years later, Bernal Díaz del Castillo (1495–1584), a foot-soldier who participated alongside Cortés in the military

---

[1] The Renaissance refers to a transitional European cultural and historical movement that took place after the Middle Ages. It began in Italy in the fourteenth century and soon spread throughout much of Europe. It lasted until the seventeenth century. The Renaissance was marked by a shift in human perspective; humankind, rather than God, became the center of human interest. There was a renewed commitment to learning, literature, and the other arts. The movement reached American soil in the seventeenth century.

[2] The Middle Ages in European history are usually dated from the fall of the Roman Empire (A.D. 476) to the rise of the Renaissance. During this period Europe was greatly influenced by the ideology and mission of the Roman Catholic Church.

campaigns, would correct Cortés's *Cartas de relación* and chastise him (not to mention other chroniclers, such as López de Gómara) for not providing accurate information on the exploits of the conquering Spanish warlords. In his *Verdadera historia de la conquista de la nueva España* (published in 1632), Díaz del Castillo reconstructs from memory his version of the conquest of Mexico and takes pains to give a vivid account of the Aztec people. In doing so he not only shifts some of the focus to the conquered and to the average soldiers who participated in the conquest, but he also dims the light that Cortés had placed upon himself in *Cartas de relación*. Díaz del Castillo also heightens the role of Malinche,[3] whose knowledge of Spanish as well as of several indigenous languages facilitated Cortés's triumphs. Fray Bartolomé de las Casas (1484-1566), the first ordained priest of the New World, was to become the conscience of those Spaniards troubled by the moral implications of the conquests. In *Brevísima relación de la destrucción de la indias* (1552) he wrote in defense of the indigenous populations of Spanish America and deplored their exploitation. He advocated the Christianizing of the indigenous people and in an international forum he debated the legitimacy of the conquests with the legal expert Juan Ginés de Sepúlveda (1490?-1573).

The Spanish nobleman-soldier Alonso de Ercilla, a product of the Renaissance and a participant in the wars against the *arauco* people of Chile, immortalized the Spanish military conquests as well as the bravery of the *araucos* in *La araucana* (1569, 1578, and 1589), considered by many scholars to be one of the more memorable epic poems in the Spanish language. The wars against the *araucanos* were also depicted in the Chilean Pedro de Oña's (1570?-?1643) epic *El arauco domado* (1596). Other notable epic poems inspired by Spanish American subjects include *Púren indómito*[4] by Diego Arias de Saavedra (1558?-?); *Argentina y la conquista del Río de la Plata . . .* (1602) by Martín del Barco Centenera (1535-1606); *Elegías de varones ilustres de las Indias* (1589) by Juan de Castellanos (1522-1607); and *Espejo de paciencia* (1608) by Silvestre de Balboa (1564-1634).

It is important to note that the Conquest and the Colonial periods of Latin America have been described in writing not only from the Spanish perspective but also from the point of view of the indigenous populations. Aztec poets voiced the pain and suffering of the conquered. The Peruvian Felipe Guamán Poma de Ayala (1526?-1613) in *Nueva crónica y buen gobierno* related to King Philip II of Spain, through drawings of eyewitness accounts and in the language of the conquerors, the atrocities committed against his people by the civil and ecclesiastical representatives of the Spanish crown. In *Nueva crónica y buen gobierno*, Poma de Ayala advocated the restitution of indigenous lands and the return of traditional Andean governance. His countryman, the Inca Garcilaso de la Vega (1539-1616),

---

[3] An indigenous woman who was given to Cortés by the Tabasco people as a sign of friendship. Mexicans consider Malinche, who bore Cortés a son, a traitor. Today in Mexico the term *malinchista* refers to an individual who readily sells his or her country to foreign interests.

[4] *Púren indómito* was unpublished for two and a half centuries. Its first publication was in 1862. The authorship of *Púren indómito* was originally attributed to Fernando Álvarez de Toledo (1550-1633). (Álvarez de Toledo should not be confused with the third Duke of Alba of the same name.)

son of a Spanish nobleman and an Inca princess, chronicled the explorations and conquests of Gonzalo Silvestre and Fernando de Soto in *La Florida del inca* (1605). His *Comentarios reales de los Incas* (1609, 1616-1617) were written with the intent to preserve the history and customs of his people and to rectify inaccuracies of previous chroniclers. His prose, unlike that of Guamán Poma de Ayala, reflects the Renaissance literary tradition.[5] The Inca Garcilaso de la Vega's *Comentarios reales de los Incas* and his translations of León Hebreo's *Dialoghi d'Amore* are considered fine examples of Spanish Golden Age[6] prose.

Among writers born and/or raised in Colonial Spanish America, one finds the remarkable Mexican nun Sor Juana Inés de la Cruz (1648-1695). Throughout her life Sor Juana demonstrated great intelligence and inquisitiveness. She championed the intellectual equality of woman at a time when such equality was unthinkable. Her vast literary production—poetry, essays, and plays—exemplifies Baroque[7] literature in Spanish America. Notable contemporaries of Sor Juana are Bernardo de Balbuena (1562?-1627), whose *Grandeza mexicana* describes the splendor of old Mexico City, and the Peruvian Juan del Valle Caviedes (1646?-?1698), author of *Dientes del Parnaso* (1698), a collection of satirical poems that reflect different characters and traits of the inhabitants of seventeenth-century Lima. *Dientes del Parnaso* is reminiscent of the satirical poetry written by the Spanish Baroque poet Francisco de Quevedo (1580-1645). This explains the frequent reference to him as "el quevedo peruano" [the Peruvian Quevedo].

Much of the literature produced in Spanish America during the eighteenth and early nineteenth centuries addresses the nature of colonial life and/or the issue of independence from Spain. Among the most prominent voices from this epoch was that of the Ecuadorean Francisco Eugenio de Santa Cruz y Espejos (1749-1795). His *Nuevo Luciano o despertador de ingenios* (1765) questions Spanish governance and advocates independence. *El lazarillo de ciegos caminantes*[8] (1775), believed to have been coauthored by the Inca Concolocorvo and the Spaniard Alonso Carrió de la Vandera (1715-?1783), depicts colonial life from Buenos Aires to Lima as observed by the authors in their frequent travels.

P o l i t i c a l   a n d   C u l t u r a l   I n d e p e n d e n c e

Most Spanish American colonies obtained their independence from Spain between 1810 and 1830. (The two most notable exceptions are Cuba and Puerto Rico.) Unlike the United States after its independence from Great Britain, the newly established Spanish American nations were faced with immediate political

---

[5] Renaissance literature was imbued with a renewed interest in the Greek and Roman classics and a reliance on human reason as opposed to blind faith.

[6] Spanish Golden Age (sixteenth and seventeenth centuries) refers to the period during which Spain not only became a world power but also saw an intense flourishing of literature, art and architecture, and philosophy.

[7] Baroque refers to a post-Renaissance literature (seventeenth century) characterized by an elaborate and ornate style of writing.

[8] Authorship of this work is still debated today.

instability caused by many civil wars, autocratic tyrants, fierce border disputes, and enormous economic imbalances. Conservatives and liberals formed rigid opposing camps, from which they openly and vehemently fought their ideological battles.

European Neoclassicism[9] dominated the literary works written shortly after the wars of independence, while Romanticism[10] would prevail as a literary style for most of the remainder of the nineteenth century. The Neoclassic manifestations, whether in prose or poetry, would be governed by the intent to teach and by pride for that which is quintessentially American. José Joaquín Fernández de Lizardi's (Mexico, 1776–1827) Neoclassical novels *El Periquillo Sarniento* (1816) and *La Quijotita y su prima* (1818) emphasize the importance of hard work and education. The picaresque[11] *El Periquillo Sarniento* is considered to be Spanish America's first novel. Examples of Neoclassic poetry can be found in Andrés Bello's (Venezuela, 1781–1810) *Silvas americanas*[12] (1826), in José Joaquín de Olmedo's (Ecuador, 1780–1847) *"Oda a la victoria de Junín: canto a Bolívar,"* and in José María Heredia's (Cuba, 1803–1839) *"En el teocalli de Cholula"* (1820). Some poets introduced colloquialisms in their poems to better portray all segments of society. Juan Guadalberto Godoy (1793–1864) in Argentina and Bartolomé Hidalgo (1788–1822) in Uruguay gave rise to the movement that became known as *poesía gauchesca*.[13]

Romanticism in Spanish America had two phases. The first, which lasted until around 1860, was dominated by the concern for political themes; the second lasted until approximately 1880 and was greatly influenced by Positivism[14] and Realism.[15] In either case, Spanish American romantics looked first and foremost to their own nations and continent as sources of inspiration. They described the

---

[9] Neoclassicism is defined by clarity of expression and order. Neoclassic writers believed that literature should both instruct and delight. Neoclassicism flourished from the mid-seventeenth century to the end of the eighteenth century.

[10] A nineteenth-century movement that emphasized emotion over intellect, the individual over society, intuition over logic, and the wild and natural over the tamed.

[11] Picaresque novels realistically recount in the first person the adventures of low-class rascals who live by their wits rather than by honest hard work. Picaresque novels are episodic in structure.

[12] The best-known *Silvas* are *"La alocución a la poesía"* and *"Silva a la agricultura de la zona tórrida."*

[13] *Gauchesca* literature refers to literature—poetry or prose—that describes the *gaucho* of the South American pampas. The *gaucho* is similar to the cowboy of the United States of America.

[14] Positivism had its origin in the writings of the eighteenth-century English philosophers George Berkeley and David Hume. Its strongest proponent was the nineteenth-century Frenchman Auguste Comte, who coined the system's name. Positivists emphasized facts and the description of observable phenomena. They developed empirical investigation based on the findings of physical scientists, and they argued that the pursuit of knowledge ought to be concerned with humanity and its condition rather than with metaphysical issues.

[15] Realism was a literary movement that developed in the latter half of the nineteenth century. It was a reaction to Romanticism. Realism opposed Romanticism by placing great emphasis on the objective representation of details and events. Realist writers rely heavily on local color in an attempt to portray the customs, speech, and living conditions of people in a chosen region.

inhabitants—indigenous people, slaves, peasants, and *gauchos*—as well as the flora and fauna. Literary sketches or *cuadro de costumbres* became popular as vehicles for describing local characters and/or historical events.[16] Nationalism and political freedom were popular themes. At the same time linguistic regionalism became more prevalent.

It was the Argentine poet Esteban Echeverría (1805-1851) who introduced Romanticism to his country. His short story *"El matadero,"* a critique of the government of Juan Manuel Rosas,[17] assured Echeverría a solid place among Spanish America's great literary figures. Domingo Faustino Sarmiento (1811-1888), who became president of Argentina, also attacked Rosas in *Facundo*, a biographical account of the *caudillo* Facundo Quiroga. In defining Argentinian culture and politics, *Facundo* portrayed the *gaucho* as representative of the *barbarie* [barbarism] that, according to Sarmiento, had to be eradicated before Argentina could become a truly civilized country. Another Argentinian, José Mármol (1818-1871), who, like Echeverría, wrote verse, obtained special literary renown with *Amalia* (1851), yet another novel that lays bare the horrors of Rosas's dictatorship.

The romantic novel thrived beyond the borders of Argentina. In Colombia, for example, Jorge Issacs (1837-1895) authored the sentimental and melodramatic *María* (1867), perhaps the most famous Romantic Spanish American novel. In other countries there was a flourishing of *indianista*[18] and abolitionist literatures. Representatives of the indigenous population became protagonists in the works of the Ecuadorean Juan León Mera (1832-1894), author of the novel *Cumandá* (1879), and in the writings of the Peruvian Clorinda Matto de Turner (1854-1909), author of the novel *Aves sin nido* (1889). Indigenous themes were also present in the novel *Enriquillo* (1882) by Manuel de Jesús Galván (1834-1910), a Dominican writer who borrowed extensively from Bartolomé de las Casas's *Historia de las Indias*. Abolitionist themes appeared in countries where African slavery had been an institution. In Cuba, for example, Gertrudis Gómez de Avellaneda (1814-1873), Anselmo Suárez y Romero (1818-1878), and Cirilo Villaverde (1812-1894) wrote the abolitionist novels *Sab* (1841), *Francisco* (1835), and *Cecilia Valdés* (1839 and 1882), respectively.[19]

Among Latin American Romantic poets, the names of Joaquín de Olmedo, Gabriel de la Concepción Valdés (Cuba, 1809-1844), Mariano Melgar (Peru, 1790-1815), José Eusebio Caro (Colombia, 1887-1953), José María Heredia

---

[16] One of the finer examples of the genre is Ricardo Palma's (Peru, 1833-1919) *Tradiciones peruanas*. Palma gives the reader short accounts of colonial Peru that mix historical events and fiction. *Tradiciones* also provides anecdotal accounts of the source of popular sayings and beliefs.

[17] Juan Manuel Rosas (1793-1877) was an Argentinian politician who became governor of the province of Buenos Aires and leader of the Federal party.

[18] *Indianista* literature was influenced by the concept of the "noble savage." *Indianista* literature tended to idealize the indigenous people.

[19] *Francisco* and *Cecilia Valdés* were written before *Sab* but published after the publication of Avellaneda's novel. *Sab* was printed ten years prior to Harriet Beecher Stowe's *Uncle Tom's Cabin*.

(Cuba, 1814–1905), Andrés Bello (Chile, 1791–1865), Gertrudis Gómez de
Avellaneda, and Juan Zorrilla de San Martín (Uruguay, 1855–1931) would readily
come to the mind of any anthologizer. The Argentines Hilario Ascabusi
(1807–1875), José Hernández (1834–1886), and Estanislao del Campo
(1834–1880) are noteworthy *gauchesco* poets who continued the literary tradition
started by Juan Guadalberto Godoy. *Gauchos* were also protagonists in Ascabusi's
Santos Vega, payador (1872), in Hernández's *Martín Fierro* (Part I, 1872; Part II,
1879), and in Campo's *Fausto* (1870).

Romantic writers used essays as well as novels to attack dictatorships, lack of
political freedom, and the social ills of Latin American countries. Andrés Bello
(Venezuela, 1781–1865) and Sarmiento wrote essays on the importance of
educational reform and on Spain's and the United States' complex relationship
with their former colonies and southern neighbors. José María de Hostos (Puerto
Rico, 1839–1903) took up the same topics, as did Juan Montalvo (Ecuador,
1832–1889), who penned intense attacks against the dictatorship of Gabriel
García Moreno (1821–1875).

Modernismo,[20] the first truly home-grown literary movement, was inspired by the
creeds of the French Parnassian and Symbolist schools.[21] *Modernismo* flourished
between 1880 and 1910 and was marked by the use of excessive embellishment in
the service of "art for art's sake." *Modernista* poetry and prose would pay great
attention to verbal elegance, detailed description of beauty, and perfection of
literary form. The works of *modernistas* would be laden with sensual allusions, with
longing for exotic lands or mythological places, with references to historical events,
and with luxurious and elegant settings. Experiments with rhythm and new metrical
forms produced euphonious writings in both prose and poetry. Chromatism[22] was
also incorporated. With few exceptions, attention shifted away from the political
themes and the overwrought sentimentality of the Romantic period. Many
modernistas tried to break with their immediate past and forge a completely new
cultural and literary identity for Spanish America. The Cubans José Martí
(1853–1895) and Julián del Casal (1863–1893), the Colombian José Asunción
Silva (1865–1896), and the Mexican Manuel Gutiérrez Nájera (1859–1895) all gave
rise to the movement. Their poetry and prose, like that of many other first-
generation *modernistas*, not only freed itself from the influences of Romanticism and
Realism but also had strong anti-Spanish feelings. The Nicaraguan poet Rubén
Darío (1867–1916) took *modernismo* to its maximum expression. With the
publication of *Azul* (1888), a collection of poems and short stories, he set the
guidelines that would be followed in *modernista* prose as well as poetry; in the
process he revolutionizied Latin American literary language. In Darío's first literary

---

[20] *Modernismo* is considered to be not only a literary movement but also a cultural movement.

[21] *Modernismo* was also greatly influenced by the works of Edgar Allan Poe. Most Latin American writers who read Poe did so via French translations.

[22] Chromatism refers to extensive use of colors in descriptions.

period Spanish America is conspicuously absent in his writings (for which, incidentally, he was strongly criticized by his peers and reading audience). Latin America became a theme in his work only after the debacle of 1898,[23] when Latin American intellectuals realized the extent of the involvement of the United States beyond its own borders. One of these intellectuals was the Argentine José Enrique Rodó (1872–1917), author of the essay *Ariel* (1900).[24] Second-generation *modernistas* include Leopoldo Lugones (Argentina, 1874–1938), Julio Herrera y Reissig (Uruguay, 1875–1910), and Santos Chocanos (Peru, 1875–1934).

The Twentieth Century

The first major political event of Spanish America in the twentieth century was the Mexican Revolution (1910), the repercussions of which were felt throughout the Western Hemisphere. The revolution was meant to produce social, political, and economic reforms in Mexico. However, it also brought about a revolution in art[25] and literature. The often-ignored indigenous populations and the downtrodden in general would now take center stage in murals and literary works. The primary example of what became known as *novela de la revolución mexicana* was *Los de abajo* (1915) by Mariano Azuela (1873–1952). This novel illustrates Azuela's disillusionment with the revolution as he presents the roles that Mexican peasants and military leaders had in the process. Other novels that had the Mexican Revolution as backdrop were Martín Luis Guzman's (1887–1976) *El águila y la serpiente* (1928); José Rubén Romero's (1890–1952) *Apuntes para un lugareño* (1932); Agustín Yánez's (1904–1980) *Al filo del agua* (1947); Nellie Campobello's (1909–) collection of short stories entitled *Cartucho* (1931); Juan Rulfo's (1918–1986) novel *Pedro Páramo* and his short stories published under the title *El llano en llamas* (1953); and Carlos Fuentes's *La muerte de Artemio Cruz* (1962) and *Gringo viejo* (1986).

Political and social realism[26] played an important role in Latin American literature throughout the twentieth century. The Nobel laureate Miguel Ángel Asturias (1899–1974) gave rise to the "dictator novel" with *El señor Presidente* (1946). In this work Asturias depicts a Central American tyrant not unlike the real-

---

[23] The Spanish-American War of 1898 marked the end of Spain's empire in Latin America. The Latin American nations now politically free from Spain sought also to achieve cultural liberation. The United States, for a while considered to be a model to the Latin American republics, was quickly perceived as an entity that could be as harmful as it was helpful, especially after its role in the Spanish-American War.

[24] Prior to 1898, José Martí in "Nuestra América" (1881) forewarned the Spanish American republics of the full nature of their evolving relationship with the United States.

[25] Mexican murals are perhaps the most original expression of Latin American art in the twentieth century. Muralists such as Diego Rivera (1886–1957), David Alfaro Siqueiros (1896–1974), and José Clemente Orozco (1883–1949) depicted images of the Mexican indigenous populations as well as tragic events from Mexico's history.

[26] Social realism depicts reality through characters, settings, and events in accordance with the setting.

life Guatemalan Manuel Estrada (1865–1947). The Cuban writer Alejo Carpentier, in his political novel *El reino de este mundo* (1949), documents Haiti's struggle for independence from France and life in Haiti under Henri Christophe.[27] In his *El recurso del método* (1974), Carpentier's protagonist is also a Francophile tyrant from the Caribbean. Finally, the themes of dictatorship and tyranny permeate Roa Bastos's *Yo el supremo* (1974)[28] and Gabriel García Márquez's *El otoño del patriarca* (1975).

Many early twentieth-century Spanish American novels were written under the influence of Realism. Among them are José Eustacio Rivera's (Colombia, 1889–1928) *La vorágine* (1924), which describes the abuses of the rubber industry barons; Ricardo Güiraldes's (Argentina, 1886–1927) *Don Segundo Sombra*, which gives a vivid portrayal of the *gaucho*; and Rómulo Gallego's (Venezuela, 1884–1969) *Doña Bárbara* (1929), which depicts the conflict between civilization and barbarism in the context of Latin America. In the Andean region *indigenismo*[29] became prevalent. Jorge Icaza's (Ecuador, 1906–1978) *Huasipungo* (1934) portrays the plundering of indigenous lands, while Ciro Alegrías's (Peru, 1909–1967) *El mundo es ancho y ajeno* (1941) conveys the tragedy of an indigenous community displaced from their land. The indigenous and the *mestizo*[30] populations are also protagonists in the narrative of Peruvian José María Arguedas (1911–1969), author of *Los ríos profundos* (1958). Arguedas's fiction presents a new dimension of the Andean world. His characters not only confront social injustices but also convey the Andean animistic perception of the world that previously had been absent in *indigenista* literature.

When speaking of twentieth-century Latin American fiction one cannot fail to mention the Uruguayan Horacio Quiroga (1879–1937), considered by many critics to have set the stage for Latin American fiction in its fullest form. For example, it can be argued that Quiroga with *Cuentos de amor, de locura y de muerte* (1917) inaugurated what we understand today as the modern Latin American short story.[31] Nonetheless, arguably the most influential Latin American fiction writer of the mid- to late twentieth century was the Argentine Jorge Luis Borges. In *Ficciones* (1944) and in *El aleph* (1949) Borges invited the reader to participate in an elaborate philosophical game in which time acquires a different dimension and characters fail to decipher the universe that they must live in. This type of writing soon became the vogue among other late-twentieth-century Latin American

---

[27] Henri Christophe (1767–1820) was a freed slave who aided Toussaint L'Overture in the liberation of Haiti. He was also an army chief under Dessalines (1758–1806), who declared himself governor for life in 1804. Christophe took part in the plot against Dessalines's life and was elected president of the Haitian Republic in 1806. In 1811 Christophe declared himself King Henri I and proceeded to create an autocracy patterned after the absolute monarchs of Europe.

[28] Roa Bastos delves into Doctor Francia's dictatorship in Uruguay.

[29] *Indigenismo* refers to a body of literature that criticized not only the idealized portrayals of indigenous people but also the exploitation and the injustices that they suffered. *Indigenismo* falls within the confines of Realism.

[30] *Mestizo* refers to a person of European and indigenous (American) ancestry.

[31] Horacio Quiroga was greatly influenced by the writings of Edgar Allan Poe.

authors (if not among authors in other parts of the world as well; Borges's influence was worldwide). As a result, the Cuban Alejo Carpentier was among the first to propose the phenomenon of *lo real maravilloso* [magical realism] with regard to Latin America. In the prologue to *El reino de este mundo* (1949), Carpentier distinguishes Latin American from European realities and emphasizes the ways in which events that appear scarcely imaginable to European minds are for Latin Americans quite commonplace. Like Borges's fiction, Carpentier's novels are also highly intellectual and cosmopolitan. History, music, politics, and architecture have a central role in his writings. Miguel Ángel Asturias, the first Latin American novelist to win a Nobel Prize for literature (1967), is usually associated with magical realism. He broke significant literary ground with his *Leyendas de Guatemala* (1930). Surrealism[32] and Mayan[33] myths played an important role in this and other examples of Asturias's prose. His best-known works are *El señor Presidente* (1946) and *Hombres de maíz* (1949).

Two poetic movements at the beginning of the twentieth century were *posmodernismo* (postmodernism) and *vanguardismo*[34] (vanguard). Postmodernist poets paid greater attention to sincere emotion as opposed to elaborate and over-worked verbal expression. Some early postmodernist topics recall themes and techniques endorsed by the Romantics. Writers rejected *modernismo*'s aesthetic as too autocratic. Simplicity was of utmost importance. José María Egurén (Peru, 1874–1942), Luis Lloréns (Puerto Rico, 1874–1944), Carlos Pezoa Véliz (Chile, 1879–1944), Porfirio Jacob (Colombia, 1880–1942), María Eugenia Vaz Ferreira (Uruguay, 1880–1925), Baldomero Fernández Moreno (Argentina, 1886–1921), Ramón López Velarde (Mexico, 1888–1921), Andrés Eloy Blanco (Venezuela, 1897–1955), Dulce María Loynaz (Cuba, 1903–1997), Juana de Ibarbourou (Uruguay, 1895–1979), Alfonsina Storni (Argentina, 1892–1938), Gabriela Mistral (Chile, 1889–1957), and Delmira Agustini (Uruguay, 1866–1914) are representative postmodernist Latin American poets. Especially remarkable in post-modernist poetry is the strong female voice echoing tenderness, maternal sentiment, concern for the poor and the disenfranchised, abandonment, and—last but not least—unbridled female sexuality. The first Nobel Prize in literature (1945)

---

[32] Surrealism refers to a literary and artistic movement that attempted to express the irra-tional, the unconscious, and the creative process of the imagination. Surrealists hoped to transcend reality and to enter the sphere of the "super-real."

[33] Of unknown origin, Mayans settled in Mexico's Yucatan Peninsula, in Guatemala, and in parts of Honduras and El Salvador. Mayan civilization is remarkable for its artistic and archi-tectural manifestations, its knowledge of astronomy and mathematics, and its writing. Mayans inhabited the above-mentioned regions of Central America from around 1500 B.C. to A.D. 300.

[34] *Vanguardismo* is a literary movement that originated in Europe after the end of World War I. It reflected the poets' break away from traditional poetry, allowing the artist absolute free-dom of expression.

awarded to a Latin American was given to the postmodernist Chilean poet Gabriela Mistral.

Postmodernism in Latin America opened the way to *vanguardismo*.[35] *Creacionismo*[36] [Creationism] and *ultraísmo*[37] [Ultraism] were the two most influential movements of Latin American poetry at the beginning of the twentieth century. The foremost example of *creacionismo* is the work of the Chilean poet Vicente Huidobro (1839–1948). In fact, his poem *"Arte poética"* summarizes the principles of the movement. Jorge Luis Borges's poetry might be considered a more prominent example of *ultraísmo*. Many of the *vanguardista* poets either witnessed the Spanish Civil War (1936–1939) or were influenced by Spanish poets who experienced the war firsthand and later migrated to Latin America.[38] Among them was César Vallejo (Peru, 1892–1938), whose *Los heraldos negros* (1915), a collection of poems dealing with the themes of human suffering and alienation, and *Trilce* (1922), a collection of poems that abandons all traditional poetic forms, are fine examples of *vanguardista* writing. Vallejo's *España aparta de mi este cáliz* expresses the poet's feelings toward the Spanish Civil War. Much of Pablo Neruda's (1904–1973) poetry can be classified as *vanguardista*. Like César Vallejo, Neruda started writing under the influence of *modernismo* but then moved on to incorporate surrealist techniques. Hence, his famous collection of love poems, *Veinte poemas de amor y una canción desesperada* (1924) has *modernista* influences, while his *Residencia en la tierra* [Part I, 1925–1931 (published in 1933) and Part II, 1933–1935 (published in 1935)] conveys alienation through typical surrealist modes of expression. Neruda spoke on behalf of the proletariat in his anthologies *Tercera residencia (1935–1945)* (1947) and *Las uvas al viento* (1954). His feelings about the Spanish Civil War are inscribed in *España en el corazón* (1937), a condemnation of fascism. His *Canto general* (1950) is a compilation in verse of the history of Spanish America from pre-Colombian times to his own era. In *Odas elementales* (1954) he addresses the simple things of life: a pair of socks, a tomato, an artichoke, and so forth. Aside from *Veinte poemas de amor y una canción desesperada,* his other love poems include *Versos del capitán* (1952) and *Cien sonetos de amor* (1959). In 1971 Neruda was awarded the Nobel Prize for literature.

---

[35] The beginning of the twentieth century saw the birth of several other movements that influenced the plastic arts as well as literature. Among them are Dadaism and Surrealism. Dadaism was founded by Tristan Tzara in Zurich, Switzerland, in 1916. The movement sought to rebel against a "civilization" that had produced World War I. Dadaists believed in total and absolute artistic freedom. The French André Breton's *Manifest du surréalism* (1924) gave rise to a movement that sought to express the irrational and the unconscious.

[36] Vicente Huidobro, creator of *creacionismo*, considered that the poet ought not imitate nature but create it: "crear, crear, crear" ["create, create, create"], he admonished his fellow poets.

[37] *Ultraísmo* refers to a 1919 literary movement, initiated by Spanish and Latin American poets, that sought a break with traditional poetic forms. Ultraists believed in the need for a constant renewal of poetic expression.

[38] Luis Cernuda, for example, was exiled in Mexico; and Juan Ramón Jiménez in Cuba.

Another Latin American writer who won a Nobel Prize for literature is the Mexican poet, essayist, critic, and diplomat Octavio Paz (1914-1998). His first book of poetry, *Luna silvestre*, was published in 1933. Among his most important poetic works are *La estación violenta* (1959), *Libertad bajo palabra: obra poética 1935–1957* (1960), *Salamandra 1958–1961* (1962), *Ladera este 1962–1968* (1969), and *Pasado en claro* (1975). In Paz's poetry the reader will find intense metaphysical questioning as well as the poet's resolve to fight solitude through the creative act of writing a poem.[39]

Vanguardismo gave rise in Latin American literature to an inclusion of African themes.[40] The Puerto Rican Luis Palés Matos (1889-1959) was the first to write what would be known as Afro-Antillean poetry. His writings, like those of the Cuban Nicolás Guillén (1902-1989), are laden with rhythmic overtones, colorful images, and sensuality. The anthologies *Tuntún de pasa y grifería* (1937, 1950) and *Poesía* (1957) are the best examples of his poetry. Guillén continued delving into topics that first appeared in Palés Matos's works, but his poetry also became noteworthy for its social and political themes and the nuances in speech typical of the Afro-Cuban population. His literary production includes *Songoro cosongo: poemas mulatos* (1931), *West Indies, Ltd.* (1934), *El son entero* (1947), and *La paloma de vuelo popular* (1958). Other poets who have echoed the literary tradition first championed by Palés Matos are Manuel del Cabral (Dominican Republic, 1907-), Emilio Ballagas (Cuba, 1908-1954), and Nancy Morejón (Cuba, 1944-).

The Latin American literary explosion that took place during the decades of the 1960s and 1970s, known as the Boom,[41] placed contemporary Latin American literature in center stage.[42] Writers began playing and experimenting with language, with different narrative voices, and with the roles that they assigned to their characters. In addition, they brought readers into the creative process. Magical realism was also present in the new narrative. Julio Cortázar (Argentina, 1914-1984), Carlos Fuentes (Mexico, 1928-), Mario Vargas Llosa (Peru, 1936-), and the Nobel laureate Gabriel García Márquez (Colombia, 1928-) have won international acclaim, as have Carlos Onetti (Uruguay, 1909-1994) and Juan Rulfo (Mexico, 1918-1986).

---

[39] Surrealism, Eastern philosophy, and Mexican culture greatly influenced the work of Octavio Paz. He wrote numerous influential essays. In *El arco y la lira* (1956), for example, he defined the meaning of poetry; and in *El laberinto de la soledad* (1950) he analyzed the Mexican character.

[40] Many European artists and writers at the beginning of the twentieth century found inspiration in African themes. Among them one may cite Georges Braque (France, 1882-1963), Pablo Picasso (Spain, 1881-1938), Guillaume Apollinaire (France, 1880-1918), and Paul Morand (France, 1888-1976). Also, it is important to note the parallel between the Harlem Renaissance in the United States and the greater American rediscovery of the importance of the African heritage in the Western Hemisphere, especially the Caribbean region.

[41] The term *Boom* was coined by the Chilean writer José Donoso in his *Historia personal del "boom"* (1972).

[42] Writers of the Boom broke away from realist narrative and were influenced by the *nouveau roman* of the French—Alain Robbe-Grillet, among others.

The structural complexity associated with many Boom novels is giving way to more direct, accessible styles of writing. Realism and the reinterpretation of history through literature[43] are now more prevalent, and *literatura testimonial*[44] [testimonial literature] has found a firm niche. The new Latin American fiction shows special concern for themes of exile, eros, and language. Women writers are also very prominent in post-Boom literature. Elena Poniatowska (Paris/Mexico, 1933–), Cristina Peri Rossi (Uruguay, 1941–), and Rosario Ferré (Puerto Rico, 1942–) are three noteworthy examples.

Contemporary Latin American poets no longer use complex metaphors associated with the poets of the *vanguardia* (for example, Vallejo, Neruda, and Paz). Instead they are creating a more conversational type of poetry. Physical and internal exile are popular themes, although there is a wide variety of topics. The poets' fertile imaginations roam far and wide in their search for inspiration.

Gladys M. Varona-Lacey

---

[43] Examples are found in Carlos Fuentes's *Terra Nostra* (1975), *Gringo viejo* (1985), and *Los años con Laura Díaz* (1999); in Antonio Benítez Rojo's (Cuba, 1931–) *El mar de las lentejas* (1979); in Alejo Carpentier's *El arpa y la sombra* (1979); in Mario Vargas Llosa's *La guerra del fin del mundo* (1981); in Gabriel García Márquez's *El general en su laberinto* (1989); and in Isabel Allende's *Hija de la fortuna* (1999), to name just a few.

[44] *Literatura testimonial* is biography recounted with the aid of an editor who sympathizes with the social and/or political experiences of the narrator. The best examples are Domitila Barrios de Chungara's (ed. Moema Viezzer) *Si me permiten hablar* (1977) and Rigoberta Menchú's (ed. Elizabeth Burgos) *Me llamo Rigoberta Menchú y así me nació la conciencia* (1983). Examples of notable novels are Elena Poniatowska's *Hasta no verte Jesús mío* (1969) and Omar Cabezas Lacayo's (Nicaragua, 1951–) *La montaña es algo más que una inmensa estepa verde* (1983). Poniatowska and Cabezas Lacayo follow the aesthetic guidelines established by the Cuban novelist Miguel Barnet in *Biografía de un cimarrón* (1966).

Spanish Reader Series

Contemporary Latin American Literature

Mariano Azuela

(1873, Lagos de Moreno, Jalisco, México–1952, Ciudad de México)

Mariano Azuela es considerado como uno de los iniciadores del realismo social en Hispanoamérica y el novelista más importante de la Revolución mexicana. Su desilusión con ésta, a la cual apoyó en sus comienzos, se observa en el ciclo de las novelas que escribió sobre la Revolución. Entre ellas se mencionan: *Andrés Pérez, maderista* (1911), *Los caciques* (1917), *Los de abajo* y *Las tribulaciones de una familia decente* (1918). La novela *Los de abajo* le dio al autor lugar permanente en la literatura hispanoamericana. Fue publicada inicialmente por entregas en el periódico *El Paso del Norte* (octubre a diciembre, 1915) y años después en *El Universal Ilustrado* (1924). Gran parte de la novela fue escrita mientras acompañaba como médico al ejército de Pancho Villa. La novela, de estructura circular, comienza y termina en el Cañón de Juchipila, y relata la trayectoria revolucionaria del campesino Demetrio Macías acompañado de sus seguidores. La forma caótica y aparentemente desconectada de cuanto acontece no es más que una técnica de acercarse a las acciones que se sucedían y mostrar la falta de dirección de la lucha revolucionaria campesina. En los episodios predominan los diálogos que sirven para presentar a personajes arquetípicos. Éstos también son dados a conocer a través de las acciones que ejecutan y no por las descripciones que de ellos se ofrecen en la novela. *Los de abajo* permite conocer el mundo de violencia y corrupción que existe en el campo mexicano y la pobreza e ignorancia del campesino.

Otras obras de Azuela son *Impresiones de un estudiante* (1896), un libro de cuentos; *María Luisa* (1907), su primera novela; *Los fracasados* (1908) y *Mala yerba* (1909), de influencia naturalista. *La Malhora* (1923), *El desquite* (1925) y *La luciérnaga* (1927) son tres novelas de tipo experimental en las que Mariano Azuela, sin abandonar por completo sus preocupaciones naturalistas, pretende llevar a su narrativa las técnicas de la novela moderna.

AL LEER CONSIDERE LO SIGUIENTE:

—la técnica narrativa
—el papel del pueblo en la Revolución mexicana
—el concepto de traición *treachery*

En este cuento Mariano Azuela presenta el personaje de Juan Pablo, revolucionario mexicano y víctima de la trampa que le tienden sus correligionarios al acusarlo de traición. El relato comienza y termina momentos antes de Juan Pablo ser fusilado cuando cuestiona su traición. Éste, al comprender quién ha sido traicionado, llora, a pesar de un consejo dado por su padre durante su niñez: "los hombres no lloran". Sus lágrimas tienen un valor y significado especial.

De cómo al fin lloró Juan Pablo

A la memoria del general
Leocadio Parra,
asesinado por el carrancismo.[1]

Juan Pablo está encapillado,[2] mañana, al rayar el alba,[3] será conducido de su celda, entre clangor de clarines[4] y batir de tambores, al fondo de las cuadras del cuartel, y allí, de espaldas a un angosto muro de adobes, ante todo el regimiento, se le formará el cuadro y será pasado por las armas.[5]

Así paga con su vida el feo delito de traición.

¡Traición! ¡Traición!

La palabreja pronunciada en el Consejo Extraordinario de Guerra de ayer se ha clavado en mitad del corazón de Juan Pablo como un dardo de alacrán.[6]

«Traición». Así dijo un oficialito, buen mozo, que guiñaba[7] los ojos y movía las manos como esas gentes de las comedias. Así dijo un oficialito encorseletado, relamido,[8] oloroso como las mujeres de la calle; un oficialito de tres galones[9] muy brillantes… galones vírgenes.

Y la palabreja da vueltas en el cerebro de Juan Pablo como la idea fija en la rueda sin fin del cerebro de un tifoso.[10]

«¡Traición!, ¡traición! ¿Pero traición a quién?»

---

[1]**carrancismo** reference to the actions of the followers of Venustiano Carranza (1859–1920), Mexican politician and president of Mexico from 1915 to 1920   [2]**encapillado** hood used to cover the head of prisoners that were to be executed   [3]**al rayar el alba** at dawn   [4]**clangor de clarines** vibrant sound of the trumpets   [5]**pasado por las armas** executed   [6]**dardo de alacrán** scorpion stinger   [7]**guiñaba** winked   [8]**relamido** prim   [9]**galones** stripes   [10]**tifoso** person who suffers from typhus

Juan Pablo ruge,[11] sin alzar la cabeza, removiendo la silla y haciendo rechinar[12] sus ferradas[13] botas en las baldosas.[14]

La guardia despierta:

«¡Centinela aaalerta![15]...»

«¡Centinela aaalerta!...»

Las voces se repiten alejándose, perdiéndose de patio en patio, hasta esfumarse[16] pavorosas[17] y escalofriantes[18] en un gemido del viento. Después ladra un perro en la calle. Ladrido agudo, largo, plañidero,[19] de una melancolía desgarradora,[20] casi humana.

El día que llegó a Hostotipaquillo[21] el periódico de México con la relación mentirosa de las hazañas del beodo[22] Huerta y su cafrería,[23] Pascual Bailón, hábil peluquero, acertado boticario y pulsador[24] a las veces de la séptima,[25] convocó a sus íntimos:

«Pos[26] será bueno acabar ya con los tiranos», respondió Juan Pablo que nunca hablaba.

Entonces Pascual Bailón, personaje de ascendiente,[27] empapado en las lecturas de don Juan A. Mateos,[28] y de don Ireneo Paz[29] y de otros afamados escritores, con gesto épico y alcanzando con su verbo las alturas del cóndor, dijo así:

«Compañeros, es de cobardes hablar en lenguas, cuando ya nuestros hermanos del Norte están hablando en pólvora».[30]

Juan Pablo fue el primero en salir a la calle.

Los conjurados,[31] en número de siete, no hablaron en pólvora porque no tenían ni pistolas de chispa,[32] tan bien hablaron en hierro, que dejaron mudos para siempre a los tiranos del pueblo, al alcaide[33] y los jenízaros[34] de la cárcel municipal, amén[35] de ponerle fuego a *La Simpatía*[36] (*abarrotes*[37] *y misceláneas*) de don Telésforo, el cacique principal.

Pascual Bailón y los suyos remontaron[38] a las barrancas[39] de Tequila.[40] Luego de su primera escaramuza[41] con los federales,[42] se verificó un movimiento jerárquico radical; Pascual Bailón, que procuraba ponerse siempre a respetable distancia de la línea de fuego, dijo que a eso él le llamaba, con la historia, prudencia; pero los demás, que ni leer sabían, en su caló[43] un tanto rudo, mas no desprovisto de color, dijeron que eso se llamaba simplemente, «argolla».[44] Entonces,

---

[11]**ruge** roars   [12]**rechinar** creak   [13]**ferradas** trimmed with iron   [14]**baldosas** tiles   [15]**aaalerta** (*alerta*) on guard   [16]**esfumarse** disappeared   [17]**pavorosas** frightening   [18]**escalofriantes** bloodcurdling   [19]**plañidero** mournful   [20]**desgarradora** tearing   [21]**Hostotipaquillo** town in the Mexican state of Jalisco   [22]**beodo** drunkard   [23]**su cafrería** his barbarous followers   [24]**pulsador** person capable of making others act   [25]**a ... séptima** group composed of seven members   [26]**pos** *pues*   [27]**ascendiente** influence, lineage   [28]**Juan A. Mateos** (1831–1913), Mexican Romantic writer, author of several plays and the novel *Los dramas de México*   [29]**Ireneo Paz** (1836–1924), Mexican legal expert who authored historical works as well as novels and books of poetry   [30]**pólvora** gunpowder. Here, it refers to armed fighting.   [31]**conjurados** conspirators   [32]**pistolas de chispa** cap guns   [33]**alcaide** warden   [34]**jenízaros** mestizos   [35]**amén** besides   [36]**La Simpatía** name of a store   [37]**abarrotes** groceries   [38]**remontaron** went back   [39]**barrancas** ravines   [40]**Tequila** name of a town in the state of Jalisco   [41]**escaramuza** skirmish   [42]**federales** reference to the government troops   [43]**caló** dialect   [44]**argolla** cowardice

por unanimidad de pareceres,[45] tomó la jefatura de la facción Juan Pablo, que en el pueblo sólo se había distinguido por su retraimiento hosco[46] y por su habilidad muy relativa para calzar una reja, aguzar[47] un barretón[48] o sacarle filo[49] a un machete. Valor temerario[50] y serenidad fueron para Juan Pablo como para el aguilucho[51] desplegar las alas[52] y hender[53] los aires.

Al triunfo de la Revolución podía ostentar, sin mengua[54] de la vergüenza y del pudor,[55] sus insignias de general.

Las parejas de enamorados que gustan de ver el follaje del jardín Santiago Tlaltelolco tinto en el oro vaporoso del sol naciente tropezaron a menudo con un recio mocetón, tendido a la bartola[56] en una banca, en mangas de camisa, desnudo el velloso[57] pecho; a veces contemplando embebecido[58] un costado mohoso[59] y carcomido[60] de la iglesia; sus vetustas[61] torrecillas desiguales que recortan claros zafirinos,[62] débilmente rosados por la hora; otras veces con un número[63] de *El Pueblo*, a deletrea que deletrea.[64]

Juan Pablo, de guarnición[65] en la capital, poco sabe de periódicos, desde que Pascual Bailón, nuevo Cincinato,[66] después de salvar a la patria, se ha retirado a la vida privada a cuidar sus intereses (una hacienda en Michoacán[67] y un ferrocarrilito muy regularmente equipado); pero cuando el título del periódico viene en letras rojas y con la enésima[68] noticia de que «Doroteo Arango[69] ha sido muerto» o que «el Gobierno ha rehusado el ofrecimiento de quinientos millones de dólares que le ofrecen los banqueros norteamericanos», o bien como ahora que «ya el pueblo está sintiendo los inmensos beneficios de la Revolución», entonces compra el diario. Excusado[70] decir que Juan Pablo prohija[71] la opinión de *El Pueblo* de hoy: su chaleco está desabrochado porque no le cierra más; la punta de su nariz se empurpura[72] y comienzan a culebrear por ella venillas muy erectas, y a su lado juguetea una linda adolescente vestida de tul blanco floreado, con un listón[73] muy encendido en la nuca, otro más grande y abierto como mariposa de fuego al extremo de la trenza[74] que cae pesada en medio de unas caderas que comienzan apenas a ensanchar.

Juan Pablo acaba rendido[75] la lectura de «los inmensos beneficios que la Revolución le ha traído al pueblo» a la sazón[76] que sus ojos reparan[77] en el centenar

---

[45]**pareceres** opinions   [46]**retraimiento hosco** surly reserve   [47]**aguzar** sharpen   [48]**barretón** pickaxe   [49]**sacarle filo** to sharpen   [50]**temerario** bold   [51]**aguilucho** eaglet   [52]**desplegar las alas** spread out their wings   [53]**hender** to cut through   [54]**sin mengua** without decreasing   [55]**pudor** modesty   [56]**tendido a la bartola** lying down carelessly   [57]**velloso** hairy   [58]**embebecido** transfixed   [59]**mohoso** moldy   [60]**carcomido** worm-eaten   [61]**vetustas** very old   [62]**zafirinos** sapphirine   [63]**un número** an issue   [64]**a deletrea que deletrea** reading trying to understand what is being read   [65]**guarnición** garrison   [66]**Cincinato** reference to Cincinatus, a Roman patriot, general, counsel, and dictator who lived in the fifth century before Christ. Cincinatus was known for his simplicity and austerity. After conquering the enemies of Rome, he gave up power and retired to his farm.   [67]**Michoacán** Mexican state   [68]**enésima** for the umpteenth time   [69]**Doroteo Arango** (1878–1923), Mexican revolutionary leader also known as Pancho Villa   [70]**Excusado** it is not necessary   [71]**prohija** adopts   [72]**empurpura** turns purple   [73]**listón** ribbon   [74]**trenza** braid   [75]**rendido** exhausted   [76]**a la sazón** at the same time   [77]**reparan** notice

de mugrientos,[78] piojosos[79] y cadavéricos que están haciendo cola[80] a lo largo de la duodécima calle del Factor, en espera de que abra sus puertas un molino[81] de nixtamal.[82] Juan Pablo frunce[83] el ala izquierda de su nariz y se inclina a rascarse[84] un tobillo. No es que Juan Pablo, herido por la coincidencia, haya reflexionado. No. Juan Pablo ordinariamente no piensa. Lo que ocurre en las reconditeces[85] de su subconciencia suele exteriorizarse así: un fruncir de nariz, un sordo escozor,[86] algo así como si se le paseara una pulga[87] por las pantorrillas.[88] Eso es todo.

Y bien, es ésta la tercera vez que Juan Pablo está encapillado. Una por haberle desbaratado[89] la cara a un barbilindo[90] de la Secretaría de Guerra; otra por haber alojado en la cabeza de un pagador una bala de revólver. Todo por nada, por minucias de servicio. Porque en la lógica de mezquite[91] de Juan Pablo no cabrá jamás eso de que después del triunfo de la revolución del pueblo sigan como siempre unos esclavizados a los otros. En su regimiento, en efecto, jamás se observó más línea de conducta que ésta: «No volverle jamás la espalda al enemigo». El resto avéngaselo cada cual como mejor le cuadre.[92] Se comprende qué hombres llevaría consigo Juan Pablo. Se comprende cómo lo adoraría su gente. Y se comprende también que por justos resquemores[93] de esa gente el Gobierno haya puesto dos veces en libertad a Juan Pablo.

Sólo que la segunda salió de la prisión a encontrarse con una novedad: su regimiento disuelto, sus soldados incorporados a cuerpos remotísimos: unos en Sonora, otros en Chihuahua, otros en Tampico y unos cuantos en Morelos.[94]

Juan Pablo, general en depósito sin más capital que su magnífica *Colt* izquierda, sintió entonces la nostalgia del terruño[95] lejano, de sus camaradas de-pelea, de su libertad más mermada[96] hoy que cuando majaba[97] el hierro, sin más tiranos en la cabeza que el pobre diablo de la *Simpatía (abarrotes y misceláneas)* y los tres o cuatro «gatos»[98] que fungían[99] de gendarmes municipales, excelentes personas por lo demás, si uno no se mete con ellos. Juan Pablo así lo reconoce ahora, suspirando y vueltas las narices al occidente.

Una noche, cierto individuo que de días viene ocupando el sitio frontero a Juan Pablo en el restaurante se rasca la cabeza, suspira y rumora: «Los civilistas[100] nos roban».

Juan Pablo, cejijunto, mira a su interlocutor, come y calla.

Al día siguiente: «Los civilistas se han apoderado de nuestra cosecha; nosotros sembramos la tierra, nosotros la regamos con nuestra propia sangre».

---

[78]**mugrientos** filthy   [79]**piojosos** infested with lice   [80]**haciendo cola** standing in line   [81]**molino** mill   [82]**nixtamal** corn partially cooked in lime water and used to make *tortillas*   [83]**frunce** purses   [84]**rascarse** to scratch   [85]**reconditeces** hidden places   [86]**escozor** smarting   [87]**pulga** flea   [88]**pantorrillas** calves   [89]**desbaratado** ruined   [90]**barbilindo** pretty boy   [91]**mezquite** a kind of tree. Here, it means wooden.   [92]**avéngaselo ... cuadre** let each one do as he will   [93]**resquemores** resentments   [94]**Sonora ... Morelos** Sonora, Chihuahua, and Morelos are states of Mexico; Tampico is a city in the state of Tamaulipas   [95]**terruño** native soil   [96]**mermada** reduced   [97]**majaba** worked   [98]**«gatos»** guys   [99]**fungían** served as   [100]**civilistas** followers of Carranza

Juan Pablo deja el platillo un instante, pliega el ala izquierda de la nariz, se inclina y se rasca un tobillo. Luego come y calla.

Otro día: «Los civilistas ya no son las moscas,[101] ahora se han sentado a la mesa y a nosotros nos arrojan, como al perro, las sobras[102] del banquete».

Juan Pablo, impaciente al fin, pregunta: «¿Por eso, pues, quiénes jijos[103] de un... son esos tales civilistas?»

«Los que nos han echado de nuestro campo... los catrines[104]...»

La luz se hace en el cerebro de Juan Pablo.

Al día siguiente es él quien habla: «Sería bueno acabar con los tiranos».

Su amigo lo lleva por la noche a una junta secreta por un arrabal[105] siniestro. Allí están reunidos ya los conjurados. Uno, el más respetable, diserta con sombrío acento sobre el tema ya es tiempo de que al pueblo le demos patria.

Alelado,[106] Juan Pablo no siente cuando las puertas y ventanas contiguas se cuajan[107] de brillantes cañones de fusil.

Un vozarrón: «¡Arriba las manos!»

Todo el mundo las levanta. Juan Pablo también las levanta; mejor dicho alza la derecha empuñando vigorosamente la *Colt* izquierda.

«¡Ríndase o hago fuego!», ruge una voz tan cerca de él que le hace dar un salto de fiera hacia atrás. Y Juan Pablo responde vaciando la carga de su revólver.

En medio de la blanca humareda, entre el vivo fulgor de los fogonazos, bajo la turbia penumbra de un farol grasiento, Juan Pablo, crispada la melena, blancos los dientes, sonríe en su apoteosis.

Cuando los tiros se agotan y no queda figura humana en los oscuros huecos de puertas y ventanas, caen sobre él como un rayo los mismos conjurados.

Agarrotado[108] de pies y manos, Juan Pablo sigue sonriendo.

No hay jactancia[109] alguna, pues, en que Juan Pablo diga que tantas veces se ha encontrado frente a frente con la muerte que ya aprendió a verla de cara sin que le tiemblen las corvas.[110]

Si hoy lleva seis horas enclavado en una silla de tule,[111] la vigorosa cabeza hundida entre sus manos nervudas y requemadas, es porque algo más cruel que la muerte lo destroza. Juan Pablo oye todavía: «¡Traición... traición...!», cuando una a una caen lentas y pausadas las campanadas del alba.

«¿Pero traición a quién, Madre mía del Refugio?»

Sin abrir los ojos está mirando el altarcito en uno de los muros del cuartucho; una estampa de Nuestra Señora del Refugio, dos manojos[112] de flores ya marchitas[113] y una lamparita de aceite que derrama su luz amarillenta y funeraria. Entonces dos lagrimones[114] se precipitan a sus ojos.

«¡Imposible! —Juan Pablo da un salto de león herido—... ¡Imposible!...»

---

[101]**moscas** flies. Here, it refers to bothersome, insignificant people. [102]**sobras** leftovers [103]**jijos** *hijos* [104]**catrines** name used by the masses to refer to the upper class [105]**arrabal** slum [106]**alelado** dumbfounded [107]**se cuajan** are filled [108]**agarrotado** bound [109]**jactancia** boastfulness [110]**corvas** back of the knees [111]**tule** fiber made from bullrushes [112]**manojos** handfuls [113]**marchitas** wilted [114]**lagrimones** big tears

Clarividencias[115] de moribundo le traen viva la escena de su infancia, ruidos covachón,[116] negro de hollín,[117] gran fuego en el hogar, y un niño de manos inseguras que no saben tener la tenaza[118] y escapar el hierro candente[119]… Luego un grito y los ojos que se llenan de lágrimas… Al extremo de la fragua[120] se yergue un viejo semidesnudo, reseco,[121] como corteza de roble,[122] barbado en grandes madejas como ixtle[123] chamuscado.[124]

«¿Qué es eso, Juan Pablo?… Los hombres no lloran!»

En huecas[125] frases revestidas de hipocresía reporteril, la prensa dice que el ajusticiado[126] murió con gran serenidad. Agregan los reporteros que las últimas palabras del reo[127] fueron éstas: «No me tire a la cara», y que con tal acento las pronunció, que más parecía dictar una orden que implorar una gracia.[128]

Parece que la escolta estuvo irreprochable. Juan Pablo dio un salto adelante, resbaló y cayó tendido de cara a las estrellas, sin contraer más una sola de sus líneas.

Eso fue todo lo que vieron los reporteros.

Yo vi más. Vi cómo en los ojos vitrificados de Juan Pablo asomaron tímidamente dos gotitas de diamantes que crecían, crecían, que se dilataban, que parecían querer desprenderse, que parecían querer subir al cielo… sí, dos estrellas…

DESPUÉS DE LEER

1. ¿De qué ha sido acusado Juan Pablo? ¿Comprende Juan Pablo la acusación?

2. ¿Quién es y qué representa el personaje de Juan Bailón en el cuento?

3. ¿Por qué Juan Bailón no fue el líder del grupo? ¿Qué hace?

4. ¿Cómo llegó Juan Pablo a ser el jefe de su grupo de revolucionarios? ¿Qué tipo de líder fue Juan Pablo?

5. ¿Cuál fue la reacción de Juan Pablo al leer sobre "los inmensos beneficios que la Revolución le ha traído al pueblo" y al enterarse de la muerte de Pancho Villa?

6. ¿Qué descubre Juan Pablo al salir de la cárcel? ¿Por qué decide volver a su pueblo?

7. ¿Cómo le tendieron sus correligionarios una trampa a Juan Pablo?

8. ¿Cuál fue la orden que les dio Juan Pablo a los hombres que lo iban a fusilar? ¿La cumplieron?

9. ¿Cuál es el significado de las lágrimas?

10. ¿Cuál diría usted que fue la verdadera traición?

---

[115]**clarividencias** clairvoyance   [116]**covachón** shanty   [117]**hollín** soot   [118]**tenaza** coal tongs   [119]**candente** burning   [120]**fragua** forge   [121]**reseco** dried   [122]**corteza de un roble** the trunk of an oak tree   [123]**ixtle** fiber of a plant found in Mexico   [124]**chamuscado** burnt   [125]**huecas** hollow   [126]**ajusticiado** executed person   [127]**reo** accused   [128]**una gracia** a favor

11. Explique la técnica narrativa de Azuela haciendo referencia a la forma episódica del cuento y la importancia de las diferentes voces narrativas.

12. ¿Qué comentarios haría usted sobre la actitud del autor hacia la Revolución mexicana?

ALGUNOS ESTUDIOS DE INTERÉS

Andino, Alberto. "Los juegos políticos clasistas y étnicos en las novelas de Mariano Azuela sobre la Revolución Mexicana". *Cuadernos Hispanoamericanos* 370 (1981): 144–150.

Bradley, D. "Patterns of Myth in *Los de abajo*". *Modern Language Review* 75 (1980): 94–104.

Dessau, Adalbertk. "*Los de abajo*: una valoración objetiva". Rogelio Rodríguez Coronel, ed. *Recopilación de textos sobre la novela de la Revolución mexicana*. La Habana, Cuba: Casa de las Américas, 1975.

García Manzano, Consuelo. Una nota sobre Sacrilegio: Otra profanación confesional en *Los de abajo* de Mariano Azuela. *Cuadernos de Investigación Filológica* 17:1–2 (1991): 233–237.

Griffen, Clive. "The Structure of *Los de abajo*". *Revista Canadiense de Estudios Hispánicos* 6:1 (1981): 25–41.

Leal, Luis. "Mariano Azuela: Precursor de los nuevos novelistas". *Revista Iberoamericana* 55:148–149 (1989): 859–867.

Lorente-Myrphy, Sylvia. "La Revolución mexicana en la novela". *Revista Iberoamericana* 55:148–149 (1989): 847–857.

Martínez, Eliud. *The art of Mariano Azuela: Modernism in* La malhora, El desquite, La luciérnaga. Introduction by Luis Leal. Pittsburgh, Pennsylvania: Latin American Literary Review Press, 1980.

Menton, Seymour. "La estructura épica de *Los de abajo* y un prólogo especulativo". *Hispania* 50 (1967): 1001–1011.

Ramos Escandon, Carmen. "¿El texto como historia o la historia como texto?" *Dactylus* 10 (1990): 29–30.

Ruffinelli, Jorge. *Literatura e ideología: El primer Mariano Azuela, 1896–1918*. México, D. F.: Premia, 1982.

Horacio Quiroga

(1878, Salto, Uruguay–1937, Buenos Aires, Argentina)

Horacio Quiroga es considerado maestro de la narrativa breve hispanoamericana. Con él, el género del cuento llegó a su madurez. En los primeros cuentos de Quiroga publicados en la colección de poemas y cuentos titulada *Los arrecifes de coral* (1901) se observa la influencia modernista. Quiroga es un escritor realista, y en su obra el lector encuentra las influencias de autores como Edgar Allan Poe, Guy de Maupassant, Fedor Dostoievsky, Anton Chejov y Rudyard Kipling, así como también sus trágicas experiencias personales. Los relatos realistas y de expresión dramática aparecen en *Cuentos de amor, de locura y de muerte* (1917), *Cuentos de la selva* (1918), *Anaconda* (1921), *La gallina degollada y otros cuentos* (1925), *Los desterrados* (1926) y *Más allá* (1935). En muchos de estos cuentos se observa la influencia, fascinación y terror que inspira la selva y la indiferencia de ésta hacia el hombre. Los cuentos de Quiroga están cargados de expresión dramática.

A L   L E E R   C O N S I D E R E   L O   S I G U I E N T E :

—la técnica y el estilo narrativo
—el elemento dramático de la narración
—el uso de las descripciones
—el juego psicológico entre los padres
—el impacto que el final del cuento causa en el lector

En este cuento Horacio Quiroga presenta las tensiones que existen en el matrimonio Mazzini-Ferraz, consecuencia del hecho de que cuatro de sus cinco hijos son idiotas. Sólo la hija menor, a quien es otorgada todo el cariño y atención de los padres, es normal. Por un descuido, Bertita se convierte en víctima de los hermanos.

La gallina degollada[1]

Todo el día sentados en el patio, en un banco, estaban los cuatro hijos idiotas del matrimonio Mazzini-Ferraz. Tenían la lengua entre los labios, los ojos estúpidos y volvían la cabeza con la boca abierta.

El patio era de tierra, cerrado al Oeste por un cerco[2] de ladrillos.[3] El banco quedaba paralelo a él, a cinco metros, y allí se mantenían inmóviles, fijos los ojos en los ladrillos. Como el sol se ocultaba tras el cerco al declinar, los idiotas tenían fiesta. La luz enceguecedora[4] llamaba su atención al principio; poco a poco sus ojos se animaban; se reían al fin estrepitosamente, congestionados por la misma hilaridad ansiosa, mirando el sol con alegría bestial, como si fuera comida.

Otras veces, alineados en el banco,[5] zumbaban[6] horas enteras imitando al tranvía[7] eléctrico. Los ruidos fuertes sacudían asimismo su inercia, y corrían entonces, mordiéndose la lengua y mugiendo,[8] alrededor del patio. Pero casi siempre estaban apagados en un sombrío letargo de idiotismo, y pasaban todo el día sentados en su banco, con las piernas colgantes y quietas, empapando[9] de glutinosa saliva el pantalón.

El mayor tenía doce y el menor ocho. En todo su aspecto sucio y desvalido[10] se notaba la falta absoluta de un poco de cuidado maternal.

Esos cuatro idiotas, sin embargo, habían sido un día el encanto de sus padres. A los tres meses de casados, Mazzini y Berta orientaron su estrecho amor de marido y mujer y mujer y marido hacia un porvenir mucho más vital: un hijo. ¿Qué mayor dicha para dos enamorados que esa honrada consagración de su ca-

---

[1]**degollada** decapitated   [2]**cerco** fence, wall   [3]**ladrillos** bricks   [4]**enceguecedora** blinding
[5]**alineados en el banco** sitting in a straight line on the bench   [6]**zumbaban** buzzed   [7]**tranvía** streetcar   [8]**mugiendo** bellowing   [9]**empapando** soaking   [10]**desvalido** helpless

riño, libertado ya del vil egoísmo de un mutuo amor sin fin ninguno y, lo que es peor para el amor mismo, sin esperanzas posibles de renovación?

Así lo sintieron Mazzini y Berta, y cuando el hijo llegó, a los catorce meses de matrimonio, creyeron cumplida su felicidad. La criatura creció bella y radiante hasta que tuvo año y medio. Pero en el vigésimo mes sacudiéronlo una noche convulsiones terribles y a la mañana siguiente no conocía más a sus padres. El médico lo examinó con esa atención profesional que está visiblemente buscando la causa del mal en las enfermedades de los padres.

Después de algunos días los miembros paralizados recobraron el movimiento; pero la inteligencia, el alma, aun el instinto, se habían ido del todo; había quedado profundamente idiota, baboso,[11] colgante, muerto para siempre sobre las rodillas de su madre.

—¡Hijo, mi hijo querido! —sollozaba ésta sobre aquella espantosa ruina de su primogénito.

El padre, desolado, acompañó al médico afuera.

—A usted se le puede decir: creo que es un caso perdido. Podrá mejorar, educarse en todo lo que le permita su idiotismo, pero no más allá.

—¡Sí!…, ¡sí!… —asentía Mazzini—. Pero dígame: ¿Usted cree que es herencia, que…?

—En cuanto a la herencia paterna, ya le dije lo que creí cuando vi a su hijo. Respecto a la madre, hay un pulmón que no sopla bien. No veo nada más, pero hay un soplo un poco rudo. Hágala examinar bien.

Con el alma destrozada de remordimiento,[12] Mazzini redobló el amor a su hijo, el pequeño idiota que pagaba los excesos del abuelo. Tuvo asimismo que consolar, sostener sin tregua a Berta, herida en lo más profundo por aquel fracaso de su joven maternidad.

Como es natural, el matrimonio puso todo su amor en la esperanza de otro hijo. Nació éste, y su salud y limpidez de risa reencendieron el porvenir extinguido. Pero a los diez y ocho meses las convulsiones del primogénito se repetían, y al día siguiente amanecía idiota.

Esta vez los padres cayeron en honda desesperación. ¡Luego su sangre, su amor estaban malditos! ¡Su amor, sobre todo! Veintiocho años él, veintidós ella, y toda su apasionada ternura no alcanzaba a crear un átomo de vida normal. Ya no pedían más belleza e inteligencia, como en el primogénito; ¡pero un hijo, un hijo como todos!

Del nuevo desastre brotaron[13] nuevas llamaradas de dolorido amor, un loco anhelo[14] de redimir de una vez para siempre la santidad de su ternura. Sobrevinieron mellizos,[15] y punto por punto repitióse el proceso de los dos mayores.

Mas por encima de su inmensa amargura[16] quedaba a Mazzini y Berta gran compasión por sus cuatro hijos. Hubo que arrancar del limbo de la más honda animalidad no ya sus almas, sino el instinto mismo, abolido. No sabían deglutir,[17]

---

[11]**baboso** drooling   [12]**remordimiento** remorse   [13]**brotaron** surfaced   [14]**anhelo** desire
[15]**mellizos** twins   [16]**amargura** bitterness   [17]**deglutir** to swallow

cambiar de sitio, ni aun sentarse. Aprendieron al fin a caminar, pero chocaban[18] contra todo, por no darse cuenta de los obstáculos. Cuando los lavaban mugían hasta inyectarse de sangre el rostro. Animábanse sólo al comer o cuando veían colores brillantes u oían truenos. Se reían entonces, echando afuera lengua y ríos de baba, radiantes de frenesí bestial. Tenían, en cambio, cierta facultad imitativa; pero no se pudo obtener nada más.

Con los mellizos pareció haber concluido la aterradora descendencia.[19] Pero pasados tres años desearon de nuevo ardientemente otro hijo, confiando en que el largo tiempo transcurrido hubiera aplacado[20] a la fatalidad.

No satisfacían sus esperanzas. Y en ese ardiente anhelo que se exasperaba en razón de su infructuosidad, se agriaron.[21] Hasta ese momento cada cual había tomado sobre sí la parte que le correspondía en la miseria de sus hijos; pero la desesperanza de redención ante las cuatro bestias que habían nacido de ellos echó afuera esa imperiosa necesidad de culpar[22] a los otros, que es patrimonio específico de los corazones inferiores.

Iniciáronse con el cambio de pronombre: *tus* hijos. Y como a más del insulto había la insidia,[23] la atmósfera se cargaba.

—Me parece —díjole una noche Mazzini, que acababa de entrar y se lavaba las manos— que podrías tener más limpios a los muchachos.

Berta continuó leyendo como si no hubiera oído.

—Es la primera vez —repuso al rato— que te veo inquietarte por el estado de tus hijos.

Mazzini volvió un poco la cara a ella con una sonrisa forzada:

—De nuestros hijos, ¿me parece?

—Bueno, de nuestros hijos, ¿te gusta así? —alzó ella los ojos.

Esta vez Mazzini se expresó claramente:

—¿Creo que no vas a decir que yo tenga la culpa, no?

—¡Ah, no! —se sonrió Berta, muy pálida—: ¡pero yo tampoco, supongo!… ¡No faltaba más!… —murmuró.

—¿Que no faltaba más?

—¡Que si alguien tiene la culpa no soy yo, entiéndelo bien! Esto es lo que te quería decir.

Su marido la miró un momento, con brutal deseo de insultarla.

—¡Dejemos! —articuló, secándose por fin las manos.

—Como quieras; pero si quieres decir…

—¡Berta!

—¡Como quieras!

Éste fue el primer choque, y le sucedieron otros. Pero en las inevitables reconciliaciones sus almas se unían con doble arrebato[24] y locura por otro hijo.

Nació así una niña. Vivieron dos años con la angustia a flor de alma, esperando siempre otro desastre.

---

[18]**chocaban** crashed [19]**aterradora descendencia** frightful descendants [20]**aplacado** appeased [21]**se agriaron** became embittered [22]**culpar** to blame [23]**insidia** malice [24]**arrebato** ecstasy

Nada acaeció,[25] sin embargo, y los padres pusieron en ella toda su complacencia, que la pequeña llevaba a los más extremos límites del mimo y la mala crianza.

Si aun en los últimos tiempos Berta cuidaba siempre de sus hijos, al nacer Bertita olvidóse casi del todo de los otros. Su solo recuerdo la horrorizaba como algo atroz que la hubieran obligado a cometer. A Mazzini, bien que en menor grado, pasábale lo mismo. No por eso la paz había llegado a sus almas. La menor indisposición de su hija echaba afuera, con el terror de perderla, los rencores de su descendencia podrida.[26] Habían acumulado hiel[27] sobrado tiempo para que el vaso no quedara distendido, y al menor contacto el veneno se vertía afuera. Desde el primer disgusto emponzoñado[28] habíanse perdido el respeto; y si hay algo a que el hombre se siente arrastrado con cruel fruición es, cuando ya se comenzó, a humillar del todo a una persona. Antes se contenían por la mutua falta de éxito; ahora que éste había llegado, cada cual, atribuyéndolo a sí mismo, sentía mayor la infamia de los cuatro engendros[29] que el otro habíale forzado a crear.

Con estos sentimientos, no hubo ya para los cuatro hijos mayor afecto posible. La sirvienta los vestía, les daba de comer, los acostaba, con visible brutalidad. No los lavaba casi nunca. Pasaban casi todo el día sentados frente al cerco, abandonados de toda remota caricia.

De este modo Bertita cumplió cuatro años, y esa noche, resultado de las golosinas[30] que era a los padres absolutamente imposible negarle, la criatura tuvo algún escalofrío y fiebre. Y el temor a verla morir o quedar idiota tornó a reabrir la eterna llaga.

Hacía tres horas que no hablaban, y el motivo fue, como casi siempre, los fuertes pasos de Mazzini.

—¡Mi Dios! ¿No puedes caminar más despacio? ¿Cuántas veces…?

—Bueno, es que me olvido; ¡se acabó! No lo hago a propósito.

Ella se sonrió, desdeñosa:

—¡No, no te creo tanto!

—Ni yo jamás te hubiera creído tanto a ti…, ¡tisiquilla![31]

—¡Qué! ¿Qué dijiste?

—¡Nada!

—¡Sí, te oí algo! Mira: ¡no sé lo que dijiste; pero te juro que prefiero cualquier cosa a tener un padre como el que has tenido tú!

Mazzini se puso pálido.

—¡Al fin! —murmuró con los dientes apretados—. ¡Al fin, víbora, has dicho lo que querías!

—¡Sí, víbora, sí! Pero yo he tenido padres sanos, ¿oyes? ¡Mi padre no ha muerto de delirio! ¡Yo hubiera tenido hijos como los de todo el mundo! ¡Esos son hijos tuyos, los cuatro tuyos!

Mazzini explotó a su vez.

—¡Víbora tísica! ¡Eso es lo que te dije, lo que te quiero decir! ¡Pregúntale al

---

[25]**acaeció** happened   [26]**podrida** rotten   [27]**hiel** bile   [28]**emponzoñado** poisoned   [29]**engendros** monsters, freaks   [30]**golosinas** sweets   [31]**tisiquilla** consumptive, sickly

médico quién tiene la mayor culpa de la meningitis de tus hijos: mi padre o tu pulmón picado, víbora!

Continuaron cada vez con mayor violencia, hasta que un gemido de Bertita selló instantáneamente sus bocas. A la una de la mañana la ligera indigestión había desaparecido y, como pasa fatalmente con todos los matrimonios jóvenes que se han amado intensamente una vez siquiera, la reconciliación llegó, tanto más efusiva cuanto hirientes fueran los agravios.

Amaneció un espléndido día, y mientras Berta se levantaba escupió[32] sangre. Las emociones y mala noche pasada tenían, sin duda, gran culpa. Mazzini la retuvo abrazada largo rato y ella lloró desesperadamente, pero sin que ninguno se atreviera a decir una palabra.

A las diez decidieron salir, después de almorzar. Como apenas tenían tiempo, ordenaron a la sirvienta que matara una gallina.

El día, radiante, había arrancado a los idiotas de su banco. De modo que mientras la sirvienta degollaba en la cocina al animal, desangrándolo con parsimonia (Berta había aprendido de su madre este buen modo de conservar frescura a la carne), creyó sentir algo como respiración tras ella. Volvióse, y vio a los cuatro idiotas, con los hombros pegados uno a otro, mirando estupefactos la operación. Rojo…, rojo…

—¡Señora! Los niños están aquí en la cocina.

Berta llegó; no quería que jamás pisaran allí. ¡Y ni aun en esas horas de pleno perdón, olvido y felicidad reconquistada podía evitarse esa horrible visión! Porque, naturalmente, cuanto más intensos eran los raptos de amor a su marido e hija, más irritado era su humor con los monstruos.

—¡Que salgan, María! ¡Échelos! ¡Échelos, le digo!

Las cuatro pobres bestias, sacudidas, brutalmente empujadas, fueron a dar a su banco.

Después de almorzar salieron todos. La sirvienta fue a Buenos Aires y el matrimonio a pasear por las quintas.[33] Al bajar el sol volvieron; pero Berta quiso saludar un momento a sus vecinas de enfrente. Su hija escapóse en seguida a casa.

Entretanto los idiotas no se habían movido en todo el día de su banco. El sol había traspuesto ya el cerco, comenzaba a hundirse, y ellos continuaban mirando los ladrillos, más inertes que nunca.

De pronto algo se interpuso entre su mirada y el cerco. Su hermana, cansada de cinco horas paternales, quería observar por su cuenta. Detenida al pie del cerco, miraba pensativa la cresta. Quería trepar, eso no ofrecía duda. Al fin decidióse por una silla desfondada, pero no alcanzaba.[34] Recurrió entonces a un cajón de kerosene, y su instinto topográfico hízole colocar vertical el mueble, con lo cual triunfó.

Los cuatro idiotas, la mirada indiferente, vieron cómo su hermana lograba pacientemente dominar el equilibrio y cómo en puntas de pie apoyaba la garganta

---

[32]**escupió** spit   [33]**quintas** country houses   [34]**no alcanzaba** could not reach

sobre la cresta del cerro, entre sus manos tirantes. Viéronla mirar a todos lados y buscar apoyo con el pie para alzarse más.

Pero la mirada de los idiotas se había animado; una misma luz insistente estaba fija en sus pupilas. No apartaban los ojos de su hermana, mientras creciente sensación de gula[35] bestial iba cambiando cada línea de sus rostros. Lentamente avanzaron hacia el cerco. La pequeña, que habiendo logrado calzar el pie iba ya a montar a horcajadas[36] y a caerse del otro lado, seguramente, sintióse cogida[37] de la pierna. Debajo de ella, los ocho ojos clavados en los suyos le dieron miedo.

—¡Soltáme!, ¡dejáme! —gritó sacudiendo la pierna. Pero fue atraída.

—¡Mamá! ¡Ay, mamá! ¡Mamá, papá! —lloró imperiosamente. Trató aún de sujetarse del borde, pero sintióse arrancada y cayó.

—¡Mamá! ¡Ay, ma…! —No pudo gritar más. Uno de ellos le apretó[38] el cuello, apartando los bucles[39] como si fueran plumas, y los otros la arrastraron de una sola pierna hasta la cocina, donde esa mañana se había desangrado a la gallina, bien sujeta, arrancándole la vida segundo por segundo.

Mazzini, en la casa de enfrente, creyó oír la voz de su hija.

—Me parece que te llama —le dijo a Berta.

Prestaron oído, inquietos, pero no oyeron más. Con todo, un momento después se despidieron, y mientras Berta iba a dejar su sombrero, Mazzini avanzó en el patio:

—¡Bertita!

Nadie respondió.

—¡Bertita! —alzó más la voz, ya alterada.

Y el silencio fue tan fúnebre para su corazón siempre aterrado, que la espalda se le heló de horrible presentimiento.

—¡Mi hija, mi hija! —corrió ya desesperado hacia el fondo. Pero al pasar frente a la cocina vio en el piso un mar de sangre. Empujó violentamente la puerta, entornada, y lanzó un grito de horror.

Berta, que ya se había lanzado corriendo a su vez al oír el angustioso llamado del padre, oyó el grito y respondió con otro. Pero al precipitarse en la cocina, Mazzini, lívido[40] como la muerte, se interpuso, conteniéndola:

—¡No entres! ¡No entres!

Berta alcanzó a ver el piso inundado[41] de sangre. Sólo pudo echar sus brazos sobre la cabeza y hundirse a lo largo de él con un ronco suspiro.

---

[35]**gula** gluttony [36]**horcajadas** astride [37]**cogida** grabbed [38]**apretó** pressed [39]**bucles** curls [40]**lívido** pale [41]**inundado** inundated

DESPUÉS DE LEER

1. Explique el vínculo entre el primer párrafo del cuento y el último.

2. ¿Qué problema tienen los hijos del matrimonio Mazzini al cumplir más o menos dos años?

3. ¿En qué se diferencia Bertita de los hermanos?

4. Describa la actitud de los padres con respecto a los hijos. ¿Cree que son justos? ¿Cuál es su opinión personal con respecto al matrimonio Mazzini?

5. ¿Cómo cambia la relación que existe entre el matrimonio Mazzini a lo largo del cuento? ¿Qué *armas* usan para atacarse mutuamente?

6. ¿Qué prefiguraciones (*foreshadowing*) ve en el cuento?

7. Describa la impresión que causa en el lector el final del cuento.

AL LEER CONSIDERE LO SIGUIENTE:

—la contraposición entre el mundo bucólico que ofrece la naturaleza y la violencia
de la muerte
—la relación entre el padre y el hijo
—la importancia del presagio en el relato
—cómo el autor crea la tensión

En este cuento vemos dos temas que aparecen con frecuencia en la narrativa de
Horacio Quiroga: la locura y la muerte. Un padre que tiene como única compañía
a su hijo le permite a éste ir de caza con la promesa que tendrá cuidado y que
volverá temprano. El padre, que vive atemorizado de perder al hijo, presagia
su muerte. Al no volver el niño, sale a buscarlo temeroso de la realidad que tendrá
que enfrentar. Las alucinaciones del padre le ayudarán a enfrentarse con la realidad.

El hijo

Es un poderoso día de verano en Misiones, con todo el sol, el calor y la
calma que puede deparar[1] la estación. La naturaleza, plenamente abierta,
se siente satisfecha de sí.

Como el sol, el calor y la calma ambiente, el padre abre también su corazón a
la naturaleza.

—Ten cuidado, chiquito —dice a su hijo abreviando en esa frase todas las ob-
servaciones del caso y que su hijo comprende perfectamente.

—Sí, papá —responde la criatura, mientras coge la escopeta[2] y carga de cartuchos[3] los bolsillos de su camisa, que cierra con cuidado.

—Vuelve a la hora de almorzar —observa aún el padre.

—Sí, papá —repite el chico.

Equilibra la escopeta en la mano, sonríe a su padre, lo besa en la cabeza y
parte.[4]

Su padre lo sigue un rato con los ojos y vuelve a su quehacer[5] de ese día, feliz
con la alegría de su pequeño.

Sabe que su hijo, educado desde su más tierna infancia en el hábito y la pre-
caución del peligro, puede manejar un fusil[6] y cazar no importa qué. Aunque es
muy alto para su edad, no tiene sino trece años. Y parecería tener menos, a juzgar
por la pureza de sus ojos azules, frescos aún de sorpresa infantil.

No necesita el padre levantar los ojos de su quehacer para seguir con la mente

---

[1]**deparar** provide [2]**escopeta** shotgun, rifle [3]**cartuchos** shells [4]**parte** leaves [5]**quehacer**
work [6]**fusil** rifle

la marcha de su hijo: Ha cruzado la picada roja[7] y se encamina[8] rectamente al monte a través del abra de espartillo.[9]

Para cazar en el monte —caza de pelo— se requiere más paciencia de la que su cachorro[10] puede rendir.[11] Después de atravesar esa isla de monte, su hijo costeará la linde[12] de cactus hasta el bañado,[13] en procura de palomas,[14] tucanes o tal cual casal de garzas,[15] como las que su amigo Juan ha descubierto días anteriores.

Sólo ahora, el padre esboza una sonrisa al recuerdo de la pasión cinegética[16] de las dos criaturas. Cazan sólo a veces un yacútoro,[17] un surucuá[18] —menos aún— y regresan triunfales, Juan a su rancho con el fusil de nueve milímetros que él le ha regalado, y su hijo a la meseta,[19] con la gran escopeta Saint-Etienne, calibre 16, cuádruple cierre[20] y pólvora blanca.

Él fue lo mismo.[21] A los trece años hubiera dado la vida por poseer una escopeta. Su hijo, de aquella edad, la posee ahora; —y el padre sonríe.

No es fácil, sin embargo, para un padre viudo, sin otra fe ni esperanza que la vida de su hijo, educarlo como lo ha hecho él, libre en su corto radio[22] de acción, seguro de sus pequeños pies y manos desde que tenía cuatro años, consciente de la inmensidad de ciertos peligros y de la escasez de sus propias fuerzas.

Ese padre ha debido luchar fuertemente contra lo que él considera su egoísmo. ¡Tan fácilmente una criatura calcula mal, sienta un pie en el vacío y se pierde un hijo!

El peligro subsiste[23] siempre para el hombre en cualquier edad; pero su amenaza amengua[24] si desde pequeño se acostumbra a no contar sino con sus propias fuerzas.

De este modo ha educado el padre a su hijo. Y para conseguirlo ha debido resistir no sólo a su corazón, sino a sus tormentos morales; porque ese padre, de estómago y vista débiles, sufre desde hace un tiempo de alucinaciones.

Ha visto, concretados en dolorosísima ilusión, recuerdos de una felicidad que no debía surgir más de la nada en que se recluyó. La imagen de su propio hijo no ha escapado a este tormento. Lo ha visto una vez rodar envuelto en sangre[25] cuando el chico percutía en la morsa[26] del taller una bala[27] de parabellum, siendo así que lo que hacía era limar la hebilla de su cinturón de caza.

Horribles cosas… Pero hoy, con el ardiente y vital día de verano, cuyo amor su hijo parece haber heredado, el padre se siente feliz, tranquilo y seguro del porvenir.

En ese instante, no muy lejos, suena un estampido.[28]

—La Saint-Etienne… —piensa el padre al reconocer la detonación. Dos palomas menos en el monte…

---

[7]**picada roja** red path   [8]**se encamina** heads toward   [9]**abra de espartillo** opening in the sparto grass   [10]**cachorro** young son   [11]**puede rendir** can give   [12]**linde** edge of the cactus growth   [13]**bañado** marsh   [14]**en procura de palomas** looking for doves   [15]**garzas** herons   [16]**cinegética** hunting   [17]**yacútoro** tropical bird   [18]**surucuá** tropical bird   [19]**meseta** plateau   [20]**cuádruple cierre** four-lock shotgun   [21]**Él fue lo mismo.** He had been just the same.   [22]**corto radio** short range   [23]**subsiste** continues to exist   [24]**su amenaza amengua** there is less of a threat   [25]**rodar … sangre** tumble covered with blood   [26]**percutía en la morsa** struck the forge   [27]**bala** bullet   [28]**estampido** shot

Horacio Quiroga

Sin prestar más atención al nimio[29] acontecimiento, el hombre se abstrae de nuevo en su tarea.

El sol, ya muy alto, continúa ascendiendo.[30] A dondequiera que se mire —piedras, tierra, árboles—, el aire, enrarecido[31] como en un horno, vibra con el calor. Un profundo zumbido[32] que llena el ser entero e impregna el ámbito[33] hasta donde la vista alcanza, concentra a esa hora toda la vida tropical.

El padre echa una ojeada a su muñeca: las doce. Y levanta los ojos al monte.

Su hijo debía estar ya de vuelta. En la mutua confianza que depositan el uno en el otro —el padre de sienes plateadas[34] y la criatura de trece años—, no se engañan jamás. Cuando su hijo responde: —Sí, papá, hará lo que dice. Dijo que volvería antes de las doce, y el padre ha sonreído al verlo partir.

Y no ha vuelto.

El hombre torna a su quehacer, esforzándose en concentrar la atención en su tarea. ¡Es tan fácil, tan fácil perder la noción de la hora dentro del monte, y sentarse un rato en el suelo mientras se descansa inmóvil![35]…

Bruscamente, la luz meridiana, el zumbido tropical y el corazón de padre se detienen a compás de lo que acaba de pensar: su hijo descansa inmóvil…

El tiempo ha pasado; son las doce y media. El padre sale de su taller, y al apoyar la mano en el banco de mecánica sube del fondo de su memoria el estallido[36] de una bala de parabellum, e instantáneamente, por primera vez en las tres horas transcurridas, piensa que tras el estampido de la Saint-Etienne no ha oído nada más. No ha oído rodar el pedregullo[37] bajo un paso conocido. Su hijo no ha vuelto, y naturaleza se halla detenida a la vera[38] del bosque, esperándolo…

¡Oh! No son suficientes un carácter templado y una ciega confianza en la educación de un hijo para ahuyentar[39] el espectro de la fatalidad que un padre de vista enferma ve alzarse desde la línea del monte. Distracción, olvido, demora[40] fortuita: ninguno de estos nimios motivos que pueden retardar[41] la llegada de su hijo, hallan cabida en aquel corazón.

Un tiro, un solo tiro ha sonado, y hace ya mucho. Tras él el padre no ha oído un ruido, no ha visto un pájaro, no ha cruzado el abra una sola persona a anunciarle que al cruzar un alambrado,[42] una gran desgracia…

La cabeza al aire y sin machete, el padre va. Corta el abra de espartillo, entra en el monte, costea[43] la línea de cactus sin hallar el menor rastro[44] de su hijo.

Pero la naturaleza prosigue detenida. Y cuando el padre ha recorrido las sendas de caza conocidas y ha explorado el bañado en vano, adquiere la seguridad de que cada paso que da en adelante lo lleva, fatal e inexorablemente, al cadáver de su hijo.

Ni un reproche que hacerse, el lamentable. Sólo la realidad fría, terrible y consumada: Ha muerto su hijo al cruzar un…

---

[29]**nimio** insignificant   [30]**ascendiendo** rising   [31]**enrarecido** rarefied   [32]**zumbido** humming   [33]**ámbito** environment   [34]**sienes plateadas** silver-haired temples   [35]**descansa inmóvil** rests motionless   [36]**estallido** shot   [37]**pedregullo** stony ground   [38]**vera** edge   [39]**ahuyentar** to drive away   [40]**demora** delay   [41]**retardar** delay   [42]**alambrado** wire fence   [43]**costea** skirts   [44]**rastro** trace

¡Pero dónde, en qué parte! ¡Hay tantos alambrados allí, y es tan, tan sucio el monte!… ¡Oh, muy sucio!… Por poco que no se tenga cuidado al cruzar los hilos con la escopeta en la mano…

El padre sofoca[45] un grito. Ha visto levantarse en el aire… ¡Oh, no es su hijo, no!… Y vuelve a otro lado, y a otro y a otro…

Nada se ganaría con ver el color de su tez[46] y la angustia de sus ojos. Ese hombre aún no ha llamado a su hijo. Aunque su corazón clama[47] por él a gritos, su boca continúa muda. Sabe bien que el solo acto de pronunciar su nombre, de llamarlo en voz alta, será la confesión de su muerte…

—¡Chiquito! —se escapa de pronto. Y si la voz de un hombre de carácter es capaz de llorar, tapémonos de misericordia los oídos ante la angustia que clama en aquella voz.

Nadie ni nada ha respondido. Por las picadas rojas de sol, envejecido en diez años, va el padre buscando a su hijo que acaba de morir.

—¡Hijito mío!… ¡Chiquito mío!… —clama en un diminutivo que se alza del fondo de sus entrañas.[48]

Ya antes, en plena dicha y paz, ese padre ha sufrido la alucinación de su hijo rodando con la frente abierta por una bala al cromo níquel. Ahora, en cada rincón sombrío[49] del bosque ve centelleos[50] de alambre: y al pie de un poste, con la escopeta descargada al lado, ve a su…

—¡Chiquito!… ¡Mi hijo!…

Las fuerzas que permiten entregar un pobre padre alucinado a la más atroz pesadilla[51] tienen también un límite. Y el nuestro siente que las suyas se le escapan, cuando ve bruscamente desembocar de un pique lateral[52] a su hijo.

A un chico de trece años bástale ver desde cincuenta metros la expresión de su padre sin machete dentro del monte, para apresurar el paso con los ojos húmedos.

—Chiquito… —murmura el hombre. Y, exhausto, se deja caer sentado en la arena albeante,[53] rodeando con los brazos las piernas de su hijo.

La criatura, así ceñida,[54] queda de pie; y como comprende el dolor de su padre, le acaricia despacio la cabeza:

—Pobre papá…

En fin, el tiempo ha pasado. Ya van a ser las tres. Juntos, ahora padre e hijo emprenden el regreso a la casa.

—¿Cómo no te fijaste en[55] el sol para saber la hora?… —murmura aún el primero.

—Me fijé, papá… Pero cuando iba a volver vi las garzas de Juan y las seguí…

—¡Lo que me has hecho pasar, chiquito!…

—Piapiá… —murmura también el chico.

Después un largo silencio:

---

[45]**sofoca** suppresses [46]**tez** skin [47]**clama** cries out [48]**entrañas** entrails [49]**sombrío** somber [50]**centelleos** flashings [51]**pesadilla** nightmare [52]**pique lateral** steep side path [53]**arena albeante** white sand [54]**ceñida** tightly held [55]**fijaste en** pay attention to

—Y las garzas, ¿las mataste? —pregunta el padre.

—No...

Nimio detalle, después de todo. Bajo el cielo y el aire candentes[56] a la descubierta por el abra de espartillo, el hombre vuelve a casa con su hijo, sobre cuyos hombros casi del alto de los suyos, lleva pasado su feliz brazo de padre. Regresa empapado[57] de sudor, y aunque quebrantado[58] de cuerpo y alma, sonríe de felicidad...

....

....

Sonríe de alucinada felicidad... Pues ese padre va solo. A nadie ha encontrado, y su brazo se apoya en el vacío. Porque tras él, al pie de un poste y con las piernas en alto, enredadas[59] en el alambre de púa, su hijo bien amado yace al sol, muerto desde las diez de la mañana.

DESPUÉS DE LEER

1. ¿Cómo se describe la naturaleza en el cuento?

2. Explique la relación que existe entre el padre y el hijo. ¿Cuántos años tiene el niño?

3. ¿Qué temores siente el padre con respecto al hijo? ¿Cómo se manifiestan esos temores? ¿Cree usted que tienen validez?

4. ¿De qué sufre el padre? ¿Cómo está entrelazada la dolencia del padre en la narrativa?

5. Describa cómo usa Quiroga el transcurso del tiempo para crear tensión dramática.

6. ¿Qué presagios siente el padre cuando se da cuenta de que sólo ha escuchado un tiro de escopeta?

7. ¿Cuáles son los sentimientos del padre al ver que el hijo no regresa?

8. ¿Cómo interpreta el final del cuento?

---

[56]**candentes** burning   [57]**empapado** bathed, soaked   [58]**quebrantado** destroyed, broken
[59]**enredadas** tangled

AL LEER CONSIDERE LO SIGUIENTE:
—la relación que existe entre Kassim y María
—cómo crea Quiroga el ambiente del cuento
—el desenlace inesperado del cuento
—la estructura del relato

Kassim, joyero de piedras preciosas, está casado con la ambiciosa y dominante María, quien se queja constantemente del marido por darle éste, según ella, menos de lo que se merece. Kassim por fin le entrega el solitario que ella ansía de la forma menos esperada.

El solitario[1]

K assim era un hombre enfermizo, joyero de profesión, bien que no[2] tuviera tienda establecida. Trabajaba para las grandes casas, siendo su especialidad el montaje[3] de piedras preciosas. Pocas manos como las suyas para los engarces[4] delicados. Con más arranque[5] y habilidad comercial, hubiera sido rico. Pero a los treinta y cinco años proseguía en su pieza, aderezada en taller[6] bajo la ventana.

Kassim, de cuerpo mezquino,[7] rostro exangüe[8] sombreado por rala[9] barba negra, tenía una mujer hermosa y fuertemente apasionada. La joven, de origen callejero,[10] había aspirado con su hermosura a un más alto enlace.[11] Esperó hasta los veinte años, provocando a los hombres, y a sus vecinas con su cuerpo. Temerosa al fin, aceptó nerviosamente a Kassim.

No más sueños de lujo, sin embargo. Su marido, hábil —artista aún—, carecía completamente de carácter para hacer una fortuna. Por lo cual, mientras el joyero trabajaba doblado sobre[12] sus pinzas,[13] ella, de codos,[14] sostenía sobre su marido una lenta y pesada mirada, para arrancarse luego bruscamente y seguir con la vista tras los vidrios al transeúnte[15] de posición que podía haber sido su marido.

Cuanto ganaba[16] Kassim, no obstante, era para ella. Los domingos trabajaba también a fin de poderle ofrecer un suplemento. Cuando María deseaba una joya —¡y con cuánta pasión deseaba ella!— trabajaba de noche. Después había tos y puntadas al costado;[17] pero María tenía sus chispas de brillante.[18] Poco a poco el

---

[1]**solitario** diamond solitaire [2]**bien que no** even though (he) did not [3]**montaje** setting [4]**engarces** mountings [5]**arranque** drive [6]**aderezada en taller** set up as a workshop [7]**cuerpo mezquino** small bodied [8]**exangüe** bloodless [9]**rala** sparse [10]**callejero** of the streets [11]**enlace** union [12]**doblado sobre** bent over [13]**pinzas** tweezers [14]**de codos** leaning on her elbows [15]**transeúnte** passerby [16]**cuanto ganaba** whatever he earned [17]**puntadas al costado** sharp pains in his side [18]**chispas de brillante** diamond sparks

trato diario con las gemas[19] llegó a hacerle amar la tarea del artífice,[20] y seguía con ardor las íntimas delicadezas del engarce. Pero cuando la joya estaba concluida —debía partir, no era para ella— caía más hondamente en la decepción de su matrimonio. Se probaba la alhaja,[21] deteniéndose ante el espejo. Al fin la dejaba por ahí, y se iba a su cuarto. Kassim se levantaba a oír sus sollozos, y la hallaba en la cama, sin querer escucharlo.

—Hago, sin embargo, cuanto puedo por ti —decía él al fin tristemente.

Los sollozos subían con esto, y el joyero se reinstalaba[22] lentamente en su banco.

Estas cosas se repitieron tanto que Kassim no se levantaba ya a consolarla. ¡Consolarla! ¿De qué? Lo cual no obstaba para que Kassim prolongara más sus veladas a fin de un mayor suplemento.

Era un hombre indeciso, irresoluto y callado. Las miradas de su mujer se detenían ahora con más pesada fijeza sobre aquella muda tranquilidad.

—¡Y eres un hombre, tú! —murmuraba.

Kassim, sobre sus engarces, no cesaba de mover los dedos.

—No eres feliz conmigo, María —expresaba al rato.

—¡Feliz! ¡Y tienes el valor de decirlo! ¿Quién puede ser feliz contigo?... ¡Ni la última de las mujeres!... ¡Pobre diablo! —concluía con risa nerviosa, yéndose.

Kassim trabajaba esa noche hasta las tres de la mañana, y su mujer tenía luego nuevas chispas que ella consideraba un instante con los labios apretados.

—Sí ... ¡no es una diadema sorprendente!... ¿cuándo la hiciste?

—Desde el martes —mirábala él con descolorida ternura—; mientras dormías, de noche ...

—¡Oh, podías haberte acostado!... ¡Inmensos los brillantes!

Porque su pasión eran las voluminosas piedras que Kassim montaba. Seguía el trabajo con loca hambre de que concluyera de una vez, y apenas aderezada la alhaja, corría con ella al espejo. Luego, un ataque de sollozos:

—¡Todos, cualquier marido, el último, haría un sacrificio para halagar[23] a su mujer! Y tú... y tú... ¡ni un miserable vestido que ponerme, tengo!

Cuando se franquea[24] cierto límite de respeto al varón, la mujer puede llegar a decir a su marido cosas increíbles.

La mujer de Kassim franqueó ese límite con una pasión igual por lo menos a la que sentía por los brillantes. Una tarde, al guardar sus joyas, Kassim notó la falta de un prendedor[25] —cinco mil pesos en dos solitarios. Buscó en sus cajones de nuevo.

—¿No has visto el prendedor, María? Lo dejé aquí.

—Sí, lo he visto.

—¿Dónde está? —se volvió extrañado.

—¡Aquí!

---

[19]**gemas** gems   [20]**artífice** craftsman   [21]**alhaja** jewel   [22]**se reinstalaba** would go back
[23]**halagar** to please   [24]**franquea** goes beyond   [25]**prendedor** brooch

Su mujer, los ojos encendidos y la boca burlona, se erguía[26] con el prendedor puesto.

—Te queda muy bien —dijo Kassim al rato—. Guardémoslo.

María se rió.

—¡Oh, no!, es mío.

—¿Broma?...

—¡Sí, es broma! ¡Es broma, sí! ¡Cómo te duele pensar que podría ser mío!... Mañana te lo doy. Hoy voy al teatro con él.

Kassim se demudó.[27]

—Haces mal... podrían verte. Perderían toda confianza en mí.

—¡Oh! —cerró ella con rabioso fastidio,[28] golpeando violentamente la puerta.

Vuelta del teatro, colocó la joya sobre el velador.[29] Kassim se levantó y la guardó en su taller bajo llave. Al volver, su mujer estaba sentada en la cama.

—¡Es decir, que temes que te la robe! ¡Que soy una ladrona!

—No mires así... Has sido imprudente nada más.

—¡Ah! ¡Y a ti te lo confían! ¡A ti, a ti! ¡Y cuando tu mujer te pide un poco de halago, y quiere... me llamas ladrona a mí! ¡Infame!

Se durmió al fin. Pero Kassim no durmió.

Entregaron luego a Kassim para montar, un solitario, el brillante más admirable que hubiera pasado por sus manos.

—Mira, María, qué piedra. No he visto otra igual.

Su mujer no dijo nada; pero Kassim la sintió respirar hondamente[30] sobre el solitario.

—Un agua admirable... —prosiguió él—; costará nueve o diez mil pesos.

—¡Un anillo![31] —murmuró María al fin.

—No, es de hombre... un alfiler.[32]

A compás del montaje del solitario, Kassim recibió sobre su espalda trabajadora cuanto ardía de rencor y coraje[33] frustrado en su mujer. Diez veces por día interrumpía a su marido para ir con el brillante ante el espejo. Después se lo probaba con diferentes vestidos.

—Si quieres hacerlo después... —se atrevió Kassim un día—. Es un trabajo urgente.

Esperó respuesta en vano; su mujer abría el balcón.

—¡María, te pueden ver!

—¡Toma! ¡ahí está tu piedra!

El solitario, violentamente arrancado,[34] rodó por el piso.

Kassim, lívido,[35] lo recogió examinándolo, y alzó luego desde el suelo la mirada a su mujer.

---

[26]**se erguía** would straighten　　[27]**demudó** turned pale　　[28]**rabioso fastidio** furious annoyance
[29]**velador** pedestal table　　[30]**respirar hondamente** breathing deeply　　[31]**anillo** ring　　[32]**alfiler**
pin　　[33]**rencor y coraje** resentment and anger　　[34]**arrancado** pulled　　[35]**lívido** pale

—Y bueno, ¿por qué me miras así? ¿Se hizo algo tu piedra?

—No —repuso Kassim. Y reanudó[36] en seguida su tarea, aunque las manos le temblaban hasta dar lástima.

Tuvo que levantarse al fin a ver a su mujer en el dormitorio, en plena crisis de nervios. La cabellera se había soltado[37] y los ojos le salían de las órbitas.

—¡Dame el brillante! —clamó—. ¡Dámelo! ¡Nos escaparemos! ¡Para mí! ¡Dámelo!

—María… —tartamudeó Kassim, tratando de desasirse.[38]

—¡Ah! —rugió su mujer, enloquecida[39]—. ¡Tú eres el ladrón, el miserable! ¡Me has robado mi vida, ladrón, ladrón! ¡Y creías que no me iba a desquitar[40]… cornudo![41] ¡Ajá! —y se llevó las dos manos a la garganta ahogada. Pero cuando Kassim se iba, saltó de la cama y cayó, alcanzando a cogerlo de un botín.[42]

—¡No importa! ¡El brillante, dámelo! ¡No quiero más que eso! ¡Es mío, Kassim, miserable!

Kassim la ayudó a levantarse, lívido.

—Estás enferma, María. Después hablaremos… acuéstate.

—¡Mi brillante!

—Bueno, veremos si es posible… acuéstate.

—Dámelo.

La crisis de nervios retornó.

Kassim volvió a trabajar en su solitario. Como sus manos tenían una seguridad matemática, faltaban pocas horas ya para concluirlo.

María se levantó a comer, y Kassim tuvo la solicitud[43] de siempre con ella. Al final de la cena su mujer lo miró de frente.

—Es mentira, Kassim —le dijo.

—¡Oh! —repuso Kassim, sonriendo— no es nada.

—¡Te juro que es mentira! —insistió ella.

Kassim sonrió de nuevo, tocándole con torpe[44] caricia la mano y se levantó para proseguir su tarea. Su mujer, con la cara entre las manos, lo siguió con la vista.

—Y no me dices más que eso… —murmuró. Y con una honda náusea por aquello pegajoso,[45] fofo[46] e inerte que era su marido, se fue a su cuarto.

No durmió bien. Despertó, tarde ya, y vio luz en el taller; su marido continuaba trabajando. Una hora después Kassim oyó un alarido.[47]

—¡Dámelo!

—Sí, es para ti; falta poco, María —repuso presuroso, levantándose. Pero su mujer, tras ese grito de pesadilla, dormía de nuevo.

A las dos de la mañana Kassim pudo dar por terminada su tarea; el brillante resplandecía firme y varonil en su engarce. Con paso silencioso fue al dormitorio y encendió la veladora. María dormía de espaldas, en la blancura helada de su camisón y de la sábana.

---

[36]**reanudó** started once again   [37]**cabellera se había soltado** her hair had come down   [38]**desasirse** to break loose   [39]**enloquecida** mad   [40]**desquitar** to get even   [41]**cornudo** cuckold (deceived husband)   [42]**botín** boot   [43]**solicitud** care   [44]**torpe** awkward   [45]**pegajoso** sticky   [46]**fofo** soft   [47]**alarido** shriek

Fue al taller y volvió de nuevo. Contempló un rato el seno[48] casi descubierto y con una descolorida sonrisa apartó un poco más el camisón desprendido.

Su mujer no lo sintió.

No había mucha luz. El rostro de Kassim adquirió de pronto una dureza de piedra y suspendiendo un instante la joya a flor del seno desnudo, hundió firme y perpendicular como un clavo,[49] el alfiler entero en el corazón de su mujer.

Hubo una brusca apertura de ojos, seguida de una lenta caída de párpados. Los dedos se arquearon, y nada más.

La joya, sacudida[50] por la convulsión del ganglio herido,[51] tembló un instante desequilibrada. Kassim esperó un momento; y cuando el solitario quedó por fin perfectamente inmóvil, se retiró, cerrando tras de sí la puerta sin hacer ruido.

DESPUÉS DE LEER

1. ¿Cuál es la profesión de Kassim?

2. ¿Cómo describiría las personalidades de Kassim y María?

3. ¿Qué opina usted de la acusación que hace María a Kassim de no darle nada?

4. ¿Qué representa Kassim para María? ¿Ha existido amor entre ellos?

5. Describa la forma en que se manifiesta la avaricia de María.

6. Kassim complace a María y le da el solitario que tanto deseaba. ¿Le sorprende la forma en que lo hace?

7. ¿Cómo explica usted la acción final de Kassim?

ALGUNOS ESTUDIOS DE INTERÉS

Alazraki, Jaime. "Relectura de Horacio Quiroga". Enrique Pupo-Walker, ed. *El cuento hispanoamericano ante la crítica*. Madrid, España: Castalia, 1973.

Ekstrom, Margaret V. "La tierra indiferente en los cuentos de Quiroga y de Rulfo". *Cuadernos de Aldeeu* 1:2–3 (1983): 211–218.

Jitirik, Noé. *Horacio Quiroga*. Buenos Aires, Argentina: Centro Editor de América Latina, 1967.

Leante, César. "Horacio Quiroga: El juicio futuro". *Cuadernos Hispanoamericanos* 383 (1982): 367–380.

Martínez Estrada, Ezequiel. *El hermano Quiroga*. Montevideo, Uruguay: Instituto Nacional de Investigaciones y Archivos, 1957.

Paoli, Roberto. "El perfecto cuentista: Comentario a tres textos de Horacio Quiroga". *Revista Iberoamericana* 58:160–161 (1992): 953–974.

Pearson, Lon. "Horacio Quiroga's Obsessions with Abnormal Psychology and Medicine as Reflected in *La gallina degollada*". *Literature and Psychology* 32:2 (1986): 32–46.

Rodríguez Monegal, Emir. *El desterrado. Vida y obra de Horacio Quiroga*. Buenos Aires, Argentina: Losada, 1968.

Scari, Roberto M. "Horacio Quiroga y los fenómenos parapsicológicos". *Cuadernos Hispanoamericanos* 397 (1983): 123–132.

---

[48]**seno** breast   [49]**clavo** nail   [50]**sacudida** shaken, jolted   [51]**herido** wounded

Gabriela Mistral
(Lucila Godoy Alcayaga)

(1889, Vicuña, Chile–1957, Roslyn, Nueva York)

Escritora chilena de fama internacional. A ella correspondió el primer Premio Nobel de Literatura (1945) otorgado a un escritor hispanoamericano. Se dio a conocer como poetisa con "Los sonetos de la muerte" (1914), los que obtuvieron el primer premio en los Juegos Florales de la Sociedad de Artistas de Santiago. La temática de su poesía es amplia. En ella sobresalen la religiosidad, la naturaleza, la ternura, la maternidad frustrada y el amor. Éste se manifiesta a través del amor al hombre amado, los niños, la muerte, los humildes y los desafortunados. Una recopilación de poemas sueltos apareció en *Desolación* (1922), su primer libro. Otros poemarios son *Ternura* (1924), *Tala* (1938), *Lagar* (1954) y *Poema de Chile* (1967), obra póstuma.

Además de su reconocida y admirada contribución poética, Gabriela Mistral participó en el proceso de reforma de la educación en México y colaboró en la creación de bibliotecas populares en ese país. Representó a Chile en la Organización de las Naciones Unidas hasta su muerte.

AL LEER CONSIDERE LO SIGUIENTE:

—el amor
—los celos
—el sentimiento religioso
—la muerte

En la trilogía "Los sonetos de la muerte" encontramos ya los temas fundamentales de la poética de Gabriela Mistral. Estudiosos de su obra consideran que la clave de estos sonetos se encuentra en el suicidio de Romelio Ureta a quien la poetisa había conocido en 1907. Cuando esa tragedia acontece ya había terminado la relación entre ellos. Los sentimientos hacia el amado se manifiestan al expresar la voz poética que lo prefiere muerto antes de que sea de otra mujer. Según Mistral, sólo Dios, el Señor, será capaz de juzgar sus profundos sentimientos porque es el único que la comprende.

Los sonetos de la muerte

1

Del nicho[1] helado en que los hombres te pusieron,
te bajaré a la tierra humilde y soleada.
Que he de dormirme en ella los hombres no supieron,
y que hemos de soñar sobre la misma almohada.

Te acostaré en la tierra soleada con una
dulcedumbre[2] de madre para el hijo dormido,
y la tierra ha de hacerse suavidades de cuna[3]
al recibir tu cuerpo de niño dolorido.

Luego iré espolvoreando tierra y polvo de rosas,
y en la azulada y leve polvareda de luna,
los despojos[4] livianos irán quedando presos.

Me alejaré cantando mis venganzas hermosas,
¡porque a ese hondor recóndito[5] la mano de ninguna
bajará a disputarme tu puñado de huesos!

2

Este largo cansancio se hará mayor un día,
y el alma dirá al cuerpo que no quiere seguir

---

[1]**nicho** niche [2]**dulcedumbre** softness, sweetness [3]**cuna** cradle [4]**despojos** remains
[5]**hondor recóndito** hidden depth

arrastrando⁶ su masa por la rosada vía,
por donde van los hombres, contentos de vivir...

Sentirás que a tu lado cavan⁷ briosamente,⁸
que otra dormida llega a la quieta ciudad.
Esperaré que me hayan cubierto totalmente...
¡y después hablaremos por una eternidad!

Sólo entonces sabrás el porqué, no madura
para las hondas huesas⁹ tu carne todavía,
tuviste que bajar, sin fatiga, a dormir.

Se hará luz en la zona de los sinos,¹⁰ oscura;
sabrás que en nuestra alianza¹¹ signo de astros había
y, roto el pacto enorme, tenías que morir...

3

Malas manos tomaron tu vida desde el día
en que, a una señal de astros, dejara su plantel
nevado de azucenas. En gozo florecía.
Malas manos entraron trágicamente en él...

Y yo dije al Señor: "Por las sendas¹² mortales
le llevan. ¡Sombra amada que no saben guiar!
¡Arráncalo,¹³ Señor, a esas manos fatales
o le hundes¹⁴ en el largo sueño que sabes dar!

¡No le puedo gritar, no le puedo seguir!
Su barca empuja un negro viento de tempestad.
Retórnalo a mis brazos o le siegas en flor".

Se detuvo la barca rosa de su vivir...
¿Que no sé del amor, que no tuve piedad?
¡Tú, que vas a juzgarme, lo comprendes, Señor!

---

⁶**arrastrando** dragging ⁷**cavan** dig ⁸**briosamente** energetically ⁹**hondas huesas** deep
graves ¹⁰**los sinos** destiny ¹¹**alianza** pact ¹²**sendas** paths ¹³**arráncalo** snatch him away
¹⁴**le hundes** submerge him

DESPUÉS DE LEER

1. ¿A quién se dirige la voz poética al usar el *tú* en los sonetos?
2. ¿Cómo está descrita la tierra y cuál ha de ser la función de ésta hacia el amado?
3. ¿Cuáles son los elementos maternales que se evidencian en el primer soneto?
4. ¿Cómo se representan los celos en los sonetos?
5. ¿Qué anticipa el *yo* del poema al morir?
6. ¿Cómo se justifica la muerte del amado?
7. Explique el papel de los astros en el poema.
8. ¿Qué implora el *yo* del poema?
9. ¿Cuál es el significado de "Retórnalo a mis brazos o le siegas en flor"?
10. ¿Cómo describiría usted los sentimientos expresados en el poema?
11. Analice uno de los sonetos.

AL LEER CONSIDERE LO SIGUIENTE:

—la maestra como ser que sufre
—la importancia de la maestra en la formación espiritual e intelectual de los niños
—los elementos religiosos presentes en el poema

En este poema Gabriela Mistral retrata a la maestra rural, mujer que se entrega totalmente a la formación espiritual e intelectual de los niños y sólo recibe como recompensa a su esfuerzo el menosprecio y falta de comprensión de parte de los padres. En este poema, como en muchos otros de Mistral, se destacan los elementos religiosos.

La maestra rural

A Federico de Onís.

La maestra era pura. «Los suaves hortelanos»,[1]
decía, «de este predio,[2] que es predio de Jesús,
han de conservar puros los ojos y las manos,
guardar claros sus óleos,[3] para dar clara luz».

La maestra era pobre. Su reino no es humano.
(Así en el doloroso sembrador[4] de Israel.)
Vestía sayas pardas,[5] no enjoyaba[6] su mano
¡y era todo su espíritu un inmenso joyel!

La maestra era alegre. ¡Pobre mujer herida!
Su sonrisa fue un modo de llorar con bondad.
Por sobre la sandalia rota y enrojecida,
era ella la insigne flor de su santidad.

¡Dulce ser! En su río de mieles, caudaloso,[7]
largamente abrevaba[8] sus tigres el dolor.
Los hierros que le abrieron el pecho generoso
¡más anchas le dejaron las cuencas[9] del amor!

¡Oh labriego,[10] cuyo hijo de su labio aprendía
el himno y la plegaria,[11] nunca viste el fulgor[12]

---

[1]**hortelanos** vegetable growers   [2]**predio** land   [3]**óleos** sacred oil used in religious services   [4]**sembrador** sower   [5]**sayas pardas** dark skirts   [6]**no enjoyaba** did not embellish with jewels   [7]**caudaloso** abundant   [8]**abrevaba** quenched the thirst   [9]**cuencas** basins   [10]**labriego** peasant   [11]**plegaria** prayer   [12]**fulgor** brilliance, spark

del lucero cautivo que en sus carnes ardía:
pasaste sin besar su corazón en flor!

Campesina, ¿recuerdas que alguna vez prendiste
su nombre a un comentario brutal o baladí?[13]
Cien veces la miraste, ninguna vez la viste
¡y en el solar de tu hijo,[14] de ella hay más que de ti!

Pasó por él su fina, su delicada esteva,[15]
abriendo surcos[16] donde alojar[17] perfección.
La albada de virtudes de que lento se nieva
es suya. Campesina, ¿no le pides perdón?

Daba sombra por una selva su encina[18] hendida[19]
el día en que la muerte la convidó a partir.
Pensando en que su madre la esperaba dormida,
a La de Ojos Profundos se dio sin resistir.

Y en su Dios se ha dormido, como en cojín[20] de luna;
almohada de sus sienes,[21] una constelación;
canta el Padre para ella sus canciones de cuna
¡y la paz llueve largo sobre su corazón!

Como un henchido[22] vaso, traía el alma hecha
para dar ambrosía de toda eternidad;
y era su vida humana la dilatada brecha
que suele abrirse el Padre para echar claridad.

Por eso aún el polvo de sus huesos sustenta
púrpura de rosales de violento llamear.[23]
¡Y el cuidador de tumbas, como aroma, me cuenta,
las plantas del que huella[24] sus huesos, al pasar!

DESPUÉS DE LEER

1. Describa a la maestra rural.
2. ¿Cómo se comportó la comunidad rural con la maestra? Explique.
3. ¿Qué críticas se la hacen a ella? ¿Son justificadas?
4. Según el poema, ¿quién tiene mayor influencia en la vida del niño, la maestra o la madre?
5. Señale los elementos religiosos del poema.
6. ¿Por qué la poetisa emplea los verbos en pasado al referirse a la maestra?

---

[13]**baladí** insignificant   [14]**solar de tu hijo** that which makes your son what he is   [15]**esteva** plow handle   [16]**surcos** furrows   [17]**alojar** to house   [18]**encina** evergreen oak (symbol of strength)   [19]**hendida** split   [20]**cojín** cushion   [21]**sienes** temples   [22]**henchido** full   [23]**llamear** flame   [24]**huella** leave traces

AL LEER CONSIDERE LO SIGUIENTE:

—la importancia de los autores y de los libros mencionados
—las referencias religiosas
—la estructura poética del poema

En "Mis libros", Gabriela Mistral menciona los libros que han tenido influencia en su vida.

Mis libros

Libros, callados libros de las estanterías,
vivos en su silencio, ardientes en su calma;
libros, los que consuelan, terciopelos[1] del alma,
y que siendo tan tristes nos hacen la alegría!

Mis manos en el día de afanes[2] se rindieron;[3]
pero al llegar la noche los buscaron, amantes
en el hueco[4] del muro donde como semblantes[5]
me miran confortándome aquellos que vivieron.

¡Biblia, mi noble Biblia, panorama estupendo,
en donde se quedaron mis ojos largamente,
tienes sobre los Salmos[6] las lavas más ardientes
y en su río de fuego mi corazón enciendo!

Sustentaste[7] a mis gentes con tu robusto vino
y los erguiste[8] recios[9] en medio de los hombres,
y a mí me yergue[10] de ímpetu sólo el decir tu nombre;
porque yo de ti vengo he quebrado al Destino.

Después de ti, tan sólo me traspasó los huesos
con su ancho alarido,[11] el sumo Florentino.[12]
A su voz todavía como un junco[13] me inclino;
por su rojez[14] de infierno fantástica atravieso.

---

[1]**terciopelos** velvet   [2]**afanes** hard work   [3]**se rindieron** surrendered   [4]**hueco** hollow   [5]**semblantes** faces   [6]**Salmos** Psalms, a book of the Bible composed of 150 songs, hymns, and prayers   [7]**sustentaste** nourished   [8]**erguiste** raised   [9]**recios** strong   [10]**me yergue** lifts me up   [11]**alarido** shriek   [12]**el sumo Florentino** reference to Dante Alighieri (1265–1321), Italian poet born in Florence, Italy, and author of the *Divine Comedy*   [13]**junco** rush, cane   [14]**rojez** reddish

Y para refrescar en musgos[15] con rocío[16]
la boca, requemada en las llamas dantescas,[17]
busqué las Florecillas de Asís,[18] las siempre frescas
¡y en esas felpas dulces se quedó el pecho mío!

Yo vi a Francisco,[19] a Aquel fino como las rosas,
pasar por su campiña[20] más leve que un aliento,
besando el lirio abierto y el pecho purulento,[21]
por besar al Señor que duerme entre las cosas.

¡Poema de Mistral,[22] olor a surco[23] abierto
que huele en las mañanas, yo te aspiré embriagada![24]
Vi a Mireya[25] exprimir la fruta ensangrentada
del amor y correr por el atroz desierto.

Te recuerdo también, deshecha de dulzuras,
versos de Amado Nervo,[26] con pecho de paloma,
que me hiciste más suave la línea de la loma,
cuando yo te leía en mis mañanas puras.

Nobles libros antiguos, de hojas amarillentas,
sois labios no rendidos de endulzar a los tristes,
sois la vieja amargura[27] que nuevo manto viste:
¡desde Job[28] hasta Kempis[29] la misma voz doliente!

Los que cual Cristo hicieron la Vía-Dolorosa,[30]
apretaron el verso contra su roja herida,
y es lienzo[31] de Verónica[32] la estrofa dolorida;
¡todo libro es purpúreo como sangrienta rosa!

¡Os amo, os amo, bocas de los poetas idos,
que deshechas en polvo me seguís consolando,
y que al llegar la noche estáis conmigo hablando,
junto a la dulce lámpara, con dulzor de gemidos!

---

[15]**musgos** moss [16]**rocío** dew [17]**llamas dantescas** reference to hell as it appears in Dante's *Divine Comedy* [18]**Asís** reference to a town in central Italy where Saint Francis of Assisi was born [19]**Francisco** reference to St. Francis of Assisi (1182–1226), founder of the Franciscan order [20]**campiña** countryside [21]**purulento** purulent [22]**Mistral** reference to Fréderic Mistral (1830–1914), Provençal poet and novelist, winner of the Nobel Prize in Literature in 1904 and greatly admired by Gabriela Mistral. As a tribute to him and the Italian Gabriele d'Annunzio (1893–1938), Gabriela Mistral chose her pseudonym. [23]**surco** furrow [24]**embriagada** enraptured [25]**Mireya** character in the poem by the same name written by F. Mistral [26]**Amado Nervo** (1870–1919), Mexican modernist poet [27]**amargura** bitterness [28]**Job** Biblical character known for his resignation and patience [29]**Kempis** reference to Thomas à Kempis (1379?–1471), German ecclesiastic and author of *Imitation of Christ* [30]**Vía-Dolorosa** Way of the Cross [31]**lienzo** linen [32]**Verónica** reference to St. Veronica who, according to legend, wiped Jesus's face on his way to Calvary. It is believed by some that Jesus's imprint was left on the cloth she used.

De la página abierta aparto la mirada,
¡oh muertos!, y mi ensueño va tejiéndoos[33] semblantes:
las pupilas febriles, los labios anhelantes
que lentos se deshacen en la tierra apretada.

DESPUÉS DE LEER

1. ¿Cómo están personificados los libros?

2. ¿Qué función tienen los libros?

3. ¿Cuál es la importancia que tiene la Biblia para la poetisa?

4. Explique la referencia al "sumo Florentino".

5. ¿Cómo está creada la contraposición entre "las llamas dantescas" y "las Florecillas de Asís"? Explique.

6. ¿Qué poetas representan las emociones creadas por la autora? ¿Cómo son consideradas en el poema?

7. Explique cómo está presentado el dolor en el poema.

8. ¿Según el poema, cómo es posible el consuelo? ¿Lee usted para hallar consuelo?

---

[33]**tejiéndoos** weaving you

AL LEER CONSIDERE LO SIGUIENTE:

—la importancia del pan en la vida del ser humano
—la referencia a la geografía hispanoamericana
—cómo a través del pan surge el recuerdo

Al ver un pan pellizcado y abandonado sobre una mesa, la poetisa recuerda su pasado y a los amigos, muchos de ellos ya muertos, que con ella lo compartieron. Como en otros poemas de Gabriela Mistral, el lector apreciará los elementos religiosos en "Pan".

Pan

Dejaron un pan en la mesa,
mitad quemado, mitad blanco,
pellizcado[1] encima y abierto
en unos migajones[2] de ampo.[3]

Me parece nuevo o como no visto,
y otra cosa que él no me ha alimentado,
pero volteando su miga, sonámbula,
tacto y olor se me olvidaron.

Huele a mi madre cuando dió su leche,
huele a tres valles por donde he pasado:
a Aconcagua,[4] a Pátzcuaro,[5] a Elqui,[6]
y a mis entrañas[7] cuando yo canto.

Otros olores no hay en la estancia[8]
y por eso él así me ha llamado;
y no hay nadie tampoco en la casa
sino este pan abierto en un plato,
que con su cuerpo me reconoce
y con el mío yo reconozco.

Se ha comido en todos los climas
el mismo pan en cien hermanos:

---

[1]**pellizcado** pinched   [2]**migajones** crumbs   [3]**de ampo** white   [4]**Aconcagua** highest mountain in the Andes. It is in Argentina, near Chile; the nearby valley was visited by the poet. [5]**Pátzcuaro** valley located in Mexico and visited by the poet   [6]**Elqui** valley in Chile. The poet was born in this region.   [7]**entrañas** core (*fig.* being)   [8]**estancia** room

pan de Coquimbo,[9] pan de Oaxaca,[10]
pan de Santa Ana[11] y de Santiago.[12]

En mis infancias yo le sabía
forma de sol, de pez o de halo,
y sabía mi mano su miga
y el calor de pichón[13] emplumado[14]...

Despúes le olvidé, hasta este día
en que los dos nos encontramos,
yo con mi cuerpo de Sara[15] vieja
y él con el suyo de cinco años.

Amigos muertos con que comíalo
en otros valles, sientan el vaho[16]
de un pan en septiembre molido[17]
y en agosto en Castilla segado.

Es otro y es el que comimos
en tierras donde se acostaron.
Abro la miga y les doy su calor;
lo volteo y les pongo su hálito.[18]

La mano tengo de él rebosada[19]
y la mirada puesta en mi mano;
entrego un llanto arrepentido[20]
por el olvido de tantos años,
y la cara se me envejece
o me renace en este hallazgo.

Como se halla vacía la casa,
estemos juntos los reencontrados,
sobre esta mesa sin carne y fruta,
los dos en este silencio humano,
hasta que seamos otra vez uno
y nuestro día haya acabado...

---

[9]**Coquimbo** city and province of Chile   [10]**Oaxaca** state in Mexico   [11]**Santa Ana** Peruvian city situated near Cuzco   [12]**Santiago** capital of Chile   [13]**pichón** young pigeon   [14]**emplumado** feathered   [15]**Sara** according to the Bible, Sarah, wife of Abraham, gave birth as an old woman   [16]**vaho** vapor, steam   [17]**molido** ground   [18]**hálito** breath   [19]**rebosada** overflowing   [20]**arrepentido** repentant

DESPUÉS DE LEER

1. ¿Qué simboliza el pan?

2. ¿Cómo es el pan que ha quedado abandonado?

3. Explique el sentido del verso "Me parece nuevo o como no visto" al referirse al pan.

4. ¿Cuál es la importancia de los olores en el poema?

5. ¿De qué forma trata la poetisa de abarcar toda la América hispana en su poema?

6. ¿Cómo suscita el pan sobre la mesa recuerdos a la poetisa?

7. Al "redescubrir" el pan, ¿qué descubre Gabriela Mistral acerca de sí misma?

Muro[1]

Muro fácil y extraordinario,
muro sin peso y sin color:
un poco de aire en el aire.

Pasan los pájaros de un sesgo,[2]
pasa el columpio[3] de la luz,
pasa el filo[4] de los inviernos
como el resuello[5] del verano;
pasan las hojas en las ráfagas[6]
y las sombras incorporadas.

¡Pero no pasan los alientos,[7]
pero el brazo no va a los brazos
y el pecho al pecho nunca alcanza!

---

[1]**muro** wall [2]**sesgo** slant [3]**columpio** swing [4]**filo** edge [5]**resuello** breathing [6]**ráfagas** gusts [7]**alientos** breath

ALGUNOS ESTUDIOS DE INTERÉS

Alegría, Fernando. "Notes Toward a Definition of Gabriela Mistral's Ideology". E. Beth Miller, ed. *Women in Hispanic Literature: Icons and Fallen Idols.* Berkeley: University of California Press, 1983.

Cuneo, Ana María. "Hacia la determinación del 'arte poética' de Gabriela Mistral". *Revista Chilena de Literatura* 26 (1985): 19–36.

Gómez Hoyos, Rafael. "Gabriela Mistral, poetisa cristiana". *Boletín de la Academia Colombiana* 40:168 (1990): 34–45.

Hamilton, Carlos O. "Raíces bíblicas en la poesía de Gabriela Mistral". *Cuadernos Americanos* (1961): 201–210.

Magini González, Shirley. "Mitología y cosmología en Gabriela Mistral y Pablo Neruda". *Discurso Literario: Revista de Temas Literarios* 2:2 (1985): 439–455.

Ostria González, Mauricio. "Gabriela Mistral y César Vallejo: La americanidad como desgarramiento". *Revista Chilena de Literatura* 42 (1993): 193–199.

Silva Castro, Raúl. "Notas sobre 'Los sonetos de la muerte' de Gabriela Mistral". *Hispanic Review* 33 (1965): 57–62.

Taylor, Martin. *Gabriela Mistral's Religious Sensitivity.* Berkeley: University of California Press, 1968.

Urzúa, María. *Gabriela Mistral. Genio y figura.* Santiago, Chile: Editorial del Pacífico, 1981.

César Vallejo

(1892, Santiago de Chuco, Perú–1938, París, Francia)

César Vallejo es uno de los poetas latinoamericanos más destacados de la primera mitad del siglo XX. La poesía de este autor peruano refleja tanto su sufrimiento personal como el de su pueblo, Perú, y el de la humanidad en general.

De niño, Vallejo fue criado en un hogar en el cual la religión tenía gran importancia; de joven, estudió derecho en la Universidad de Trujillo. En 1918 fue a Lima, donde conoció a José Carlos Mariátegui (1895-1930) y a otros colaboradores de la revista *Amauta* (1925-1930), órgano de difusión de ideas vanguardistas y del pensamiento marxista. De adulto se familiarizó con el marxismo y presenció los horrores de la Guerra Civil en España. Estas experiencias conjuntamente con sus raíces indígenas y españolas constituyen el fundamento de su poesía. Su primer libro *Los heraldos negros* fue publicado en 1918. En él se aprecia la influencia del modernismo literario en el vocabulario y ritmo de los versos. El poema que origina el título del libro presenta los temas que sobresalen en su obra. *Trilce,* publicado en 1922, se escribe bajo el predominio de los movimientos literarios de vanguardia. La visión del mundo que Vallejo presenta está marcada por la ruptura con la realidad y por el absurdo. Algunos años después aparece *España, aparta de mí este cáliz,* publicado con *Poemas en prosa,* en la colección *Poemas humanos* en 1939.

Los temas fundamentales de la lírica de Vallejo son el amor erótico o el hogareño, el sufrimiento, la enajenación del indígena, la orfandad del ser humano, la soledad, la muerte, el destino del hombre, la inquietud metafísica y la preocupación social.

AL LEER CONSIDERE LO SIGUIENTE:

—el sufrimiento humano
—la relación entre Dios y el hombre
—la estructura del poema

Este poema escrito bajo la influencia del modernismo contiene los temas fundamentales de la obra de César Vallejo. El ambiente religioso que rodeó a Vallejo en sus años de crecimiento explica que en su poesía sean frecuentes las referencias a Dios y a las imágenes de la religión católica. En "Los heraldos negros" el poeta cuestiona si en los sufrimientos del hombre interviene la voluntad de Dios.

Los heraldos[1] negros

Hay golpes en la vida, tan fuertes... Yo no sé!
Golpes como del odio de Dios; como si ante ellos,
la resaca[2] de todo lo sufrido
se empozara[3] en el alma... Yo no sé!

Son pocos, pero son... Abren zanjas[4] oscuras
en el rostro[5] más fiero[6] y en el lomo[7] más fuerte.
Serán tal vez los potros[8] de bárbaros atilas;[9]
o los heraldos negros que nos manda la Muerte.

Son las caídas hondas de los Cristos del alma,
de alguna fe adorable que el Destino blasfema.
Esos golpes sangrientos son las crepitaciones[10]
de algún pan que en la puerta del horno se nos quema.

Y el hombre... Pobre... pobre! Vuelve los ojos, como
cuando por sobre el hombro nos llama una palmada;[11]
vuelve los ojos locos, y todo lo vivido
se empoza, como charco[12] de culpa, en la mirada.

Hay golpes en la vida, tan fuertes... Yo no sé!

---

[1]**heraldos** messengers   [2]**resaca** undercurrent   [3]**se empozara** became stagnant   [4]**zanjas** ditches   [5]**rostro** face   [6]**fiero** fierce   [7]**lomo** back   [8]**potros** horses   [9]**atilas** pertinent to Attila the Hun (406?–453), whose army conquered kingdoms to the east and west   [10]**crepitaciones** cracklings   [11]**como ... palmada** like when someone taps you on the back unexpectedly   [12]**charco** puddle

DESPUÉS DE LEER

1. ¿A qué se refiere el poeta cuando habla de "golpes" en este poema? ¿Quién causa esos golpes?

2. ¿Cómo describiría la relación que existe entre Dios y el hombre?

3. ¿Qué importancia tiene la repetición de la frase "Yo no sé"?

4. ¿Cómo están descritos los golpes? ¿Cómo afectan al ser humano?

5. Explique los elementos religiosos que aparecen en el poema.

6. Haga un análisis estilístico de "Los heraldos negros".

—las referencias religiosas
—el sufrimiento humano

En este poema el poeta cuestiona el haber nacido. La cena miserable es una metáfora de la vida humana, cargada de dolores y sufrimientos.

La cena miserable

Hasta cuándo estaremos esperando lo que
no se nos debe… Y en qué recodo[1] estiraremos[2]
nuestra pobre rodilla para siempre! Hasta cuándo
la cruz que nos alienta[3] no detendrá sus remos![4]

Hasta cuándo la Duda nos brindará blasones[5]
por haber padecido![6]…
                                        Ya nos hemos sentado
mucho a la mesa, con la amargura de un niño
que a media noche, llora de hambre, desvelado[7]…

Y cuándo nos veremos con los demás, al borde
de una mañana eterna, desayunados todos!
Hasta cuándo este valle de lágrimas, a donde
yo nunca dije que me trajeran.

                              De codos
todo bañado en llanto, repito cabizbajo
y vencido: hasta cuándo la cena durará!

Hay alguien que ha bebido mucho, y se burla,[8]
y acerca y aleja de nosotros, como negra cuchara
de amarga esencia humana, la tumba…
                                        Y menos sabe
ese oscuro hasta cuándo la cena durará!

---

[1]**recodo** bend   [2]**estiraremos** will we stretch out   [3]**nos alienta** gives us encouragement   [4]**remos** oars   [5]**blasones** honor, glory   [6]**padecido** suffered   [7]**desvelado** sleepless   [8]**se burla** makes fun of

D E S P U É S   D E   L E E R

1. ¿Cómo interpreta el título del poema?

2. ¿Qué impresión crea en el lector el uso de la anáfora (repetición de palabras o frases) "hasta cuándo"?

3. ¿Cuál es la actitud del poeta hacia la vida?

4. ¿Qué palabras usa el poeta a través del poema para describir el sufrimiento humano?

—la importancia del título
—el uso de imágenes
—las referencias al hambre para describir la condición humana

De nuevo, Vallejo usa imágenes del cristianismo y más específicamente de la religión católica para mostrar el sufrimiento del pobre y la desigualdad que existe en la distribución de las riquezas.

El pan nuestro

Se bebe el desayuno... Húmeda tierra
de cementerio huele a sangre amada.
Ciudad de invierno... La mordaz cruzada[1]
de una carreta[2] que arrastrar parece[3]
una emoción de ayuno[4] encadenada![5]

Se quisiera tocar todas las puertas,
y preguntar por no sé quién; y luego
ver a los pobres, y, llorando quedos,[6]
dar pedacitos de pan fresco a todos.
Y saquear[7] a los ricos sus viñedos[8]
con las dos manos santas
que a un golpe de luz
volaron desclavadas[9] de la Cruz!

Pestaña matinal, no os levantéis!
¡El pan nuestro de cada día dánoslo,
Señor...!

Todos mis huesos son ajenos;[10]
yo tal vez los robé!
Yo vine a darme lo que acaso estuvo
asignado para otro;
y pienso que, si no hubiera nacido,
otro pobre tomara este café!
Yo soy un mal ladrón... A dónde iré!

---

[1]**mordaz cruzada** harsh passing   [2]**carreta** cart   [3]**que arrastrar parece** that seems to drag   [4]**ayuno** fasting   [5]**encadenada** chained   [6]**quedos** quietly   [7]**saquear** to plunder   [8]**viñedos** vineyards   [9]**desclavadas** unnailed   [10]**ajenos** belonging to someone else

Y en esta hora fría, en que la tierra
trasciende a[11] polvo humano y es tan triste,
quisiera yo tocar todas las puertas,
y suplicar a no sé quién, perdón,
y hacerle pedacitos de pan fresco
aquí, en el horno de mi corazón…!

D E S P U É S   D E   L E E R

1. ¿Qué querrá decir el poeta al referirse a "una emoción de ayuno encadenada"?

2. ¿Qué es lo que quisiera hacer el poeta con los pobres? ¿Cuál es su actitud hacia los ricos?

3. ¿Cómo expresa Vallejo el sentimiento de que él es la causa del sufrimiento de otros?

4. Enumere los elementos cristianos que aparecen en el poema.

5. Explique la importancia del título.

---

[11]**trasciende a** reeks of

AL LEER CONSIDERE LO SIGUIENTE:
—el sufrimiento
—la importancia del hogar
—la soledad

El hogar de la infancia del poeta se encuentra vacío. De él se han marchado todos los hermanos. Vallejo se considera ser la causa del sufrimiento de los padres.

Los pasos lejanos

Mi padre duerme. Su semblante[1] augusto
figura un apacible[2] corazón;
está ahora tan dulce…
si hay algo en él de amargo, seré yo.

Hay soledad en el hogar; se reza;
y no hay noticias de los hijos hoy.
Mi padre se despierta, ausculta[3]
la huida a Egipto,[4] el restañante[5] adiós.
Está ahora tan cerca;
si hay algo en él de lejos, seré yo.

Y mi madre pasea allá en los huertos,
saboreando un sabor ya sin sabor.
Está ahora tan suave,
tan ala,[6] tan salida, tan amor.

Hay soledad en el hogar sin bulla,[7]
sin noticias, sin verde, sin niñez.
Y si hay algo quebrado[8] en esta tarde,
y que baja y que cruje,[9]
son dos viejos caminos blancos, curvos.[10]
Por ellos va mi corazón a pie.

---

[1]**semblante** countenance, face [2]**apacible** peaceful [3]**ausculta** listens for [4]**la huida a Egipto** reference to the flight of Joseph, Mary, and Jesus to avoid the massacre of the innocents [5]**restañante** stanching [6]**tan ala** so protective [7]**sin bulla** without noise [8]**quebrado** broken [9]**cruje** rustles [10]**curvos** bent

DESPUÉS DE LEER

1. ¿Cómo describe el poeta a sus padres y su relación con ellos?
2. ¿En qué condiciones se encuentra el hogar y con qué lo compara Vallejo?
3. Explique los versos siguientes:

   son dos viejos caminos blancos, curvos.
   Por ellos va mi corazón a pie.

AL LEER CONSIDERE LO SIGUIENTE:

—las imágenes usadas por el poeta
—la relación entre Dios y el hombre

El poeta vuelve al tema del sufrimiento en este poema. Vallejo considera que Dios
ha abandonado al hombre y es incapaz de comprender su sufrimiento porque
no sabe lo que es sufrir.

Los dados[1] eternos

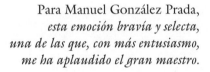

> Para Manuel González Prada,
> *esta emoción bravía y selecta,*
> *una de las que, con más entusiasmo,*
> *me ha aplaudido el gran maestro.*

Dios mío, estoy llorando el ser que vivo;
me pesa haber tomádote tu pan;
pero este pobre barro[2] pensativo
no es costra[3] fermentada en tu costado:[4]
tú no tienes Marías que se van!

Dios mío, si tú hubieras sido hombre,
hoy supieras ser Dios;
pero tú, que estuviste siempre bien,
no sientes nada de tu creación.
Y el hombre sí te sufre: el Dios es él!

Hoy que en mis ojos brujos hay candelas,[5]
como en un condenado,
Dios mío, prenderás[6] todas tus velas,
y jugaremos con el viejo dado…
Tal vez ¡oh jugador! al dar la suerte
del universo todo,
surgirán las ojeras[7] de la Muerte,
como dos ases[8] fúnebres de lodo.[9]

---

[1]**dados** dice   [2]**barro** mud   [3]**costra** crust   [4]**costado** side   [5]**candelas** fire   [6]**prenderás** you
will light   [7]**ojeras** circles under one's eyes   [8]**ases** aces   [9]**lodo** mud

Dios mío, y esta noche sorda,[10] oscura,
ya no podrás jugar, porque la Tierra
es un dado roído[11] y ya redondo
a fuerza de rodar[12] a la aventura,[13]
que no puede parar sino en un hueco,[14]
en el hueco de inmensa sepultura.

DESPUÉS DE LEER

1. ¿Por qué dice el poeta "estoy llorando el ser que vivo"?

2. Señale los elementos religiosos que aparecen en el poema.

3. ¿Qué querrá decir el poeta al dar a entender que Dios no sabe ser Dios?

4. ¿Cómo presenta el poeta el sufrimiento en el poema?

5. ¿Qué juego quiere jugar el poeta con Dios?

6. ¿Por qué no puede jugar?

7. ¿Cuál es el destino de la humanidad?

---

[10]**sorda** deaf   [11]**roído** gnawed   [12]**a fuerza de rodar** from so much rolling   [13]**a la aventura** at random   [14]**hueco** hole

A L   L E E R   C O N S I D E R E   L O   S I G U I E N T E :

—los contrastes entre las imágenes usadas en este poema y las de los poemas anteriores
—el tema de la solidaridad humana
—el significado del título

Vallejo, en su libro *España, aparta de mí este cáliz,* constata el impacto de la Guerra Civil española y este poema proporciona un ejemplo de ello. "Masa" revela el concepto de hermandad y solidaridad que aparece en la cosmovisión del poeta.

Masa

Al fin de la batalla,
y muerto el combatiente, vino hacia él un hombre
y le dijo: "¡No mueras, te amo tanto!"
Pero el cadáver ¡ay! siguió muriendo.

Se le acercaron dos y repitiéronle:
"¡No nos dejes! ¡Valor! ¡Vuelve a la vida!"
Pero el cadáver ¡ay! siguió muriendo.

Acudieron a él veinte, cien, mil, quinientos mil,
clamando,[1] "¡Tanto amor y no poder nada contra la muerte!"
Pero el cadáver ¡ay! siguió muriendo.

Le rodearon[2] millones de individuos,
con un ruego común: "¡Quédate hermano!"
Pero el cadáver ¡ay! siguió muriendo.

Entonces, todos los hombres de la tierra
le rodearon; les vio el cadáver triste, emocionado;
incorporóse[3] lentamente,
abrazó al primer hombre; echóse a andar…

D E S P U É S   D E   L E E R

1. ¿Cómo describe el poeta las consecuencias de la Guerra Civil española?

2. ¿Cómo está representada la solidaridad en el poema?

---

[1]**clamando** clamoring   [2]**le rodearon** he was surrounded by   [3]**incorporóse** lifted himself up

ALGUNOS ESTUDIOS DE INTERÉS

Ballón Aguirre, Enrique. *Vallejo como paradigma. Un caso especial de escritura.* Lima, Perú: Instituto Nacional de Cultura, 1974.

Barry, Leslie. "Politics, Aesthetics, and the Question of Meaning in Vallejo". *Hispania* 75:5 (1992): 1147–1153.

Franco, Jean. *César Vallejo. The Dialectics of Poetry and Silence.* Cambridge, Inglaterra: Cambridge University Press, 1976.

"Homenaje a César Vallejo". *Revista Iberoamericana* 36 (1970).

Jrade, Cathy L. "César Vallejo y el barroco". *Insula* 44:508 (1989): 22–23.

Larrea, Juan. *César Vallejo y el surrealismo.* Madrid, España: Alberto Corazón, ed., 1976.

McDuffie, Keith. "Beyond Dialectics: Language and Being in *Poemas humanos*". *Co-textes* 10 (1985): 59–100.

Oviedo, José M. "Contextos de *Los heraldos negros*". *Cuadernos hispanoamericanos* 454–455 (1988): 247–256.

Paoli, Roberto. *Mapas anatómicos de César Vallejo.* Messina-Firenze, Italia: Casa Editrice D'Anna, 1981.

Jorge Luis Borges

(1899, Buenos Aires, Argentina–1986, Ginebra, Suiza)

Jorge Luis Borges es considerado como uno de los grandes escritores hispanoamericanos del siglo XX. La crítica europea lo sitúa entre los grandes cuentistas contemporáneos. Escribió poesía, ensayos y obras de ficción. Tanto en su poesía como en sus ensayos y cuentos están presentes los temas claves de la cultura universal. La narrativa de Borges se distingue por sus innovaciones técnicas y estilísticas. En su obra se aprecia el conocimiento que tenía de distintas religiones y sistemas filosóficos de Oriente y Occidente. En sus escritos se destaca el intento y el fracaso del ser humano por conocer el universo que habita y comprender el esquema divino a través de la metafísica o la teología.

En los cuentos de Borges hay un juego entre la realidad y la irrealidad así como entre la realidad y los sueños. En sus relatos el tiempo cronológico es a veces abolido o representado como un tiempo con múltiples posibilidades, laberíntico, como la condición humana. El elemento fantástico de los cuentos de Borges serviría de norma a los cuentistas hispanoamericanos posteriores. Sus libros de cuentos son: *Historia universal de la infamia* (1935), *El jardín de los senderos que se bifurcan* (1941), *Ficciones* (1944), *El aleph* (1949), *El informe de Brodie* (1970), *El libro de arena* (1975), *Rosa y azul* (1977), *Veinticinco de agosto de 1983 y otros cuentos* (1983).

En su poesía aparecen temas argentinos, como calles, campos y hechos históricos, que son llevados a un plano metafísico. Su primer poemario fue *Fervor de Buenos Aires* (1923). A éste le siguieron *Luna de enfrente* (1925), *Cuaderno San Martín* (1929), *Poemas* (1943, 1958), *El oro de los tigres* (1972), *La cifra* (1981) y *Los conjurados* (1985). Sus ensayos han sido recopilados en *Inquisiciones* (1925), *El idioma de los argentinos* (1928), *Historia de la eternidad* (1936), *Nueve ensayos dantescos* (1982) y *Textos cautivos* (1986). Sus conferencias se encuentran en *Borges oral* (1979) y *Siete noches* (1980).

Borges desempeñó el cargo de director de la Biblioteca Nacional de su país y fue miembro de la Academia Argentina de Letras. Durante su vida se le otorgaron numerosos premios nacionales e internacionales. Un premio que lo eludió fue el Premio Nobel de Literatura. Algunos atribuyen esta omisión a su conservadurismo político.

AL LEER CONSIDERE LO SIGUIENTE:

—el uso de metáforas
—el elemento mítico y la realidad histórica
—las referencias geográficas
—la personalización
—el concepto del tiempo

En "Fundación mítica de Buenos Aires", Borges inventa los orígenes de la capital argentina, ciudad natal del poeta. En el poema, publicado en *Cuaderno de San Martín,* el lector nota la personalización.

Fundación mítica de Buenos Aires

¿Y fue por este río de sueñera[1] y de barro
que las proas[2] vinieron a fundarme la patria?
Irían a los tumbos[3] los barquitos pintados
entre los camalotes[4] de la corriente zaina.[5]

Pensando bien la cosa, supondremos que el río
era azulejo[6] entonces como oriundo[7] del cielo
con su estrellita roja para marcar el sitio
en que ayunó Juan Díaz[8] y los indios comieron.

Lo cierto es que mil hombres y otros mil arribaron
por un mar que tenía cinco lunas de anchura
y aun estaba poblado de sirenas[9] y endriagos[10]
y de piedras imanes[11] que enloquecen la brújula.[12]

Prendieron unos ranchos trémulos en la costa,
durmieron extrañados. Dicen que en el Riachuelo,[13]
pero son embelecos fraguados[14] en la Boca.[15]
Fue una manzana entera y en mi barrio: en Palermo.[16]

---

[1]**sueñera** sleepiness   [2]**proas** prows   [3]**a ... tumbos** lurching   [4]**camalotes** water plant found in Argentina that creates floating islands in rivers   [5]**zaina** chestnut-colored   [6]**azulejo** bluish   [7]**oriundo** originating   [8]**Juan Díaz** reference to Juan Díaz de Solís, who explored the Yucatán region in 1508 and discovered the River Plate, where he was killed in 1516   [9]**sirenas** mermaids   [10]**endriagos** dragons   [11]**imanes** magnets   [12]**brújula** compass   [13]**Riachuelo** river that flows into the River Plate. The poem refers to the first founding of Buenos Aires by the Spanish conqueror Pedro de Mendoza (1487?–1537) in 1534.   [14]**embelecos fraguados** forged deceptions   [15]**Boca** neighborhood in Buenos Aires located on the shores of the river Riachuelo   [16]**Palermo** residential neighborhood in Buenos Aires

Una manzana entera pero en mitá del campo
expuesta a las auroras y lluvias y suestadas.[17]
La manzana pareja que persiste en mi barrio:
Guatemala, Serrano, Paraguay, Gurruchaga.[18]

Un almacén rosado como revés de naipe
brilló y en la trastienda conversaron un truco;[19]
el almacén rosado floreció en un compadre,[20]
ya patrón de la esquina, ya resentido y duro.

El primer organito salvaba el horizonte
con su achacoso porte, su habanera[21] y su gringo.[22]
El corralón seguro ya opinaba YRIGOYEN,[23]
algún piano mandaba tangos de Saborido.[24]

Una cigarrería sahumó[25] como una rosa
el desierto. La tarde se había ahondado en ayeres,
los hombres compartieron un pasado ilusorio.
Sólo faltó una cosa: la vereda[26] de enfrente.

A mí se me hace cuento que empezó Buenos Aires:
La juzgo tan eterna como el agua y el aire.

DESPUÉS DE LEER

1. Explique cómo se manifiesta en el poema la personalización.

2. Señale los elementos míticos del poema.

3. ¿Cómo entrelaza Borges el elemento mítico con la realidad?

4. Describa la fundación de Buenos Aires, según el poema.

5. Analice los versos siguientes:

> ... La tarde se había ahondado en ayeres,
> los hombres compartieron un pasado ilusorio.
> Sólo faltó una cosa: la vereda de enfrente.

> A mí se me hace cuento que empezó Buenos Aires:
> La juzgo tan eterna como el agua y el aire.

---

[17]**suestadas** colloquial pronunciation of *sudestada,* which refers to a strong southeast wind [18]**Guatemala ... Gurruchaga** street names in Palermo [19]**conversaron un truco** phrases made up during a popular Argentinian card game in order to give warning [20]**compadre** here, a show-off [21]**habanera** society music and dance that originated in Havana, Cuba [22]**gringo** word used to refer to a foreigner. Here, it refers to an Italian. [23]**YRIGOYEN** reference to Hipólito Irigoyen (1850–1933), elected twice to the presidency of Argentina [24]**Saborido** author of popular tangos [25]**sahumó** perfumed [26]**vereda** path

—la importancia del tiempo
—el uso de imágenes y metáforas
—la presencia de lo cotidiano
—el elemento personal
—los dos Borges

En "Límites", Borges alude, tanto a la incertidumbre y las paradojas de la vida como a los límites que desafían al hombre. En el poema se manifiestan constantes de la obra de Borges: sueños, laberintos, el tiempo y el espacio.

Límites

De estas calles que ahondan[1] el poniente,[2]
una habrá (no sé cuál) que he recorrido
ya por última vez, indiferente
y sin adivinarlo, sometido

a Quién prefija omnipotentes normas
y una secreta y rígida medida
a las sombras, los sueños y las formas
que destejen y tejen[3] esta vida.

Si para todo hay término y hay tasa[4]
y última vez y nunca más y olvido,
¿Quién nos dirá de quién, en esta casa,
sin saberlo, nos hemos despedido?

Tras el cristal ya gris la noche cesa
y del alto de libros que una trunca[5]
sombra dilatan[6] por la vaga mesa,
alguno habrá que no leeremos nunca.

Hay en el Sur más de un portón[7] gastado
con sus jarrones de mampostería[8]
y tunas, que a mi paso está vedado
como si fuera una litografía.

---

[1]**ahondan** explore   [2]**poniente** west   [3]**destejen y tejen** unravel and weave   [4]**tasa** limit
[5]**trunca** truncated   [6]**dilatan** extend   [7]**portón** large door   [8]**jarrones de mampostería** urns
made of rubblework

Para siempre cerraste alguna puerta
y hay un espejo que te aguarda en vano;
la encrucijada[9] te parece abierta
y la vigila un cuadrifronte Jano.[10]

Hay, entre todas tus memorias, una
que se ha perdido irreparablemente;
no te verán bajar a aquella fuente
ni el blanco sol ni la amarilla luna.

No volverá tu voz a lo que el persa
dijo en su lengua de aves y de rosas,
cuando al ocaso, ante la luz dispersa,
quieras decir inolvidables cosas.

¿Y el incesante Ródano[11] y el lago,
todo ese ayer sobre el cual hoy me inclino
Tan perdido estará como Cartago[12]
que con fuego y con sal borró el latino.[13]

Creo en el alba oír un atareado
rumor de multitudes que se alejan;
son lo que me ha querido y olvidado;
espacio y tiempo y Borges ya me dejan.

DESPUÉS DE LEER

1. Explique el significado de los siguientes versos:

       Si para todo hay término y hay tasa
       y última vez y nunca más y olvido,
       ¿Quién nos dirá de quién, en esta casa,
       sin saberlo, nos hemos despedido?

2. ¿Cómo describe el poeta las encrucijadas de la vida?
3. Explique cómo presenta el poeta lo transitorio.
4. Discuta la importancia del tiempo y del espacio en el poema.
5. ¿Cuál es el significado de "espacio, tiempo y Borges ya me dejan"?

---

[9]**encrucijada** crossroads   [10]**Jano** Janus, Roman God of beginnings, usually depicted with two heads placed back to back, enabling him to see the past and the future at the same time   [11]**Ródano** the Rhône River   [12]**Cartago** Carthage, ancient city founded in 825 B.C. by the powerful Phoenicians. It stood where present-day Tunis is situated.   [13]**latino** reference to the wars Carthage sustained against its rival Rome. These wars, known as the Punic Wars, led to the ultimate defeat of Carthage in 416, when the city was destroyed by the Roman army.

AL LEER CONSIDERE LO SIGUIENTE:

—el elemento autobiográfico
—el tema del otro
—lo irónico

En "Poema de los dones" Borges se refiere a la ironía de Dios en darle la oportunidad de ser director de la Biblioteca Nacional de Buenos Aires siendo ciego y se compara al rey griego que muere de hambre y sed en medio de la abundancia. En este poema se observa el tema de "el otro", Groussac/Borges, ya que como él, Groussac fue ciego y director de la misma biblioteca.

Poema de los dones

Nadie rebaje a lágrima o reproche
esta declaración de la maestría
de Dios, que con magnífica ironía
me dio a la vez los libros y la noche.

De esta ciudad de libros hizo dueños
a unos ojos sin luz, que sólo pueden
leer en las bibliotecas de los sueños
los insensatos párrafos que ceden

las albas a su afán.[1] En vano el día
les prodiga sus libros infinitos,
arduos como los arduos manuscritos
que perecieron en Alejandría.[2]

De hambre y sed (narra una historia griega)
muere un rey entre fuentes y jardines;
yo fatigo sin rumbo los confines
de esta alta y honda biblioteca ciega.

Enciclopedias, atlas, el Oriente
y el Occidente, siglos, dinastías,
símbolos, cosmos y cosmogonías
brindan los muros, pero inútilmente.

---

[1]**afán** desire   [2]**Alejandría** reference to the notable library in Alexandria, a port city in Egypt. At one time Alexandria was considered to be a center of learning. The library was first burned down by Caesar's soldiers, then again in 390 and, according to legend, for a third time in 641 by the Caliph Omar.

Lento en mi sombra, la penumbra hueca
exploro con el báculo[3] indeciso,
yo, que me figuraba el Paraíso
bajo la especie de una biblioteca.

Algo, que ciertamente no se nombra
con la palabra *azar*,[4] rige estas cosas;
otro ya recibió en otras borrosas
tardes los muchos libros y la sombra.

Al errar por las lentas galerías
suelo sentir con vago horror sagrado
que soy el otro, el muerto, que habrá dado
los mismos pasos en los mismos días.

¿Cuál de los dos escribe este poema
de un yo plural y de una sola sombra?
¿Qué importa la palabra que me nombra
si es indiviso y uno el anatema?

Groussac[5] o Borges, miro este querido
mundo que se deforma y que se apaga
en una pálida ceniza vaga
que se parece al sueño y al olvido.

D E S P U É S   D E   L E E R

1. ¿Cómo concibe Borges la ironía de Dios?

2. ¿Qué metáforas usa el poeta al referirse a la ceguera?

3. ¿A qué se refiere Borges cuando usa la palabra *azar*?

4. ¿Cómo está presentado el tema del doble en el poema?

5. Explique el título del poema.

---

[3]**báculo** staff   [4]*azar* chance   [5]**Groussac** reference to Paul Groussac (1848–1929), French-born historian, critic, and novelist who, like Borges, directed the Biblioteca Nacional de Buenos Aires from 1885 to 1929. Groussac was a naturalized Argentinean.

AL LEER CONSIDERE LO SIGUIENTE:

—cómo cambia Borges un antiguo mito griego
—la perspectiva del minotauro
—las alusiones a "el otro" (el doble)
—el laberinto como la repetición del infinito
—las características del minotauro

Este cuento está basado en el mito griego del minotauro Asterión, según aparece en *Biblioteca, III, 1,* del historiador griego Apolodoro. El mito cuenta la historia de Asterión, hijo de la esposa de Minos, rey de Creta, y un toro de quien ella se había enamorado. Minos, avergonzado del minotauro, un monstruo con cuerpo de hombre y cabeza de toro, lo encierra en un laberinto. El sustento del minotauro consistirá en nueve jóvenes que serán suministrados por Atenas, pueblo conquistado por Minos. Teseo, con la ayuda de Ariadna, mata al minotauro liberando a su pueblo del sacrificio. Borges da al mito un giro diferente.

La casa de Asterión

&

A Marta Mosquera Eastman

Y la reina dio a luz un hijo que se llamó Asterión.
Apolodoro:[1] *Biblioteca, III, 1.*

Sé que me acusan de soberbia, y tal vez de misantropía, y tal vez de locura. Tales acusaciones (que castigaré a su debido tiempo) son irrisorias.[2] Es verdad que no salgo de mi casa, pero también es verdad que sus puertas (cuyo número es infinito)[3] están abiertas día y noche a los hombres y también a los animales. Que entre el que quiera. No hallará pompas mujeriles[4] aquí ni el bizarro aparato[5] de los palacios pero sí la quietud y la soledad. Asimismo hallará una casa como no hay otra en la faz de la tierra.[6] (Mienten los que declaran que en Egipto hay una parecida.) Hasta mis detractores admiten que no hay un solo mueble en la casa. Otra especie ridícula es que yo, Asterión, soy un prisionero. ¿Repetiré que no hay una puerta cerrada, añadiré[7] que no hay una cerradura? Por lo demás, algún atardecer he pisado la calle;[8] si antes de la noche volví, lo hice por el temor que me infundieron[9] las caras de la plebe,[10] caras descoloridas y aplanadas,[11] como la mano abierta. Ya se había puesto el sol, pero el desvalido[12] llanto de un

---

[1]**Apolodoro** Greek historian from the second century   [2]**irrisorias** ridiculous   [3]**infinito** the original reads *catorce,* but it can be inferred that the numeral adjective is equal to infinity   [4]**pompas mujeriles** woman-like comforts   [5]**aparato** pomp   [6]**faz de la tierra** face of the earth   [7]**añadiré** I will add   [8]**he ... calle** I have stepped out   [9]**me infundieron** instilled by   [10]**plebe** commoners   [11]**descoloridas y aplanadas** colorless and flat   [12]**desvalido** helpless

niño y las toscas plegarias de la grey[13] dijeron que me habían reconocido. La gente oraba, huía, se prosternaba;[14] unos se encaramaban[15] al estilóbato[16] del templo de las Hachas, otros juntaban piedras. Alguno, creo, se ocultó bajo[17] el mar. No en vano fue una reina mi madre; no puedo confundirme con el vulgo,[18] aunque mi modestia lo quiera.

El hecho es que soy único. No me interesa lo que un hombre pueda trasmitir a otros hombres; como el filósofo, pienso que nada es comunicable por el arte de la escritura. Las enojosas[19] y triviales minucias no tienen cabida en mi espíritu, que está capacitado para lo grande; jamás he retenido la diferencia entre una letra y otra. Cierta impaciencia generosa no ha consentido que yo aprendiera a leer. A veces lo deploro, porque las noches y los días son largos.

Claro que no me faltan distracciones. Semejante al carnero[20] que va a embestir,[21] corro por las galerías de piedra hasta rodar[22] al suelo, mareado.[23] Me agazapo[24] a la sombra de un aljibe[25] o a la vuelta de un corredor y juego a que me buscan. Hay azoteas[26] desde las que me dejo caer, hasta ensangrentarme. A cualquier hora puedo jugar a estar dormido, con los ojos cerrados y la respiración poderosa. (A veces me duermo realmente, a veces ha cambiado el color del día cuando he abierto los ojos.) Pero de tantos juegos el que prefiero es el de otro Asterión. Finjo[27] que viene a visitarme y que yo le muestro la casa. Con grandes reverencias le digo: *Ahora volvemos a la encrucijada[28] anterior o Ahora desembocamos[29] en otro patio o Bien decía yo que te gustaría la canaleta[30] o Ahora verás una cisterna que se llenó de arena o Ya verás como el sótano se bifurca.[31]* A veces me equivoco y nos reímos buenamente los dos.

No sólo he imaginado esos juegos; también he meditado sobre la casa. Todas las partes de la casa están muchas veces, cualquier lugar es otro lugar. No hay un aljibe, un patio, un abrevadero,[32] un pesebre;[33] son catorce (son infinitos) los pesebres, abrevaderos, patios, aljibes. La casa es del tamaño del mundo; mejor dicho, es el mundo. Sin embargo, a fuerza de fatigar patios con un aljibe y polvorientas[34] galerías de piedra gris he alcanzado la calle y he visto el templo de las Hachas y el mar. Eso no lo entendí hasta que una visión de la noche me reveló que también son catorce (son infinitos) los mares y los templos. Todo está muchas veces, catorce veces, pero dos cosas hay en el mundo que parecen estar una sola vez: arriba, el intrincado sol; abajo, Asterión. Quizá yo he creado las estrellas y el sol y la enorme casa, pero ya no me acuerdo.

Cada nueve años entran en la casa nueve hombres para que yo los libere de todo mal. Oigo sus pasos o su voz en el fondo de las galerías de piedra y corro alegremente a buscarlos. La ceremonia dura pocos minutos. Uno tras otro caen

---

[13]**toscas ... grey** rude supplications of the faithful   [14]**se prosternaba** prostrated themselves   [15]**se encaramaban** climbed   [16]**estilóbato** pedestal on which a series of columns rests   [17]**ocultó** hid   [18]**el vulgo** the masses   [19]**enojosas** bothersome   [20]**carnero** ram   [21]**embestir** attack   [22]**rodar** to fall down rolling   [23]**mareado** dizzy   [24]**me agazapo** I crouch   [25]**aljibe** pool   [26]**azoteas** rooftops   [27]**finjo** I pretend   [28]**encrucijada** intersection   [29]**desembocamos** run into   [30]**canaleta** drain   [31]**se bifurca** forks off, branches   [32]**abrevadero** watering place   [33]**pesebre** manger   [34]**polvorientas** dusty

sin que yo me ensangrente las manos. Donde cayeron, quedan, y los cadáveres ayudan a distinguir una galería de las otras. Ignoro quiénes son, pero sé que uno de ellos profetizó, en la hora de su muerte, que alguna vez llegaría mi redentor.[35] Desde entonces no me duele la soledad, porque sé que vive mi redentor y al fin se levantará sobre el polvo. Si mi oído alcanzara todos los rumores del mundo, yo percibiría sus pasos. Ojalá me lleve a un lugar con menos galerías y menos puertas. ¿Cómo será mi redentor?, me pregunto. ¿Será un toro o un hombre? ¿Será tal vez un toro con cara de hombre? ¿O será como yo?

El sol de la mañana reverberó en la espada de bronce. Ya no quedaba ni un vestigio[36] de sangre.

—¿Lo creerás, Ariadna?[37] —dijo Teseo[38]—. El minotauro apenas se defendió.

DESPUÉS DE LEER

1. ¿De qué acusan a Asterión? ¿Está él de acuerdo con esas acusaciones?

2. ¿Cómo es la casa de Asterión?

3. ¿Por qué dicen los detractores de Asterión que él es un prisionero? ¿Qué opina Asterión?

4. ¿Qué ocurre cuando Asterión sale a la calle? ¿Cómo describe Asterión a las personas que encuentra en la calle? ¿Por qué?

5. ¿Cómo reaccionan las personas al ver a Asterión? ¿Cómo interpreta Asterión esas reacciones?

6. Según Asterión, ¿por qué él es único? ¿Quién es él?

7. Describa la vida de Asterión. ¿Cómo se entretiene el minotauro? ¿Cuáles son sus juegos?

8. ¿Quiénes visitan la casa de Asterión cada nueve años? ¿Qué ocurre? ¿Se da cuenta Asterión de la realidad?

9. ¿A quién espera Asterión? ¿Cómo interpreta usted eso?

10. ¿Por qué Asterión no se defendió de Teseo?

11. Al terminar de leer el cuento, ¿qué sentimientos tiene usted hacia Asterión?

12. Describa cómo se presentan el tema del doble y del laberinto, y la importancia de ellos en el cuento.

13. ¿Qué representa el laberinto?

14. ¿Cómo coexiste en una misma realidad lo fantástico y lo histórico?

---

[35]**redentor** redeemer   [36]**vestigio** vestige, trace   [37]**Ariadna** daughter of Minos   [38]**Teseo** Theseus, the Athenian hero who killed the Minotaur

AL LEER CONSIDERE LO SIGUIENTE:

—la importancia de la literatura y la erudición en los cuentos de Borges
—las diferentes manifestaciones del tiempo
—las alusiones a los laberintos físicos y mentales
—la convergencia entre la realidad y el sueño
—el estilo narrativo

En "El milagro secreto" de Jorge Luis Borges aparecen técnicas narrativas y temas que son constantes en sus cuentos. En este cuento el tiempo es suspendido al igual que la relación ambigua entre realidad y sueño. Se hace, además, alusión a la búsqueda de Dios y la espera de una señal que pruebe su existencia. El laberinto mental, consecuencia de la condición humana y sus múltiples posibilidades, también está manifestado. El protagonista, Jaromir Hladík, quien ha sido condenado a muerte, le pide a Dios que le conceda tiempo suficiente para continuar su obra inconclusa.

El milagro secreto

> *Y Dios lo hizo morir durante cien años*
> *y luego lo animó y le dijo:*
> *—¿Cuánto tiempo has estado aquí?*
> *—Un día o parte de un día, respondió.*
> *Alcorán,¹ II 261.*

La noche del catorce de marzo de 1939, en un departamento de la Zeltner-gasse de Praga,² Jaromir Hladík, autor de la inconclusa tragedia *Los enemi-gos,* de una *Vindicación³ de la eternidad* y de un examen de las indirectas fuentes judías de Jakob Boehme,⁴ soñó con un largo ajedrez.⁵ No lo disputaban dos individuos sino dos familias ilustres; la partida había sido entablada⁶ hace muchos siglos; nadie era capaz de nombrar el olvidado premio, pero se murmuraba que era enorme y quizá infinito; las piezas y el tablero⁷ estaban en una torre secreta; Jaromir (en el sueño) era el primogénito⁸ de una de las familias hostiles; en los relojes resonaba la hora de la impostergable⁹ jugada; el soñador corría por las arenas de un desierto lluvioso y no lograba recordar las figuras ni las leyes del ajedrez. En ese punto, se despertó. Cesaron los estruendos¹⁰ de la lluvia y de los terribles relojes. Un ruido acompasado¹¹ y unánime, cortado por algunas vo-

---

¹**Alcorán** the Koran, the sacred book of Islam ²**Praga** Prague, the capital city of the Czech Republic, formerly known as Czechoslovakia ³**vindicación** revenge ⁴**Jakob Boehme** (1575–1624) German religious mystic ⁵**ajedrez** (game of) chess ⁶**entablada** started ⁷**tablero** board ⁸**primogénito** first-born ⁹**impostergable** not able to be postponed ¹⁰**estruendos** noises ¹¹**acompasado** rhythmic

ces de mando, subía de la Zeltnergasse. Era el amanecer; las blindadas vanguardias[12] del Tercer Reich[13] entraban en Praga.

El diecinueve, las autoridades recibieron una denuncia; el mismo diecinueve,
al atardecer, Jaromir Hladík fue arrestado. Lo condujeron a un cuartel aséptico y
blanco, en la ribera opuesta del Moldau.[14] No pudo levantar uno solo de los car-
gos de la Gestapo:[15] su apellido materno era Jaroslavski, su sangre era judía, su
estudio sobre Boehme era judaizante,[16] su firma dilataba el censo final de una
protesta contra el Anschluss.[17] En 1928, había traducido el *Sepher Yezirah*[18] para
la editorial Hermann Barsdorf; el efusivo catálogo de esa casa había exagerado
comercialmente el renombre del traductor; ese catálogo fue hojeado[19] por Julius
Rothe, uno de los jefes en cuyas manos estaba la suerte de Hladík. No hay hombre que, fuera de su especialidad, no sea crédulo; dos o tres adjetivos en letra gótica[20] bastaron para que Julius Rothe admitiera la preeminencia de Hladík y dis-
pusiera que lo condenaran a muerte, *pour encourager les autres.*[21] Se fijó el día
veintinueve de marzo, a las nueve a.m. Esa demora (cuya importancia apreciará
después el lector) se debía al deseo administrativo de obrar impersonal y pausada-
mente, como los vegetales y los planetas.

El primer sentimiento de Hladík fue de mero terror. Pensó que no lo hubieran
arredrado[22] la horca,[23] la decapitación o el degüello,[24] pero que morir fusilado[25]
·era intolerable. En vano se redijo[26] que el acto puro y general de morir era lo
temible, no las circunstancias concretas. No se cansaba de imaginar esas circunstancias: absurdamente procuraba agotar[27] todas las variaciones. Anticipaba infinitamente el proceso, desde el insomne[28] amanecer hasta la misteriosa descarga.
Antes del día prefijado por Julius Rothe, murió centenares de muertes, en patios
cuyas formas y cuyos ángulos fatigaban la geometría, ametrallado[29] por soldados
variables, en número cambiante, que a veces lo ultimaban desde lejos; otras,
desde muy cerca. Afrontaba con verdadero temor (quizá con verdadero coraje)
esas ejecuciones imaginarias; cada simulacro duraba unos pocos segundos; cerrado el círculo, Jaromir interminablemente volvía a las trémulas[30] vísperas de su
muerte. Luego reflexionó que la realidad no suele coincidir con las previsiones;
con lógica perversa infirió que prever un detalle circunstancial es impedir que éste
suceda. Fiel a esa débil magia, inventaba, *para que no sucedieran,* rasgos[31] atroces;
naturalmente, acabó por temer que esos rasgos fueran proféticos. Miserable en la

---

[12]**blindadas vanguardias** reference to Hitler's armored vanguard which spearheaded the in-
vasion of Czechoslovakia in 1938   [13]**Tercer Reich** Germany under the Nazi regime (1933–
1945)   [14]**Moldau** longest river in the Czech Republic   [15]**Gestapo** Germany's secret police
during the Nazi regime. It was organized in 1933 and was notorious for its brutal methods of
operation.   [16]**judaizante** written from a Jewish point of view   [17]**Anschluss** German term
meaning "junction." Applied to the annexation of Austria to Germany by Hitler in 1938.
[18]***Sepher Yezirah*** the Book of Creation, a major source of cabalistic thought   [19]**hojeado**
looked through   [20]**letra gótica** Gothic characters   [21]***pour ... autres*** to encourage the others.
Reference to Voltaire's *Candide* (Chapter XXIII). Borges uses Voltaire's ironic usage implying
"to terrify others."   [22]**arredrado** frighten   [23]**horca** gallows   [24]**degüello** throat-cutting
[25]**fusilado** executed by firing squad   [26]**se redijo** told himself over again   [27]**agotar** exhaust
[28]**insomne** sleepless   [29]**ametrallado** gunned down   [30]**trémulas** trembling   [31]**rasgos** deeds

noche, procuraba afirmarse de algún modo en la sustancia fugitiva del tiempo. Sabía que éste se precipitaba hacia el alba del día veintinueve; razonaba en voz alta: *Ahora estoy en la noche del veintidós; mientras dure esta noche (y seis noches más) soy, invulnerable, inmortal.* Pensaba que las noches de sueño eran piletas[32] hondas y oscuras en las que podía sumergirse. A veces anhelaba con impaciencia la definitiva descarga, que lo redimiría, mal o bien, de su vana tarea de imaginar. El veintiocho, cuando el último ocaso reverberaba[33] en los altos barrotes,[34] lo desvió de esas consideraciones abyectas la imagen de su drama *Los enemigos.*

Hladík había rebasado[35] los cuarenta años. Fuera de algunas amistades y de muchas costumbres, el problemático ejercicio de la literatura constituía su vida; como todo escritor, medía las virtudes de los otros por lo ejecutado por ellos y pedía que los otros lo midieran por lo que vislumbraba[36] o planeaba. Todos los libros que había dado a la estampa le infundían un complejo arrepentimiento. En sus exámenes de la obra de Boehme, de Abenesra[37] y de Fludd,[38] había intervenido esencialmente la mera aplicación; en su traducción del *Sepher Yezirah,* la negligencia, la fatiga y la conjetura. Juzgaba menos deficiente, tal vez, la *Vindicación de la eternidad:* el primer volumen historia las diversas eternidades que han ideado[39] los hombres, desde el inmóvil Ser de Parménides[40] hasta el pasado modificable de Hinton; el segundo niega (con Francis Bradley[41]) que todos los hechos del universo integran una serie temporal. Arguye que no es infinita la cifra[42] de las posibles experiencias del hombre y que basta una sola "repetición" para demostrar que el tiempo es una falacia... Desdichadamente,[43] no son menos falaces los argumentos que demuestran esa falacia; Hladík solía recorrerlos[44] con cierta desdeñosa perplejidad. También había redactado una serie de poemas expresionistas;[45] éstos, para confusión del poeta, figuraron en una antología de 1924 y no hubo antología posterior que no los heredara. De todo ese pasado equívoco y lánguido[46] quería redimirse Hladík con el drama en verso *Los enemigos.* (Hladík preconizaba[47] el verso, porque impide que los espectadores olviden la irrealidad, que es condición del arte.)

Este drama observaba las unidades de tiempo, de lugar y de acción; transcurría en Hradcany,[48] en la biblioteca del barón de Roemerstadt, en una de las últimas tardes del siglo diecinueve. En la primera escena del primer acto, un desconocido

---

[32]**piletas** pools [33]**reverberaba** reverberated [34]**barrotes** crosspieces [35]**rebasado** surpassed [36]**vislumbraba** glimpsed [37]**Abenesra** reference to Abraham Ibn Ezra (1098–1164), Jewish grammarian, poet, philosopher, and astronomer. Abenesra served as the model for Robert Browning's poem "Rabbi Ben Ezra." [38]**Fludd** reference to Robert Fludd (1574–1637), English mystic and philosopher [39]**ideado** conceived [40]**inmóvil ser de Parménides** Parmenides (ca. 514 B.C.), Greek philosopher of the Eleatic school. Argued that *being,* the only true reality, is permanent and immobile. Change was considered illusory. [41]**Francis Bradley** English philosopher (1864–1924) whose works greatly influenced Borges [42]**cifra** number [43]**desdichadamente** unfortunately [44]**solía recorrerlos** would go over them [45]**expresionistas** reference to Expressionism, a twentieth-century artistic movement. In literature it was manifested by the distortion of objects and events in order to represent them as they are perceived by a character in a literary work. [46]**lánguido** feeble [47]**preconizaba** recommended [48]**Hradcany** the royal residence on the west bank of the Moldau River in Prague

visita a Roemerstadt. (Un reloj da las siete, una vehemencia de último sol exalta los cristales, el aire trae una apasionada y reconocible música húngara.) A esta visita siguen otras; Roemerstadt no conoce las personas que lo importunan,[49] pero tiene la incómoda impresión de haberlos visto ya, tal vez en un sueño. Todos exageradamente lo halagan,[50] pero es notorio —primero para los espectadores del drama, luego para el mismo barón— que son enemigos secretos, conjurados[51] para perderlo. Roemerstadt logra detener o burlar[52] sus complejas intrigas; en el diálogo, aluden a su novia, Julia de Weidenau, y a un tal Jaroslav Kubin, que alguna vez la importunó con su amor. Éste, ahora, se ha enloquecido y cree ser Roemerstadt... Los peligros arrecian,[53] Roemerstadt, al cabo del segundo acto, se ve en la obligación de matar a un conspirador. Empieza el tercer acto, el último. Crecen gradualmente las incoherencias: vuelven actores que parecían descartados ya de la trama,[54] vuelve, por un instante, el hombre matado por Roemerstadt. Alguien hace notar que no ha atardecido: el reloj da las siete, en los altos cristales reverbera el sol occidental, el aire trae una apasionada música húngara. Aparece el primer interlocutor y repite las palabras que pronunció en la primera escena del primer acto. Roemerstadt le habla sin asombro,[55] el espectador entiende que Roemerstadt es el miserable Jaroslav Kubin. El drama no ha ocurrido: es el delirio circular que interminablemente vive y revive Kubin.

Nunca se había preguntado Hladík si esa tragicomedia de errores era baladí[56] o admirable, rigurosa o casual. En el argumento que he bosquejado[57] intuía la invención más apta para disimular sus defectos y para ejercitar sus felicidades, la posibilidad de rescatar (de manera simbólica) lo fundamental de su vida. Había terminado ya el primer acto y alguna escena del tercero; el carácter métrico de la obra le permitía examinarla continuamente, rectificando los hexámetros,[58] sin el manuscrito a la vista. Pensó que aun le faltaban dos actos y que muy pronto iba a morir. Habló con Dios en la oscuridad. *Si de algún modo existo, si no soy una de tus repeticiones y erratas,[59] existo como autor de* Los enemigos. *Para llevar a término ese drama, que puede justificarme y justificarte, requiero un año más. Otórgame[60] esos días, Tú de quien son los siglos y el tiempo.* Era la última noche, la más atroz,[61] pero diez minutos después el sueño lo anegó[62] como un agua oscura.

Hacia el alba, soñó que se había ocultado en una de las naves[63] de la biblioteca del Clementinum. Un bibliotecario de gafas negras le preguntó: *¿Qué busca?* Hladík le replicó: *Busco a Dios.* El bibliotecario le dijo: *Dios está en una de las letras de una de las páginas de uno de los cuatrocientos mil tomos del Clementinum. Mis padres y los padres de mis padres han buscado esa letra; yo me he quedado ciego[64] buscándola.* Se quitó las gafas y Hladík vio los ojos, que estaban muertos. Un lector entró a devolver un atlas. *Este atlas es inútil,* dijo, y se lo dio a Hladík. Éste lo

---

[49]**lo importunan** bothered him　[50]**lo halagan** praise him　[51]**conjurados** plotting　[52]**burlar** mock　[53]**arrecian** get worse　[54]**trama** plot　[55]**asombro** amazement　[56]**baladí** insignificant, trivial　[57]**bosquejado** outlined　[58]**hexámetros** hexameter, any line of verse in six feet　[59]**erratas** errata, errors　[60]**otórgame** grant me　[61]**atroz** atrocious　[62]**lo anegó** drowned him　[63]**naves** naves, aisles　[64]**me he quedado ciego** I have gone blind

abrió al azar.[65] Vio un mapa de la India, vertiginoso. Bruscamente seguro, tocó una de las mínimas[66] letras. Una voz ubicua le dijo: *El tiempo de tu labor ha sido otorgado.* Aquí Hladík se despertó.

Recordó que los sueños de los hombres pertenecen a Dios y que Maimónides[67] ha escrito que son divinas las palabras de un sueño, cuando son distintas y claras y no se puede ver quién las dijo. Se vistió; dos soldados entraron en la celda y le ordenaron que los siguiera.

Del otro lado de la puerta, Hladík había previsto un laberinto de galerías, escaleras y pabellones. La realidad fue menos rica: bajaron a un traspatio[68] por una sola escalera de fierro.[69] Varios soldados —alguno de uniforme desabrochado[70]— revisaban una motocicleta y la discutían. El sargento miró el reloj: eran las ocho y cuarenta y cuatro minutos. Había que esperar que dieran las nueve. Hladík, más insignificante que desdichado,[71] se sentó en un montón[72] de leña. Advirtió que los ojos de los soldados rehuían[73] los suyos. Para aliviar la espera, el sargento le entregó un cigarrillo. Hladík no fumaba; lo aceptó por cortesía o por humildad. Al encenderlo, vio que le temblaban[74] las manos. El día se nubló; los soldados hablaban en voz baja como si él ya estuviera muerto. Vanamente,[75] procuró recordar a la mujer cuyo símbolo era Julia de Weidenau...

El piquete[76] se formó, se cuadró.[77] Hladík, de pie contra la pared del cuartel, esperó la descarga. Alguien temió que la pared quedara maculada de sangre;[78] entonces le ordenaron al reo[79] que avanzara unos pasos. Hladík, absurdamente, recordó las vacilaciones preliminares de los fotógrafos. Una pesada gota de lluvia rozó[80] una de las sienes[81] de Hladík y rodó lentamente por su mejilla; el sargento vociferó la orden final.

El universo físico se detuvo.

Las armas convergían sobre Hladík, pero los hombres que iban a matarlo estaban inmóviles. El brazo del sargento eternizaba un ademán inconcluso.[82] En una baldosa[83] del patio una abeja proyectaba una sombra fija. El viento había cesado, como en un cuadro. Hladík ensayó[84] un grito, una sílaba, la torsión de una mano. Comprendió que estaba paralizado. No le llegaba ni el más tenue rumor del impedido mundo.[85] Pensó *estoy en el infierno,*[86] *estoy muerto.* Pensó *estoy loco.* Pensó *el tiempo se ha detenido.* Luego reflexionó que en tal caso, también se hubiera detenido su pensamiento. Quiso ponerlo a prueba: repitió (sin mover los labios) la misteriosa cuarta égloga de Virgilio.[87] Imaginó que los ya remotos sol-

---

[65]**al azar** at random   [66]**mínimas** minute   [67]**Maimónides** Moses Maimonides (1135-1204), Spanish rabbi, physician, philosopher, and scholar. Known for his *Guide to the Aperplexed* in which the principle of creation, a proof of God's existence, and other metaphysical problems are discussed.   [68]**traspatio** courtyard located behind the main courtyard   [69]**fierro** iron [70]**desabrochado** unbuttoned   [71]**desdichado** unhappy   [72]**montón** pile   [73]**rehuían** avoided [74]**temblaban** were trembling   [75]**vanamente** vaguely   [76]**piquete** firing squad   [77]**se cuadró** squared off   [78]**maculada de sangre** blood-stained   [79]**reo** prisoner   [80]**rozó** skimmed [81]**sienes** temples   [82]**ademán inconcluso** incomplete gesture   [83]**baldosa** tile   [84]**ensayó** attempted   [85]**impedido mundo** world brought to a halt   [86]**infierno** hell   [87]**cuarta égloga de Virgilio** reference to the Roman poet Publius Vergilius Maro (70-19 B.C.), known as Virgil, author of *The Aeneid*. Borges's story refers to the fourth eclogue, which prophesied the birth of a child that would bring about a new golden age.

dados compartían su angustia; anheló comunicarse con ellos. Le asombró no sentir ninguna fatiga, ni siquiera el vértigo de su larga inmovilidad. Durmió, al cabo de un plazo indeterminado. Al despertar, el mundo seguía inmóvil y sordo. En su mejilla perduraba la gota de agua; en el patio, la sombra de la abeja; el humo del cigarrillo que había tirado no acababa nunca de dispersarse. Otro "día" pasó, antes que Hladík entendiera.

Un año entero había solicitado de Dios para terminar su labor: un año le otorgaba su omnipotencia. Dios operaba para él un milagro secreto: lo mataría el plomo germánico,[88] en la hora determinada, pero en su mente un año transcurriría entre la orden y la ejecución de la orden. De la perplejidad pasó al estupor, del estupor a la resignación, de la resignación a la súbita gratitud.

No disponía de otro documento que la memoria; el aprendizaje de cada hexámetro que agregaba[89] le impuso un afortunado rigor que no sospechan quienes aventuran y olvidan párrafos interinos y vagos. No trabajó para la posteridad ni aun para Dios, de cuyas preferencias literarias poco sabía. Minucioso, inmóvil, secreto, urdió en el tiempo su alto laberinto invisible. Rehízo el tercer acto dos veces. Borró[90] algún símbolo demasiado evidente: las repetidas campanadas,[91] la música. Ninguna circunstancia lo importunaba. Omitió, abrevió, amplificó; en algún caso, optó por la versión primitiva. Llegó a querer el patio, el cuartel;[92] uno de los rostros[93] que lo enfrentaban modificó su concepción del carácter de Roemerstadt. Descubrió que las arduas cacofonías que alarmaron tanto a Flaubert son meras supersticiones visuales: debilidades y molestias de la palabra escrita, no de la palabra sonora… Dio término a su drama: no le faltaba ya resolver sino un solo epíteto. Lo encontró; la gota de agua resbaló en su mejilla. Inició un grito enloquecido, movió la cara, la cuádruple descarga lo derribó.

Jaromir Hladík murió el veintinueve de marzo, a las nueve y dos minutos de la mañana.

D E S P U É S   D E   L E E R

1. ¿Durante qué momento histórico se desarrolla el cuento?

2. Describa el sueño de Hladík y cómo lo interpreta.

3. ¿Por qué es arrestado Hladík?

4. ¿Cómo anticipa Hladík su propio fusilamiento? ¿Cree Hladík que puede controlar la forma de su muerte?

5. ¿Cómo describiría a Hladík?

6. Describa las lecturas de Hladík.

7. ¿Cuál es la importancia de los sueños en el cuento? ¿Cuántos sueños hay en la narración?

8. ¿Qué tipos de laberintos y repeticiones aparecen en el cuento?

---

[88]**plomo germánico** Germanic bullet   [89]**que agregaba** that he added   [90]**borró** erased
[91]**campanadas** ringing of the bells   [92]**cuartel** barracks   [93]**rostros** faces

9. Explique la importancia de la búsqueda de Dios en el sueño de la biblioteca de Clementinum.

10. Describa *Los enemigos*. ¿Hay incoherencias en la trama de la obra?

11. ¿Por qué es tan importante la obra *Los enemigos* para el protagonista?

12. ¿Qué le pide Hladík a Dios? ¿Se le concede su deseo?

13. ¿Qué técnica emplea Borges al final del cuento para dar la sensación de un tiempo suspendido?

14. Analice la importancia del tiempo en el cuento.

ALGUNOS ESTUDIOS DE INTERÉS

Aizenberg, Edna, ed. *Borges and His Successors: The Borgesian Impact on Literature and the Arts*. Columbia: University of Missouri, 1990.

Alazraki, Jaime. "Jorge Luis Borges". *Narrativa y crítica de nuestra América*. Joaquín Roy, ed. Madrid, España: Castalia, 1978.

———, ed. *Critical Essays on Jorge Luis Borges*. Boston: G. K. Hall, 1987.

Balderstom, Daniel. *Out of Context: Historical Reference and the Representation of Reality in Borges*. Durham, North Carolina: Duke University Press, 1993.

Bell-Villada, Gene H. *Borges and His Fiction: A Guide to His Mind and Art*. Chapel Hill: University of North Carolina Press, 1981.

Bloom, Harold, ed. *Jorge Luis Borges*. New Haven, Connecticut: Chelsea House, 1986.

Botton Burla, Flora. *Los juegos fantásticos: Estudio de los elementos fantásticos en cuentos de tres narradores hispanoamericanos*. México, D. F.: Universidad Nacional Autónoma de México, 1983.

Carrilla, Emilio. *Jorge Luis Borges, autor de "Pierre Renard", y otros estudios borgesianos*. Bogotá, Colombia: Instituto Caro y Cuervo, 1989.

Cédola, Estela. *Borges, o la conciencia de los opuestos*. Buenos Aires, Argentina: Universitaria de Buenos Aires, 1987.

Echevarría, Arturo. *Lengua y literatura de Borges*. Barcelona, España: Ariel, 1983.

Kapschutschenko, Ludmila. *El laberinto en la narrativa hispanoamericana contemporánea*. Londres: Támasis, 1981.

Oviedo, Antonio. "Borges: El arte del precursor". *Mundi* 5:10 (1992): 37–45.

Río, Carmen. *Jorge Luis Borges y la ficción: El conocimiento como invención*. Miami: Universal, 1983.

Rodríguez Luis, Julio. "Nota adicional sobre Borges y el *Quijote*". *Nueva Revista de Filología Hispánica* 39:2 (1991): 1067–1070.

Rodríguez Monegal, Emir. *Borges por él mismo*. Caracas, Venezuela: Monte Avila, 1980.

Sosnowski, Saúl. *Borges y la Cábala: La búsqueda del verbo*. Buenos Aires, Argentina: Hispamérica, 1976.

Stabb, Martin. *Jorge Luis Borges*. New York: Twayne, 1970.

Wheelock, Carter. *The Mythmaker: A Study of Motif and Symbol in the Short Stories of Jorge Luis Borges*. Austin: University of Texas Press, 1969.

Miguel Ángel Asturias

(1899, Ciudad de Guatemala, Guatemala–1974, Madrid, España)

Miguel Ángel Asturias, ganador del Premio Nobel de literatura en 1967, es considerado como uno de los grandes intérpretes de lo americano. Su obra parte de su conocimiento de mitos y leyendas guatemaltecas y de su compromiso con su país y por ende de Hispanoamérica.

Asturias es autor de una gran variedad de poemas, cuentos, novelas, dramas y artículos periodísticos. En su obra se trasluce la experiencia personal del escritor. Su conocimiento de los ritos y las creencias indígenas se debe en gran parte a su convivencia de niño con la cultura indígena en Salamá, pueblo de provincia donde residió su familia debido a las dificultades de ésta con el dictador Estrada Cabrera. De adulto Asturias estudió la cultura maya con el especialista George Raynaud en la Escuela de Altos Estudios de París y tradujo al español, en colaboración con el mexicano José María González de Mendoza, la traducción francesa de Raynaud del *Popol-Vuh* y *Anales de los Xahil*. La evocación del mundo indígena se evidencia en *Leyendas de Guatemala* (1930), *Hombres de maíz* (1949), *Mulata de tal* (1963), *Clarivigilia primaveral* (1965), *El espejo de Lida Sal* (1967), *Malandrón* (1969) y *Tres de cuatro soles* (1971). En 1922 tras obtener su título de Licenciado en Derecho, publicó *El problema social del indio*, su tesis, la cual fue homenajeada con el Premio Gálvez.

La política guatemalteca también sirvió de fondo en la narrativa de Asturias. Su novela, *El señor Presidente*, basada en la dictadura de Cabrera, fue publicada en México en 1946 a pesar de ésta haber sido escrita y terminada en París en 1933. Esta novela socio-política, a la vez que psicológica, le dio a las letras hispanoamericanas el arquetipo del dictador latinoamericano. El tema socio-político se observa también en *Hombres de maíz* (1949), novela basada en la realidad histórica de la lucha de los indígenas contra la profanación de las montañas sagradas. La trilogía bananera, *Viento fuerte* (1949), *El papa verde* (1954) y *Los ojos de los enterrados* (1960), será vínculo de denuncia de los abusos de la United Fruit Company. En los cuentos de *Week-end en Guatemala* (1956), el escritor guatemalteco presenta la caída del Presidente Jacobo Arbenz como consecuencia de la intervención de los Estados Unidos.

El estilo literario de Miguel Ángel Asturias se debe principalmente a las influencias vanguardistas que estaban en boga durante su estadía en París. En su obra hay elementos oníricos, juegos con el tiempo y con el lenguaje. Además, se observa la presencia del realismo mágico.

AL LEER CONSIDERE LO SIGUIENTE:

—las descripciones
—el elemento religioso
—las diferentes dimensiones del cuento

En la "Leyenda del Cadejo" Miguel Ángel Asturias narra el origen del Cadejo y trae a colación el fervor religioso popular manifestado a través de la Madre Elvira.

Leyenda del Cadejo

Y asoma por las vegas el Cadejo, que roba mozas de trenzas¹ largas y hace ñudos² en las crines³ de los caballos.

adre Elvira de San Francisco, prelada⁴ del monasterio de Santa Catalina, sería con el tiempo la novicia que recortaba las hostias⁵ en el convento de la Concepción, doncella de loada⁶ hermosura y habla tan candorosa que la palabra parecía en sus labios flor de suavidad⁷ y de cariño.

Desde una ventana amplia⁸ y sin cristales⁹ miraba la novicia volar las hojas secas por el abraso del verano,¹⁰ vestirse los árboles de flores y caer las frutas maduras en las huertas¹¹ vecinas al convento, por la parte derruida,¹² donde los follajes, ocultando las paredes heridas y los abiertos techos, transformaban las celdas y los claustros en paraísos olorosos¹³ a búcaro y a rosal silvestre,¹⁴ enramadas¹⁵ de fiesta, al decir de los cronistas, donde a las monjas sustituían las palomas de patas color de rosa, y a sus cánticos los trinos¹⁶ del cenzontle¹⁷ cimarrón.

Fuera de su ventana, en los hundidos aposentos,¹⁸ se unía la penumbra¹⁹ calientita, en la que las mariposas²⁰ asedaban²¹ el polvo de sus alas, al silencio del patio turbado²² por el ir y venir de las lagartijas²³ y al blando²⁴ perfume de las hojas que multiplicaban el cariño de los troncos enraizados²⁵ en las vetustas²⁶ paredes.

Y dentro, en la dulce compañía de Dios, quitando la corteza²⁷ a la fruta de los ángeles para descubrir la pulpa y la semilla que es el Cuerpo de Cristo, largo

---

¹**trenzas** braids ²**ñudos** knots ³**crines** manes ⁴**prelada** abbess ⁵**hostias** hosts ⁶**loada** praiseworthy ⁷**suavidad** gentleness ⁸**amplia** wide ⁹**cristales** glass ¹⁰**abraso del verano** summer's heat ¹¹**huertas** orchards ¹²**derruida** demolished ¹³**olorosos** scent ¹⁴**rosal silvestre** wild roses ¹⁵**enramadas** bowers ¹⁶**trinos** warble ¹⁷**cenzontle** mockingbird ¹⁸**aposentos** rooms ¹⁹**penumbra** shade ²⁰**mariposas** butterflies ²¹**asedaban** worked into silk ²²**turbado** interrupted ²³**lagartijas** lizards ²⁴**blando** soft ²⁵**enraizados** rooted ²⁶**vetustas** ancient ²⁷**corteza** peel

como la médula de la naranja—*vere tu es Deus abscoditus!*—. Elvira de San Francisco unía su espíritu y su carne a la casa de su infancia,[28] de pasadas aldabas[29] y levísimas rosas, de puertas que partían sollozos[30] en el hilván[31] del viento, de muros reflejados en el agua de las pilas a manera de huelgo en vidrio limpio.

Las voces de la ciudad turbaban la paz de su ventana, melancolías de viajera que oye moverse el puerto antes de levar anclas;[32] la risa de un hombre al concluir la carrera de un caballo, o el rodar[33] de un carro, o el llorar de un niño.

Por sus ojos pasaban el caballo, el carro, el hombre, el niño, evocados en paisajes aldeanos,[34] bajo cielos que con su semblante[35] plácido hechizaban la sabia[36] mirada de las pilas[37] sentadas al recor del agua con el aire sufrido de las sirvientas viejas.

Y el olor acompañaba a las imágenes. El cielo olía a cielo, el niño a niño, el campo a campo, el carro a heno,[38] el caballo a rosal viejo, el hombre a santo, las pilas a sombras, las sombras a reposo dominical y el reposo del Señor a ropa limpia...

Oscurecía. Las sombras borraban[39] su pensamiento, relación luminosa de partículas de polvo que nadan en un rayo de sol. Las campanas acercaban a la copa vesperal[40] los labios sin murmullo. ¿Quién habla de besos? El viento sacudía los heliotropos. ¿Heliotropos o hipocampos? Y en los chorros[41] de flores mitigaban su deseo de Dios los colibríes.[42] ¿Quién habla de besos?...

Un taconeo[43] presuroso la sobrecogió. Los flecos del eco tamborileaban[44] en el corredor...

¿Habría oído mal? ¿No sería el señor pestañudo[45] que pasaba los viernes a última hora por las hostias para llevarlas a nueve lugares de allí, al Valle de la Virgen, donde en una colina alzábase dichosa ermita?

Le llamaban el hombre-adormidera.[46] El viento andaba por sus pies. Como fantasma se iba apareciendo al cesar sus pasos de cabrito:[47] el sombrero en la mano, los botines pequeñines,[48] algo así como dorados,[49] envuelto en un gabán[50] azul, y esperaba los hostearios[51] en el umbral de la puerta.[52]

Sí que era; pero esta vez venía alarmadísimo y a las volandas,[53] como a evitar una catástrofe.

—¡Niña, niña—entró dando voces—, le cortarán la trenza, le cortarán la trenza, le cortarán la trenza!...

Lívida y elástica, la novicia se puso en pie para ganar la puerta[54] al verle entrar; mas calzada de caridad con los zapatos que en vida usaba una monja paralítica, al oírle gritar sintió que le ponía los pies la monja que pasó la vida inmóvil,[55] y no pudo dar paso...

---

[28]**infancia** childhood [29]**aldabas** locks [30]**sollozos** sobs [31]**hilván** loose seams [32]**levar anclas** raise anchor [33]**rodar** wheeling by [34]**paisajes aldeanos** country settings [35]**semblante** appearance [36]**sabia** wise [37]**pilas** troughs [38]**heno** hay [39]**borraban** deleted [40]**vesperal** evening [41]**chorros** tap [42]**colibríes** hummingbirds [43]**taconeo** tap of heels [44]**tamborileaban** sounding like drumsticks [45]**pestañudo** with the long eyelashes [46]**hombre-adormidera** poppy man [47]**cabrito** goat [48]**pequeñines** tiny [49]**dorados** golden [50]**gabán** overcoat [51]**hostearios** wafer boxes [52]**umbral de la puerta** doorway [53]**a las volandas** in a rush [54]**ganar la puerta** toward the door [55]**inmóvil** motionless

...Un sollozo,[56] como estrella, la titilaba[57] en la garganta. Los pájaros tijereteaban[58] el crepúsculo[59] entre las ruinas pardas e impedidas. Dos eucaliptos gigantes rezaban salmos penitenciales.

Atada[60] a los pies de un cadáver, sin poder moverse, lloró desconsoladamente, tragándose las lágrimas en silencio como los enfermos a quienes se les secan y enfrían los órganos por partes. Se sentía muerta, se sentía aterrada, sentía que en su tumba—el vestido de huérfana que ella llenaba de tierra con su ser—florecían[61] rosales de palabras blancas, y poco a poco su congoja[62] se hizo alegría de sosegado acento... Las monjas—rosales ambulantes—cortábanse las rosas unas a otras para adornar los altares de la Virgen, y de las rosas brotaba el mes de mayo, telaraña[63] de aromas en la que Nuestra Señora caía prisionera temblando como una mosca de luz.

Pero el sentimiento de su cuerpo florecido después de la muerte fue dicha pasajera.[64]

Como a una cometa[65] que de pronto le falta hilo[66] entre las nubes, la hizo caer de cabeza,[67] con todo y trapos[68] al infierno, el peso[69] de su trenza. En su trenza estaba el misterio. Suma de instantes angustiosos. Perdió el sentido unos suspiros[70] y hasta cerca del hervidero[71] donde burbujeaban[72] los diablos tornó a sentirse en la tierra. Un abanico[73] de realidades posibles se abría en torno suyo: la noche con azúcares de hojaldre,[74] los pinos olorosos a altar, el polen de la vida en el pelo del aire, gato sin forma ni color que araña las aguas de las pilas y desasosiega[75] los papeles viejos.

La ventana y ella se llenaban de cielo...

—¡Niña, Dios sabe[76] a sus manos cuándo comulgo![77]...—murmuró el del gabán, alargando sobre las brasas[78] de sus ojos la parrilla de sus pestañas.

La novicia retiró las manos de las hostias al oír la blasfemia... ¡No, no era un sueño!... Luego palpóse los brazos,[79] los hombros, el cuello, la cara, la trenza... Detuvo la respiración un momento, largo como un siglo al sentirse la trenza. ¡No, no era un sueño, bajo el manojo[80] tibio de su pelo revivía dándose cuenta de sus adornos de mujer, acompañada en sus bodas diabólicas del hombre-adormidera y de una candela encendida en el extremo de la habitación, oblonga como ataúd![81] ¡La luz sostenía la imposible realidad del enamorado, que alargaba los brazos como un Cristo que en un viático[82] se hubiese vuelto murciélago,[83] y era su propia carne! Cerró los ojos para huir, envuelta en su ceguera,[84] de aquella visión de infierno, del hombre que con solo ser hombre la acariciaba hasta donde ella era mujer—¡la más abominable de las concupiscencias!—; pero todo fue bajar sus redondos párpados pálidos como levantarse de sus zapatos, empapada en

---

llanto, la monja paralítica, y más corriendo los abrió... Rasgó[85] la sombra, abrió los ojos, salióse de sus adentros hondos con las pupilas sin quietud, como ratones en la trampa,[86] caótica, sorda, desemblantadas las mejillas[87]—alfileteros de lágrimas—, sacudiéndose entre el estertor de una agonía ajena que llevaba en los pies y el chorro de carbón vivo[88] de su trenza retorcida en invisible llama que llevaba en la espalda...

Y no supo más de ella. Entre un cadáver y un hombre, con un sollozo de embrujada[89] indesatable[90] en la lengua, que sentía ponzoñosa,[91] como su corazón, medio loca, regando[92] las hostias, arrebatóse[93] en busca de sus tijeras, y al encontrarlas se cortó la trenza y, libre de su hechizo,[94] huyó[95] en busca del refugio seguro de la madre superiora, sin sentir más sobre sus pies los de la monja...

....

....

Pero al caer su trenza, ya no era trenza: se movía, ondulaba sobre el colchoncito[96] de las hostias regadas en el piso.

El hombre-adormidera buscó hacia la luz. En las pestañas temblábanle[97] las lágrimas como las últimas llamitas[98] en el carbón de la cerilla[99] que se apagaba.[100] Resbalaba[101] por el haz[102] del muro con el resuello sepultado,[103] sin mover las sombras, sin hacer ruido, anhelando[104] llegar a la llama que creía su salvación. Pronto su paso mesurado se deshizo[105] en fuga espantosa.[106] El reptil sin cabeza dejaba la hojarasca[107] sagrada de las hostias y enfilaba[108] hacia él. Reptó bajo sus pies como la sangre negra de un animal muerto, y de pronto, cuando iba a tomar la luz, saltó[109] con cascabeles de agua que fluye libre y ligera a enroscarse como látigo[110] en la candela, que hizo llorar hasta consumirse por el alma del que con ella se apagaba para siempre. Y así llegó a la eternidad el hombre-adormidera, por quien lloran los cactus lágrimas blancas todavía.

El demonio había pasado como un soplo[111] por la trenza que, al extinguirse[112] la llama de la vela, cayó en el piso inerte.

Y a la medianoche, convertido en un animal largo—dos veces un carnero[113] por luna llena, del tamaño de un sauce llorón[114] por luna nueva—, con cascos[115] de cabro, orejas de conejo y cara de murciélago, el hombre-adormidera arrastró al infierno la trenza negra de la novicia que con el tiempo sería madre Elvira de

---

[85]**rasgó** tore through [86]**trampa** trap [87]**desemblantadas las mejillas** the color drained out of her cheeks [88]**chorro de carbón vivo** stream of live coal [89]**embrujada** under her spell [90]**indesatable** that cannot be undone [91]**ponzoñosa** poison [92]**regando** spilling [93]**arrebatóse** she flew [94]**hechizo** spell [95]**huyó** fled [96]**colchoncito** tiny mattress [97]**temblábanle** quivered [98]**llamitas** small flames [99]**cerilla** match [100]**que se apagaba** that was going out [101]**resbalaba** slid [102]**haz** surface [103]**resuello sepultado** bated breath [104]**anhelando** longing [105]**se deshizo** dissolved [106]**fuga espantosa** flight of fear [107]**hojarasca** leaf-pile [108]**enfilaba** headed [109]**saltó** leaped [110]**enroscarse como látigo** coiled itself like a whip [111]**soplo** breath [112]**extinguirse** went out [113]**carnero** ram [114]**sauce llorón** weeping willow [115]**cascos** hoofs [116]**arrodillada** on her knees [117]**azucena** lily [118]**cordero** lamb

San Francisco—así nace el Cadejo—, mientras ella soñaba entre sonrisas de ángeles, arrodillada[116] en su celda, con la azucena[117] y el cordero[118] místico.

DESPUÉS DE LEER

1. Describa cómo Miguel Ángel Asturias crea el ambiente a través de las descripciones.
2. ¿Cómo encuadran el primer y el último párrafo la trama de "Leyenda del Cadejo"?
3. ¿Quién es la Madre Elvira?
4. Discuta cómo se establecen las rupturas de tiempo y espacio en la leyenda.
5. ¿Quién es el hombre-adormidera?
6. ¿Qué representan las visiones de Elvira?
7. ¿Cómo se manifiesta en la leyenda la piedad religiosa?
8. Discuta el realismo mágico a partir de la leyenda.
9. Analice la importancia de los símbolos.

AL LEER CONSIDERE LO SIGUIENTE:

—el elemento mítico
—el ambiente en el cual se desarrolla el cuento
—los símbolos y las descripciones
—la universalidad de los personajes
—el realismo mágico

Leyenda de la Tatuana intercala elementos míticos de la civilización Maya-Quiché con realidades pertenecientes al mundo occidental. En ella, Asturias describe la experiencia "humana" del Maestro Almendro en su intento de recobrar la parte de su alma que Camino Negro había vendido.

Leyenda de la Tatuana[1]

Ronda por Casa-Mata la Tatuana...

El maestro Almendro tiene la barba rosada, fue uno de los sacerdotes que los hombres blancos tocaron creyéndoles de oro, tanta riqueza vestían, y sabe el secreto de las plantas que lo curan todo, el vocabulario de la obsidiana—piedra que habla—y leer los jeroglíficos de las constalaciones.

Es el árbol que amaneció un día en el bosque donde está plantado, sin que ninguno lo sembrara, como si lo hubieran llevado los fantasmas.[2] El árbol que anda...[3] El árbol que cuenta los años de cuatrocientos días[4] por las lunas que ha visto, que ha visto muchas lunas, como todos los árboles, y que vino ya viejo del Lugar de la Abundancia.

Al llenar la luna del Búho-Pescador (nombre de uno de los veinte meses del año de cuatrocientos días), el Maestro Almendro repartió el alma[5] entre los caminos. Cuatro eran los caminos y se marcharon por opuestas direcciones hacia las cuatro extremidades del cielo. La negra extremidad: Noche sortílega.[6] La verde extremidad: Tormenta primaveral. La roja extremidad: Guacamayo[7] o éxta-

---

[1]**Tatuana** Miguel Ángel Asturias wrote the following regarding *la Tatuana*: *"O, como debe haber sido primitivamente, de la Tatuada, por tratarse de un tatuaje (tattoo) que tiene la virtud mágica de hacer invisible a la persona, y, por lo tanto, de ayudar a los presos a evadirse de las más guardadas cárceles. En el fondo, creo que se trata de la repetición de la leyenda de Chimalmat, la diosa que en la mitología quiché se torna invisible por encantamiento."* [2]**fantasmas** ghosts [3]**árbol que anda** refers to the walking trees described in the sacred book of the Maya-Quiché people, the *Popol-Vuh.* [4]**cuatrocientos días** four hundred days refers to a year in the Quiché calendar. A year has twenty months, and each month has twenty days. [5]**alma** soul [6]**sortílega** bewitched [7]**guacamayo** macaw

sis de trópico. La blanca extremidad: Promesa de tierras nuevas. Cuatro eran los caminos…

—¡Caminín! ¡Caminito!…—dijo al Camino Blanco una paloma blanca, pero el Caminito Blanco no la oyó. Quería que le diera el alma del Maestro, que cura de sueños.[8] Las palomas[9] y los niños padecen[10] de ese mal.[11]

—¡Caminín! ¡Caminito!…—dijo al Camino Rojo un corazón rojo; pero el Camino Rojo no lo oyó. Quería distraerlo para que olvidara el alma del Maestro. Los corazones, como los ladrones, no devuelven las cosas olvidadas.

—¡Caminín! ¡Caminito!…—dijo al Camino Verde un emparrado[12] verde; pero el Camino Verde no la oyó. Quería que con el alma del Maestro le desquitase[13] algo de su deuda de hojas y de sombra.

¿Cuántas lunas pasaron andando los caminos?

El más veloz,[14] el Camino Negro,[15] el camino al que ninguno habló en el camino, se detuvo en la ciudad, atravesó la plaza y en el barrio de los mercaderes,[16] por un ratito de descanso, dio el alma del Maestro al Mercader de Joyas sin precio.

Era la hora de los gatos blancos. Iban de un lado a otro. ¡Admiración de los rosales! Las nubes parecían ropas en los tendederos del cielo.

Al saber el Maestro lo que el Camino Negro había hecho, tomó naturaleza humana nuevamente,[17] desnudándose[18] de la forma vegetal en un riachuelo[19] que nacía bajo la luna ruboroso[20] como una flor de almendro,[21] y encaminóse[22] a la ciudad.

Llegó al valle después de una jornada,[23] en el primer dibujo de la tarde, a la hora en que volvían los rebaños,[24] conversando a los pastores,[25] que contestaban monosilábicamente a sus preguntas, extrañados, como ante una aparición, de su túnica verde y su barba rosada.

En la ciudad se dirigió a Poniente. Hombres y mujeres rodeaban las pilas[26] públicas. El agua sonaba a besos al ir llenando los cántaros.[27] Y guiado por las sombras, en el barrio de los mercaderes encontró la parte de su alma vendida por el Camino Negro al Mercader de Joyas sin precio. La guardaba en el fondo de una caja de cristal con cerradores[28] de oro.

Sin perder tiempo se acercó al Mercader, que en un rincón fumaba, a ofrecerle por ella cien arrobas[29] de perlas.

---

[8]**sueños** dreams [9]**palomas** doves [10]**padecen** suffer [11]**mal** illness [12]**emparrado** lattice covered with vine [13]**le desquitase** would compensate him [14]**el más veloz** the fastest [15]**Camino Negro** Asturias has noted the following regarding *Camino Negro*: *"Antes de llegar a Xibalbá, lugar de la muerte, se cruzaban cuatro caminos: el camino rojo, el camino verde, el camino blanco y el camino negro; este último era, en efecto, Xibalbá, el cual halagaba el orgullo de los viajeros para atraérselos, diciéndoles que era el camino del rey, el camino del jefe."* [16]**mercaderes** merchants [17]**tomó naturaleza humana nuevamente** became human once again [18]**desnudándose** undressing [19]**riachuelo** stream [20]**ruboroso** blushing [21]**flor de almendro** almond blossom [22]**encaminóse** headed [23]**jornada** day [24]**rebaños** flocks [25]**pastores** shepherds [26]**pilas** trough [27]**cántaros** pitchers [28]**cerradores** fasteners [29]**arrobas** one *arroba* is equivalent to five pounds

El Mercader sonrió de la locura del Maestro. ¿Cien arrobas de perlas? ¡No, sus joyas no tenían precio!

El Maestro aumentó[30] la oferta. Los mercaderes se niegan hasta llenar su tanto. Le daría esmeraldas, grandes como maíces, de cien en cien almudes,[31] hasta formar un lago de esmeraldas.

El Mercader sonrió de la locura del Maestro. ¿Un lago de esmeraldas? ¡No, sus joyas no tenían precio!

Le daría amuletos, ojos de namik[32] para llamar el agua, plumas contra la tempestad, mariguana para su tabaco…

El Mercader se negó.

¡Le daría piedras preciosas para construir, a medio lago de esmeraldas, un palacio de cuento!

El Mercader se negó. Sus joyas no tenían precio, y, además—¿a qué seguir hablando?—, ese pedacito de alma lo quería para cambiarlo, en un mercado de esclavas, por la esclava más bella.

Y todo fue inútil,[33] inútil que el Maestro ofreciera y dijera, tanto como lo dijo, su deseo de recobrar el alma. Los mercaderes no tienen corazón.

Una hebra[34] de humo de tabaco separaba la realidad del sueño, los gatos negros de los gatos blancos y al Mercader del extraño comprador, que al salir sacudió sus sandalias en el quicio[35] de la puerta. El polvo tiene maldición.[36]

Después de un año de cuatrocientos días—sigue la leyenda—cruzaba los caminos de la cordillera[37] el Mercader. Volvía de países lejanos, acompañado de la esclava comprada con el alma del Maestro, de pájaro flor, cuyo pico[38] trocaba[39] en jacintos las gotitas de miel, y de un séquito[40] de treinta servidores montados.

—¡No sabes—decía el Mercader a la esclava, arrendando[41] su caballería—cómo vas a vivir en la ciudad! ¡Tu casa será un palacio y a tus órdenes estarán todos mis criados, yo el último, si así lo mandas tú!

—Allá—continuaba con la cara a mitad bañada por el sol—todo será tuyo. ¡Eres una joya, y yo soy el Mercader de Joyas sin precio! ¡Vales un pedacito de alma que no cambié por un lago de esmeraldas!… En una hamaca juntos veremos caer el sol y levantarse de día, sin hacer nada, oyendo los cuentos de una vieja mañosa[42] que sabe mi destino. Mi destino, dice, está en los dedos de una mano gigante, y sabrá el tuyo, si así lo pides tú.

La esclava se volvía al paisaje de colores diluidos en azules que la distancia iba diluyendo a la vez. Los árboles tejían a los lados del camino una caprichosa decoración de güipil.[43] Las aves daban la impresión de volar dormidas, sin alas, en la tranquilidad del cielo, y en el silencio de granito, el jadeo[44] de las bestias, cuesta arriba,[45] cobraba acento humano.

---

[30]**aumentó** increased   [31]**almudes** ancient measurement of arid lands equivalent to 6,600 square meters   [32]**namik** deer   [33]**inútil** useless   [34]**hebra** thread   [35]**quicio** frame   [36]**maldición** curse   [37]**cordillera** mountain range   [38]**pico** beak   [39]**trocaba** changed   [40]**séquito** entourage   [41]**arrendando** tying up   [42]**mañosa** cunning   [43]**güipil** embroidered sleeveless shirt worn by indigenous Guatemalan women   [44]**jadeo** panting   [45]**cuesta arriba** uphill

La esclava iba desnuda. Sobre sus senos,[46] hasta sus piernas, rodaba su cabellera negra[47] envuelta en un solo manojo, como una serpiente. El Mercader iba vestido de oro, abrigadas las espaldas con una manta de lana de chivo. Palúdico[48] y enamorado, al frío de su enfermedad se unía el temblor de su corazón. Y los treinta servidores montados llegaban a la retina como las figuras de un sueño.

Repentinamente, aislados goterones[49] rociaron[50] el camino, percibiéndose muy lejos, en los abajaderos,[51] el grito de los pastores que recogían los ganados,[52] temerosos de la tempestad. Las cabalgaduras[53] apuraron el paso para ganar un refugio, pero no tuvieron tiempo: tras los goterones, el viento azotó las nubes, violentando selvas hasta llegar al valle, que a la carrera se echaba encima las mantas mojadas de la bruma,[54] y los primeros relámpagos iluminaron el paisaje, como los fogonazos[55] de un fotógrafo loco que tomase instantáneas de tormenta.

Entre las caballerías que huían como asombros, rotas las riendas,[56] ágiles las piernas, grifa la crin[57] al viento y las orejas vueltas hacia atrás, un tropezón del caballo hizo rodar al Mercader al pie de un árbol, que, fulminado por el rayo[58] en ese instante, le tomó con las raíces[59] como una mano que recoge una piedra, y le arrojó al abismo.

En tanto, el Maestro Almendro, que se había quedado en la ciudad perdido, deambulaba[60] como loco por las calles, asustando a los niños, recogiendo basuras y dirigiéndose de palabra a los asnos,[61] a los bueyes[62] y a los perros sin dueño, que para él formaban con el hombre la colección de bestias de mirada triste.

—¿Cuántas lunas pasaron andando los caminos?…—preguntaba de puerta en puerta a las gentes, que cerraban sin responderle, extrañadas, como ante una aparición, de su túnica verde y su barba rosada.

Y pasado mucho tiempo, interrogando a todos, se detuvo a la puerta del Mercader de Joyas sin precio a preguntar a la esclava, única sobreviviente de aquella tempestad:

—¿Cuántas lunas pasaron andando los caminos?…

El sol, que iba sacando la cabeza de la camisa blanca del día, borraba en la puerta, claveteada[63] de oro y plata, la espalda del Maestro y la cara morena de la que era un pedacito de su alma, joya que no compró con un lago de esmeraldas.

—¿Cuántas lunas pasaron andando los caminos?…

Entre los labios de la esclava se acurrucó[64] la respuesta y endureció[65] como sus dientes. El Maestro callaba con insistencia de piedra misteriosa. Llenaba la luna del Búho-Pescador. En silencio se lavaron la cara con los ojos, al mismo tiempo, como dos amantes que han estado ausentes y se encuentran de pronto.

---

[46]**senos** breasts [47]**cabellera negra** black hair [48]**palúdico** suffering from malaria [49]**goterones** drops [50]**rociaron** sprinkled [51]**abajaderos** slopes [52]**ganados** flock [53]**cabalgaduras** pack of animals [54]**bruma** mist [55]**fogonazos** flashes [56]**riendas** reins [57]**grifa la crin** tangled mane [58]**fulminado por el rayo** struck by lightning [59]**raíces** roots [60]**deambulaba** strolled [61]**asnos** donkeys [62]**bueyes** oxen [63]**claveteada** studded [64]**acurrucó** snuggled [65]**endureció** hardened

La escena fue turbada[66] por ruidos insolentes. Venían a prenderles en nombre de Dios y el Rey, por brujo[67] a él y por endemoniada[68] a ella. Entre cruces y espadas bajaron a la cárcel, el Maestro con la barba rosada y la túnica verde, y la esclava luciendo las carnes, que de tan firmes parecían de oro.

Siete meses después, se les condenó a morir quemados en la Plaza Mayor. La víspera de la ejecución, el Maestro acercóse a la esclava y con la uña la tatuó[69] un barquito en el brazo, diciéndola:

—Por virtud de este tatuaje, Tatuana, vas a huir siempre que te halles en peligro como vas a huir hoy. Mi voluntad es que seas libre como mi pensamiento; traza este barquito en el muro, en el suelo, en el aire, donde quieras, cierra los ojos, entra en él y vete...

¡Vete, pues mi pensamiento es más fuete que ídolo de barro amasado[70] con cebollín!

¡Pues mi pensamiento es más dulce que la miel de las abejas que liban[71] la flor del suquinay![72]

¡Pues mi pensamiento es el que se torna invisible!

Sin perder un segundo la Tatuana hizo lo que el Maestro dijo: trazó el barquito, cerró los ojos y entrando en él—el barquito se puso en movimiento—, escapó de la prisión y de la muerte.

Y a la mañana siguiente, la mañana de la ejecución, los alguaciles[73] encontraron en la cárcel un árbol seco que tenía entre las ramas dos o tres florecitas de almendro, rosadas todavía.

D E S P U É S   D E   L E E R

1. Describa los elementos míticos del cuento.
2. ¿Cuál es la reacción del Maestro Almendro al saber lo que ha hecho Camino Negro con su alma?
3. ¿Qué le ofrece el Maestro Almendro al Mercader de Joyas sin precio y por qué se niega éste a aceptar las ofertas?
4. ¿Cuál es la opinión del Maestro Almendro hacia el Mercader de Joyas sin precio?
5. ¿Qué compró el Mercader con el alma del Maestro Almendro?
6. Describa la actitud del Mercader de Joyas sin precio hacia la mujer.
7. Discuta el papel que tiene la naturaleza en el desarrollo de la trama.
8. ¿Qué ocurre al llegar el Maestro a la casa del Mercader de Joyas sin precio?
9. ¿Por qué son culpados el Maestro y la esclava?
10. ¿Cómo se liberan de la muerte el Maestro y la mujer?

---

[66]**turbada** disturbed   [67]**brujo** sorcerer   [68]**endemoniada** possessed   [69]**tatuó** tattooed
[70]**amasado** kneaded [71]**liban** suck [72]**suquinay** tropical plant with flowers that produce sweet honey [73]**alguaciles** constables

11. Analice cómo está representada la cultura occidental en la leyenda.

12. Enumere las características del realismo mágico que se encuentran en "Leyenda de la Tatuana".

13. Interprete la leyenda.

ALGUNOS ESTUDIOS DE INTERÉS

Albizurez Palma, Francisco. *La novela de Asturias.* Guatemala: Editorial Universitaria, 1975.

Arango L., Manuel A. "Aspectos sociales en las novelas de Miguel Ángel Asturias". *Cuadernos Americanos 288* (1980): 179–199.

Bellini, Giuseppe. *De tiranos, héroes y brujos. Estudios sobre la obra de Miguel Ángel Asturias.* Roma: Bulzoni, 1982.

Castelpoggi, Atilio Jorge. *El poeta narrador: Miguel Ángel Asturias.* Buenos Aires: Prueba de Galera Ediciones, 1998.

Flores, Ronald. *Maíz y palabra.* Guatemala: Editorial Cultura, Dirección de Arte y Cultura, 1999.

Gerald, Martin. "Miguel Ángel Asturias: *El señor Presidente*", 50–75. Ed. Philip Swanson. *Landmarks in Modern Latin American Fiction.* London: Routeledge, 1990.

Lienhard, Martin. *La voz y la huella.* Lima: Editorial Horizonte, 1992.

León Hill, Eladia. *Miguel Ángel Asturias: lo ancestral en su obra literaria.* Eastchester, NY: Eliseo Torres, 1972.

Preble Niemi, Oralia. "'Miguel Ángel Asturias' *Clarivigilia primaveral*: A Created Theogeny Myth". *Confluencia: Revista Hispánica de Cultura y Literatura 7.2* (1992), 65–74.

Prieto, René. *Miguel Ángel Asturias' Archeology of Return.* Cambridge, U.K.: Cambridge University Press, 1993.

Royano Gutiérrez, Lourdes. *Las novelas de Miguel Ángel Asturias desde la teoría de la recepción.* Valladolid: Secretariado de Publicaciones, Universidad de Valladolid, 1993.

Salgado, María A. "America and Guatemala in the Anti-Yankee Novels of Miguel Ángel Asturias: A Love-Hate Relationship". *Hispanófila.* 27:3 [81] (May 1984), 79–85.

Verdugo, Iber. *El carácter de la literatura hispanoamericana y la novelistica de Miguel Ángel Asturias.* Guatemala: Universitaria, 1968.

Nicolás Guillén

(1902, Camagüey, Cuba–1989, La Habana, Cuba)

La obra literaria de Nicolás Guillén es considerada por la crítica hispanoamericana en lugar destacado. Su poesía se asocia con la poesía afrocubana, también conocida como afroantillana, afroamericana, afrohispana o negrista. Esta poesía intenta presentar al negro en su realidad cotidiana con sus conflictos, sufrimientos, creencias y aspiraciones. El poeta cultivador de esta poesía capta la forma peculiar del habla popular al integrar en la voz poética aféresis, apócopes y contracciones. Además incluye referencias a dioses, ritos y voces de origen africano.

Nicolás Guillén es considerado como el poeta cubano más logrado entre los cultivadores de la poesía afroantillana. Su primer libro, *Motivos de son* (1930), es un conjunto de poemas que tienen como estructura el son cubano, una mezcla de música y baile con ritmo africano y letra del romance castellano. A este libro siguieron: *Sóngoro cosongo: poemas mulatos* (1931), *West Indies, Ltd.* (1934), *Cantos para soldados y sones para turistas* (1937), *El son entero* (1947), *La paloma de vuelo popular* (1958), *Tengo* (1964), *La rueda dentada* (1972) y *El diario que a diario* (1972). Con motivo de la guerra civil española Guillén escribió *España, poema en cuatro angustias y una esperanza* en 1937. En general, se puede calificar la poesía de Guillén como una poesía de carácter social.

Otros cultivadores del género afroantillano son Luis Palés Matos (1898–1959, Puerto Rico), Evaristo Rivera Chevremont (1898–1959, Puerto Rico), Manuel del Cabral (1907–, República Dominicana), Ramón Girao (1908–1949, Cuba), José Zacarías Tallet (1893–1962, Cuba), Emilio Ballagas (1908–1954, Cuba) y Nancy Morejón (1944–, Cuba).

AL LEER CONSIDERE LO SIGUIENTE:

—el uso del lenguaje
—el tono del poema
—la musicalidad en el poema

En "Mulata", la voz poética es la de un hombre negro dirigiéndose a una mulata que fue su amante, y le dice que poco le importa lo que ella diga de él, pues él tiene a su negra, alguien aún mejor.

Mulata

&

Ya yo me enteré, mulata,
mulata, ya sé que dice
que yo tengo la narice[1]
como nudo de corbata.[2]

Fíjate bien que tú
no ere tan adelantá,[3]
porque tu boca e bien grande,
y tu pasa,[4] colorá.[5]

Tanto tren con tu cuerpo
tanto tren,
tanto tren con tu boca,
tanto tren;
tanto tren con tu sojo,[6]
tanto tren …

Si tú supiera, mulata,
la verdá:
¡que yo con mi negra tengo,
y no te quiero pa na![7]

DESPUÉS DE LEER

1. Describa la relación entre la voz poética y la mulata.

2. ¿Qué ritmo ha creado Guillén en el poema? ¿Cómo lo logra?

---

[1]**narice** *nariz*   [2]**nudo de corbata** knot of a tie   [3]**adelantá** (*adelantada*) refers to a light-skinned mulatto woman   [4]**pasa** in Cuba, term used to refer to texture of hair of someone of African descent   [5]**colorá** *colorada*   [6]**tu sojo** *tus ojos*   [7]**pa na** (*para nada*) not at all

A L   L E E R   C O N S I D E R E   L O   S I G U I E N T E :

—el uso del lenguaje popular
—el comentario social

En "Búcate plata" la mujer le dice a su pareja que se busque plata para cubrir los gastos si es que él quiere que ella permanezca con él, pues está cansada de pasar hambre.

Búcate plata[1]

Búcate plata,
búcate plata,
porque no doy un paso má:[2]
etoy[3] a arró[4] con galleta
na má.[5]

Yo bien sé cómo etá to,[6]
pero viejo, hay que comer:
búcate plata,
búcate plata,
porque me voy a correr.

Depué[7] dirán que soy mala,
y no me querrán tratar,
pero amor con hambre, viejo,
¡qué va![8]
Con tanto zapato nuevo,
¡qué va!
Con tanto reló,[9] compadre,[10]
¡qué va!
Con tanto lujo, mi negro,
¡qué va!

D E S P U É S   D E   L E E R

1. ¿Qué tipo de lenguaje está presentado en el poema?
2. ¿De quién es la voz que se escucha en "Búcate plata"? ¿Cómo se refiere la voz poética al hombre?
3. ¿Cuál es la queja de la mujer?
4. Comente el ritmo del poema.

---

[1]**búcate plata** *búscate plata*   [2]**no doy un paso má** (*má-más*) I can't go on   [3]**etoy** *estoy*   [4]**arró** *arroz*   [5]**na má** *nada más*   [6]**etá to** *está todo*   [7]**depué** *después*   [8]**¡qué va!** no way!   [9]**reló** *reloj*   [10]**compadre** pal

—el uso del lenguaje popular
—el sentido del humor

Se le advierte a Víctor Manuel que no ande diciendo que sabe hablar inglés cuando en realidad el único inglés que sabe es el que se usa en el béisbol.

Tú no sabe inglé

Con tanto inglé[1] que tú sabía,[2]
Vito Manué,[3]
con tanto inglé, no sabe[4] ahora
decir: ye.[5]

La mericana[6] te busca,
y tú le tiene[7] que huir:
tu inglé era detrái guan,
detrái guan y guan tu tri[8]…

Vito Manué, tú no sabe inglé,
tú no sabe inglé,
tú no sabe inglé.

No te namore[9] más nunca,
Vito Manué,
si no sabe inglé,
si no sabe inglé!

DESPUÉS DE LEER

1. ¿Sabía inglés Víctor Manuel?

2. ¿Quién se ha enamorado de Víctor Manuel?

3. ¿Cuál es el problema?

4. ¿Qué consejos se le dan a Víctor Manuel?

5. Comente la función de las palabras en inglés en "Tú no sabe inglé".

---

[1]**inglé** *inglés*   [2]**sabía** *sabías*   [3]**Vito Manué** *Víctor Manuel*   [4]**sabe** *sabes*   [5]**ye** *yes*   [6]**la mericana** *la americana*   [7]**le tiene** *le tienes*   [8]**"tu inglé era … tri"** your knowledge of English consisted of *strike one,* and *one, two, three.* In other words, he only knows English terms used in baseball. [9]**namore** *enamores*

AL LEER CONSIDERE LO SIGUIENTE:

—el uso de jitanjáforas (palabras inventadas que se emplean por su musicalidad)
—el uso de onomatopeyas (palabras que imitan el sonido de la cosa que significan)
—la importancia del uso de la repetición de ciertos versos
—el elemento ritualístico
—la influencia de la cultura africana en la cultura hispanoamericana

En este poema Guillén persigue captar, a través del uso de jitanjáforas y onomatopeyas, el canto empleado para matar una culebra según el rito de una religión afrocubana.

Sensemayá[1]

(Canto para matar a una culebra[2])

¡Mayombe[3]—bombe—mayombé!
¡Mayombe—bombe—mayombé!
¡Mayombe—bombe—mayombé!

La culebra tiene los ojos de vidrio;[4]
la culebra viene y se enreda[5] en un palo;
con sus ojos de vidrio, en un palo,
con sus ojos de vidrio.
La culebra camina sin patas;[6]
la culebra se esconde en la yerba;[7]
caminando se esconde en la yerba,
caminando sin patas.

¡Mayombe—bombe—mayombé!
¡Mayombe—bombe—mayombé!
¡Mayombe—bombe—mayombé!

Tú le das con el hacha,[8] y se muere:
¡dale ya!
¡No le des con el pie, que te muerde,[9]
no le des con el pie, que se va!

---

[1]**Sensemayá** also Sensamaya, goddess depicted by a serpent in one of the Afro-Cuban religions [2]**culebra** snake [3]**mayombé** reference to Afro-Cuban religion that worshipped several African gods as well as the spirits of the dead [4]**vidrio** glass [5]**se enreda** gets tangled [6]**patas** legs (of animals) [7]**yerba** grass [8]**hacha** ax [9]**te muerde** will bite you

Sensemayá, la culebra,
sensemayá.
Sensemayá, con sus ojos,
sensemayá.
Sensemayá, con su lengua,
sensemayá.
Sensemayá, con su boca,
sensemayá...

¡La culebra muerta no puede comer;
la culebra muerta no puede silbar;[10]
no puede caminar,
no puede correr!
¡La culebra muerta no puede mirar;
la culebra muerta no puede beber;
no puede respirar,
no puede morder!

¡Mayombe—bombe—mayombé!
Sensemayá, la culebra...
¡Mayombe—bombe—mayombé!
Sensemayá, no se mueve...
¡Mayombe—bombe—mayombé!
Sensemayá, la culebra...
¡Mayombe—bombe—mayombé!
¡Sensemayá, se murió!

DESPUÉS DE LEER

1. Explique cómo crea Guillén un elemento ritualista en el poema.

2. ¿Por qué usa Guillén las repeticiones?

3. El verso "¡Mayombe—bombe—mayombé!" y la palabra "sensemayá" se repiten a lo largo del poema para unirse alternativamente en la última estrofa. ¿Qué efecto crea Guillén al hacer eso?

4. Analice la estructura del poema.

---

[10]**silbar** whistle

A L   L E E R   C O N S I D E R E   L O   S I G U I E N T E :
—la protesta y preocupación social
—el uso de las imágenes

En "Dos niños" Guillén muestra la forma en que dos niños, uno blanco y otro negro, son víctimas de las injusticias sociales.

Dos niños

Dos niños, ramas de un mismo árbol de miseria,
juntos en un portal[1] bajo la noche calurosa,
dos niños pordioseros[2] llenos de pústulas,
comen de un mismo plato como perros hambrientos
la comida lanzada por la pleamar de los manteles.[3]
Dos niños: uno negro, otro blanco.

Sus cabezas unidas están sembradas de piojos;[4]
sus pies muy juntos y descalzos;[5]
las bocas incansables[6] en un mismo frenesí[7] de mandíbulas,[8]
y sobre la comida grasienta[9] y agria,[10]
dos manos: una negra, otra blanca.

¡Qué unión sincera y fuerte!
Están sujetos por los estómagos y por las noches foscas,[11]
y por las tardes melancólicas en los paseos brillantes,
y por las mañanas explosivas,
cuando despierta el día con sus ojos alcohólicos.
Están unidos como dos buenos perros…
Juntos así como dos buenos perros,
uno negro, otro blanco,
cuando llegue la hora de la marcha
¿querrán marchar como dos buenos hombres,
uno negro, otro blanco?

Dos niños, ramas de un mismo árbol de miseria,
comen en un portal, bajo la noche calurosa.

---

[1]**portal** porch   [2]**pordioseros** beggars   [3]**pleamar de los manteles** high tide of the table-cloths   [4]**sembradas de piojos** imbedded with lice   [5]**descalzos** barefooted   [6]**incansables** tireless   [7]**frenesí** frenzy   [8]**mandíbulas** jaws   [9]**grasienta** greasy   [10]**agria** sour   [11]**foscas** surly

D E S P U É S   D E   L E E R

1. ¿Cuál es la condición social y económica de los dos niños?
2. ¿Cómo están descritos?
3. ¿Es importante para los niños el color de la piel del otro?
4. ¿Cuál es la preocupación que vemos de parte de la voz poética?
5. Describa las imágenes presentadas en el poema.

AL LEER CONSIDERE LO SIGUIENTE:

—el uso de versos de diferente número de sílabas para crear ritmo en el poema
—la influencia norteamericana en Puerto Rico y las consecuencias de esa influencia
—el tono irónico del poema
—el bilingüismo y el juego de palabras
—la crítica social y política

De colonia perteneciente a España, Puerto Rico pasó a ser territorio
norteamericano. Luego se convirtió en Estado Libre Asociado de los Estados
Unidos. Al puertorriqueño se le considera ciudadano norteamericano y por lo tanto
sirve en el ejército estadounidense. Sin embargo, carece del derecho a elegir al
presidente de Estados Unidos. La presencia norteamericana en Puerto Rico creó un
desajuste cultural que se manifestó en el lenguaje. En este poema, Guillén se refiere
a la relación entre Estados Unidos y Puerto Rico durante la década de los años
cincuenta.

Canción puertorriqueña

¿Cómo estás, Puerto Rico,
tú de socio asociado en sociedad?
Al pie de cocoteros[1] y guitarras,
bajo la luna y junto al mar,
¡qué suave honor andar del brazo,[2]
brazo con brazo, del Tío Sam!
¿En qué lengua me entiendes,
en qué lengua por fin te podré hablar,
si en yes,
si en sí,
si en bien,
si en well,
si en mal,
si en bad, si en very bad?

Juran los que te matan[3]
que eres feliz... ¿Será verdad?
Arde[4] tu frente pálida,
la anemia en tu mirada logra[5] un brillo fatal;

---

[1]**al pie de cocoteros** at the base of coconut trees   [2]**andar ... brazo** walking arm in arm
[3]**juran ... matan** those who kill you swear   [4]**arde** burns   [5]**logra** takes on

masticas[6] una jerigonza[7]
medio española, medio *slang;*
de un empujón[8] te hundieron en Corea,
sin que supieras por quién ibas a pelear,
si en yes,
si en sí,
si en bien,
si en well,
si en mal,
si en bad, si en very bad!

Ay, yo bien conozco a tu enemigo,
el mismo que tenemos por acá,
socio en la sangre y el azúcar,
socio asociado en sociedad;
United States and Puerto Rico,
es decir New York City with San Juan,
Manhattan y Borinquén,[9] soga[10] y cuello,
apenas nada más...
No yes,
no sí
no bien,
no well,
sí mal,
sí bad, sí very bad!

D E S P U É S   D E   L E E R

1. ¿Cuál es el juego de palabras que usa el poeta al decir: "tú de socio asociado en sociedad"?

2. ¿Qué significa la referencia a "andar del brazo, / brazo con brazo, del Tío Sam!"?

3. Explique la influencia del idioma inglés en Puerto Rico. ¿Cómo se manifiesta en el poema?

4. ¿A qué guerra se refiere el poeta? ¿Cuál fue la participación del puertorriqueño en la guerra? ¿Estaba Puerto Rico en guerra con ese país? ¿Por qué tiene que pelear el soldado puertorriqueño? ¿Tenía el puertorriqueño conciencia política de lo que significaba la guerra?

5. Cuando la voz poética dice: "Ay, yo bien conozco a tu enemigo, / el mismo que tenemos por acá", ¿a quién se refiere?

---

[6]**masticas** chews [7]**jerigonza** jargon, slang [8]**empujón** shove [9]**Borinquén** indigenous name of Puerto Rico [10]**soga** rope

6. Explique los siguientes versos: "socio en la sangre y el azúcar, / socio asociado en sociedad".

7. ¿Qué otros emparejamientos hace el poeta?

8. ¿Cuál es el tono del poema? ¿Qué tipo de crítica hace Guillén?

ALGUNOS ESTUDIOS DE INTERÉS

Augier, Angel. *Nicolás Guillén; notas para un estudio biográfico-crítico.* 2.ª ed. rev. La Habana, Cuba: Universidad Central de las Villas, 1964–1965. 2 vols.

Cabrera Infante, Guillermo. "Un poeta de vuelo popular: Nicolás Guillén". *Suplemento Literario La Nación* (Buenos Aires, 1990): 1–2.

Ellis, Keith. *Cuba's Nicolás Guillén: Poetry and Ideology.* Toronto, Canadá: University of Toronto Press, 1983.

Espinosa, Mónica. "Nicolás Guillén's Poetry of Synthesis and Revolution". *Crítica* 2:2 (1990): 113–125.

González-Echeverría, Roberto. "Guillén as Baroque: Meaning in *Motivos de son*". *Callaloo* 10:2 (1987): 302–317.

Márquez, Roberto. "Introducción a Guillén". *Casa de las Américas* 65–66 (1971): 136–142.

Williams, Lorna V. *Self and Society in the Poetry of Nicolás Guillén.* Baltimore, Maryland: Johns Hopkins University Press, 1982.

Alejo Carpentier

(1904, La Habana, Cuba–1980, París, Francia)

Alejo Carpentier es uno de los primeros escritores hispanoamericanos que percibe la realidad del continente americano como un mundo donde hechos extraordinarios, maravillosos y mágicos constituyen su realidad. Esta forma de percibir las cosas se conoce en la literatura como realismo mágico o "lo real maravilloso", término empleado por el autor en el prólogo a su novela *El reino de este mundo* (1949).

La cultura de Alejo Carpentier se manifiesta en su obra al integrar en su narrativa acontecimientos históricos y elementos procedentes de la música y las artes plásticas. Carpentier estudió arquitectura, pero se vio obligado a abandonar la carrera por razones económicas y se dedicó al periodismo. En 1927 se opuso al gobierno de Gerardo Machado y fue encarcelado. En prisión, comenzó a escribir su primera novela, *¡Ecue-yamba-O!* (1933). Al salir de la prisión fue a París, donde vivió durante once años. En París conoció a las personalidades más destacadas del surrealismo. Sus viajes a Haití y al interior de Venezuela tuvieron extraordinaria importancia en su narrativa como se observa en *El reino de este mundo* y *Los pasos perdidos* (1953). En ambas novelas hay un rechazo a la cultura europea y una búsqueda por lo auténticamente americano. En *Los pasos perdidos* el autor intenta, además, presentar la angustia existencial del hombre contemporáneo.

El interés de Carpentier por la historia política de Cuba y la cultura e historia de la América hispana se observa en *El acoso* (1956), *El siglo de las luces* (1962), *El recurso del método* (1974), *Concierto barroco* (1974) y *La consagración de la primavera* (1978). Su última novela *El arpa y la sombra* (1979) presenta una desmitificación de Cristóbal Colón. Los ensayos de Carpentier fueron publicados en *Tientos y diferencias* (1964) y *La novela latinoamericana en vísperas de un nuevo siglo* (1981).

AL LEER CONSIDERE LO SIGUIENTE:

—la importancia del tiempo
—el uso de las imágenes
—el elemento histórico
—la voz narrativa
—la yuxtaposición de lo mágico con la realidad
—la técnica narrativa

"Viaje a la semilla" de Alejo Carpentier es un ejemplo del realismo mágico propio de la literatura hispanoamericana. En este cuento la realidad se entremezcla con lo maravilloso y mágico, el presente con el pasado, y el tiempo verdadero fluye hacia el pasado.

Viaje a la semilla

A Lilia
este primer cuento de un libro
que te será dedicado, como todos
los que habrán de seguirle.

A. C.

I

—¿Qué quieres, viejo?…

Varias veces cayó la pregunta de lo alto de los andamios.[1] Pero el viejo no respondía. Andaba de un lugar a otro, fisgoneando,[2] sacándose de la garganta un largo monólogo de frases incomprensibles. Ya habían descendido las tejas,[3] cubriendo los canteros[4] muertos con su mosaico de barro cocido.[5] Arriba, los picos[6] desprendían piedras de mampostería,[7] haciéndolas rodar por canales de madera, con gran revuelo[8] de cales[9] y de yesos.[10] Y por las almenas[11] sucesivas que iban desdentando las murallas aparecían —despojados[12] de su secreto— cielos rasos[13] ovales o cuadrados, cornisas,[14] guirnaldas,[15] dentículos,[16] astrágalos,[17] y papeles encolados[18] que colgaban de los testeros[19] como viejas pieles de serpiente en muda. Presenciando[20] la demolición, una Ceres[21] con la nariz rota y el peplo

---

[1]**andamios** scaffolds   [2]**fisgoneando** snooping   [3]**tejas** tiles   [4]**canteros** flower beds   [5]**barro cocido** baked earth   [6]**picos** peaks   [7]**mampostería** rubblework   [8]**revuelo** commotion   [9]**cales** lime   [10]**yesos** plaster   [11]**almenas** merlons   [12]**despojados** stripped   [13]**cielos rasos** ceilings   [14]**cornisas** cornices   [15]**guirnaldas** garlands   [16]**dentículos** dentils (projecting rectangular blocks)   [17]**astrágalos** astragals (narrow molding)   [18]**encolados** glued   [19]**testeros** front walls   [20]**presenciando** witnessing   [21]**Ceres** goddess of agriculture

desvaído,[22] veteado[23] de negro el tocado de mieses,[24] se erguía[25] en el traspatio, sobre fuentes de mascarones borrosos.[26] Visitados por el sol en horas de sombra,[27] los peces grises del estanque bostezaban[28] en agua musgosa[29] y tibia, mirando con el ojo redondo aquellos obreros, negros sobre claro de cielo, que iban rebajando la altura secular de la casa. El viejo se había sentado, con el cayado[30] apuntalándole[31] la barba, al pie de la estatua. Miraba el subir y bajar de cubos en que viajaban restos apreciables. Oíanse, en sordina,[32] los rumores de la calle mientras, arriba, las poleas[33] concertaban, sobre ritmos de hierro[34] con piedra, sus gorjeos[35] de aves desagradables y pechugonas.[36]

Dieron las cinco. Las cornisas y entablamentos[37] se despoblaron.[38] Sólo quedaron escaleras de mano, preparando el asalto del día siguiente. El aire se hizo más fresco, aligerado de sudores, blasfemias, chirridos de cuerdas,[39] ejes[40] que pedían alcuzas[41] y palmadas[42] en torsos pringosos.[43] Para la casa mondada[44] el crepúsculo[45] llegaba más pronto. Se vestía de sombras en horas en que su ya caída balaustrada superior solía regalar a las fachadas algún relumbre[46] de sol. La Ceres apretaba los labios. Por primera vez las habitaciones dormirían sin persianas,[47] abiertas sobre paisaje de escombros.[48]

Contrariando sus apetencias,[49] varios capiteles[50] yacían[51] entre las hierbas. Las hojas de acanto descubrían su condición vegetal. Una enredadera[52] aventuró sus tentáculos hacia la voluta jónica,[53] atraída por un aire de familia. Cuando cayó la noche, la casa estaba más cerca de la tierra. Un marco de puerta se erguía aún, en lo alto, con tablas de sombra suspendidas de sus bisagras[54] desorientadas.

II

Entonces el negro viejo, que no se había movido, hizo gestos extraños, volteando su cayado sobre un cementerio de baldosas.[55]

Los cuadrados de mármol, blancos y negros, volaron a los pisos, vistiendo la tierra. Las piedras, con saltos certeros, fueron a cerrar los boquetes[56] de las murallas. Hojas de nogal[57] claveteadas[58] se encajaron[59] en sus marcos,[60] mientras los tornillos[61] de las charnelas[62] volvían a hundirse en sus hoyos, con rápida rotación. En los canteros muertos, levantadas por el esfuerzo de las flores, las tejas juntaron sus fragmentos, alzando sonoro torbellino[63] de barro, para caer en lluvia sobre la armadura[64] del techo. La casa creció, traída nuevamente a sus proporciones ha-

---

[22]**desvaído** faded [23]**veteado** streaked [24]**tocado de mieses** headdress of grains (symbolic of Ceres) [25]**erguía** rose [26]**mascarones borrosos** large blurred masks [27]**horas de sombra** hours in which it was necessary to take cover from the sun [28]**bostezaban** yawned [29]**musgosa** mossy [30]**cayado** staff [31]**apuntalándole** propping up [32]**sordina** muted [33]**poleas** pulleys [34]**hierro** iron [35]**gorjeos** chirping [36]**pechugonas** big-breasted [37]**entablamentos** entablatures [38]**se despoblaron** were cleared [39]**chirridos de cuerdas** ropes creaking [40]**ejes** axles [41]**alcuzas** oil [42]**palmadas** slaps [43]**pringosos** grease-stained [44]**mondada** stripped [45]**crepúsculo** sunset [46]**relumbre** gleam [47]**persianas** blinds [48]**escombros** rubble [49]**apetencias** longings [50]**capiteles** capitals (of a column) [51]**yacían** laid [52]**enredadera** climbing plant [53]**voluta jónica** Ionian volute or scroll [54]**bisagras** hinges [55]**baldosas** floor tiles [56]**boquetes** holes [57]**nogal** walnut [58]**claveteadas** nailed [59]**se encajaron** fitted [60]**marcos** frames [61]**tornillos** screws [62]**charnelas** hinges [63]**torbellino** swirl [64]**armadura** frame

bituales, pudorosa y vestida. La Ceres fue menos gris. Hubo más peces en la fuente. Y el murmullo del agua llamó begonias olvidadas.

El viejo introdujo una llave en la cerradura de la puerta principal, y comenzó a abrir ventanas. Sus tacones sonaban a hueco.[65] Cuando encendió los velones,[66] un estremecimiento[67] amarillo corrió por el óleo de los retratos de familia, y gentes vestidas de negro murmuraron en todas las galerías, al compás de cucharas movidas en jícaras[68] de chocolate.

Don Marcial, Marqués de Capellanías, yacía en su lecho de muerte, el pecho acorazado[69] de medallas, escoltado por cuatro cirios[70] con largas barbas de cera derretida.

III

Los cirios crecieron lentamente, perdiendo sudores. Cuando recobraron su tamaño, los apagó la monja apartando una lumbre.[71] Las mechas[72] blanquearon, arrojando el pabilo.[73] La casa se vació de visitantes y los carruajes[74] partieron en la noche. Don Marcial pulsó un teclado invisible y abrió los ojos.

Confusas y revueltas, las vigas del techo se iban colocando en su lugar. Los pomos de medicinas, las borlas[75] de damasco, el escapulario de la cabecera, los daguerrotipos, las palmas de la reja,[76] salieron de sus nieblas.[77] Cuando el médico movió la cabeza con desconsuelo profesional, el enfermo se sintió mejor. Durmió algunas horas y despertó bajo la mirada negra y cejuda[78] del Padre Anastasio. De franca, detallada, poblada de pecados, la confesión se hizo reticente, penosa, llena de escondrijos.[79] ¿Y qué derecho tenía, en el fondo, aquel carmelita, a entrometerse en su vida? Don Marcial se encontró, de pronto, tirado en medio del aposento.[80] Aligerado de un peso en las sienes, se levantó con sorprendente celeridad.[81] La mujer desnuda que se desperezaba[82] sobre el brocado del lecho buscó enaguas y corpiños,[83] llevándose, poco después, sus rumores de seda estrujada[84] y su perfume. Abajo, en el coche cerrado, cubriendo tachuelas[85] del asiento, había un sobre con monedas de oro.

Don Marcial no se sentía bien. Al arreglarse la corbata frente a la luna de la consola se vio congestionado. Bajó al despacho donde lo esperaban hombres de justicia, abogados y escribientes, para disponer la venta pública de la casa. Todo había sido inútil. Sus pertenencias se irían a manos del mejor postor,[86] al compás de martillo golpeando una tabla. Saludó y le dejaron solo. Pensaba en los misterios de la letra escrita, en esas hebras[87] negras que se enlazan[88] y desenlazan sobre

---

[65]**hueco** hollow [66]**velones** candles [67]**estremecimiento** shuddering [68]**jícaras** cups [69]**acorazado** armoured [70]**cirios** long candles [71]**lumbre** light [72]**mechas** wicks [73]**pabilo** charred part of a candlewick [74]**carruajes** carriages [75]**borlas** tassels [76]**las ... reja** the grating's palm-leaf motif [77]**salieron ... nieblas** appeared from under their clouds [78]**cejuda** bushy-browed [79]**escondrijos** hideouts [80]**aposento** room [81]**celeridad** speed [82]**que se desperezaba** waking up [83]**enaguas y corpiños** petticoat and bodice [84]**seda estrujada** wrinkled silk [85]**tachuelas** tacks [86]**postor** bidder [87]**hebras** threads [88]**enlazan** connect

anchas hojas filigranadas de balanzas, enlazando y desenlazando compromisos,[89] juramentos, alianzas, testimonios, declaraciones, apellidos, títulos, fechas, tierras, árboles y piedras; maraña de hilos,[90] sacada del tintero,[91] en que se enredaban[92] las piernas del hombre, vedándole[93] caminos desestimados por la Ley; cordón al cuello, que apretaba su sordina al percibir el sonido temible de las palabras en libertad. Su firma lo había traicionado, yendo a complicarse en nudo y enredos de legajos. Atado por ella, el hombre de carne se hacía hombre de papel.

Era el amanecer. El reloj del comedor acababa de dar las seis de la tarde.

IV

Transcurrieron meses de luto,[94] ensombrecidos por un remordimiento[95] cada vez mayor. Al principio, la idea de traer una mujer a aquel aposento se le hacía casi razonable. Pero, poco a poco, las apetencias de un cuerpo nuevo fueron desplazadas por escrúpulos crecientes, que llegaron al flagelo.[96] Cierta noche, Don Marcial se ensangrentó las carnes con una correa,[97] sintiendo luego un deseo mayor, pero de corta duración. Fue entonces cuando la Marquesa volvió, una tarde, de su paseo a las orillas del Almendares.[98] Los caballos de la calesa[99] no traían en las crines[100] más humedad que la del propio sudor. Pero, durante todo el resto del día, dispararon coces[101] a las tablas de la cuadra,[102] irritados, al parecer, por la inmovilidad de nubes bajas.

Al crepúsculo, una tinaja[103] llena de agua se rompió en el baño de la Marquesa. Luego, las lluvias de mayo rebosaron[104] el estanque. Y aquella negra vieja, con tacha de cimarrona[105] y palomas debajo de la cama, que andaba por el patio murmurando: "¡Desconfía[106] de los ríos, niña; desconfía de lo verde que corre!" No había día en que el agua no revelara su presencia. Pero esa presencia acabó por no ser más que una jícara derramada sobre vestido traído de París, al regreso del baile aniversario dado por el Capitán General de la Colonia.

Reaparecieron muchos parientes. Volvieron muchos amigos. Ya brillaban, muy claras, las arañas[107] del gran salón. Las grietas[108] de la fachada se iban cerrando. El piano regresó al clavicordio. Las palmas perdían anillos. Las enredaderas soltaban la primera cornisa. Blanquearon las ojeras de la Ceres y los capiteles parecieron recién tallados.[109] Más fogoso,[110] Marcial solía pasarse tardes enteras abrazando a la Marquesa. Borrábanse patas de gallinas,[111] ceños[112] y papadas,[113] y las carnes tornaban a su dureza. Un día, un olor de pintura fresca llenó la casa.

---

[89]**compromisos** engagements [90]**maraña de hilos** a tangle of threads [91]**tintero** inkwell [92]**se enredaban** became tangled [93]**vedándole** prohibiting [94]**luto** mourning [95]**remordimiento** remorse [96]**flagelo** lashing [97]**correa** belt [98]**Almendares** river in Havana [99]**calesa** carriage [100]**crines** mane [101]**coces** kicks [102]**cuadra** stables [103]**tinaja** large earthen jar [104]**rebosaron** overflowed [105]**tacha de cimarrona** with the looks of a runaway slave [106]**desconfía** don't trust [107]**arañas** chandeliers [108]**grietas** cracks [109]**tallados** chiseled [110]**fogoso** spirited [111]**patas de gallinas** wrinkles around the eyes (crow's feet) [112]**ceños** frowns [113]**papadas** double chins

V

Los rubores eran sinceros. Cada noche se abrían un poco más las hojas de los biombos,[114] las faldas caían en rincones menos alumbrados y eran nuevas barreras de encajes. Al fin la Marquesa sopló las lámparas. Sólo él habló en la oscuridad.

Partieron para el ingenio,[115] en gran tren de calesas —relumbrante de grupas alazanas,[116] bocados de plata[117] y charoles al sol. Pero, a la sombra de las flores de Pascua que enrojecían el soportal[118] interior de la vivienda, advirtieron que se conocían apenas. Marcial autorizó danzas y tambores de Nación, para distraerse un poco en aquellos días olientes a perfumes de Colonia, baños de benjuí,[119] cabelleras esparcidas, y sábanas sacadas de armarios que, al abrirse, dejaban caer sobre las losas un mazo[120] de vetiver. El vaho[121] del guarapo[122] giraba en la brisa con el toque de oración. Volando bajo, las auras anunciaban lluvias reticentes, cuyas primeras gotas, anchas y sonoras, eran sorbidas[123] por tejas tan secas que tenían diapasón[124] de cobre. Después de un amanecer alargado por un abrazo deslucido, aliviados de desconciertos y cerrada la herida, ambos regresaron a la ciudad. La Marquesa trocó su vestido de viaje por traje de novia, y, como era costumbre, los esposos fueron a la iglesia para recobrar su libertad. Se devolvieron presentes a parientes y amigos, y, con revuelo de bronces y alardes[125] de jaeces,[126] cada cual tomó la calle de su morada.[127] Marcial siguió visitando a María de las Mercedes por algún tiempo, hasta el día en que los anillos fueron llevados al taller del orfebre[128] para ser desgrabados.[129] Comenzaba, para Marcial, una vida nueva. En la casa de altas rejas, la Ceres fue sustituida por una Venus italiana, y los mascarones de la fuente adelantaron casi imperceptiblemente el relieve al ver todavía encendidas, pintada ya el alba, las luces de los velones.

VI

Una noche, después de mucho beber y marearse con tufos[130] de tabaco frío, dejados por sus amigos, Marcial tuvo la sensación extraña de que los relojes de la casa daban las cinco, luego las cuatro y media, luego las cuatro, luego las tres y media… Era como la percepción remota de otras posibilidades. Como cuando se piensa, en enervamiento de vigilia, que puede andarse sobre el cielo raso con el piso por cielo raso, entre muebles firmemente asentados entre las vigas del techo. Fue una impresión fugaz,[131] que no dejó la menor huella en su espíritu, poco llevado, ahora, a la meditación.

Y hubo un gran sarao,[132] en el salón de música, el día en que alcanzó la minoría de edad. Estaba alegre, al pensar que su firma había dejado de tener un valor legal, y que los registros y escribanías, con sus polillas,[133] se borraban de su mundo. Llegaba al punto en que los tribunales dejan de ser temibles para quienes

---

[114]**biombos** folding screens   [115]**ingenio** sugarcane plantation   [116]**grupas alazanas** chestnut cruppers (leather loop passing under a horse's tail and buckled to the saddle)   [117]**bocados de plata** silver bits   [118]**soportal** portico, porch   [119]**benjuí** benzoin (frankincense)   [120]**mazo** bunch   [121]**vaho** fumes   [122]**guarapo** sugarcane juice   [123]**sorbidas** absorbed   [124]**diapasón** range (in musical scale)   [125]**alardes** displays   [126]**jaeces** trappings   [127]**morada** dwelling   [128]**orfebre** goldsmith   [129]**desgrabados** not engraved   [130]**tufos** smell   [131]**fugaz** fleeting   [132]**sarao** soirée, evening party   [133]**polillas** moths

tienen una carne desestimada por los códigos. Luego de achisparse[134] con vinos generosos, los jóvenes descolgaron de la pared una guitarra incrustada de nácar,[135] un salterio[136] y un serpentón. Alguien dio cuerda al reloj que tocaba la Tirolesa de las Vacas y la Balada de los Lagos de Escocia.[137] Otro embocó[138] un cuerno de caza que dormía, enroscado en su cobre, sobre los fieltros[139] encarnados de la vitrina,[140] al lado de la flauta traversera traída de Aranjuez.[141] Marcial, que estaba requebrando[142] atrevidamente[143] a la de Campoflorido, se sumó al guirigay,[144] buscando en el teclado,[145] sobre bajos falsos, la melodía del Trípili-Trápala.[146] Y subieron todos al desván, de pronto, recordando que allá, bajo vigas[147] que iban recobrando el repello,[148] se guardaban los trajes y libreas[149] de la Casa de Capellanías. En entrepaños[150] escarchados de alcanfor[151] descansaban los vestidos de corte, un espadín[152] de Embajador, varias guerreras[153] emplastronadas, el manto[154] de un Príncipe de la Iglesia, y largas casacas, con botones de damasco y difuminos[155] de humedad en los pliegues.[156] Matizáronse las penumbras[157] con cintas de amaranto,[158] miriñaques[159] amarillos, túnicas marchitas y flores de terciopelo. Un traje de chispero[160] con redecilla[161] de borlas, nacido en una mascarada de carnaval levantó aplausos. La de Campoflorido redondeó los hombros empolvados bajo un rebozo de color de carne criolla, que sirviera a cierta abuela, en noche de grandes decisiones familiares, para avivar[162] los amansados fuegos de un rico Síndico de Clarisas.

Disfrazados regresaron los jóvenes al salón de música. Tocado con un tricornio de regidor, Marcial pegó tres bastonazos en el piso, y se dio comienzo a la danza de la valse, que las madres hallaban terriblemente impropio de señoritas, con eso de dejarse enlazar por la cintura,[163] recibiendo manos de hombre sobre las ballenas[164] del corset que todas se habían hecho según el reciente patrón de "El Jardín de las Modas". Las puertas se oscurecieron de fámulas,[165] cuadrerizos, sirvientes, que venían de sus lejanas dependencias y de los entresuelos[166] sofocantes, para admirarse ante fiesta de tanto alboroto.[167] Luego, se jugó a la gallina ciega[168] y al escondite.[169] Marcial, oculto con la de Campoflorido detrás de un biombo chino, le estampó un beso[170] en la nuca,[171] recibiendo en respuesta un pañuelo perfumado, cuyos encajes de Bruselas guardaban suaves tibiezas de escote.[172] Y cuando las muchachas se alejaron en las luces del crepúsculo, hacia las atalayas[173] y torreones que se pintaban en grisnegro sobre el mar, los mozos

---

[134]**achisparse** to get tipsy   [135]**nácar** mother of pearl   [136]**salterio** psaltery   [137]**Tirolesa ... Escocia** eighteenth-century popular songs   [138]**embocó** put to the lips   [139]**fieltros** felt [140]**vitrina** glass cabinet   [141]**Aranjuez** Spanish city located by the Tajo River   [142]**requebrando** courting   [143]**atrevidamente** daringly   [144]**guirigay** hubbub   [145]**teclado** keyboard [146]**Trípili-Trápala** famous eighteenth-century musical   [147]**vigas** beams   [148]**repello** plaster [149]**libreas** liveries   [150]**entrepaños** shelves   [151]**escarchados de alcanfor** frosted with camphor   [152]**espadín** ceremonial sword   [153]**guerreras** military tunics   [154]**manto** cloak   [155]**difuminos** stumping   [156]**pliegues** folds   [157]**Matizáronse las penumbras** the shadows were tinged   [158]**amaranto** amaranth   [159]**miriñaques** crinolines   [160]**chispero** sparkles   [161]**redecilla** net   [162]**avivar** to poke   [163]**enlazar por la cintura** to be held by the waist   [164]**ballenas** stays   [165]**fámulas** servants   [166]**entresuelos** mezzanines   [167]**alboroto** uproar   [168]**gallina ciega** blindman's bluff   [169]**escondite** hide-and-seek   [170]**le estampó un beso** planted a kiss [171]**nuca** nape   [172]**escote** low neck   [173]**atalayas** observation towers

fueron a la Casa de Baile, donde tan sabrosamente se contoneaban[174] las mulatas de grandes ajorcas,[175] sin perder nunca —así fuera de movida una guaracha[176]— sus zapatillas de alto tacón. Y como se estaba en carnavales, los del Cabildo Arará Tres Ojos levantaban un trueno de tambores tras de la pared medianera, en un patio sembrado de granados. Subidos en mesas y taburetes, Marcial y sus amigos alabaron[177] el garbo[178] de una negra de pasas entrecanas,[179] que volvía a ser hermosa, casi deseable, cuando miraba por sobre el hombro, bailando con altivo mohín de reto.[180]

VII

Las visitas de Don Abundio, notario y albacea[181] de la familia, eran más frecuentes. Se sentaba gravemente a la cabecera de la cama de Marcial, dejando caer al suelo su bastón de ácana[182] para despertarlo antes de tiempo. Al abrirse, los ojos tropezaban con una levita[183] de alpaca, cubierta de caspa,[184] cuyas mangas lustrosas recogían títulos y rentas. Al fin sólo quedó una pensión razonable, calculada para poner coto[185] a toda locura. Fue entonces cuando Marcial quiso ingresar en el Real Seminario de San Carlos.

Después de mediocres exámenes, frecuentó los claustros, comprendiendo cada vez menos las explicaciones de los dómines. El mundo de las ideas se iba despoblando. Lo que había sido, al principio, una ecuménica asamblea de peplos,[186] jubones,[187] golas[188] y pelucas,[189] controversistas[190] y ergotantes,[191] cobraba la inmovilidad de un museo de figuras de cera. Marcial se contentaba ahora con una exposición escolástica de los sistemas, aceptando por bueno lo que se dijera en cualquier texto. "León", "Avestruz", "Ballena", "Jaguar", leíase sobre los grabados en cobre de la Historia Natural. Del mismo modo, "Aristóteles", "Santo Tomás", "Bacon", "Descartes", encabezaban páginas negras, en que se catalogaban aburridamente las interpretaciones del universo, al margen de una capitular espesa. Poco a poco, Marcial dejó de estudiarlas, encontrándose librado de un gran peso. Su mente se hizo alegre y ligera, admitiendo tan sólo un concepto instintivo de las cosas. ¿Para qué pensar en el prisma, cuando la luz clara de invierno daba mayores detalles a las fortalezas del puerto? Una manzana que cae del árbol sólo es incitación para los dientes. Un pie en una bañadera no pasa de ser un pie en una bañadera.[192] El día que abandonó el Seminario, olvidó los libros. El gnomon recobró su categoría de duende;[193] el espectro fue sinónimo de fantasma; el octandro era bicho[194] acorazado, con púas en el lomo.

Varias veces, andando pronto, inquieto el corazón, había ido a visitar a las mujeres que cuchicheaban,[195] detrás de puertas azules, al pie de las murallas. El re-

---

[174]**contoneaban** swayed   [175]**ajorcas** bracelets   [176]**guaracha** Antillean song and dance   [177]**alabaron** praised   [178]**garbo** charm, gracefulness   [179]**entrecanas** graying hair   [180]**mohín de reto** defiant face   [181]**albacea** executor   [182]**ácana** wood from the acana tree   [183]**levita** frock   [184]**caspa** dandruff   [185]**poner coto** put an end   [186]**peplos** peplum   [187]**jubones** doublets   [188]**golas** ruffs   [189]**pelucas** wigs   [190]**controversistas** disputants   [191]**ergotantes** quibblers   [192]**Un pie ... bañadera** reference to the laws of gravity and refraction   [193]**duende** goblin   [194]**bicho** bug   [195]**cuchicheaban** whispered

cuerdo de la que llevaba zapatillas bordadas y hojas de albahaca[196] en la oreja lo perseguía, en tardes de calor, como un dolor de muelas. Pero, un día, la cólera y las amenazas de un confesor le hicieron llorar de espanto. Cayó por última vez en las sábanas del infierno, renunciando para siempre a sus rodeos por calles poco concurridas, a sus cobardías de última hora que le hacían regresar con rabia a su casa, luego de dejar a sus espaldas cierta acera rajada —señal, cuando andaba con la vista baja, de la media vuelta que debía darse para hollar[197] el umbral[198] de los perfumes.

Ahora vivía su crisis mística, poblada de detentes, corderos pascuales, palomas de porcelana, Vírgenes de manto azul celeste, estrellas de papel dorado, Reyes Magos, ángeles con alas de cisne, el Asno, el Buey, y un terrible San Dionisio que se le aparecía en sueños, con un gran vacío entre los hombros y el andar vacilante de quien busca un objeto perdido. Tropezaba[199] con la cama y Marcial despertaba sobresaltado, echando mano al rosario de cuentas sordas. Las mechas, en su pocillos de aceite, daban luz triste a imágenes que recobraban su color primero.

VIII

Los muebles crecían. Se hacía más difícil sostener los antebrazos sobre el borde de la mesa del comedor. Los armarios de cornisas labradas ensanchaban el frontis. Alargando el torso, los moros de la escalera acercaban sus antorchas[200] a los balaustres del rellano.[201] Las butacas eran más hondas y los sillones de mecedora[202] tenían tendencia a irse para atrás. No había ya que doblar las piernas al recostarse en el fondo de la bañadera con anillas de mármol.

Una mañana en que leía un libro licencioso, Marcial tuvo ganas, súbitamente, de jugar con los soldados de plomo que dormían en sus cajas de madera. Volvió a ocultar el tomo bajo la jofaina[203] del lavabo, y abrió una gaveta sellada por las telarañas.[204] La mesa de estudio era demasiado exigua[205] para dar cabida a tanta gente. Por ello, Marcial se sentó en el piso. Dispuso los granaderos por filas de ocho. Luego, los oficiales a caballo, rodeando al abanderado. Detrás, los artilleros, con sus cañones, escobillones[206] y botafuegos.[207] Cerrando la marcha, pífanos[208] y timbales,[209] con escolta de redoblantes. Los morteros estaban dotados de un resorte que permitía lanzar bolas de vidrio a más de un metro de distancia.

—¡Pum! … ¡Pum! … ¡Pum! …

Caían caballos, caían abanderados, caían tambores. Hubo de ser llamado tres veces por el negro Eligio, para decidirse a lavarse las manos y bajar al comedor.

Desde ese día, Marcial conservó el hábito de sentarse en el enlosado. Cuando percibió las ventajas de esa costumbre, se sorprendió por no haberlo pensado

---

[196]**albahaca** sweet basil　[197]**hollar** to tread on　[198]**umbral** threshold　[199]**tropezaba con** he bumped into　[200]**antorchas** torches　[201]**rellano** landing　[202]**mecedora** rocking chair　[203]**jofaina** washbasin　[204]**telarañas** cobwebs　[205]**exigua** small　[206]**escobillones** swabs　[207]**botafuegos** linstocks (device for holding a lighted match for firing cannon)　[208]**pífanos** fifes　[209]**timbales** kettledrums

antes. Afectas al terciopelo de los cojines,[210] las personas mayores sudan demasiado. Algunas huelen a notario —como Don Abundio— por no conocer, con el cuerpo echado, la frialdad del mármol en todo tiempo. Sólo desde el suelo pueden abarcarse totalmente los ángulos y perspectivas de una habitación. Hay bellezas de la madera, misteriosos caminos de insectos, rincones de sombra, que se ignoran a altura de hombre. Cuando llovía, Marcial se ocultaba debajo del clavicordio. Cada trueno hacía temblar la caja de resonancia, poniendo todas las notas a cantar. Del cielo caían los rayos para construir aquella bóveda de calderones —órgano, pinar al viento, mandolina de grillos.

IX

Aquella mañana lo encerraron en su cuarto. Oyó murmullos en toda la casa y el almuerzo que le sirvieron fue demasiado suculento para un día de semana. Había seis pasteles de la confitería de la Alameda —cuando sólo dos podían comerse, los domingos, después de misa. Se entretuvo mirando estampas de viajes, hasta que el abejeo creciente, entrando por debajo de las puertas, lo hizo mirar entre persianas. Llegaban hombres vestidos de negro, portando una caja con agarraderas[211] de bronce. Tuvo ganas de llorar, pero en ese momento apareció el calesero Melchor, luciendo sonrisa de dientes en lo alto de sus botas sonoras. Comenzaron a jugar al ajedrez. Melchor era caballo. Él, era Rey. Tomando las losas del piso por tablero, podía avanzar de una en una, mientras Melchor debía saltar una de frente y dos de lado, o viceversa. El juego se prolongó hasta más allá del crepúsculo, cuando pasaron los Bomberos del Comercio.

Al levantarse, fue a besar la mano de su padre que yacía en su cama de enfermo. El Marqués se sentía mejor, y habló a su hijo con el empaque[212] y los ejemplos usuales. Los "Sí, padre" y los "No, padre", se encajaban entre cuenta y cuenta del rosario de preguntas, como las respuestas del ayudante en una misa. Marcial respetaba al Marqués, pero era por razones que nadie hubiera acertado a suponer. Lo respetaba porque era de elevada estatura y salía, en noches de baile, con el pecho rutilante[213] de condecoraciones; porque le envidiaba el sable y los entorchados de oficial de milicias; porque, en Pascuas, había comido un pavo entero, relleno de almendras y pasas, ganando una apuesta; porque, cierta vez, sin duda con el ánimo de azotarla, agarró a una de las mulatas que barrían la rotonda, llevándola en brazos a su habitación. Marcial, oculto detrás de una cortina, la vio salir poco después, llorosa y desabrochada,[214] alegrándose del castigo, pues era la que siempre vaciaba las fuentes de compota devueltas a la alacena.

El padre era un ser terrible y magnánimo al que debía amarse después de Dios. Para Marcial era más Dios que Dios, porque sus dones[215] eran cotidianos y tangibles. Pero prefería el Dios del cielo, porque fastidiaba menos.

---

[210]**cojines** cushions [211]**agarraderas** handles [212]**empaque** gravity [213]**rutilante** shining
[214]**desabrochada** with her clothes unfastened [215]**dones** gifts, talents

X

Cuando los muebles crecieron un poco más y Marcial supo como nadie lo que había debajo de las camas, armarios y vargueños, ocultó a todos un gran secreto: la vida no tenía encanto fuera de la presencia del calesero Melchor. Ni Dios, ni su padre, ni el obispo dorado de las procesiones del Corpus, eran tan importantes como Melchor.

Melchor venía de muy lejos. Era nieto de príncipes vencidos. En su reino había elefantes, hipopótamos, tigres y jirafas. Ahí los hombres no trabajaban, como Don Abundio, en habitaciones oscuras, llenas de legajos. Vivían de ser más astutos que los animales. Uno de ellos sacó el gran cocodrilo del lago azul, ensartándolo[216] con una pica oculta en los cuerpos apretados de doce ocas[217] asadas. Melchor sabía canciones fáciles de aprender, porque las palabras no tenían significado y se repetían mucho. Robaba dulces en las cocinas; se escapaba, de noche, por la puerta de los cuadrerizos, y, cierta vez, había apedreado[218] a los de la guardia civil, desapareciendo luego en las sombras de la calle de la Amargura.

En días de lluvia, sus botas se ponían a secar junto al fogón de la cocina. Marcial hubiese querido tener pies que llenaran tales botas. La derecha se llamaba *Calambín*. La izquierda, *Calambán*. Aquel hombre que dominaba los caballos cerreros con solo encajarles dos dedos en los belfos;[219] aquel señor de terciopelos y espuelas, que lucía chisteras tan altas, sabía también lo fresco que era un suelo de mármol en verano, y ocultaba debajo de los muebles una fruta o un pastel arrebatados[220] a las bandejas destinadas al Gran Salón. Marcial y Melchor tenían en común un depósito secreto de grageas y almendras, que llamaban el "Urí, urí, urá", con entendidas carcajadas. Ambos habían explorado la casa de arriba abajo, siendo los únicos en saber que existía un pequeño sótano lleno de frascos holandeses, debajo de las cuadras, y que en desván inútil, encima de los cuartos de criadas, doce mariposas polvorientas acababan de perder las alas en caja de cristales rotos.

XI

Cuando Marcial adquirió el hábito de romper cosas, olvidó a Melchor para acercarse a los perros. Había varios en la casa. El atigrado[221] grande; el podenco[222] que arrastraba las tetas; el galgo,[223] demasiado viejo para jugar; el lanudo[224] que los demás perseguían en épocas determinadas, y que las camareras tenían que encerrar. Marcial prefería a Canelo porque sacaba zapatos de las habitaciones y desenterraba los rosales del patio. Siempre negro de carbón o cubierto de tierra roja, devoraba la comida de los demás, chillaba[225] sin motivo, y ocultaba huesos robados al pie de la fuente. De vez en cuando, también vaciaba un huevo acabado de poner, arrojando la gallina al aire con brusco palancazo del hocico.[226]

---

[216]**ensartándolo** piercing it [217]**ocas** geese [218]**apedreado** stoned [219]**belfos** lips (of a quadruped) [220]**arrebatados** snatched [221]**atigrado** tigerlike [222]**podenco** spaniel [223]**galgo** greyhound [224]**el lanudo** the wooly one [225]**chillaba** howled [226]**hocico** snout

Todos daban de patadas al Canelo. Pero Marcial se enfermaba cuando se lo llevaban. Y el perro volvía triunfante, moviendo la cola, después de haber sido abandonado más allá de la Casa de Beneficencia, recobrando un puesto que los demás, con sus habilidades en la caza o desvelos en la guardia, nunca ocuparían.

Canelo y Marcial orinaban juntos. A veces escogían la alfombra persa del salón, para dibujar en su lana formas de nubes pardas que se ensanchaban lentamente. Esto costaba castigo de cintarazos. Pero los cintarazos no dolían tanto como creían las personas mayores. Resultaban, en cambio, pretexto admirable para armar concertantes de aullidos, y provocar la compasión de los vecinos. Cuando la bizca del tejadillo calificaba a su padre de "bárbaro", Marcial miraba a Canelo, riendo con los ojos. Lloraban un poco más para ganarse un bizcocho,[227] y todo quedaba olvidado. Ambos comían tierra, se revolcaban[228] al sol, bebían en la fuente de los peces, buscaban sombra y perfume al pie de las albahacas. En horas de calor, los canteros húmedos se llenaban de gente. Ahí estaba la gansa gris, con bolsa colgante entre las patas zambas; el gallo viejo del culo pelado; la lagartija que decía, "urí, urá", sacándose del cuello una corbata rosada; el triste jubo,[229] nacido en ciudad sin hembras; el ratón que tapiaba su agujero con una semilla de carey. Un día, señalaron el perro a Marcial.

—¡Guau, guau! —dijo.

Hablaba su propio idioma. Había logrado la suprema libertad. Ya quería alcanzar, con sus manos, objetos que estaban fuera del alcance de sus manos.

XII

Hambre, sed, calor, dolor, frío. Apenas Marcial redujo su percepción a la de estas realidades esenciales, renunció a la luz que ya le era accesoria. Ignoraba su nombre. Retirado el bautismo, con su sal desagradable, no quiso ya el olfato, ni el oído, ni siquiera la vista. Sus manos rozaban[230] formas placenteras. Era un ser totalmente sensible y táctil. El universo le entraba por todos los poros. Entonces cerró los ojos que sólo divisaban gigantes nebulosos y penetró en un cuerpo caliente, húmedo, lleno de tinieblas, que moría. El cuerpo, al sentirlo arrebozado[231] con su propia sustancia, resbaló[232] hacia la vida.

Pero ahora el tiempo corrió más pronto, adelgazando sus últimas horas. Los minutos sonaban a glissando de naipes bajo pulgar de jugador.

Las aves volvieron al huevo en torbellino de plumas. Los peces cuajaron[233] la hueva, dejando nevada de escamas en el fondo del estanque. Las palmas doblaron las pencas,[234] desapareciendo en la tierra como abanicos cerrados. Los tallos sorbían sus hojas y el suelo tiraba de todo lo que le perteneciera. El trueno retumbaba en los corredores. Crecían pelos en la gamuza de los guantes. Las mantas de lana se destejían,[235] redondeando el vellón[236] de carneros distantes. Los armarios, los vargueños, las camas, los crucifijos, las mesas, las persianas, salieron

---

[227]**bizcocho** biscuit   [228]**se revolcaban** rolled about   [229]**jubo** small Cuban non-poisonous snake   [230]**rozaban** rubbed   [231]**arrebozado** wrapped   [232]**resbaló** slid   [233]**cuajaron** covered   [234]**pencas** leaves   [235]**destejían** unraveled   [236]**vellón** fleece

volando en la noche, buscando sus antiguas raíces al pie de las selvas. Todo lo que tuviera clavos se desmoronaba. Un bergantín,[237] anclado[238] no se sabía dónde, llevó presurosamente a Italia los mármoles del piso y de la fuente. Las panoplias,[239] los herrajes,[240] las llaves, las cazuelas de cobre, los bocados de las cuadras, se derretían, engrosando un río de metal que galerías sin techo canalizaban hacia la tierra. Todo se metamorfoseaba, regresando a la condición primera. El barro volvió al barro, dejando un yermo en lugar de la casa.

XIII

Cuando los obreros vinieron con el día para proseguir la demolición, encontraron el trabajo acabado. Alguien se había llevado la estatua de Ceres, vendida la víspera a un anticuario. Después de quejarse al Sindicato,[241] los hombres fueron a sentarse en los bancos de un parque municipal. Uno recordó entonces la historia, muy difuminada,[242] de una Marquesa de Capellanías, ahogada, en tarde de mayo, entre las malangas[243] del Almendares. Pero nadie prestaba atención al relato, porque el sol viajaba de oriente a occidente, y las horas que crecen a la derecha de los relojes deben alargarse por la pereza, ya que son las que más seguramente llevan a la muerte.

DESPUÉS DE LEER

1. Explique la importancia de la casa en el relato.

2. ¿Quién es el viejo del cayado? ¿Qué hace? ¿Cuál es su importancia?

3. ¿Cómo emplea Carpentier las imágenes para representar el transcurso del tiempo hacia el pasado?

4. ¿En qué épocas se desarrolla el relato? ¿Cómo ha llegado usted a esa conclusión?

5. ¿Quiénes son don Marcial, la Marquesa, la de Campoflorido, don Abundio y Melchor?

6. Explique la estructura del cuento.

7. ¿Quién narra "Viaje a la semilla"?

8. Discuta la importancia del título del relato.

---

[237]**bergantín** brig   [238]**anclado** anchored   [239]**panoplias** collections of arms   [240]**herrajes** iron fittings   [241]**Sindicato** Union   [242]**difuminada** stumped   [243]**malangas** a kind of plant

ALGUNOS ESTUDIOS DE INTERÉS

Cervera Salinas, Vicente. "El 'Diario' de Colón y Carpentier: Cara y cruz de la utopía americana". *Revista Signos* 25:31–32 (1992): 35–43.

Dorfman, Ariel. "El sentido de la historia en la obra de Alejo Carpentier". *Imaginación y violencia en América.* Santiago de Chile: Editorial Universitaria, 1970.

Durán, Manuel. "'Viaje a la semilla': El cómo y el por qué de una pequeña obra maestra". Ángel Flores, ed. *El realismo mágico en el cuento hispanoamericano.* Tlahuapán, México: Premia, 1985.

González-Echeverría, Roberto. *Alejo Carpentier: The Pilgrim at Home.* Ithaca, New York: Cornell University Press, 1977.

Luis, William. "Historia, naturaleza y memoria en 'Viaje a la semilla'". *Revista Iberoamericana* 57:154 (1991): 151–160.

Müller-Bergh, Klaus, ed. *Asedios a Carpentier. Once ensayos críticos sobre el novelista cubano.* Santiago de Chile: Editorial Universitaria, 1972.

Pablo Neruda (Neftalí Ricardo Reyes y Basoalto)

(1904, Parral, Chile–1973, Santiago, Chile)

Pablo Neruda es considerado uno de los grandes poetas de Hispanoamérica por la calidad y extensión de su producción literaria. Fue ganador de numerosos premios literarios, entre ellos el Premio Nacional de Literatura (1945), El Premio Stalin (1953) y el premio Nobel (1971). En sus primeros libros no están ausentes las manifestaciones neo-románticas y modernistas. A este período pertenecen *La canción de la fiesta* (1921), *Crepusculario* (1923) y su conocido libro *Veinte poemas de amor y una canción desesperada* (1924). En estos libros poéticos, Neruda canta al amor y expresa, además, sentimientos de soledad, melancolía y dolor. El tema de la soledad continúa en *Tentativa del hombre infinito* (1925), en *Residencia en la tierra* I (1925–1931) y *Residencia en la tierra* II (1931–1935) publicados en 1933 y 1935 respectivamente. Estos poemas de índole surrealista muestran, a través de imágenes oníricas, el aislamiento y la angustia existencial sufridos durante su residencia en Asia como representante de Chile. Hay en ellos también crítica social.

España en el corazón (1937) fue el resultado de su enfrentamiento con la guerra civil española y es un ataque al fascismo. El compromiso político de Neruda se manifiesta además en *Tercera residencia* (1947), *Las uvas y el viento* (1954) y *Canto general* (1950), poema épico en que el autor ofrece su interpretación personal de la historia del continente americano. Estos tres últimos libros fueron escritos durante el período de su participación activa en el Partido Comunista chileno.

Con *Odas elementales* (1954) y *Nuevas odas elementales* (1955) Neruda le da un nuevo impulso y dirección a su poesía orientándola al mundo material de las cosas sensibles y pequeñas, de los objetos inanimados y elementales que parecen no tener importancia. Después de estos libros regresa al tema del amor en *Los versos del capitán* (1952) y *Cien sonetos de amor* (1959). *Memorial de Isla Negra* (1964) refleja la trayectoria personal de su juventud y su compromiso político. Póstumamente se publicaron *Jardín de invierno* (1974) y sus memorias, *Confieso que he vivido* (1974).

AL LEER CONSIDERE LO SIGUIENTE:

—cómo el poeta expresa sus sentimientos de amor y pérdida de la amada
—el elemento de nostalgia
—las imágenes

Este poema pertenece al libro *Veinte poemas de amor y una canción desesperada,* el cual contiene bellos poemas de amor a dos mujeres, una de Santiago de Chile, la otra de Temuco, e identificadas por el poeta en sus memorias como Marisombra y Marisol. En el "Poema 20" Neruda expresa a través del recuerdo y la nostalgia los sentimientos que siente al dar fin a una relación amorosa.

Poema 20

Puedo escribir los versos más tristes esta noche.
Escribir, por ejemplo: «La noche está estrellada,
y tiritan,[1] azules, los astros, a lo lejos.»
El viento de la noche gira[2] en el cielo y canta.
Puedo escribir los versos más tristes esta noche.
Yo la quise, y a veces ella también me quiso.
En las noches como ésta la tuve entre mis brazos.
La besé tantas veces bajo el cielo infinito.
Ella me quiso, a veces yo también la quería.
¡Cómo no haber amado sus grandes ojos fijos!
Puedo escribir los versos más tristes esta noche.
Pensar que no la tengo. Sentir que la he perdido.
Oír la noche inmensa, más inmensa sin ella.
Y el verso cae al alma[3] como al pasto[4] el rocío.[5]
¡Qué importa que mi amor no pudiera guardarla!6
La noche está estrellada y ella no está conmigo.
Eso es todo. A lo lejos alguien canta. A lo lejos.
Mi alma no se contenta[7] con haberla perdido.
Como para acercarla mi mirada la busca.
Mi corazón la busca, y ella no está conmigo.
La misma noche que hace blanquear[8] los mismos árboles.
Nosotros, los de entonces, ya no somos los mismos.
Ya no la quiero, es cierto, pero cuánto la quise.

---

[1]**tiritan** shiver, shake   [2]**gira** turns   [3]**alma** soul   [4]**pasto** pasture   [5]**rocío** dew   [6]**guardarla** to keep her   [7]**no se contenta** is not satisfied   [8]**blanquear** to whiten

Mi voz buscaba al viento para tocar su oído.
De otro. Será de otro. Como antes de mis besos.
Su voz, su cuerpo claro. Sus ojos infinitos.
Ya no la quiero, es cierto, pero tal vez la quiero.
Es tan corto el amor, y es tan largo el olvido.
Porque en noches como ésta la tuve entre mis brazos,
mi alma no se contenta con haberla perdido.
Aunque éste sea el último dolor que ella me causa,
y éstos sean los últimos versos que yo le escribo.

DESPUÉS DE LEER

1. Describa el estado de ánimo del poeta.

2. ¿Cómo está descrita la noche? ¿Qué representa una noche así para el poeta?

3. Explique cómo se manifiesta la nostalgia en el poema.

4. ¿A qué cambios se refiere Neruda cuando escribe "Nosotros, los de entonces, ya no somos los mismos"? ¿Cuáles son los sentimientos del poeta? ¿Se siente seguro de ellos?

5. Comente el verso "Es tan corto el amor, y es tan largo el olvido". ¿Está de acuerdo con el poeta?

AL LEER CONSIDERE LO SIGUIENTE:

—cómo el poeta enaltece lo cotidiano
—el uso de la personificación

Con gran sentido de humor, Neruda usa la personificación para presentar la alcachofa y otros vegetales que se encuentran en un mercado. La trayectoria de la alcachofa va desde que queda colocada entre los otros vegetales en el mercado hasta el momento en que María la compra y la tira descuidadamente en su bolsa y la lleva a casa para cocinarla y comérsela.

Oda a la alcachofa

La alcachofa[1]
de tierno corazón
se vistió de guerrero,
erecta, construyó
una pequeña cúpula,[2]
se mantuvo
impermeable
bajo
sus escamas,[3]
a su lado
los vegetales locos
se encresparon,[4]
se hicieron
zarcillos,[5] espadañas,[6]
bulbos conmovedores,
en el subsuelo[7]
durmió la zanahoria
de bigotes rojos,
la viña[8]
resecó[9] los sarmientos[10]
por donde sube el vino,
la col[11]
se dedicó
a probarse las faldas,

---

[1]**alcachofa** artichoke [2]**cúpula** dome [3]**escamas** scales [4]**encresparon** curled [5]**zarcillos** tendrils [6]**espadañas** belfries [7]**subsuelo** underground [8]**viña** vineyard [9]**reseco** dried up [10]**sarmientos** vine shoots [11]**col** cabbage

el orégano
a perfumar el mundo,
y la dulce
alcachofa
allí en el huerto,[12]
vestida de guerrero,
bruñida[13]
como una granada,[14]
orgullosa;
y un día
una con otra
en grandes cestos[15]
de mimbre,[16] caminó
por el mercado
a realizar su sueño:
la milicia.
En hileras[17]
nunca fue tan marcial
como en la feria,
los hombres
entre las legumbres
con sus camisas blancas
eran
mariscales[18]
de las alcachofas,
las filas[19] apretadas,[20]
las voces de comando,
y la detonación
de una caja que cae;
pero
entonces
viene
María
con su cesto,
escoge
una alcachofa,
no le teme,
la examina, la observa
contra la luz como si fuera un huevo,
la compra,
la confunde

---

[12]**huerto** vegetable or fruit garden   [13]**bruñida** burnishing   [14]**granada** pomegranate   [15]**cestos** baskets   [16]**mimbre** straw, wicker   [17]**hileras** lines   [18]**mariscales** marshals   [19]**filas** lines   [20]**apretadas** tight

en su bolsa
con un par de zapatos,
con un repollo y una
botella
de vinagre
hasta
que entrando a la cocina
la sumerge en la olla.[21]

Así termina
en paz
esta carrera
del vegetal armado
que se llama alcachofa,
luego
escama por escama,
desvestimos
la delicia
y comemos
la pacífica pasta
de su corazón verde.

DESPUÉS DE LEER

1. ¿Cómo describe Neruda a la alcachofa? ¿Considera que la descripción que hace se asemeja a la realidad?

2. ¿Con qué compara Neruda a la alcachofa?

3. ¿Qué efecto tiene en el lector la descripción de la alcachofa entre un par de zapatos, un repollo y una botella de vinagre?

4. ¿Considera que Neruda ha sabido enaltecer lo elemental y cotidiano?

---

[21]**olla** kettle, pot

AL LEER CONSIDERE LO SIGUIENTE:

—la importancia histórica de Cortés
—la perspectiva a través de la cual se presenta a Cortés
—el elemento de traición

Neruda contrasta la belleza de México con la brutalidad de la acción de Hernán Cortés y compara la generosidad de Moctezuma II con la avaricia del conquistador español.

Cortés

⁀

Cortés[1] no tiene pueblo, es rayo[2] frío,
corazón muerto en la armadura.[3]
"Feraces[4] tierras, mi Señor y Rey,
templos en que el oro, cuajado[5]
está por manos del indio".[6]

Ya avanza hundiendo[7] puñales, golpeando
las tierras bajas, las piafantes[8]
cordilleras de los perfumes,
parando su tropa entre orquídeas
y coronaciones de pinos,
atropellando los jazmines,
hasta las puertas de Tlaxcala.[9]

(Hermano aterrado,[10] no tomes
como amigo al buitre[11] rosado.
desde el musgo[12] te hablo, desde
las raíces de nuestro reino.
Va a llover sangre mañana,
las lágrimas serán capaces
de formar niebla, vapor, ríos,
hasta que derritas[13] los ojos.)

---

[1]**Cortés** Hernán Cortés (1485–1547), conqueror of Mexico [2]**rayo** lightning [3]**armadura** armor [4]**feraces** fertile [5]**cuajado** adorned (*fig.*) [6]**"Feraces ... indio".** quoted from a letter that Cortés wrote to Charles V relating what he had found in Nueva España, later to be known as Mexico [7]**hundiendo** sinking [8]**piafantes** stampeding [9]**Tlaxcala** Mexican state located north of Mexico City. The Tlaxcala Indians were considered to be enemies of the Aztecs, who ruled the region. When the Spaniards arrived, the Tlaxcala joined Cortés to fight Moctezuma's army. [10]**aterrado** terrified [11]**buitre** vulture (refers to the Spaniards) [12]**musgo** moss [13]**derritas** melt

Cortés recibe una paloma,
recibe un faisán, una cítara[14]
de los músicos del monarca,
pero quiere la cámara del oro,
quiere otro paso, y todo cae
en las arcas[15] de los voraces.
El rey[16] se asoma a los balcones:
«Es mi hermano», dice. Las piedras
del pueblo vuelan contestando,[17]
y Cortés afila[18] puñales[19]
sobre los besos traicionados.

Vuelve a Tlaxcala, el viento ha traído
un sordo[20] rumor de dolores.

DESPUÉS DE LEER

1. ¿Qué efecto tiene en el lector el fragmento de la carta de Cortés al rey Carlos V?

2. Explique el significado de "corazón muerto en la armadura" al referirse el poeta a Cortés.

3. ¿Cree que existe un contraste entre la descripción de la acción de Cortés durante la conquista y la descripción de la naturaleza americana?

4. ¿Quién habla y a quién se refiere el poeta en la tercera estrofa? ¿Por qué se escribieron los versos entre paréntesis?

5. ¿Qué metáforas usa el poeta al referirse a Moctezuma y a Cortés?

6. ¿Cómo se evoca la traición en el poema?

---

[14]**cítara** zither   [15]**arcas** chests   [16]**rey** refers to Moctezuma II (1466–1520), emperor of the Aztecs at the time of the arrival of the Spanish conquerors   [17]**piedras … vuelan contestando** reference to the stoning of Moctezuma by the Aztecs for having trusted the Spaniards   [18]**afila** sharpens   [19]**puñales** daggers   [20]**sordo** deaf

AL LEER CONSIDERE LO SIGUIENTE:

—la presencia de compañías norteamericanas en Latinoamérica
—el poder económico de las compañías norteamericanas y sus influencias en los gobiernos latinoamericanos

"La Standard Oil Co." es una fuerte crítica a la explotación de los recursos naturales latinoamericanos por parte de compañías norteamericanas. A la vez, es una crítica a los dictadores locales que se venden y traicionan a sus pueblos.

La Standard Oil Co.

Cuando el barreno[1] se abrió paso
hacia las simas[2] pedregales[3]
y hundió su intestino implacable
en las haciendas subterráneas,
y los años muertos, los ojos
de las edades, las raíces
de las plantas encarceladas[4]
y los sistemas escamosos[5]
se hicieron estratas del agua,
subió por los tubos el fuego
convertido en líquido frío,
en la aduana de las alturas
a la salida de su mundo
de profundidad tenebrosa,[6]
encontró un pálido ingeniero
y un título de propietario.

Aunque se enreden[7] los caminos
del petróleo, aunque las napas
cambien su sitio silencioso
y muevan su soberanía
entre los vientres[8] de la tierra,
cuando sacude el surtidor
su ramaje[9] de parafina,
antes llegó la Standard Oil

---

[1]**barreno** drill   [2]**simas** abyss   [3]**pedregales** stony   [4]**encarceladas** embedded   [5]**escamosos** made of scales   [6]**tenebrosa** dark, murky   [7]**se enreden** become snarled   [8]**vientres** wombs [9]**ramaje** branches

con sus letrados[10] y sus botas,
con sus cheques y sus fusiles,
con sus gobiernos y sus presos.

Sus obesos emperadores
viven en New York, son suaves
y sonrientes asesinos,
que compran seda, nylon, puros,[11]
tiranuelos[12] y dictadores.

Compran países, pueblos, mares,
policías, diputaciones,
lejanas comarcas[13] en donde
los pobres guardan su maíz
como los avaros[14] el oro:
la Standard Oil los despierta,
los uniforma, les designa
cuál es el hermano enemigo,
y el paraguayo hace su guerra
y el boliviano se deshace
con su ametralladora[15] en la selva.

Un presidente asesinado
por una gota de petróleo,
una hipoteca[16] de millones
de hectáreas, un fusilamiento
rápido en una mañana
mortal de luz, petrificada,
un nuevo campo de presos
subversivos, en Patagonia,[17]
una traición,[18] un tiroteo[19]
bajo la luna petrolada,
un cambio sutil de ministros
en la capital, un rumor
como una marea[20] de aceite,
y luego el zarpazo,[21] y verás
cómo brillan, sobre las nubes,
sobre los mares, en tu casa,
las letras de la Standard Oil
iluminando sus dominios.[22]

---

[10]**letrados** learned [11]**puros** cigars [12]**tiranuelos** tyrants [13]**comarcas** districts [14]**avaros** greedy [15]**ametralladora** machine gun [16]**hipoteca** mortgage [17]**Patagonia** southern region of South America comprising the south of Chile and Argentina and extending from the Andes to the Atlantic [18]**traición** treason [19]**tiroteo** shooting [20]**marea** tide [21]**zarpazo** lash of a claw [22]**dominios** domains

D E S P U É S   D E   L E E R

1. Considera que existe un tono sarcástico de parte del poeta al decir que cuando el barreno se abre paso por la tierra y sube "el fuego / convertido en líquido frío" el "pálido ingeniero" también encuentra un "título de propietario". Explique. ¿A qué se refiere "líquido frío"?

2. Según Neruda, ¿cómo es que la Standard Oil Company se hace dueña de los recursos naturales?

3. ¿Cuál es la actitud de Neruda hacia los gobernantes hispanoamericanos? ¿Y hacia los inversionistas norteamericanos?

4. ¿Existe, en opinión de Neruda, relación entre la corrupción política hispanoamericana y los intereses económicos extranjeros? ¿Qué opina usted?

AL LEER CONSIDERE LO SIGUIENTE:

—la naturaleza
—el amor como renovación

En "Pido silencio" Neruda expresa su deseo de renacer para revivir lo vivido y para sentir nuevas experiencias. Ello se debe a los sentimientos que el amor de su esposa, Matilde Urrutia, a quien menciona en el poema, ha despertado en él. De interés en el poema es también la relación que existe entre los sentimientos del poeta y la naturaleza.

Pido silencio

Ahora me dejen tranquilo.
Ahora se acostumbren sin mí.

Yo voy a cerrar los ojos.

Y sólo quiero cinco cosas,
cinco raíces preferidas.

Una es el amor sin fin.

Lo segundo es ver el otoño.
No puedo ser sin que las hojas
Vuelen y vuelvan a la tierra.

Lo tercero es el grave invierno,
la lluvia que amé, la caricia[1]
del fuego en el frío silvestre.[2]

En cuarto lugar el verano
redondo como una sandía.[3]

La quinta cosa son tus ojos.
Matilde mía, bienamada,
no quiero dormir sin tus ojos,
no quiero ser sin que me mires:
yo cambio la primavera
por que tú me sigas mirando.

Amigos, eso es cuanto quiero.
Es casi nada y casi todo.

---

[1]**caricia** caress   [2]**silvestre** wild   [3]**sandía** watermelon

Ahora si quieren se vayan.

He vivido tanto que un día
tendrán que olvidarme por fuerza,
borrándome de la pizarra:
mi corazón fue interminable.

Pero porque pido silencio
no crean que voy a morirme:
me pasa todo lo contrario:
sucede que voy a vivirme.

Sucede que soy y que sigo.

No será pues sino que adentro
de mí crecerán cereales,
primero los granos que rompen
la tierra para ver la luz,
pero la madre tierra es oscura:
y dentro de mí soy oscuro:
soy como un pozo[4] en cuyas aguas
la noche deja sus estrellas
y sigue sola por el campo.

Se trata de que tanto he vivido
que quiero vivir otro tanto.

Nunca me sentí tan sonoro,[5]
nunca he tenido tantos besos.

Ahora, como siempre, es temprano.
Vuela la luz con sus abejas.

Déjenme solo con el día.
Pido permiso para nacer.

D E S P U É S   D E   L E E R

1. ¿Por qué pide silencio Neruda?

2. ¿Cuáles son las cinco cosas que pide el poeta?

3. ¿Qué representa la primavera y por qué dice el poeta "cambio la primavera / por que tú me sigas mirando"?

4. Explique los versos "sucede que voy a vivirme" y "Sucede que soy y que sigo".

5. ¿Por qué pide permiso para renacer el poeta?

---

[4]**pozo** well   [5]**sonoro** resonant

ALGUNOS ESTUDIOS DE INTERÉS

Alazraki, Jaime. *Poética y poesía de Pablo Neruda*. New York: Las Américas, 1965.

Alonso, Amado. *Poesía y estilo de Pablo Neruda: Interpretación de una poesía hermética*. Buenos Aires, Argentina: Editorial Sudamericana, 1977.

Bellini, Guiseppe. "Pablo Neruda, intérprete de nuestro siglo". *Revista de Occidente* 86–87 (1988): 95–104.

Concha, Jaime. *Tres ensayos sobre Pablo Neruda*. Columbia: University of South Carolina Press, 1974.

Durán, Manuel. "La huella del modernismo en la poesía de Pablo Neruda". Ivan A. Schulman, ed. *Nuevos asedios al modernismo*. Madrid, España: Taurus, 1987.

Melis, Antonio. "Poesía y política en: *Las uvas y el viento*". *Revista de Crítica Literaria Latinoamericana* 19:38 (1993): 123–130.

Perriam, Christopher. "Metaphorical machismo: Neruda's Love Poetry". *Forum for Modern Language Studies* 24:1 (1988): 58–77.

Prenz, Juan Octavio. "Poética y práctica en Pablo Neruda". *Verba Hispánica* 1 (1991): 9–18.

Rodríguez Monegal, Emir. *El viajero inmóvil*. Caracas, Venezuela: Monte Avila, 1977.

Sánchez, Luis Alberto. "Pablo Neruda". *Cuadernos Americanos* 21:2 (1962): 235–247.

Santí, Enrico Mario. *Pablo Neruda: The Poetics of Prophecy*. Ithaca, New York: Cornell University Press, 1982.

Sicard, Alain. *El pensamiento poético de Pablo Neruda*. Madrid, España: Gredos, 1981.

José María Arguedas

(1911, Andahuaylas, Perú–1969, Lima, Perú)

Las comunidades autóctonas peruanas alcanzan con José María Arguedas una nueva dimensión en la narrativa hispanoamericana al superar las concepciones estéticas y propósitos de las novelas indianistas e indigenistas tradicionales. Arguedas ofrece una nueva visión del hombre de los Andes. Su narrativa muestra un conocimiento íntimo del ser andino debido a sus experiencias personales. De niño, Arguedas fue criado por servidumbre indígena en la hacienda de su madrastra; de adulto, convivió con el campesino de la sierra peruana mientras hacía investigaciones y estudios folklóricos, antropológicos y etnológicos.

En los cuentos y novelas de Arguedas no sólo se presenta con realismo el mundo de la población autóctona y su vida en las haciendas, sino que también se expone su mundo interior y experiencia vital. Su visión animista del universo es presentada en líricas descripciones narrativas. La belleza, musicalidad y contenido poético del quechua se trasladan al castellano a través de modificaciones sintácticas, empleos de diminutivos y el uso de sufijos para mencionar sólo algunos rasgos de la creación lingüística del novelista. En los relatos de Arguedas aparece también el serrano que se traslada a la ciudad y el consecuente choque cultural que experimenta y sufre. La obra de Arguedas tuvo como propósito principal dar a conocer el mundo andino a un público que lo desconoce. Entre las novelas de Arguedas se encuentran *Yawar fiesta* (1940), su primera novela, *Los ríos profundos* (1958), *El Sexto* (1961), *Todas las sangres* (1964) y *El zorro de arriba y el zorro de abajo* (1971). Sus relatos han sido publicados bajo el título de *Amor mundo y todos los cuentos* (1967). En 1972 apareció una colección de poemas titulada *Temblar/Katatay*.

Entre narradores que han dedicado su atención sobre las comunidades nativas de los Andes, bien como indianistas, o bien como indigenistas, se citan a: Juan León Mera (1832–1894), autor de *Cumandá;* Clorinda Matto de Turner (1854–1909), a quien se debe *Aves sin nido;* Alcides Arguedas (1879–1946), conocido por *Raza de bronce;* Jorge Icaza (1906–1978), autor de *Huasipungo* y Ciro Alegría (1909–1967), escritor de *Los perros hambrientos* y *El mundo es ancho y ajeno*.

A L   L E E R   C O N S I D E R E   L O   S I G U I E N T E :

—la recuperación del pasado por medio del recuerdo
—el lenguaje poético de las descripciones
—la coexistencia de dos culturas, dos razas, dos lenguas
—la humanización de la naturaleza
—la relación entre el hacendado y el indígena

Los ríos profundos es una novela de rescate en la que Ernesto, el protagonista, recupera el pasado por medio del recuerdo. Para Ernesto los recuerdos son un escape del mundo del internado de Abancay donde lo ha dejado su padre. A pesar de pertenecer al ambiente social de la mayoría de los estudiantes del internado, el protagonista se siente fuera de ambiente. Su mundo es el de la comunidad indígena de la sierra peruana que lo crió y le enseñó a tener la visión animista del mundo que le servirá de sustento en momentos de desolación. La situación social del hombre de los Andes de hacienda es también una constante en la novela.

El capítulo que aparece a continuación, titulado "El Viejo", recoge los recuerdos de la llegada de Ernesto y su padre al Cuzco. El lector tiene la oportunidad de apreciar la coexistencia de la cultura española e incaica, la situación del pongo de hacienda con relación al hacendado y la visión animista del mundo que tiene Ernesto. El lirismo del capítulo marca las pautas que se desarrollarán a lo largo de la novela.

Los ríos profundos
«El Viejo»

༄

nfundía respeto,[1] a pesar de su anticuada[2] y sucia apariencia. Las personas principales del Cuzco lo saludaban seriamente. Llevaba siempre un bastón con puño de oro;[3] su sombrero, de angosta ala, le daba un poco de sombra sobre la frente. Era incómodo acompañarlo, porque se arrodillaba frente a todas las iglesias y capillas y se quitaba el sombrero en forma llamativa cuando saludaba a los frailes.

Mi padre lo odiaba. Había trabajado como escribiente[4] en las haciendas del Viejo. "Desde las cumbres[5] grita, con voz de condenado, advirtiendo a sus indios que él está en todas partes. Almacena[6] las frutas de las huertas, y las deja pudrir;[7] cree que valen muy poco para traerlas a vender al Cuzco o llevarlas a Abancay y que cuestan demasiado para dejárselas a los colonos.° ¡Irá al infierno!", decía de él mi padre.

°Indios que pertenecen a las haciendas.

---

[1]**infundía respeto** inspired respect   [2]**anticuada** old-fashioned   [3]**puño de oro** gold-headed cane   [4]**escribiente** clerk   [5]**cumbres** mountain tops   [6]**almacena** stores up   [7]**pudrir** to rot

Eran parientes, y se odiaban. Sin embargo, un extraño proyecto concibió mi padre, pensando en este hombre. Y aunque me dijo que viajábamos a Abancay, nos dirigimos al Cuzco, desde un lejanísimo pueblo. Según mi padre, íbamos de paso. Yo vine anhelante,[8] por llegar a la gran ciudad. Y conocí al Viejo en una ocasión inolvidable.

Entramos al Cuzco de noche. La estación del ferrocarril y la ancha avenida por la que avanzábamos[9] lentamente, a pie, me sorprendieron. El alumbrado eléctrico era más débil que el de algunos pueblos pequeños que conocía. Verjas[10] de madera o de acero defendían jardines y casas modernas. El Cuzco de mi padre, el que me había descrito quizá mil veces, no podía ser ése.

Mi padre iba escondiéndose junto a las paredes, en la sombra. El Cuzco era su ciudad nativa y no quería que lo reconocieran. Debíamos de tener apariencia de fugitivos, pero no veníamos derrotados[11] sino a realizar un gran proyecto.

—Lo obligaré. ¡Puedo hundirlo![12] —había dicho mi padre.

Se refería al Viejo.

Cuando llegamos a las calles angostas, mi padre marchó detrás de mí y de los cargadores[13] que llevaban nuestro equipaje.

Aparecieron los balcones tallados, las portadas[14] imponentes y armoniosas, la perspectiva de las calles, ondulantes,[15] en la ladera de la montaña. Pero ¡ni un muro antiguo!

Esos balcones salientes, las portadas de piedra y los zaguanes tallados,[16] los grandes patios con arcos, los conocía. Los había visto bajo el sol de Huamanga. Yo escudriñaba[17] las calles buscando muros incaicos.

—¡Mira al frente! —me dijo mi padre—. Fue el palacio de un inca.[18]

Cuando mi padre señaló el muro, me detuve. Era oscuro, áspero; atraía con su faz recostada. La pared blanca del segundo piso empezaba en línea recta sobre el muro.

—Lo verás, tranquilo, más tarde. Alcancemos al Viejo —me dijo.

Habíamos llegado a la casa del Viejo. Estaba en la calle del muro inca.

Entramos al primer patio. Lo rodeaba un corredor de columnas y arcos de piedra que sostenían el segundo piso, también de arcos, pero más delgados. Focos opacos[19] dejaban ver las formas del patio, todo silencioso. Llamó mi padre. Bajó del segundo piso un mestizo, y después un indio. La escalinata[20] no era ancha, para la vastedad del patio y de los corredores.

El mestizo llevaba una lámpara y nos guió al segundo patio. No tenía arcos ni segundo piso, sólo un corredor de columnas de madera. Estaba oscuro; no había allí alumbrado eléctrico. Vimos lámparas en el interior de algunos cuartos. Conversaban en voz alta en las habitaciones. Debían ser piezas de alquiler. El Viejo

---

[8]**anhelante** eager   [9]**avanzábamos** proceeded   [10]**verjas** fences   [11]**derrotados** defeated
[12]**puedo hundirlo** I can ruin him   [13]**cargadores** men who carry things   [14]**portadas** façades
[15]**ondulantes** winding   [16]**zaguanes tallados** chiseled porticos   [17]**escudriñaba** scrutinized
[18]**inca** name given to the ruler of what was to be known as the Inca empire   [19]**focos opacos** dim lightbulbs   [20]**escalinata** stairs

residía en la más grande de sus haciendas del Apurímac; venía a la ciudad de vez en cuando, por sus negocios o para las fiestas. Algunos inquilinos[21] salieron a vernos pasar.

Un árbol de cedrón[22] perfumaba el patio, a pesar de que era bajo y de ramas escuálidas. El pequeño árbol mostraba trozos blancos en el tallo;[23] los niños debían de martirizarlo.

El indio cargó los bultos de mi padre y el mío. Yo lo había examinado atentamente porque suponía que era el pongo.[24] El pantalón, muy ceñido,[25] sólo le abrigaba hasta las rodillas. Estaba descalzo;[26] sus piernas desnudas mostraban los músculos en paquetes duros que brillaban. "El Viejo lo obligará a que se lave, en el Cuzco", pensé. Su figura tenía apariencia frágil; era espigado, no alto. Se veía, por los bordes, la armazón de paja de su montera. No nos miró. Bajo el ala de la montera[27] pude observar su nariz aguileña,[28] sus ojos hundidos, los tendones resaltantes[29] del cuello. La expresión del mestizo era, en cambio, casi insolente. Vestía de montar.

Nos llevaron al tercer patio, que ya no tenía corredores.

Sentí olor a muladar[30] allí. Pero la imagen del muro incaico y el olor a cedrón seguían animándome.

—¿Aquí? —preguntó mi padre.

.—El caballero ha dicho. Él ha escogido —contestó el mestizo.

Abrió con el pie una puerta. Mi padre pagó a los cargadores y los despidió.

Dile al caballero que voy, que iré a su dormitorio en seguida. ¡Es urgente! —ordenó mi padre al mestizo.

Éste puso la lámpara sobre un poyo,[31] en el cuarto. Iba a decir algo, pero mi padre lo miró con expresión autoritaria, y el hombre obedeció. Nos quedamos solos.

—¡Es una cocina! ¡Estamos en el patio de las bestias! —exclamó mi padre.

Me tomó del brazo.

—Es la cocina de los arrieros[32] —me dijo—. Nos iremos mañana mismo, hacia Abancay. No vayas a llorar. ¡Yo no he de condenarme por exprimir[33] a un maldito!

Sentí que su voz se ahogaba,[34] y lo abracé.

—¡Estamos en el Cuzco! —le dije.

—¡Por eso, por eso!

Salió. Lo seguí hasta la puerta.

—Espérame, o anda a ver el muro —me dijo—. Tengo que hablar con el Viejo, ahora mismo.

Cruzó el patio, muy rápido, como si hubiera luz.

Era una cocina para indios el cuarto que nos dieron. Manchas de hollín[35] su-

---

[21]**inquilinos** tenants   [22]**cedrón** lemon verbena. Its leaves are used for tea.   [23]**tallo** trunk   [24]**pongo** native servant who worked for free during specific shifts at the landlord's house in a *hacienda*   [25]**ceñido** tight   [26]**descalzo** barefooted   [27]**ala de la montera** brim of a hat   [28]**aguileña** aquiline   [29]**resaltantes** standing out   [30]**muladar** trash   [31]**poyo** adobe seat   [32]**arrieros** mule drivers   [33]**exprimir** to squeeze   [34]**su voz se ahogaba** his voice was breaking   [35]**hollín** soot

bían al techo desde la esquina donde había una *tullpa* indígena, un fogón[36] de piedras. Poyos de adobes rodeaban la habitación. Un catre[37] de madera tallada, con una especie de techo, de tela roja, perturbaba la humildad de la cocina. La manta de seda verde, sin mancha, que cubría la cama, exaltaba el contraste. "¡El Viejo! —pensé—. ¡Así nos recibe!".

Yo no me sentía mal en esa habitación. Era muy parecida a la cocina en que me obligaron a vivir en mi infancia; al cuarto oscuro donde recibí los cuidados, la música, los cantos y el dulcísimo hablar de las sirvientas indias y de los "concertados".[38] Pero ese catre tallado ¿qué significaba? La escandalosa alma del Viejo, su locura por ofender al recién llegado, al pariente trotamundos[39] que se atrevía a regresar. Nosotros no lo necesitábamos. ¿Por qué mi padre venía donde él? ¿Por qué pretendía hundirlo? Habría sido mejor dejarlo que siguiera pudriéndose a causa de sus pecados.[40]

Ya prevenido, el Viejo eligió una forma certera de ofender a mi padre. ¡Nos iríamos a la madrugada! Por la pampa de Anta. Estaba previsto. Corrí a ver el muro.

Formaba esquina. Avanzaba a lo largo de una calle ancha y continuaba en otra angosta y más oscura, que olía a orines. Esa angosta calle escalaba la ladera. Caminé frente al muro,[41] piedra tras piedra. Me alejaba unos pasos, lo contemplaba y volvía a acercarme. Toqué las piedras con mis manos; seguí la línea ondulante, imprevisible, como la de los ríos, en que se juntan los bloques de roca. En la oscura calle, en el silencio, el muro parecía vivo; sobre la palma de mis manos llameaba[42] la juntura de las piedras que había tocado.

No pasó nadie por esa calle, durante largo rato. Pero cuando miraba, agachado,[43] una de las piedras, apareció un hombre por la bocacalle[44] de arriba. Me puse de pie. Enfrente había una alta pared de adobes, semiderruida.[45] Me arrimé[46] a ella. El hombre orinó, en media calle, y después siguió caminando. "Ha de desaparecer —pensé—. Ha de hundirse". No porque orinara, sino porque contuvo el paso y parecía que luchaba contra la sombra del muro; aguardaba instantes, completamente oculto en la oscuridad que brotaba[47] de las piedras. Me alcanzó y siguió de largo, siempre con esfuerzo. Llegó a la esquina iluminada y volteó. Debió de ser un borracho.

No perturbó su paso el examen que hacía del muro, la corriente que entre él y yo iba formándose.[48] Mi padre me había hablado de su ciudad nativa, de los palacios y templos, y de las plazas, durante los viajes que hicimos, cruzando el Perú de los Andes, de oriente a occidente y de sur a norte. Yo había crecido en esos viajes.

Cuando mi padre hacía frente a sus enemigos, y más, cuando contemplaba de pie las montañas, desde las plazas de los pueblos, y parecía que de sus ojos azules

---

[36]**fogón** hearth   [37]**catre** small bed   [38]**concertados** laborers   [39]**trotamundos** globetrotting   [40]**pecados** sins   [41]**frente al muro** along the wall   [42]**llameaba** burned   [43]**agachado** stooping   [44]**bocacalle** intersection   [45]**semiderruida** half-ruined   [46]**me arrimé** I leaned   [47]**brotaba** flowed   [48]**la corriente ... formándose** the rapport that was developing between it and me

iban a brotar ríos de lágrimas que él contenía siempre, como con una máscara, yo meditaba en el Cuzco. Sabía que al fin llegaríamos a la gran ciudad. "¡Será para un bien eterno!", exclamó mi padre una tarde, en Pampas, donde estuvimos cercados[49] por el odio.

Eran más grandes y extrañas de cuanto había imaginado las piedras del muro incaico; bullían[50] bajo el segundo piso encalado,[51] que por el lado de la calle angosta, era ciego. Me acordé, entonces, de las canciones quechuas que repiten una frase patética constante: "*yawar mayu*", río de sangre; "*yawar unu*", agua sangrienta; "*puk'tik' yawar k'ocha*", lago de sangre que hierve; "*yawar wek'e*", lágrimas de sangre. ¿Acaso no podría decirse "*yawar rumi*", piedra de sangre o, "*puk'tik' yawar rumi*", piedra de sangre hirviente? Era estático[52] el muro, pero hervía por todas sus líneas y la superficie era cambiante, como la de los ríos en el verano, que tienen una cima así, hacia el centro del caudal,[53] que es la zona temible, la más poderosa. Los indios llaman "*yawar mayu*" a esos ríos turbios,[54] porque muestran con el sol un brillo en movimiento, semejante al de la sangre. También llaman "*yawar mayu*" al tiempo violento de las danzas guerreras, al momento en que los bailarines luchan.

—¡*Puk'tik, yawar rumi!* —exclamé frente al muro, en voz alta.

Y como la calle seguía en silencio, repetí la frase varias veces.

Mi padre llegó en ese instante a la esquina. Oyó mi voz y avanzó por la calle angosta.

—El Viejo ha clamado[55] y me ha pedido perdón —dijo—. Pero sé que es un cocodrilo. Nos iremos mañana. Dice que todas las habitaciones del primer patio están llenas de muebles, de costales[56] y de cachivaches,[57] que ha hecho bajar para mí la gran cuja[58] de su padre. Son cuentos. Pero yo soy cristiano, y tendremos que oír misa, al amanecer, con el Viejo, en la catedral. Nos iremos en seguida. No veníamos al Cuzco; estamos de paso a Abancay. Seguiremos viaje. Éste es el palacio de Inca Roca.[59] La Plaza de Armas[60] está cerca. Vamos despacio. Iremos también a ver el templo de Acllahuasi.[61] El Cuzco está igual. Siguen orinando aquí los borrachos y los transeúntes.[62] Más tarde habrá aquí otras fetideces[63]... Mejor es el recuerdo. Vamos.

—Dejemos que el Viejo se condene —le dije—. ¿Alguien vive en este palacio de Inca Roca?

—Desde la Conquista.

—¿Viven?

—¿No has visto los balcones?

La construcción colonial, suspendida sobre la muralla,[64] tenía la apariencia de

---

[49]**cercados** surrounded   [50]**bullían** they bubbled   [51]**encalado** whitewashed   [52]**estático** stationary   [53]**caudal** current   [54]**turbios** muddy   [55]**clamado** pleaded   [56]**costales** bags   [57]**cachivaches** junk   [58]**cuja** bedstead   [59]**Inca Roca** an Inca ruler   [60]**Plaza de Armas** main square   [61]**templo de Acllahuasi** temple of chosen women from the upper class who dedicated themselves to religious services or the emperor. The words *aclla* and *huasi* mean "chosen women" and "house" respectively.   [62]**transeúntes** passersby   [63]**fetideces** filth   [64]**suspendida sobre la muralla** Spaniards used remains of Inca walls as foundations to construct houses and churches

un segundo piso. Me había olvidado de ella. En la calle angosta, la pared española, blanqueada, no parecía servir sino para dar luz al muro.

—Papá —le dije—. Cada piedra habla. Esperemos un instante.

—No oiremos nada. No es que hablan. Estás confundido. Se trasladan a tu mente y desde allí te inquietan.

—Cada piedra es diferente. No están cortadas. Se están moviendo.

Me tomó del brazo.

—Dan la impresión de moverse porque son desiguales,[65] más que las piedras de los campos. Es que los incas convertían en barro[66] la piedra. Te lo dije muchas veces.

—Papá, parece que caminan, que se revuelven,[67] y están quietas.

Abracé a mi padre. Apoyándome en su pecho contemplé nuevamente el muro.

—¿Viven adentro del palacio? —volví a preguntarle.

—Una familia noble.

—¿Como el Viejo?

—No. Son nobles, pero también avaros,[68] aunque no como el Viejo. ¡Como el Viejo no! Todos los señores del Cuzco son avaros.

—¿Lo permite el Inca?

—Los incas están muertos.

—Pero no este muro. ¿Por qué no lo devora, si el dueño es avaro? Este muro puede caminar; podría elevarse a los cielos o avanzar hacia el fin del mundo y volver. ¿No temen quienes viven adentro?

—Hijo, la catedral está cerca. El Viejo nos ha trastornado.[69] Vamos a rezar.

—Dondequiera que vaya, las piedras que mandó formar Inca Roca me acompañarán. Quisiera hacer aquí un juramento.

—¿Un juramento? Estás alterado,[70] hijo. Vamos a la catedral. Aquí hay mucha oscuridad.

Me besó en la frente. Sus manos temblaban, pero tenían calor.

Pasamos la calle; cruzamos otra, muy ancha, recorrimos una calle angosta. Y vimos las cúpulas de la catedral. Desembocamos en la Plaza de Armas. Mi padre me llevaba del brazo. Aparecieron los portales de arcos blancos. Nosotros estábamos a la sombra del templo.

—Ya no hay nadie en la plaza —dijo mi padre.

Era la más extensa de cuantas había visto. Los arcos aparecían como en el confín[71] de una silente pampa de las regiones heladas. ¡Si hubiera graznado[72] allí un *yanawiku,* el pato que merodeaba en las aguadas de esas pampas!

Ingresamos a la plaza. Los pequeños árboles que habían plantado en el parque, y los arcos, parecían intencionalmente empequeñecidos, ante la catedral y las torres de la iglesia de la Compañía.

—No habrán podido crecer los árboles —dije—. Frente a la catedral, no han podido.

---

[65]**desiguales** not even [66]**barro** mud [67]**se revuelven** move about [68]**avaros** greedy
[69]**trastornado** upset [70]**alterado** excited [71]**confín** distance [72]**graznado** quacking

Mi padre me llevó al atrio. Subimos las gradas. Se descubrió cerca de la gran puerta central. Demoramos mucho en cruzar el atrio. Nuestras pisadas resonaban sobre la piedra. Mi padre iba rezando; no repetía las oraciones rutinarias; le hablaba a Dios, libremente. Estábamos a la sombra de la fachada. No me dijo que rezara; permanecí con la cabeza cubierta, rendido. Era una inmensa fachada; parecía ser tan ancha como la base de las montañas que se elevan desde las orillas de algunos lagos de altura. En el silencio, las torres y el atrio repetían la menor resonancia, igual que las montañas de roca que orillan los lagos helados. La roca devuelve profundamente el grito de los patos o la voz humana. Ese eco es difuso y parece que naciera del propio pecho del viajero, atento, oprimido por el silencio.

Cruzamos, de regreso, el atrio; bajamos las gradas[73] y entramos al parque.

—Fue la plaza de celebraciones de los incas —dijo mi padre—. Mírala bien, hijo. No es cuadrada sino larga, de sur a norte.

La iglesia de la Compañía, y la ancha catedral, ambas con una fila de pequeños arcos que continuaban la línea de los muros, nos rodeaban. La catedral enfrente y el templo de los jesuitas a un costado. ¿Adónde ir? Deseaba arrodillarme. En los portales caminaban algunos transeúntes; vi luces en pocas tiendas. Nadie cruzó la plaza.

—Papá —le dije—. La catedral parece más grande cuanto de más lejos la veo. ¿Quién la hizo?

—El español, con la piedra incaica y las manos de los indios.

—La Compañía es más alta.

—No. Es angosta.

—Y no tiene atrio, sale del suelo.

—No es catedral, hijo.

Se veía un costado de las cúpulas, en la oscuridad de la noche.

—¿Llueve sobre la catedral? —pregunté a mi padre—. ¿Cae la lluvia sobre la catedral?

—¿Por qué preguntas?

—El cielo la alumbra;[74] está bien. Pero ni el rayo[75] ni la lluvia la tocarán.

—La lluvia sí; jamás el rayo. Con la lluvia, fuerte o delgada, la catedral parece más grande.

Una mancha de árboles apareció en la falda de la montaña.

—¿Eucaliptos? —le pregunté.

—Deben de ser. No existían antes. Atrás está la fortaleza, el Sacsayhuaman. ¡No lo podrás ver! Nos vamos temprano. De noche no es posible ir. Las murallas son peligrosas. Dicen que devoran a los niños. Pero las piedras son como las del palacio de Inca Roca, aunque cada una es más alta que la cima[76] del palacio.

—¿Cantan de noche las piedras?

—Es posible.

—Como las más grandes de los ríos o de los precipicios. Los incas tendrían la historia de todas las piedras con "encanto"[77] y las harían llevar para construir la

---

[73]**gradas** steps [74]**la alumbra** lights it [75]**rayo** lightning [76]**la cima** the top

fortaleza. ¿Y éstas con que levantaron la catedral?

—Los españoles las cincelaron.[78] Mira el filo[79] de la esquina de la torre.

Aun en la penumbra[80] se veía el filo; la cal[81] que unía cada piedra labrada lo hacía resaltar.

—Golpeándolas con cinceles les quitarían el "encanto". Pero las cúpulas de las torres deben guardar, quizás, el resplandor que dicen que hay en la gloria. ¡Mira, papá! Están brillando.

—Sí, hijo. Tú ves, como niño, algunas cosas que los mayores no vemos. La armonía de Dios existe en la tierra. Perdonemos al Viejo, ya que por él conociste el Cuzco. Vendremos a la catedral mañana.

—Esta plaza, ¿es española?

—No. La plaza, no. Los arcos, los templos. La plaza, no. La hizo Pachakutek, el Inca renovador de la tierra. ¿No es distinta de los cientos de plazas que has visto?

—Será por eso que guarda el resplandor del cielo. Nos alumbra desde la fachada de las torres. Papá; ¡amanezcamos[82] aquí!

—Puede que Dios viva mejor en esta plaza, porque es el centro del mundo, elegida por el Inca. No es cierto que la tierra sea redonda. Es larga; acuérdate, hijo, que hemos andado siempre a lo ancho o a lo largo del mundo.

Nos acercamos a la Compañía. No era imponente, recreaba. Quise cantar junto a su única puerta. No deseaba rezar. La catedral era demasiado grande, como la fachada de la gloria para los que han padecido hasta su muerte. Frente a la portada de la Compañía, que mis ojos podían ver completa, me asaltó el propósito de entonar[83] algún himno, distinto de los cantos que había oído corear[84] en quechua a los indios, mientras lloraban, en las pequeñas iglesias de los pueblos. ¡No, ningún canto con lágrimas!

A paso marcial nos encaminamos al Amaru Cancha,[85] el palacio de Huayna Capac,[86] y al templo de las Acllas.

—¿La Compañía también la hicieron con las piedras de los incas? —pregunté a mi padre.

—Hijo, los españoles, ¿qué otras piedras hubieran labrado en el Cuzco? ¡Ahora verás!

Los muros del palacio y del templo incaicos formaban una calle angosta que desembocaba en la plaza.

—No hay ninguna puerta en esta calle —dijo mi padre—. Está igual que cuando los incas. Sólo sirve para que pase la gente. ¡Acércate! Avancemos.[87]

Parecía cortada en la roca viva. Llamamos roca viva, siempre a la bárbara, cubierta de parásitos o de líquenes[88] rojos. Como esa calle hay paredes que labraron los ríos, y por donde nadie más que el agua camina, tranquila o violenta.[89]

---

[77]**con "encanto"** enchanted   [78]**las cincelaron** carved them   [79]**filo** edge   [80]**penumbra** twilight   [81]**cal** lime   [82]**amanezcamos aquí** let's wait here until dawn   [83]**entonar** to sing   [84]**corear** chorusing   [85]**Amaru Cancha** the name of the palace is "Snake Enclosure"   [86]**Huayna Capac** an Indian emperor   [87]**avancemos** let's go on   [88]**líquenes** lichen   [89]**paredes ... violenta** example of personification of nature, common in Indian thought

—Se llama Loreto Quijllu —dijo mi padre.

—¿Quijllu, papá?

Se da ese nombre, en quechua, a las rajaduras[90] de las rocas. No a las de las piedras comunes sino de las enormes, o de las interminables vetas[91] que cruzan las cordilleras, caminando irregularmente, formando el cimiento de los nevados que ciegan con su luz a los viajeros.

—Aquí están las ruinas del templo de Acllahuasi, y de Amaru Cancha —exclamó mi padre.

Eran serenos los muros, de piedras perfectas. El de Acllahuasi era altísimo, y bajo el otro, con serpientes esculpidas en el dintel[92] de la puerta.

—¿No vive nadie adentro? —pregunté.

—Sólo en Acllahuasi; las monjas de Santa Catalina, lejos. Son enclaustradas.[93] No salen nunca.

El Amaru Cancha, palacio de Huayna Capac, era una ruina, desmoronándose[94] por la cima. El desnivel[95] de altura que había entre sus muros y los del templo permitía entrar la luz a la calle y contener, mejor, a la sombra.

La calle era lúcida,[96] no rígida. Si no hubiera sido tan angosta, las piedras rectas se habrían, quizá, desdibujado. Así estaban cerca; no bullían, no hablaban, no tenían la energía de las que jugaban en el muro del palacio de Inca Roca; era el muro quien imponía silencio; y si alguien hubiera cantado con hermosa voz, allí, las piedras habrían repetido con tono perfecto, idéntico, la música.

Estábamos juntos; recordando yo las descripciones que en los viajes hizo mi padre, del Cuzco. Oí entonces un canto.

—¡La María Angola! —le dije.

—Sí. Quédate quieto. Son las nueve. En la pampa de Anta, a cinco leguas, se le oye. Los viajeros se detienen y se persignan.

La tierra debía convertirse en oro en ese instante; yo también, no sólo los muros y la ciudad, las torres, el atrio y las fachadas que había visto.

La voz de la campana resurgía.[97] Y me pareció ver, frente a mí, la imagen de mis protectores, los alcaldes indios: don Maywa y don Víctor Pusa, rezando arrodillados delante de la fachada de la iglesia de adobes, blanqueada, de mi aldea, mientras la luz del crepúsculo no resplandecía sino cantaba. En los molles,[98] las águilas, los *wamanchas*[99] tan temidos por carnívoros, elevaban la cabeza, bebían la luz, ahogándose.

Yo sabía que la voz de la campana llegaba a cinco leguas de distancia. Creí que estallaría[100] en la plaza. Pero surgía lentamente, a intervalos suficientes; y el canto se acrecentaba, atravesaba los elementos; y todo se convertía en esa música cuzqueña, que abría las puertas de la memoria.

En los grandes lagos, especialmente en los que tienen islas y bosques de to-

---

[90]**rajaduras** clefts [91]**vetas** bands [92]**dintel** doorpost [93]**enclaustradas** cloistered [94]**desmoronándose** crumbling [95]**desnivel** unevenness [96]**lúcida** luminous [97]**resurgía** welled out again [98]**molles** pepper trees [99]***wamanchas*** (quechua) sparrow hawk [100]**estallaría** would explode

tora,[101] hay campanas que tocan a la medianoche. A su canto triste salen del agua toros de fuego, o de oro, arrastrando cadenas; suben a las cumbres y mugen[102] en la helada;[103] porque en el Perú los lagos están en la altura. Pensé que esas campanas debían de ser *illas*,[104] reflejos de la "María Angola", que convertiría a los *amarus*[105] en toros. Desde el centro del mundo, la voz de la campana, hundiéndose en los lagos, habría transformado a las antiguas criaturas.

—Papá —le dije, cuando cesó de tocar la campana—. ¿No me decías que llegaríamos al Cuzco para ser eternamente felices?

—¡El Viejo está aquí! —dijo—. ¡El Anticristo!

—Ya mañana nos vamos. Él también se irá a sus haciendas. Las campanas que hay en los lagos que hemos visto en las punas,[106] ¿no serán *illas* de la "María Angola"?

—Quizás, hijo. Tú piensas todavía como un niño.

—He visto a don Maywa, cuando tocaba la campana.

—Así es. Su voz aviva el recuerdo. ¡Vámonos!

En la penumbra, las serpientes esculpidas sobre la puerta del palacio de Huayna Capac caminaban. Era lo único que se movía en ese *kijllu* acerado. Nos siguieron, vibrando, hasta la casa.

El pongo esperaba en la puerta. Se quitó la montera, y así descubierto, nos siguió hasta el tercer patio. Venía sin hacer ruido, con los cabellos revueltos, levantados. Le hablé en quechua. Me miró extrañado.

—¿No sabe hablar? —le pregunté a mi padre.

—No se atreve —me dijo—. A pesar de que nos acompaña a la cocina.

En ninguno de los centenares de pueblos donde había vivido con mi padre, hay pongos.

—*Tayta*[107] —le dije en quechua al indio—. ¿Tú eres cuzqueño?

—*Mánan*[108] —contestó—. De la hacienda.

Tenía un poncho raído,[109] muy corto. Se inclinó y pidió licencia[110] para irse. Se inclinó como un gusano[111] que pidiera ser aplastado.[112]

Abracé a mi padre, cuando prendió la luz de la lámpara. El perfume del cedrón llegaba hasta nosotros. No pude contener el llanto. Lloré como al borde de un gran lago desconocido.

---

[101]**bosques de totora** cattail reeds   [102]**mugen** bellow   [103]**helada** frost   [104]*illas* Arguedas, in chapter six, entitled *Zumbayllu*, describes the word *illa* in the following manner: "*Illa* is the name used for a certain kind of light, also for monsters with birth defects caused by moonbeams. *Illa* is a two-headed child or a headless calf, or a giant pinnacle, all black and shining, with a surface crossed by a wide streak of white rock, of opaque light. An ear of corn with rows of kernels that cross or form whorls is also *illa; illas* are the mythical bulls that live at the bottom of solitary lakes, of highland ponds ringed with cattail reeds, where black ducks dwell. All *illas* bring good or bad luck, always to the nth degree. To touch an *illa,* and to either die or be resurrected, is possible. The term *illa* has a phonetic relationship and, to a certain extent, shares a common meaning with the suffix *yllu*." (José María Arguedas, *Deep Rivers*. Frances Horming Barraclough, trans. Austin: University of Texas Press, 1978, p. 64.) [105]*amarus* snakes   [106]**punas** highlands   [107]*Tayta* (quechua) father. Also used as an affectionate and respectful form of address.   [108]*Mánan* (quechua) no   [109]**raído** ragged   [110]**licencia** permission   [111]**gusano** worm   [112]**aplastado** crushed

—¡Es el Cuzco! —me dijo mi padre—. Así agarra[113] a los hijos de los cuzqueños ausentes. También debe ser el canto de la "María Angola".

No quiso acostarse en la cuja del Viejo.

—Hagamos nuestras camas —dijo.

Como en los corredores[114] de las casas en que nos alojaban[115] en los pueblos, tendimos nuestras camas sobre la tierra. Yo tenía los ojos nublados. Veía al indio de hacienda, su rostro extrañado; las pequeñas serpientes del Amaru Cancha, los lagos moviéndose ante la voz de la campana. ¡Estarían marchando los toros a esa hora, buscando las cumbres!

Rezamos en voz alta. Mi padre pidió a Dios que no oyera las oraciones que con su boca inmunda[116] entonaba el Viejo en todas las iglesias, y aun en las calles.

Me despertó al día siguiente, llamándome:

—Está amaneciendo. Van a tocar la campana.

Tenía en las manos su reloj de oro, de tres tapas. Nunca lo vendió. Era un recuerdo de su padre. A veces se le veía como a un fanático, dándole cuerda a ese reloj fastuoso, mientras su ropa aparecía vieja, y él permanecía sin afeitarse, por el abatimiento.[117] En aquel pueblo de los niños asesinos de pájaros, donde nos sitiaron de hambre, mi padre salía al corredor, y frente al bosque de hierbas venenosas que crecían en el patio, acariciaba su reloj, lo hacía brillar al sol, y esa luz lo fortalecía.

—Nos levantaremos después que la campana toque, a las cinco —dijo.

—El oro que doña María Angola entregó para que fundieran la campana ¿fueron joyas? —le pregunté.

—Sabemos que entregó un quintal[118] de oro. Ese metal era del tiempo de los incas. Fueron, quizá, trozos del Sol de Inti Cancha[119] o de las paredes del templo, o de los ídolos. Trozos, solamente; o joyas grandes hechas de ese oro. Pero no fue un quintal, sino mucho más, el oro que fundieron para la campana. María Angola, ella sola, llevó un quintal. ¡El oro, hijo, suena como para que la voz de las campanas se eleve hasta el cielo, y vuelva con el canto de los ángeles a la tierra!

—¿Y las campanas feas de los pueblos que no tenían oro?

—Son pueblos olvidados. Las oirá Dios, pero ¿a qué ángel han de hacer bajar esos ruidos? El hombre también tiene poder. Lo que has visto anoche no lo olvidarás.

—Vi, papá, a don Pablo Maywa, arrodillado frente a la capilla de su pueblo.

—Pero ¡recuerda, hijo! Las campanitas de ese pueblo tenían oro. Fue pueblo de mineros.

Comenzó, en ese instante, el primer golpe de la "María Angola". Nuestra habitación, cubierta de hollín hasta el techo, empezó a vibrar con las ondas lentas del canto. La vibración era triste, la mancha de hollín se mecía[120] como un trapo

---

[113]**así agarra** that is what it does   [114]**corredores** porches   [115]**nos alojaban** we were lodged   [116]**inmunda** filthy   [117]**abatimiento** depressed   [118]**un quintal** one hundred pounds   [119]**Sol de Inti Cancha** golden disk that hung on the wall of the Temple of the Sun in Cuzco. The word *inti* means "sun" in Quechua.   [120]**se mecía** swayed

negro. Nos arrodillamos para rezar. Las ondas finales se percibían todavía en el aire, apagándose, cuando llegó el segundo golpe, aún más triste.

Yo tenía catorce años; había pasado mi niñez en una casa ajena, vigilado siempre por crueles personas. El señor de la casa, el padre, tenía ojos de párpados enrojecidos y cejas espesas; le placía hacer sufrir a los que dependían de él, sirvientes y animales. Después, cuando mi padre me rescató y vagué con él por los pueblos, encontré que en todas partes la gente sufría. La "María Angola" lloraba, quizás, por todos ellos, desde el Cuzco. A nadie había visto más humillado que a ese pongo del Viejo. A cada golpe, la campana entristecía más y se hundía en todas las cosas.

—¡Papá! ¿Quién la hizo? —le pregunté, después del último toque.

—Campaneros del Cuzco. No sabemos más.

—No sería un español.

—¿Por qué no? Eran los mejores, los maestros.

—¿El español también sufría?

—Creía en Dios, hijo. Se humillaba ante Él cuanto más grande era. Y se mataron también entre ellos. Pero tenemos que apurarnos en arreglar nuestras cosas.

La luz del sol debía estar ya próxima. La cuja tallada del Viejo se exhibía nítidamente en medio del cuarto. Su techo absurdo y la tela de seda que la cubría, me causaban irritación. Las manchas de hollín le daban un fondo humillante. Derribada habría quedado bien.

Volvimos a empacar el colchón de mi padre, los tres pellejos de carnero[121] sobre los que yo dormía, y nuestras frazadas.[122]

Salimos. Nos miraron sorprendidos los inquilinos del segundo patio. Muchos de ellos rodeaban una pila de agua,[123] llevando baldes[124] y ollas. El árbol de cedrón había sido plantado al centro del patio, sobre la tierra más seca y endurecida.[125] Tenía algunas flores en las ramas altas. Su tronco aparecía descascarado[126] casi por completo, en su parte recta, hasta donde empezaba a ramificarse.[127]

Las paredes de ese patio no habían sido pintadas quizá desde hacía cien años; dibujos hechos con carbón por los niños, o simples rayas,[128] las cruzaban. El patio olía mal, a orines, a aguas podridas. Pero el más desdichado de todos los que vivían allí debía ser el árbol de cedrón. "Si se muriera, si se secara, el patio parecería un infierno", dije en voz baja, "Sin embargo, lo han de matar; lo descascaran".

Encontramos limpio y silencioso el primer patio, el del dueño. Junto a una columna del segundo piso estaba el pongo, con la cabeza descubierta. Desapareció. Cuando subimos al corredor alto lo encontramos recostado en la pared del fondo.

Nos saludó, inclinándose; se acercó a mi padre y le besó las manos.

—¡Niño, niñito! —me dijo a mí, y vino detrás, gimoteando.[129]

---

[121]**pellejos de carnero** sheepskin   [122]**frazadas** blankets   [123]**pila de agua** water fountain   [124]**baldes** buckets   [125]**endurecida** hard   [126]**descascarado** peeled off   [127]**a ramificarse** to branch   [128]**rayas** lines   [129]**gimoteando** whimpering

El mestizo hacía guardia, de pie, junto a una puerta tallada.

—El caballero lo está esperando —dijo, y abrió la puerta.

Yo entré rápido, tras de mi padre.

El Viejo estaba sentado en un sofá. Era una sala muy grande, como no había visto otra; todo el piso cubierto por una alfombra. Espejos de anchos marcos, de oro opaco, adornaban las paredes; una araña de cristales[130] pendía del centro del techo artesonado. Los muebles eran altos, tapizados[131] de rojo. No se puso de pie el Viejo. Avanzamos hacia él. Mi padre no le dio la mano. Me presentó.

—Tu tío, el dueño de las cuatro haciendas —dijo.

Me miró el Viejo, como intentando hundirme en la alfombra. Percibí que su saco estaba casi deshilachado[132] por la solapa,[133] y que brillaba desagradablemente. Yo había sido amigo de un sastre, en Huamanga, y con él nos habíamos reído a carcajadas[134] de los antiguos sacos de algunos señorones avaros que mandaban hacer zurcidos.[135] "Este espejo no sirve —exclamaba el sastre, en quechua—. Aquí sólo se mira la cara el diablo que hace guardia junto al señor para llevárselo a los infiernos".

Me agaché y le di la mano al Viejo. El salón me había desconcertado;[136] lo atravesé asustado, sin haber cómo andar. Pero el lustre sucio[137] que observé en el saco del Viejo me dio tranquilidad. El Viejo siguió mirándome. Nunca vi ojos más pequeños ni más brillantes. ¡Pretendía rendirme![138] Se enfrentó a mí. ¿Por qué? Sus labios delgadísimos los tuvo apretados. Miró en seguida a mi padre. Él era arrebatado[139] y generoso; había preferido andar solo, entre indios y mestizos, por los pueblos.

—¿Cómo te llamas? —me preguntó el Viejo, volviendo a mirarme.

Yo estaba prevenido. Había visto el Cuzco. Sabía que tras los muros de los palacios de los incas vivían avaros "Tú", pensé, mirándolo también detenidamente. La voz extensa de la gran campana, los *amarus* del palacio de Huayna Capac, me acompañaban aún. Estábamos en el centro del mundo.

—Me llamo como mi abuelo, señor —le dije.

—¿Señor? ¿No soy tu tío?

Yo sabía que en los conventos, los frailes preparaban veladas[140] para recibirlo; que lo saludaban en las calles los canónigos.[141] Pero nos había hecho llevar a la cocina de su casa; había mandado armar allí esa cuja tallada, frente a la pared de hollín. No podía ser este hombre más perverso[142] ni tener más poder que mi cejijunto[143] guardador que también me hacía dormir en la cocina.

—Es usted mi tío. Ahora ya nos vamos, señor —le contesté.

Vi que mi padre se regocijaba, aunque permanecía en actitud casi solemne.

Se levantó el Viejo, sonriendo, sin mirarme. Descubrí entonces que su rostro

---

[130]**araña de cristales** chandelier   [131]**tapizados** upholstered   [132]**deshilachado** frayed   [133]**solapa** lapel   [134]**carcajadas** guffaws   [135]**zurcidos** mended   [136]**me había desconcertado** had confused me   [137]**lustre sucio** grimy sheen   [138]**rendirme** to give in   [139]**arrebatado** impetuoso   [140]**veladas** receptions   [141]**canónigos** clergy   [142]**perverso** wicked   [143]**cejijunto** person whose eyebrows meet

era ceniciento,[144] de piel dura, aparentemente descarnada de los huesos.[145] Se acercó a un mueble del que pendían muchos bastones, todos con puño de oro.

La puerta del salón había quedado abierta y pude ver al pongo, vestido de harapos,[146] de espaldas a las verjas del corredor. A la distancia se podía percibir el esfuerzo que hacía por apenas parecer vivo, el invisible peso que oprimía su respiración.

El Viejo le alcanzó a mi padre un bastón negro; el mango de oro figuraba la cabeza y cuello de un águila. Insistió para que lo recibiera y lo llevara. No me miraron. Mi padre tomó el bastón y se apoyó en él; el Viejo eligió uno más grueso, con puño simple, como una vara de alcalde.

Cuando pasó por mi lado comprobé que el Viejo era muy bajo, casi un enano;[147] caminaba, sin embargo, con aire imponente, y así se le veía aun de espaldas.

Salimos al corredor. Repicaron las campanas. La voz de todas se recortaba sobre el fondo de los golpes muy espaciados de la "María Angola".

El pongo pretendió acercarse a nosotros, el Viejo lo ahuyentó[148] con un movimiento del bastón.

Hacía frío en la calle. Pero las campanas regocijaban la ciudad. Yo esperaba la voz de la "María Angola". Sobre sus ondas que abrazaban al mundo, repicaba la voz de las otras, las de todas las iglesias. Al canto grave de la campana se animaba en mí la imagen humillada del pongo, sus ojos hundidos, los huesos de su nariz, que era lo único enérgico de su figura; su cabeza descubierta en que los pelos parecían premeditadamente revueltos, cubiertos de inmundicia.[149] "No tiene padre ni madre, sólo su sombra", iba repitiendo, recordando la letra de un *huayno,*[150] mientras aguardaba, a cada paso, un nuevo toque de la inmensa campana.

Cesó el repique,[151] la llamada a misa, y tuve libertad para mirar mejor la ciudad a la luz del día. Nos iríamos dentro de una hora, o menos. El Viejo hablaba.

—Inca Roca lo edificó. Muestra el caos de los gentiles, de las mentes primitivas.

Era aguda su voz y no parecía la de un viejo, cenizo por la edad, y tan recio.

Las líneas del muro jugaban con el sol; las piedras no tenían ángulos ni líneas rectas; cada cual era como una bestia que se agitaba a la luz; transmitían el deseo de celebrar, de correr por alguna pampa, lanzando gritos de júbilo. Yo lo hubiera hecho; pero el Viejo seguía predicando, con palabras selectas, como tratando de abrumar[152] a mi padre.

Cuando llegamos a la esquina de la Plaza de Armas, el Viejo se postró sobre ambas rodillas, se descubrió, agachó la cabeza y se persignó lentamente. Lo reconocieron muchos y no se echaron a reír; algunos muchachos se acercaron. Mi padre se apoyó en el bastón, algo lejos de él. Yo esperé que apareciera un *huay-*

---

[144]**ceniciento** ashen　[145]**descarnada de los huesos** falling from the bones　[146]**harapos** rags　[147]**enano** dwarf　[148]**ahuyentó** shooed away　[149]**inmundicia** filth　[150]***huayno**** a folk song and dance of Inca origin　[151]**repique** ringing of the bells　[152]**abrumar** overwhelm

ronk'o y le escupiera[153] sangre en la frente, porque estos insectos voladores[154] son mensajeros del demonio o de la maldición[155] de los santos. Se levantó el Viejo y apuró el paso.[156] No se puso el sombrero; avanzó con la cabeza canosa descubierta. En un instante llegamos a la puerta de la catedral. Mi padre lo seguía comedidamente. El Viejo era imperioso;[157] pero yo le hubiera sacudido[158] por la espalda. Y tal vez no habría caído, porque parecía pesar mucho, como si fuera de acero; andaba con gran energía.

Ingresamos al templo, y el Viejo se arrodilló sobre las baldosas.[159] Entre las columnas y los arcos, rodeados del brillo del oro, sentí que las bóvedas altísimas me rendían. Oí rezar desde lo alto, con voz de moscardones,[160] a un coro de hombres. Había poca gente en el templo. Indias con mantas de colores sobre la cabeza, lloraban. La catedral no resplandecía tanto. La luz filtrada por el alabastro de las ventanas era distinta de la del sol. Parecía que habíamos caído, como en las leyendas, a alguna ciudad escondida en el centro de una montaña, debajo de los mantos de hielo inapagables que nos enviaban luz a través de las rocas. Un alto coro de madera lustrada[161] se elevaba en medio del templo. Se levantó el Viejo y nos guió hacia la nave derecha.

—El Señor de los Temblores[162] —dijo, mostrando un retablo[163] que alcanzaba la cima de la bóveda. Me miró, como si no fuera yo un niño.

Me arrodillé junto a él y mi padre al otro lado.

Un bosque de ceras ardía delante del Señor. El Cristo aparecía detrás del humo, sobre el fondo del retablo dorado, entre columnas y arcos en que habían tallado figuras de ángeles, de frutos y de animales.

Yo sabía que cuando el trono de ese Crucificado aparecía en la puerta de la catedral, todos los indios del Cuzco lanzaban un alarido[164] que hacía estremecer[165] la ciudad, y cubrían, después, las andas del Señor y las calles y caminos, de flores de *ñujchu*, que es roja y débil.

El rostro del Crucificado era casi negro, desencajado,[166] como el del pongo. Durante las procesiones, con sus brazos extendidos, las heridas profundas, y sus cabellos caídos a un lado, como una mancha negra, a la luz de la plaza, con la catedral, las montañas o las calles ondulantes, detrás, avanzaría ahondando las aflicciones de los sufrientes, mostrándose como el que más padece, sin cesar. Ahora, tras el humo y esa luz agitada de la mañana y de las velas, aparecía sobre el altar hirviente de oro, como al fondo de un crepúsculo del mar, de la zona tórrida, en que el oro es suave o brillante, y no pesado y en llamas como el de las nubes de la sierra alta, o de la helada, donde el sol del crepúsculo se rasga[167] en mantos temibles.

Renegrido, padeciendo, el Señor tenía un silencio que no apaciguaba.[168] Hacía sufrir; en la catedral tan vasta, entre las llamas de las velas y el resplandor

---

[153]**escupiera** would spit   [154]**voladores** flying   [155]**maldición** curse   [156]**apuró el paso** he hurried off   [157]**imperioso** arrogant   [158]**sacudido** shaken   [159]**baldosas** tiles   [160]**moscardones** bumblebees   [161]**lustrada** polished   [162]**Temblores** Earthquakes   [163]**retablo** altarpiece   [164]**alarido** howl   [165]**estremecer** tremble   [166]**desencajado** gaunt   [167]**rasga** tears   [168]**no apaciguaba** did not make one feel at ease

del día que llegaba tan atenuado,[169] el rostro del Cristo creaba sufrimiento, lo extendía a las paredes, a las bóvedas y columnas. Yo esperaba que de ellas brotaran lágrimas. Pero estaba allí el Viejo, rezando apresuradamente con su voz metálica. Las arrugas de su frente resaltaron a la luz de las velas; eran esos surcos los que daban la impresión de que su piel se había descarnado de los huesos.

—No hay tiempo para más —dijo.

No oímos misa. Salimos del templo. Regresamos a paso ligero. El Viejo nos guiaba.

No entramos a la iglesia de la Compañía; no pude siquiera contemplar nuevamente su fachada; sólo vi la sombra de sus torres sobre la plaza.

Encontramos un camión en la puerta de la casa. El mestizo de botas hablaba con el chofer. Habían subido nuestros atados[170] a la plataforma. No necesitaríamos ya entrar al patio.

—Todo está listo, señor —dijo el mestizo.

Mi padre entregó el bastón al Viejo.

Yo corrí hasta el segundo patio. Me despedí del pequeño árbol. Frente a él, mirando sus ramas escuálidas, las flores moradas, tan escasas, que temblaban en lo alto, temí al Cuzco. El rostro del Cristo, la voz de la gran campana, el espanto que siempre había en la expresión del pongo, ¡y el Viejo!, de rodillas en la catedral, aun el silencio de Loreto Kijllu, me oprimían. En ningún sitio debía sufrir más la criatura humana. La sombra de la catedral y la voz de la "María Angola" al amanecer, renacían, me alcanzaban. Salí. Ya nos íbamos.

El Viejo me dio la mano.

—Nos veremos —me dijo.

Lo vi feliz. Un poco lejos, el pongo estaba de pie, apoyándose en la pared. Las roturas de su camisa dejaban ver partes del pecho y del brazo. Mi padre ya había subido al camión. Me acerqué al pongo y me despedí de él. No se asombró tanto. Lo abracé sin estrecharlo. Iba a sonreír, pero gimoteó, exclamando en quechua: "¡Niñito, ya te vas; ya te estás yendo! ¡Ya te estás yendo!"

Corrí al camión. El Viejo levantó los dos bastones en ademán de despedida.

—¡Debimos ir a la iglesia de la Compañía! —me dijo mi padre, cuando el camión se puso en marcha—. Hay unos balcones cerca del altar mayor; sí, hijo, unos balcones tallados, con celosías[171] doradas que esconden a quienes oyen misa desde ese sitio. Eran para las enclaustradas.[172] Pero sé que allí bajan, al amanecer, los ángeles más pequeños, y revolotean, cantando bajo la cúpula, a la misma hora en que tocan la "María Angola". Su alegría reina después en el templo durante el resto del día.

Había olvidado al Viejo, tan apurado en despacharnos,[173] aún la misa no oída; recordaba sólo la ciudad, su Cuzco amado y los templos.

—Papá, la catedral hace sufrir —le dije.

—Por eso los jesuitas hicieron la Compañía. Representan el mundo y la salvación.

---

[169]**atenuado** dim   [170]**atados** bundles   [171]**celosías** lattices   [172]**las enclaustradas** cloistered nuns   [173]**despacharnos** to send us off

Ya en el tren, mientras veía crecer la ciudad, al fuego del sol que caía sobre los tejados y las cúpulas de cal y canto,[174] descubrí el Sacsayhuaman, la fortaleza, tras el monte en el que habían plantado eucaliptos.

En filas quebradas,[175] las murallas se asentaban[176] sobre la ladera,[177] entre el gris del pasto. Unas aves negras, no tan grandes como los cóndores, daban vueltas, o se lanzaban desde el fondo del cielo sobre las filas de muros. Mi padre vio que contemplaba las ruinas y no me dijo nada. Más arriba, cuando el Sacsayhuaman se mostró, rodeando la montaña, y podía distinguirse el perfil redondo, no filudo, de los ángulos de las murallas, me dijo:

—Son como las piedras de Inca Roca. Dicen que permanecerán hasta el juicio final; que allí tocará su trompeta el arcángel.

Le pregunté entonces por las aves que daban vueltas sobre la fortaleza.

—Siempre están —me dijo. ¿No recuerdas que *huaman* significa águila? *Sacsay huaman* quiere decir "Águila repleta".

—¿Repleta? Se llenarán con el aire.

—No, hijo. No comen. Son águilas de la fortaleza. No necesitan comer; juegan sobre ella. No mueren. Llegarán al juicio final.

—El Viejo se presentará ese día peor de lo que es, más ceniciento.

—No se presentará. El juicio final no es para los demonios.

Pasamos la cumbre. Llegamos a Isuchaca. Allí alquilamos caballos para seguir viaje a Abancay. Iríamos por la pampa de Anta.

Mientras trotábamos en la llanura inmensa, yo veía el Cuzco; las cúpulas de los templos a la luz del sol, la plaza larga en donde los árboles no podían crecer. ¿Cómo se habían desarrollado, entonces, los eucaliptos, en las laderas del Sacsayhuaman? Los señores avaros habrían envenenado[178] quizá, con su aliento, la tierra de la ciudad. Residían en los antiguos solares desde los tiempos de la conquista. Recordé la imagen del pequeño cedrón de la casa del Viejo.

Mi padre iba tranquilo. En sus ojos azules reinaba el regocijo que sentía al iniciar cada viaje largo. Su gran proyecto se había frustrado, pero estábamos trotando.[179] El olor de los caballos nos daba alegría.

En la tarde llegamos a la cima de las cordilleras que cercan al Apurímac. "Dios que habla" significa el nombre de este río.

El forastero[180] lo descubre casi de repente, teniendo ante sus ojos una cadena sin fin de montañas negras y nevados, que se alternan. El sonido del Apurímac alcanza las cumbres,[181] difusamente, desde el abismo, como un rumor del espacio.

El río corre entre bosques negruzcos y mantos de cañaverales[182] que sólo crecen en las tierras quemantes.[183] Los cañaverales reptan[184] las escarpadas[185] laderas o aparecen suspendidos en los precipicios.[186] El aire transparente de la altura va tornándose denso hacia el fondo del valle.

---

[174]**cal y canto** lime and stone   [175]**quebradas** broken   [176]**se asentaban** settled   [177]**ladera** slope   [178]**envenenado** poisoned   [179]**trotando** at a trot   [180]**el forastero** the stranger   [181]**cumbres** summits   [182]**cañaverales** canebreakers   [183]**quemantes** burning   [184]**reptan** snake along   [185]**escarpadas** steep   [186]**precipicios** cliffs

El viajero entra a la quebrada[187] bruscamente. La voz del río y la hondura[188] del abismo polvoriento,[189] el juego de la nieve lejana[190] y las rocas que brillan como espejos, despiertan en su memoria los primitivos recuerdos, los más antiguos sueños.

A medida que baja al fondo del valle, el recién llegado se siente transparente, como un cristal en que el mundo vibrara. Insectos zumbadores aparecen en la región cálida; nubes de mosquitos venenosos se clavan[191] en el rostro. El viajero oriundo de las tierras frías se acerca al río, aturdido,[192] febril, con las venas hinchadas.[193] La voz del río aumenta; no ensordece,[194] exalta. A los niños los cautiva, les infunde presentimientos de mundos desconocidos. Los penachos[195] de los bosques de carrizo[196] se agitan junto al río. La corriente marcha como a paso de caballos, de grandes caballos cerriles.[197]

—¡*Apurímac mayu!* ¡*Apurímac mayu!* —repiten los niños de habla quechua, con ternura y algo de espanto.

DESPUÉS DE LEER

1. ¿Quién es el Viejo? ¿Qué relación existe entre el Viejo y el padre de Ernesto? ¿Cómo trata el Viejo a Ernesto y a su padre? Explique.

2. Describa la experiencia de Ernesto ante el muro incaico.

3. ¿Cuál es la importancia de la "María Angola"?

4. ¿Cómo considera la coexistencia de la cultura andina y española en este capítulo?

5. ¿Por qué presenta Arguedas el elemento religioso contrapuesto con la actitud del Viejo?

6. ¿Cuál es la importancia del uso de vocablos quechuas en la narrativa? ¿Cree que estas palabras traducidas al español lograrían el mismo propósito?

7. Explique la presencia y situación del pongo así como la actitud de Ernesto hacia él.

8. Comente el tono y el estilo del capítulo.

---

[187]**quebrada** gorge [188]**hondura** depth [189]**polvoriento** dusty [190]**lejana** distant [191]**se clavan** prick [192]**aturdido** confused [193]**hinchadas** swollen [194]**ensordece** deafen [195]**penachos** plumes [196]**carrizo** reeds [197]**caballos cerriles** wild horses

ALGUNOS ESTUDIOS DE INTERÉS

Bellini, Giuseppe. "Función y símbolo en *Los ríos profundos* de José María Arguedas". *Anthropos* 128 (1992): 53–56.

Beyersdorff, Margo. "Voice of Runa: Quechua Substratum in the Narrative of José María Arguedas". *Latin American Indian Journal* 2:1 (1986): 28–48.

Castro-Klaren, Sara. *El mundo mágico de José María Arguedas*. Lima, Perú: Instituto de Estudios Peruanos, 1973.

Cornejo Polar, Antonio. *Los universos narrativos de José María Arguedas*. Buenos Aires, Argentina: Losada, 1973.

Cruz Leal, Petra Iradies. "Problemas de bilingüismo en José María Arguedas". *Lenguas Modernas* 16 (1989): 91–96.

Lévano, César. *Arguedas: Un sentimiento trágico de la vida*. Lima, Perú: Labor, 1969.

Locket, Lucia. "Peruvian Social Realities in José María Arguedas". *Michigan Academician* 19:2 (1987): 243–251.

Muñoz, Silveiro. *José María Arguedas y el mito de la salvación por la cultura*. Lima, Perú: Horizonte, 1987.

Ortega, Julio. "Arguedas: la ambigüedad racial". *Mundo Nuevo* 14 (1967): 71–73.

Puente-Baldoceda, Blas. "La narrativa indigenista en el Perú". *Beyond Indigenous Voices*. (LAILA/ALILA) 11th International Symposium on Latin American Indian Literatures [1994]). Mary H. Preuss, ed. Lancaster, California: Labyrinthos, 1996.

Rowe, William. *Mito e ideología en la obra de José María Arguedas*. Lima, Perú: Instituto Nacional de Cultura, 1979.

Spina, Vincent. *El modo épico en José María Arguedas*. Madrid, España: Editorial Pliegos, 1986.

Vargas Llosa, Mario. "Ensoñación y magia en *Los ríos profundos*". *Anthropos* 128 (1992): 71–73.

Varona-Lacey, Gladys M. *José María Arguedas: más allá del indigenismo*. Miami: Ediciones Universal, 2000.

Juan Rulfo

(1918, Sayula, Jalisco, México–1986, Ciudad de México)

A pesar de que Rulfo publicó sólo dos libros durante su vida—*El llano en llamas* (1953) y *Pedro Páramo* (1955)—su nombre ha quedado entre los escritores más destacados de la literatura mexicana e hispanoamericana del siglo veinte. La obra de Rulfo, con toda su intensidad dramática y lírica, se convierte en conciencia y voz del pueblo mexicano. En su narrativa, el autor se identifica con la tierra y el campesino. Los temas de sus cuentos y única novela ofrecen una visión universal de la existencia humana. En ellos se registran los sentimientos de angustia, remordimiento y violencia que acosan al ser humano.

Los personajes de Rulfo se desenvuelven en escenarios donde la pobreza es un factor determinante en su destino. A veces, las narraciones tienen lugar en aldeas fantasmales, como es el caso en el cuento "Luvina" y en *Pedro Páramo*. En *Pedro Páramo*, los habitantes de Comala son almas en pena, que representan figuras arquetípicas de la sociedad mexicana. La segunda novela de Rulfo, *La cordillera*, no se publicó.

AL LEER CONSIDERE LO SIGUIENTE:
—el estilo del escritor y la perspectiva narrativa
—el ambiente
—la situación económica de los personajes

En este cuento, el narrador, que es un niño, se da cuenta de la situación precaria
en que ha quedado su hermana adolescente al ahogarse la vaca que la libraría
de la prostitución. La inundación que alcanza al pueblo destruye la esperanza de
un futuro mejor.

Es que somos muy pobres

A quí todo va de mal en peor. La semana pasada se murió mi tía Jacinta, y el sábado, cuando ya la habíamos enterrado y comenzaba a bajársenos la tristeza, comenzó a llover como nunca. A mi papá eso le dio coraje,[1] porque toda la cosecha[2] de cebada[3] estaba asoleándose[4] en el solar. Y el aguacero[5] llegó de repente, en grandes olas de agua, sin darnos tiempo ni siquiera a esconder aunque fuera un manojo; lo único que pudimos hacer, todos los de mi casa, fue estarnos arrimados[6] debajo del tejabán,[7] viendo cómo el agua fría que caía del cielo quemaba aquella cebada amarilla tan recién cortada.

Y apenas ayer, cuando mi hermana Tacha acababa de cumplir doce años, supimos que la vaca que mi papá le regaló para el día de su santo se la había llevado el río.

El río comenzó a crecer hace tres noches, a eso de la madrugada.[8] Yo estaba muy dormido y, sin embargo, el estruendo[9] que traía el río al arrastrarse me hizo despertar en seguida y pegar el brinco de la cama con mi cobija[10] en la mano, como si hubiera creído que se estaba derrumbando[11] el techo de mi casa. Pero después me volví a dormir, porque reconocí el sonido del río y porque ese sonido se fue haciendo igual hasta traerme otra vez el sueño.

Cuando me levanté, la mañana estaba llena de nublazones[12] y parecía que había seguido lloviendo sin parar. Se notaba en que el ruido del río era más fuerte y se oía más cerca. Se olía, como se huele una quemazón,[13] el olor a podrido del agua revuelta.

---

[1]**le dio coraje** made him angry   [2]**cosecha** crop   [3]**cebada** barley   [4]**asoleándose** out in the sun   [5]**aguacero** heavy rain shower   [6]**arrimados** close together   [7]**tejabán** roof   [8]**madrugada** dawn   [9]**estruendo** uproar   [10]**cobija** blanket   [11]**derrumbando** collapsing   [12]**nublazones** clouds   [13]**quemazón** brush fire

A la hora en que me fui a asomar,[14] el río ya había perdido sus orillas. Iba subiendo poco a poco por la calle real, y estaba metiéndose a toda prisa en la casa de esa mujer que le dicen *la Tambora*. El chapaleo[15] del agua se oía al entrar por el corral y al salir en grandes chorros[16] por la puerta. *La Tambora* iba y venía caminando por lo que era ya un pedazo de río, echando a la calle sus gallinas para que se fueran a esconder a algún lugar donde no les llegara la corriente.

Y por el otro lado, por donde está el recodo, el río se debía de haber llevado, quién sabe desde cuándo, el tamarindo que estaba en el solar de mi tía Jacinta, porque ahora ya no se ve ningún tamarindo. Era el único que había en el pueblo, y por eso nomás[17] la gente se da cuenta de que la creciente esta que vemos es la más grande de todas las que ha bajado el río en muchos años.

Mi hermana y yo volvimos a ir por la tarde a mirar aquel amontonadero[18] de agua que cada vez se hace más espesa y oscura y que pasa ya muy por encima de donde debe estar el puente. Allí nos estuvimos horas y horas sin cansarnos viendo la cosa aquella. Después nos subimos por la barranca,[19] porque queríamos oir bien lo que decía la gente, pues abajo, junto al río, hay un gran ruidazal[20] y sólo se ven las bocas de muchos que se abren y se cierran y como que quieren decir algo; pero no se oye nada. Por eso nos subimos por la barranca, donde también hay gente mirando el río y contando los perjuicios[21] que ha hecho. Allí fue donde supimos que el río se había llevado a *la Serpentina,* la vaca esa que era de mi hermana Tacha porque mi papá se la regaló para el día de su cumpleaños y que tenía una oreja blanca y otra colorada y muy bonitos ojos.

No acabo de saber por qué se le ocurriría a *la Serpentina* pasar el río este, cuando sabía que no era el mismo río que ella conocía de a diario. *La Serpentina* nunca fue tan atarantada.[22] Lo más seguro es que ha de haber venido dormida para dejarse matar así nomás por nomás.[23] A mí muchas veces me tocó despertarla cuando le abría la puerta del corral, porque si no, de su cuenta, allí se hubiera estado el día entero con los ojos cerrados, bien quieta y suspirando, como se oye suspirar a las vacas cuando duermen.

Y aquí ha de haber sucedido eso de que se durmió. Tal vez se le ocurrió despertar al sentir que el agua pesada le golpeaba las costillas. Tal vez entonces se asustó y trató de regresar; pero al volverse se encontró entreverada y acalambrada[24] entre aquella agua negra y dura como tierra corrediza. Tal vez bramó[25] pidiendo que le ayudaran. Bramó como sólo Dios sabe cómo.

Yo le pregunté a un señor que vio cuando la arrastraba el río si no había visto también al becerrito[26] que andaba con ella. Pero el hombre dijo que no sabía si lo había visto. Sólo dijo que la vaca manchada pasó patas arriba[27] muy cerquita de donde él estaba y que allí dio una voltereta[28] y luego no volvió a ver ni los cuernos ni las patas ni ninguna señal de vaca. Por el río rodaban muchos troncos de

---

[14]**me fui a asomar** I went to look   [15]**chapaleo** splashing   [16]**chorros** jets   [17]**por eso nomás** from that alone   [18]**amontonadero** heap   [19]**barranca** side of a ravine   [20]**ruidazal** noise   [21]**perjuicios** damages   [22]**atarantada** flighty   [23]**así nomás por nomás** just like that   [24]**entreverada y acalambrada** trapped and with a cramp   [25]**bramó** roared   [26]**becerrito** calf   [27]**patas arriba** feet up   [28]**voltereta** a turn

árboles con todo y raíces y él estaba muy ocupado en sacar leña, de modo que no podía fijarse si eran animales o troncos[29] los que arrastraba.[30]

Nomás por eso, no sabemos si el becerro está vivo, o si se fue detrás de su madre río abajo. Si así fue, que Dios los ampare[31] a los dos.

La apuración[32] que tienen en mi casa es lo que pueda suceder el día de mañana, ahora que mi hermana Tacha se quedó sin nada. Porque mi papá con muchos trabajos había conseguido a *la Serpentina,* desde que era una vaquilla,[33] para dársela a mi hermana, con el fin de que ella tuviera un capitalito y no se fuera a ir de piruja[34] como lo hicieron mis otras dos hermanas las más grandes.

Según mi papá, ellas se habían echado a perder[35] porque éramos muy pobres en mi casa y ellas eran muy retobadas.[36] Desde chiquillas ya eran rezongonas.[37] Y tan luego que[38] crecieron les dio por andar con hombres de lo peor,[39] que les enseñaron cosas malas. Ellas aprendieron pronto y entendían muy bien los chiflidos,[40] cuando las llamaban a altas horas[41] de la noche. Después salían hasta de día. Iban cada rato por agua al río y a veces, cuando uno menos se lo esperaba, allí estaban en el corral, revolcándose en el suelo,[42] todas encueradas[43] y cada una con un hombre trepado encima.[44]

Entonces mi papá las corrió[45] a las dos. Primero les aguantó[46] todo lo que pudo; pero más tarde ya no pudo aguantarlas más y les dio carrera para la calle. Ellas se fueron para Ayutla o no sé para donde; pero andan de pirujas.

Por eso le entra la mortificación a mi papá, ahora por la Tacha, que no quiere vaya a resultar[47] como sus otras dos hermanas, al sentir que se quedó muy pobre viendo la falta de su vaca, viendo que ya no va a tener con qué entretenerse mientras le da por crecer y pueda casarse con un hombre bueno, que la pueda querer para siempre. Y eso ahora va a estar difícil. Con la vaca era distinto, pues no hubiera faltado quien se hiciera el ánimo[48] de casarse con ella, sólo por llevarse también aquella vaca tan bonita.

La única esperanza que nos queda es que el becerro esté todavía vivo. Ojalá no se le haya ocurrido pasar el río detrás de su madre. Porque si así fue, mi hermana Tacha está tantito así de retirado[49] de hacerse piruja. Y mamá no quiere.

Mi mamá no sabe por qué Dios la ha castigado tanto al darle unas hijas de ese modo, cuando en su familia, desde su abuela para acá,[50] nunca ha habido gente mala. Todos fueron criados en el temor de Dios y eran muy obedientes y no le cometían irreverencias a nadie. Todos fueron por el estilo.[51] Quién sabe de dónde les vendría a ese par de hijas suyas aquel mal ejemplo. Ella no se acuerda. Le da vuelta a todos sus recuerdos y no ve claro dónde estuvo su mal o el pecado

---

[29]**troncos** logs   [30]**arrastraba** dragged   [31]**ampare** protect   [32]**apuración** anguish   [33]**vaquilla** calf   [34]**piruja** prostitute   [35]**ellas ... perder** had turned bad   [36]**retobadas** unruly   [37]**rezongonas** sassy   [38]**y tan luego que** as soon as   [39]**de lo peor** the worst kind   [40]**chiflidos** whistles   [41]**altas horas** late at night   [42]**revolcándose en el suelo** rolling on the ground   [43]**encueradas** naked   [44]**trepado encima** on top of her   [45]**las corrió** threw them out   [46]**aguantó** put up with   [47]**que vaya a resultar** turn out to be   [48]**quien se hiciera del ánimo** who would want   [49]**tantito así de retirado** just a short distance away   [50]**desde su abuela para acá** from her grandmother down   [51]**por el estilo** about the same

de nacerle una hija tras otra con la misma mala costumbre. No se acuerda. Y cada vez que piensa en ellas, llora y dice: "Que Dios las ampare a las dos."

Pero mi papá alega que aquello ya no tiene remedio. La peligrosa es la que queda aquí, la Tacha, que va como palo de ocote[52] crece y crece y que ya tiene unos comienzos de senos que prometen ser como los de sus hermanas: puntiagudos y altos y medio alborotados para llamar la atención.

—Sí —dice—, le llenará los ojos a cualquiera donde quiera que la vean. Y acabará mal; como que estoy viendo que acabará mal.

Ésa es la mortificación de mi papá.

Y Tacha llora al sentir que su vaca no volverá porque se la ha matado el río. Está aquí, a mi lado, con su vestido color de rosa, mirando el río desde la barranca y sin dejar de llorar. Por su cara corren chorretes de agua sucia como si el río se hubiera metido dentro de ella.

Yo la abrazo tratando de consolarla, pero ella no entiende. Llora con más ganas. De su boca sale un ruido semejante al que se arrastra por las orillas del río, que la hace temblar y sacudirse[53] todita, y, mientras, la creciente sigue subiendo. El sabor a podrido que viene de allá salpica la cara mojada de Tacha y los dos pechitos de ella se mueven de arriba abajo, sin parar, como si de repente comenzaran a hincharse[54] para empezar a trabajar por su perdición.

DESPUÉS DE LEER

1. Comente la importancia que tiene la naturaleza en la vida de los personajes del cuento.

2. ¿Qué representa *la Serpentina* para Tacha?

3. ¿Qué ha ocurrido con las hermanas mayores? ¿Cómo interpreta la madre su actitud?

4. ¿Puede Tacha escapar a su destino? ¿Qué actitud hacia la vida se refleja en el cuento?

5. Explique el paralelismo que existe entre Tacha y el río.

6. Considera que el título del cuento es apropiado?

7. ¿Quién narra el cuento? ¿Qué efecto tiene esta voz narrativa? ¿Cómo es el lenguaje que usa?

---

[52]**ocote** pine tree   [53]**sacudirse** shake   [54]**hincharse** swell

A L   L E E R   C O N S I D E R E   L O   S I G U I E N T E :

—la presencia de la angustia y el remordimiento
—el concepto de religiosidad
—la comparación de la técnica narrativa empleada en este cuento con la de los
   cuentos anteriores

En el siguiente cuento Rulfo nos presenta personajes angustiados por el
remordimiento. Natalia, Tanilo y el narrador van a Talpa con el propósito de
buscarle cura al mal de Tanilo. La realidad es que para Natalia y el narrador la ida
a Talpa representa la muerte segura de Tanilo, lo cual les traerá la libertad que ellos
desean para no tener que amarse a escondidas.

Talpa

atalia se metió entre los brazos de su madre y lloró largamente allí con un
llanto quedito.[1] Era un llanto aguantado[2] por muchos días, guardado
hasta ahora que regresamos a Zenzontla y vio a su madre y comenzó a sentirse con ganas de consuelo.

Sin embargo, antes, entre los trabajos de tantos días difíciles, cuando tuvimos
que enterrar[3] a Tanilo en un pozo[4] de la tierra de Talpa, sin que nadie nos ayudara, cuando ella y yo, los dos solos, juntamos nuestras fuerzas y nos pusimos a
escarbar[5] la sepultura desenterrando los terrones[6] con nuestras manos —dándonos prisa para esconder pronto a Tanilo dentro del pozo y que no siguiera espantando[7] ya a nadie con el olor de su aire lleno de muerte—, entonces no lloró.

Ni después, al regreso, cuando nos vinimos caminando de noche sin conocer
el sosiego,[8] andando a tientas[9] como dormidos y pisando con pasos que parecían
golpes sobre la sepultura de Tanilo. En ese entonces, Natalia parecía estar endurecida[10] y traer el corazón apretado para no sentirlo bullir[11] dentro de ella.
Pero de sus ojos no salió ninguna lágrima.

Vino a llorar hasta aquí, arrimada[12] a su madre; sólo para acongojarla[13] y que
supiera que sufría, acongojándonos de paso a todos, porque yo también sentí ese
llanto de ella dentro de mí como si estuviera exprimiendo el trapo[14] de nuestros
pecados.

Porque la cosa es que a Tanilo Santos entre Natalia y yo lo matamos. Lo lleva-

---

[1]**quedito** quiet   [2]**aguantado** held back   [3]**enterrar** to bury   [4]**pozo** well   [5]**escarbar** digging
[6]**terrones** clods of earth   [7]**espantando** frightened   [8]**sosiego** calm   [9]**andando a tientas**
feeling our way   [10]**endurecida** hardened   [11]**bullir** boiling   [12]**arrimada a** resting against
[13]**acongojarla** upset her   [14]**exprimiendo el trapo** wringing the rag

mos a Talpa para que se muriera. Y se murió. Sabíamos que no aguantaría[15] tanto camino; pero, así y todo, lo llevamos empujándolo[16] entre los dos, pensando acabar con él para siempre. Eso hicimos.

La idea de ir a Talpa salió de mi hermano Tanilo. A él se le ocurrió primero que a nadie. Desde hacía años que estaba pidiendo que lo llevaran. Desde hacía años. Desde aquel día en que amaneció con unas ampollas[17] moradas repartidas en los brazos y las piernas. Cuando después las ampollas se le convirtieron en llagas[18] por donde no salía nada de sangre y sí una cosa amarilla como goma de copal que destilaba agua espesa.[19] Desde entonces me acuerdo muy bien que nos dijo cuánto miedo sentía de no tener ya remedio. Para eso quería ir a ver a la Virgen de Talpa; para que Ella con su mirada le curara sus llagas. Aunque sabía que Talpa estaba lejos y que tendríamos que caminar mucho debajo del sol de los días y del frío de las noches de marzo, así y todo quería ir. La Virgencita le daría el remedio para aliviarse[20] de aquellas cosas que nunca se secaban. Ella sabía hacer eso: lavar las cosas, ponerlo todo nuevo de nueva cuenta, como un campo recién llovido. Ya allí, frente a Ella, se acabarían sus males; nada le dolería ni le volvería a doler más. Eso pensaba él.

Y de eso nos agarramos[21] Natalia y yo para llevarlo. Yo tenía que acompañar a Tanilo porque era mi hermano. Natalia tendría que ir también, de todos modos, porque era su mujer. Tenía que ayudarlo llevándolo del brazo, sopesándolo[22] a la ida y tal vez a la vuelta sobre sus hombros, mientras él arrastrara[23] su esperanza.

Yo ya sabía desde antes lo que había dentro de Natalia. Conocía algo de ella. Sabía, por ejemplo, que sus piernas redondas, duras y calientes como piedras al sol del mediodía, estaban solas desde hacía tiempo. Ya conocía yo eso. Habíamos estado juntos muchas veces; pero siempre la sombra de Tanilo nos separaba: sentíamos que sus manos ampolladas se metían entre nosotros y se llevaban a Natalia para que lo siguiera cuidando. Y así sería siempre mientras él estuviera vivo.

Yo sé ahora que Natalia está arrepentida[24] de lo que pasó. Y yo también lo estoy; pero eso no nos salvará[25] del remordimiento[26] ni nos dará ninguna paz ya nunca. No podrá tranquilizarnos saber que Tanilo se hubiera muerto de todos modos porque ya le tocaba,[27] y que de nada había servido ir a Talpa, tan allá tan lejos; pues casi es seguro de que se hubiera muerto igual allá que aquí, o quizás tantito después aquí que allá, porque todo lo que se mortificó[28] por el camino, y la sangre que perdió de más,[29] y el coraje y todo, todas esas cosas juntas fueron las que lo mataron más pronto. Lo malo está en que Natalia y yo lo llevamos a empujones, cuando él ya no quería seguir, cuando sintió que era inútil seguir y nos pidió que lo regresáramos. A estirones[30] lo levantábamos del suelo para que siguiera caminando, diciéndole que ya no podíamos volver atrás.

---

[15]**no aguantaría** could not take [16]**empujándolo** pushing him [17]**ampollas** blisters [18]**llagas** sores [19]**espesa** thick [20]**aliviarse** to heal [21]**nos agarramos** we latched on to [22]**sopesándolo** carrying him [23]**arrastrara** would drag [24]**está arrepentida** regrets [25]**no nos salvará** will not save us [26]**remordimiento** remorse [27]**ya le tocaba** his time had come [28]**se mortificó** suffered [29]**de más** excessively [30]**a estirones** pulling

"Está ya más cerca Talpa que Zenzontla." Eso le decíamos. Pero entonces Talpa estaba todavía lejos; más allá de muchos días.

Lo que queríamos era que se muriera. No está por demás decir que eso era lo que queríamos desde antes de salir de Zenzontla y en cada una de las noches que pasamos en el camino de Talpa. Es algo que no podemos entender ahora; pero entonces era lo que queríamos. Me acuerdo muy bien.

Me acuerdo muy bien de esas noches. Primero nos alumbrábamos con ocotes.[31] Después dejábamos que la ceniza[32] oscureciera la lumbrada[33] y luego buscábamos Natalia y yo la sombra de algo para escondernos de la luz del cielo. Así nos arrimábamos a la soledad del campo, fuera de los ojos de Tanilo y desaparecidos en la noche. Y la soledad aquella nos empujaba uno al otro. A mí me ponía entre los brazos el cuerpo de Natalia y a ella eso le servía de remedio. Sentía como si descansara; se olvidaba de muchas cosas y luego se quedaba adormecida y con el cuerpo sumido en un gran alivio.

Siempre sucedía que la tierra sobre la que dormíamos estaba caliente. Y la carne de Natalia, la esposa de mi hermano Tanilo, se calentaba en seguida con el calor de la tierra. Luego aquellos dos calores juntos quemaban y lo hacían a uno despertar de su sueño. Entonces mis manos iban detrás de ella; iban y venían por encima de ese como rescoldo[34] que era ella; primero suavemente, pero después la apretaban como si quisieran exprimirle la sangre. Así una y otra vez, noche tras noche, hasta que llegaba la madrugada y el viento frío apagaba la lumbre[35] de nuestros cuerpos. Eso hacíamos Natalia y yo a un lado del camino de Talpa, cuando llevamos a Tanilo para que la Virgen lo aliviara.

Ahora todo ha pasado. Tanilo se alivió[36] hasta de vivir. Ya no podrá decir nada del trabajo tan grande que le costaba vivir, teniendo aquel cuerpo como emponzoñado,[37] lleno por dentro de agua podrida[38] que le salía por cada rajadura[39] de sus piernas o de sus brazos. Unas llagas así de grandes, que se abrían despacito, muy despacito, para luego dejar salir a borbotones[40] un aire como de cosa echada a perder[41] que a todos nos tenía asustados.

Pero ahora que está muerto la cosa se ve de otro modo. Ahora Natalia llora por él, tal vez para que él vea, desde donde está, todo el gran remordimiento que lleva encima de su alma. Ella dice que ha sentido la cara de Tanilo estos últimos días. Era lo único que servía de él para ella; la cara de Tanilo, humedecida siempre por el sudor en que lo dejaba el esfuerzo para aguantar sus dolores. La sintió acercándose hasta su boca, escondiéndose entre sus cabellos, pidiéndole, con una voz apenitas,[42] que lo ayudara. Dice que le dijo que ya se había curado por fin; que ya no le molestaba ningún dolor. "Ya puedo estar contigo, Natalia. Ayúdame a estar contigo", dizque eso le dijo.

Acabábamos de salir de Talpa, de dejarlo allí enterrado bien hondo en aquel como surco[43] profundo que hicimos para sepultarlo.

---

[31]**nos alumbrábamos con ocotes** we had light from the fire of okote   [32]**ceniza** ashes   [33]**lumbrada** light   [34]**rescoldo** hot embers   [35]**lumbre** fire   [36]**se alivió** found relief   [37]**emponzoñado** poisoned   [38]**podrida** rotten   [39]**rajadura** crack   [40]**a borbotones** gushing   [41]**echada a perder** rotting   [42]**apenitas** barely   [43]**surco** ditch

Y Natalia se olvidó de mí desde entonces. Yo sé como le brillaban antes los ojos como si fueran charcos[44] alumbrados por la luna. Pero de pronto se destiñeron,[45] se le borró la mirada como si la hubiera revolcado[46] en la tierra. Y pareció no ver ya nada. Todo lo que existía para ella era el Tanilo de ella, que ella había cuidado mientras estuvo vivo y lo había enterrado cuando tuvo que morirse.

Tardamos veinte días en encontrar el camino real[47] de Talpa. Hasta entonces habíamos venido los tres solos. Desde allí comenzamos a juntarnos con gente que salía de todas partes; que había desembocado[48] como nosotros en aquel camino ancho parecido a la corriente de un río, que nos hacía andar a rastras,[49] empujados por todos lados como si nos llevaran amarrados con hebras[50] de polvo. Porque de la tierra se levantaba, con el bullir de la gente, un polvo blanco como tamo de maíz[51] que subía muy alto y volvía a caer; pero los pies al caminar lo devolvían y lo hacían subir de nuevo; así a todas horas estaba aquel polvo por encima y debajo de nosotros. Y arriba de esta tierra estaba el cielo vacío, sin nubes, sólo el polvo; pero el polvo no da ninguna sombra.

Teníamos que esperar a la noche para descansar del sol y de aquella luz blanca del camino.

Luego los días fueron haciéndose más largos. Habíamos salido de Zenzontla a mediados de febrero, y ahora que comenzaba marzo amanecía muy pronto. Apenas si cerrábamos los ojos al oscurecer, cuando nos volvía a despertar el sol, el mismo sol que parecía acabarse de poner hacía un rato.

Y yo nunca había sentido que fuera más lenta y violenta la vida como caminar entre un amontonadero[52] de gente; igual que si fuéramos un hervidero[53] de gusanos apelotonados[54] bajo el sol, retorciéndonos entre la cerrazón[55] del polvo que nos encerraba a todos en la misma vereda y nos llevaba como acorralados. Los ojos seguían la polvareda;[56] daban en el polvo como si tropezaran contra algo que no se podía traspasar. Y el cielo siempre gris, como una mancha gris y pesada que nos aplastaba a todos desde arriba. Sólo a veces, cuando cruzábamos algún río, el polvo era más alto y más claro. Zambullíamos[57] la cabeza acalenturada[58] y renegrida[59] en el agua verde, y por un momento de todos nosotros salía un humo azul, parecido al vapor que sale de la boca con el frío. Pero poquito después desaparecíamos otra vez entreverados[60] en el polvo, cobijándonos[61] unos a otros del sol, de aquel calor del sol repartido entre todos.

Algún día llegará la noche. En eso pensábamos. Llegará la noche y nos pondremos a descansar. Ahora se trata de cruzar el día, de atravesarlo como sea para correr del calor y del sol. Después nos detendremos. Después. Lo que tenemos que hacer por lo pronto es esfuerzo tras esfuerzo para ir de prisa detrás de tantos

---

[44]**charcos** puddles [45]**se destiñeron** they faded [46]**revolcado** stamped into the earth [47]**camino real** main road [48]**desembocado ... en** had come out onto [49]**a rastras** dragging [50]**amarrados con hebras** tied with threads [51]**tamo de maíz** corn fuzz [52]**amontonadero** crowd [53]**hervidero** swarm [54]**apelotonados** balled together [55]**la cerrazón** darkened sky [56]**polvareda** dust cloud [57]**zambullíamos** we would plunge [58]**acalenturada** feverish [59]**renegrida** darkened [60]**entreverados** mixed in [61]**cobijándonos** sheltering each other

como nosotros y delante de otros muchos. De eso se trata. Ya descansaremos bien a bien[62] cuando estemos muertos.

En eso pensábamos Natalia y yo y quizá también Tanilo, cuando íbamos por el camino real de Talpa, entre la procesión; queriendo llegar los primeros hasta la Virgen, antes que se le acabaran los milagros.

Pero Tanilo comenzó a ponerse más malo. Llegó un rato en que ya no quería seguir. La carne de sus pies se había reventado y por la reventazón[63] aquella empezó a salírsele la sangre. Lo cuidamos hasta que se puso bueno. Pero, así y todo, ya no quería seguir:

"Me quedaré aquí sentado un día o dos y luego me volveré a Zenzontla." Eso nos dijo.

Pero Natalia y yo no quisimos. Había algo dentro de nosotros que no nos dejaba sentir ninguna lástima por ningún Tanilo. Queríamos llegar con él a Talpa, porque a esas alturas,[64] así como estaba, todavía le sobraba vida.[65] Por eso mientras Natalia le enjuagaba[66] los pies con aguardiente[67] para que se le deshincharan,[68] le daba ánimos.[69] Le decía que sólo la Virgen de Talpa lo curaría. Ella era la única que podía hacer que él se aliviara para siempre. Ella nada más. Había otras muchas Vírgenes; pero sólo la de Talpa era la buena. Eso le decía Natalia.

Y entonces Tanilo se ponía a llorar con lágrimas que hacían surco entre el sudor de su cara y después se maldecía por haber sido malo. Natalia le limpiaba los chorretes[70] de lágrimas con su rebozo, y entre ella y yo lo levantábamos del suelo para que caminara otro rato más, antes que llegara la noche.

Así, a tirones,[71] fué como llegamos con él a Talpa.

Ya en los últimos días también nosotros nos sentíamos cansados. Natalia y yo sentíamos que se nos iba doblando el cuerpo entre más y más. Era como si algo nos detuviera y cargara un pesado bulto[72] sobre nosotros. Tanilo se nos caía más seguido y teníamos que levantarlo y a veces llevarlo sobre los hombros. Tal vez de eso estábamos como estábamos: con el cuerpo flojo[73] y lleno de flojera para caminar. Pero la gente que iba allí junto a nosotros hacía andar más aprisa.

Por las noches, aquel mundo desbocado[74] se calmaba. Desperdigadas[75] por todas partes brillaban las fogatas[76] y en derredor de la lumbre la gente de la peregrinación rezaba el rosario, con los brazos en cruz, mirando hacia el cielo de Talpa. Y se oía cómo el viento llevaba y traía aquel rumor, revolviéndolo, hasta hacer de él un solo mugido.[77] Poco después todo se quedaba quieto. A eso de la medianoche podía oírse que alguien cantaba muy lejos de nosotros. Luego se cerraban los ojos y se esperaba sin dormir a que amaneciera.

Entramos en Talpa cantando el Alabado.[78]

Habíamos salido a mediados de febrero y llegamos a Talpa en los últimos días

---

[62]**bien a bien** very well   [63]**reventazón** rupture   [64]**a esas alturas** at that point   [65]**le sobraba vida** he had life left in him   [66]**enjuagaba** rinsed   [67]**aguardiente** strong alcohol   [68]**para que se deshincharan** to make the swelling go down   [69]**le daba ánimos** encouraged him   [70]**chorretes** streams   [71]**a tirones** dragging   [72]**bulto** bundle   [73]**flojo** weak   [74]**desbocado** frantic   [75]**desperdigadas** scattered   [76]**fogatas** bonfires   [77]**mugido** roar   [78]**Alabado** Praise be to God

de marzo, cuando ya mucha gente venía de regreso. Todo se debió a que Tanilo se puso a hacer penitencia. En cuanto se vio rodeado de hombres que llevaban pencas de nopal[79] colgadas como escapulario, él también pensó en llevar las suyas. Dio en amarrarse[80] los pies uno con otro con las mangas de su camisa para que sus pasos se hicieran más desesperados. Después quiso llevar una corona de espinas.[81] Tantito después se vendó los ojos, y más tarde, en los últimos trechos[82] del camino, se hincó[83] en la tierra, y así, andando sobre los huesos de sus rodillas y con las manos cruzadas hacia atrás, llegó a Talpa aquella cosa que era mi hermano Tanilo Santos; aquella cosa tan llena de cataplasmas[84] y de hilos oscuros de sangre que dejaba en el aire, al pasar, un olor agrio como de animal muerto.

Y cuando menos acordamos lo vimos metido entre las danzas. Apenas si nos dimos cuenta y ya estaba allí, con la larga sonaja[85] en la mano, dando duros golpes en el suelo con sus pies amoratados[86] y descalzos. Parecía todo enfurecido, como si estuviera sacudiendo el coraje que llevaba encima desde hacía tiempo; o como si estuviera haciendo un último esfuerzo por conseguir vivir un poco más.

Tal vez al ver las danzas se acordó de cuando iba todos los años a Tolimán, en el novenario del Señor, y bailaba la noche entera hasta que sus huesos se aflojaban, pero sin cansarse. Tal vez de eso se acordó y quiso revivir su antigua fuerza.

Natalia y yo lo vimos así por un momento. En seguida lo vimos alzar los brazos y azotar[87] su cuerpo contra el suelo, todavía con la sonaja repicando[88] entre sus manos salpicadas[89] de sangre. Lo sacamos a rastras, esperando defenderlo de los pisotones[90] de los danzantes; de entre la furia de aquellos pies que rodaban sobre las piedras y brincaban aplastando[91] la tierra sin saber que algo se había caído en medio de ellos.

A horcajadas,[92] como si estuviera tullido,[93] entramos con él en la iglesia. Natalia lo arrodilló junto a ella, enfrentito de aquella figurita dorada que era la Virgen de Talpa. Y Tanilo comenzó a rezar y dejó que se le cayera una lágrima grande, salida de muy adentro, apagándole la vela que Natalia le había puesto entre sus manos. Pero no se dio cuenta de esto; la luminaria de tantas velas prendidas que allí había le cortó esa cosa con la que uno se sabe dar cuenta de lo que pasa junto a uno. Siguió rezando con su vela apagada. Rezando a gritos para oír que rezaba.

Pero no le valió. Se murió de todos modos.

"...desde nuestros corazones sale para Ella una súplica igual, envuelta en el dolor. Muchas lamentaciones revueltas con esperanza. No se ensordece su ternura ni ante los lamentos ni las lágrimas, pues Ella sufre con nosotros. Ella sabe borrar esa mancha y dejar que el corazón se haga blandito y puro para recibir su misericordia y su caridad. La Virgen nuestra, nuestra madre, que no quiere saber

---

[79]**pencas de nopal** cactus leaves   [80]**amarrarse** tie   [81]**corona de espinas** crown of thorns   [82]**últimos trechos** last stretches   [83]**se hincó** he knelt   [84]**cataplasmas** poultices   [85]**sonaja** rattle   [86]**amoratados** bruised   [87]**azotar** whip   [88]**repicando** sounding   [89]**salpicadas** splattered   [90]**pisotones** stomping   [91]**aplastando** crushing   [92]**horcajadas** holding him on our shoulders   [93]**tullido** crippled

nada de nuestros pecados; que se echa la culpa de nuestros pecados; la que quisiera llevarnos en sus brazos para que no nos lastime la vida, está aquí junto a nosotros, aliviándonos el cansancio y las enfermedades del alma y de nuestro cuerpo ahuatado,[94] herido y suplicante. Ella sabe que cada día nuestra fe es mejor porque está hecha de sacrificios…"

Eso decía el señor cura desde allá arriba del púlpito. Y después que dejó de hablar, la gente se soltó rezando toda al mismo tiempo, con un ruido igual al de muchas avispas[95] espantadas por el humo.

Pero Tanilo ya no oyó lo que había dicho el señor cura. Se había quedado quieto, con la cabeza recargada[96] en sus rodillas. Y cuando Natalia lo movió para que se levantara ya estaba muerto.

Afuera se oía el ruido de las danzas; los tambores y la chirimía;[97] el repique[98] de las campanas. Y entonces fue cuando me dio a mí tristeza. Ver tantas cosas vivas; ver a la Virgen allí, mero[99] enfrente de nosotros dándonos su sonrisa, y ver por el otro lado a Tanilo, como si fuera un estorbo. Me dio tristeza.

Pero nosotros lo llevamos allí para que se muriera, eso es lo que no se me olvida.

Ahora estamos los dos en Zenzontla. Hemos vuelto sin él. Y la madre de Natalia no me ha preguntado nada; ni qué hice con mi hermano Tanilo, ni nada. Natalia se ha puesto a llorar sobre sus hombros y le ha contado de esa manera todo lo que pasó.

Y yo comienzo a sentir como si no hubiéramos llegado a ninguna parte; que estamos aquí de paso, para descansar, y que luego seguiremos caminando. No sé para dónde; pero tendremos que seguir, porque aquí estamos muy cerca del remordimiento y del recuerdo de Tanilo.

Quizá hasta empecemos a tenernos miedo uno al otro. Esa cosa de no decirnos nada desde que salimos de Talpa tal vez quiera decir eso. Tal vez los dos tenemos muy cerca el cuerpo de Tanilo, tendido en el petate[100] enrollado;[101] lleno por dentro y por fuera de un hervidero de moscas azules que zumbaban[102] como si fuera un gran ronquido[103] que saliera de la boca de él; de aquella boca que no pudo cerrarse a pesar de los esfuerzos de Natalia y míos, y que parecía querer respirar todavía sin encontrar resuello.[104] De aquel Tanilo a quien ya nada le dolía, pero que estaba como adolorido, con las manos y los pies engarruñados[105] y los ojos muy abiertos como mirando su propia muerte. Y por aquí y por allá todas sus llagas goteando un agua amarilla, llena de aquel olor que se derramaba por todos lados y se sentía en la boca, como si se estuviera saboreando una miel espesa y amarga que se derretía[106] en la sangre de uno a cada bocanada[107] de aire.

---

[94]**ahuatado** filled with thorns   [95]**avispas** wasps   [96]**recargada** resting   [97]**chirimía** a kind of flute   [98]**repique** ringing   [99]**allí mero** right there   [100]**petate** sleeping mat   [101]**enrollado** rolled up   [102]**zumbaban** buzzed   [103]**ronquido** snore   [104]**resuello** breathing   [105]**engarruñados** contracted   [106]**derretía** melted   [107]**bocanada** mouthful

Es de eso de lo que quizá nos acordemos aquí más seguido: de aquel Tanilo que nosotros enterramos en el camposanto de Talpa; al que Natalia y yo echamos tierra y piedras encima para que no lo fueran a desenterrar los animales del cerro.[108]

DESPUÉS DE LEER

1. Explique la relación entre Natalia, Tanilo y el narrador.

2. ¿En qué condiciones físicas se encontraba Tanilo? ¿Podía en realidad hacer el viaje?

3. El viaje a Talpa tenía diferentes significados para Tanilo, Natalia y el narrador. Explique lo que significaba el viaje para cada uno de ellos.

4. Describa los sentimientos de Natalia tras la muerte de Tanilo. ¿Con quién puede desahogar sus emociones? ¿Por qué?

5. ¿Cree que el remordimiento que sienten el narrador y Natalia afectará su relación? ¿Cree que pueden ser felices?

6. ¿Cómo está visto el elemento religioso en el cuento?

7. ¿Cómo está descrita la naturaleza?

ALGUNOS ESTUDIOS DE INTERÉS

Campbell, Ysla. "La ideología en 'Es que somos muy pobres' de Juan Rulfo". *La palabra y el hombre* 78 (1991): 280–286.

Durán, Manuel. "Los cuentos de Juan Rulfo o la realidad trascendida". Enrico Pupo-Walker, ed. *El cuento hispano-americano.* Madrid, España: Castalia, 1973.

Giacoman, Helmy, ed. *Homenaje a Juan Rulfo: variaciones interpretativas en torno a su obra.* New York: Las Américas, 1974.

Harss, Luis y Bárbara Dohmann. *Into the Mainstream. Conversations with Latin American Writers.* New York: Harper & Row, 1967.

Lagmanovich, David. "Voz y verbo en 'Es que somos muy pobres', cuento de Juan Rulfo". *Hispamérica* 14:41 (1985): 3–15.

Minc, Rose. "La contra-dicción como ley: notas sobre 'Es que somos muy pobres'". *Inti* 13–14 (1981): 83–91.

---

[108]**cerro** hill

Julio Cortázar

(1914, Bruselas, Bélgica–1984, París, Francia)

Julio Cortázar es considerado entre los innovadores de la novela y el cuento hispanoamericanos del siglo veinte. Comenzó a escribir bajo la influencia de las corrientes de la vanguardia europea y el surrealismo francés. En su obra se observa además la influencia de Borges. Los cuentos de Cortázar tienen elementos cosmopolitas y cotidianos que se entrelazan con el plano de lo fantástico. En ellos se observan transformaciones de personajes, ruptura del tiempo cronológico, así como también superposición de planos espaciales y temporales. En algunas de sus obras apreciamos un humor poco frecuente en la narrativa hispanoamericana.

Cortázar publicó bajo el seudónimo de Julio Denís una colección de poemas titulada *Presencia* (1938). Con su nombre publicó el poema dramático *Los reyes* (1949), el cual es una reinterpretación del mito del minotauro. Su primer libro de cuentos, *Bestiario* (1951), le dio reputación como cuentista. A éste siguieron *Final del juego* (1956, 1964), *Las armas secretas* (1958), *Historias de cronopios y de famas* (1962), *Todos los fuegos el fuego* (1966), *Octaedro* (1974), *Alguien anda por ahí* (1977), *Queremos tanto a Glenda* (1980) y *Deshoras* (1982).

La primera novela de Cortázar en ser publicada fue *Los premios* (1960). La publicación de *Rayuela* (1963), su segunda novela, le acreditó como novelista y le dio fama internacional. Con *Rayuela,* Cortázar rompe la noción convencional de la novela como estructura lineal y cronológica. El autor invita al lector a participar en la creación de la novela al ofrecerle múltiples alternativas en su lectura. *Rayuela* puede leerse de corrido de principio a fin, según la costumbre; pero el lector puede leerla saltando de un capítulo a otro conforme las indicaciones del autor. Otra forma de leer la obra es sin seguir indicación alguna, escogiendo los capítulos al azar. Posteriormente a *Rayuela,* Cortázar escribió *62: modelo para armar* (1968), *Libro de Manuel* (1973), *La vuelta al día en ochenta mundos* (1967), *Último Round* (1969), *Un tal Lucas* (1982), *Nicaragua tan violentamente dulce* (1983) y *Los autonautas de la cosmopista* (1983). Los dos últimos libros, escritos con la colaboración de su compañera Carol Dunlop, recogen numerosos ensayos, viñetas, fotografías, cuentos y poemas. Su novela póstuma, *El diario de Andrés Faba,* se publicó en 1995.

A pesar de que Cortázar pasó gran parte de su vida en París y trabajó en la UNESCO como traductor, escribió su obra literaria en español, el idioma de sus padres, quienes eran argentinos.

—la importancia de la casa para los hermanos
—la relación entre los hermanos
—la actitud de los hermanos hacia los acontecimientos en la casa
—la mezcla de lo cotidiano y lo fantástico

"Casa tomada" cuenta la historia de dos hermanos que viven en la casa que han heredado de sus padres. Llevan una vida monótona hasta que un día comienzan a escuchar ruidos desconocidos que se apoderan de la casa.

Casa tomada

*N*os gustaba la casa porque aparte de espaciosa y antigua (hoy que las casas antiguas sucumben a la más ventajosa liquidación[1] de sus materiales) guardaba los recuerdos de nuestros bisabuelos, el abuelo paterno, nuestros padres y toda la infancia.

Nos habituamos[2] Irene y yo a persistir solos en ella, lo que era una locura pues en esa casa podían vivir ocho personas sin estorbarse.[3] Hacíamos la limpieza por la mañana, levantándonos a las siete, y a eso de las once yo le dejaba a Irene las últimas habitaciones por repasar y me iba a la cocina. Almorzábamos a mediodía, siempre puntuales; ya no quedaba nada por hacer fuera de unos pocos platos sucios. Nos resultaba grato almorzar pensando en la casa profunda y silenciosa y cómo nos bastábamos[4] para mantenerla limpia. A veces llegamos a creer que era ella la que no nos dejó casarnos. Irene rechazó dos pretendientes[5] sin mayor motivo,[6] a mí se me murió María Esther antes de que llegáramos a comprometernos.[7] Entramos en los cuarenta años con la inexpresada idea de que el nuestro, simple y silencioso matrimonio de hermanos, era necesaria clausura de la genealogía asentada por los bisabuelos en nuestra casa. Nos moriríamos allí algún día, vagos y esquivos[8] primos se quedarían con la casa y la echarían al suelo para enriquecerse con el terreno y los ladrillos, o mejor, nosotros mismos la voltearíamos[9] justicieramente antes de que fuese demasiado tarde.

Irene era una chica nacida para no molestar a nadie. Aparte de su actividad matinal[10] se pasaba el resto del día tejiendo[11] en el sofá de su dormitorio. No sé por qué tejía tanto, yo creo que las mujeres tejen cuando han encontrado en esa

---

[1]**ventajosa liquidación** advantageous sale   [2]**nos habituamos** we became used to   [3]**sin estorbarse** without getting in each other's way   [4]**nos bastábamos** the two of us were sufficient   [5]**pretendientes** suitors   [6]**sin mayor motivo** for no particular reason   [7]**antes de que llegáramos a comprometernos** before we became engaged   [8]**esquivos** disdainful   [9]**la voltearíamos** we would demolish it   [10]**actividad matinal** morning routine   [11]**tejiendo** knitting

labor el gran pretexto para no hacer nada. Irene no era así, tejía cosas siempre necesarias, tricotas[12] para el invierno, medias para mí, mañanitas[13] y chalecos[14] para ella. A veces tejía un chaleco y después lo destejía en un momento porque algo no le agradaba; era gracioso ver en la canastilla el montón de lana encrespada[15] resistiéndose a perder su forma de algunas horas. Los sábados iba yo al centro a comprarle lana; Irene tenía fe en mi gusto, se complacía con los colores y nunca tuve que devolver madejas.[16] Yo aprovechaba esas salidas para dar una vuelta por las librerías y preguntar vanamente si había novedades en literatura francesa. Desde 1939 no llegaba nada valioso a la Argentina.

Pero es de la casa que me interesa hablar, de la casa y de Irene, porque yo no tengo importancia. Me pregunto qué hubiera hecho Irene sin el tejido. Uno puede releer un libro, pero cuando un pulóver está terminado no se puede repetirlo sin escándalo. Un día encontré el cajón de abajo de la cómoda de alcanfor[17] lleno de pañoletas[18] blancas, verdes, lila. Estaban con naftalina,[19] apiladas como en una mercería;[20] no tuve valor de preguntarle a Irene qué pensaba hacer con ellas. No necesitábamos ganarnos la vida; todos los meses llegaba la plata[21] de los campos y el dinero aumentaba. Pero a Irene solamente la entretenía el tejido, mostraba una destreza maravillosa y a mí se me iban las horas viéndole las manos como erizos plateados,[22] agujas yendo y viniendo y una o dos canastillas en el suelo donde se agitaban constantemente los ovillos.[23] Era hermoso.

Cómo no acordarme de la distribución de la casa. El comedor, una sala con gobelinos,[24] la biblioteca y tres dormitorios grandes quedaban en la parte más retirada,[25] la que mira hacia Rodríguez Peña.[26] Solamente un pasillo con su maciza[27] puerta de roble aislaba esa parte del ala[28] delantera donde había un baño, la cocina, nuestros dormitorios y el living central, al cual comunicaban los dormitorios y el pasillo. Se entraba a la casa por un zaguán con mayólica,[29] y la puerta cancel[30] daba al living. De manera que uno entraba por el zaguán, abría la cancel y pasaba al living; tenía a los lados las puertas de nuestros dormitorios, y al frente el pasillo que conducía a la parte más retirada; avanzando por el pasillo se franqueaba[31] la puerta de roble y más allá empezaba el otro lado de la casa, o bien se podía girar a la izquierda justamente antes de la puerta y seguir por un pasillo más estrecho que llevaba a la cocina y al baño. Cuando la puerta estaba abierta advertía uno que la casa era muy grande; si no, daba la impresión de un departamento de los que se edifican ahora, apenas para moverse; Irene y yo vivíamos siempre en esta parte de la casa, casi nunca íbamos más allá de la puerta de roble, salvo para hacer la limpieza, pues es increíble cómo se junta tierra[32] en los muebles. Buenos Aires será una ciudad limpia, pero eso no lo debe a sus habitantes y no a otra cosa.

hace referencia al vestido de época

[12]**tricotas** sweaters   [13]**mañanitas** bed jackets   [14]**chalecos** vests   [15]**lana encrespada** curled wool   [16]**madejas** skeins   [17]**alcanfor** camphor   [18]**pañoletas** shawls   [19]**naftalina** moth repellent   [20]**mercería** dry-goods store   [21]**plata** money, income   [22]**erizos plateados** silvered sea urchins   [23]**ovillos** balls of wool   [24]**gobelinos** hand-woven wall tapestries   [25]**retirada** remote   [26]**Rodríguez Peña** a quiet street near downtown Buenos Aires   [27]**maciza** solid   [28]**ala** wing   [29]**zaguán con mayólica** an entrance hall with plaster wall decorations   [30]**puerta cancel** inner door   [31]**se franqueaba** one passed through   [32]**cómo se junta tierra** how dust accumulates

Hay demasiada tierra en el aire, apenas sopla una ráfaga[33] se palpa el polvo en los mármoles de las consolas[34] y entre los rombos de las carpetas de macramé;[35] da trabajo sacarlo bien con plumero,[36] vuela y se suspende en el aire, un momento después se deposita de nuevo en los muebles y los pianos.

Lo recordaré siempre con claridad porque fue simple y sin circunstancias inútiles. Irene estaba tejiendo en su dormitorio, eran las ocho de la noche y de repente se me ocurrió poner al fuego la pavita del mate.[37] Fui por el pasillo hasta enfrentar la entornada[38] puerta de roble, y daba la vuelta al codo[39] que llevaba a la cocina cuando escuché algo en el comedor o la biblioteca. El sonido venía impreciso y sordo, como un volcarse[40] de silla sobre la alfombra o un ahogado susurro de conversación. También lo oí, al mismo tiempo o un segundo después, en el fondo del pasillo que traía[41] desde aquellas piezas hasta la puerta. Me tiré contra la puerta antes de que fuera demasiado tarde, la cerré de golpe apoyando el cuerpo; felizmente la llave estaba puesta de nuestro lado y además corrí el gran cerrojo[42] para más seguridad.

Fui a la cocina, calenté la pavita, y cuando estuve de vuelta con la bandeja del mate le dije a Irene:

—Tuve que cerrar la puerta del pasillo. Han tomado la parte del fondo.

Dejó caer el tejido y me miró con sus graves ojos cansados.

—¿Estás seguro?

Asentí.[43]

—Entonces —dijo recogiendo las agujas— tendremos que vivir en este lado.

Yo cebaba[44] el mate con mucho cuidado, pero ella tardó un rato en reanudar[45] su labor. Me acuerdo que tejía un chaleco gris; a mí me gustaba ese chaleco.

Los primeros días nos pareció penoso porque ambos habíamos dejado en la parte tomada muchas cosas que queríamos. Mis libros de literatura francesa, por ejemplo, estaban todos en la biblioteca. Irene extrañaba unas carpetas, un par de pantuflas[46] que tanto la abrigaban en invierno. Yo sentía mi pipa de enebro[47] y creo que Irene pensó en una botella de Hesperidina[48] de muchos años. Con frecuencia (pero esto solamente sucedió los primeros días) cerrábamos algún cajón de las cómodas y nos mirábamos con tristeza.

—No está aquí.

Y era una cosa más de todo lo que habíamos perdido al otro lado de la casa.

Pero también tuvimos ventajas. La limpieza se simplificó tanto que aun levantándose tardísimo, a las nueve y media por ejemplo, no daban las once y ya estábamos de brazos cruzados.[49] Irene se acostumbró a ir conmigo a la cocina y ayudarme a preparar el almuerzo. Lo pensamos bien, y se decidió esto: mientras yo preparaba el almuerzo, Irene cocinaría platos para comer fríos de noche. Nos

---

[33]**ráfaga** gust   [34]**consolas** console table   [35]**los rombos de las carpetas de macramé** the diamonds of the macramé table covers   [36]**plumero** feather duster   [37]**pavita del mate** kettle to heat water for mate (mate is a beverage, similar to tea, that is very popular in Argentina)   [38]**entornada** half-closed   [39]**codo** turn, bend   [40]**volcarse** a knocking over   [41]**que traía** which led   [42]**cerrojo** bolt   [43]**asentí** I nodded   [44]**cebaba** brewed   [45]**reanudar** start again   [46]**pantuflas** slippers   [47]**enebro** juniper   [48]**Hesperidina** a popular medicinal tonic   [49]**de brazos cruzados** with nothing to do

alegramos porque siempre resulta molesto[50] tener que abandonar los dormitorios al atardecer y ponerse a cocinar. Ahora nos bastaba con la mesa en el dormitorio de Irene y las fuentes de comida fiambre.[51]

Irene estaba contenta porque le quedaba más tiempo para tejer. Yo andaba un poco perdido a causa de los libros, pero por no afligir a mi hermana me puse a revisar la colección de estampillas de papá, y eso me sirvió para matar el tiempo. Nos divertíamos mucho, cada uno en sus cosas, casi siempre reunidos en el dormitorio de Irene que era más cómodo. A veces Irene decía:

—Fíjate este punto[52] que se me ha ocurrido. ¿No da un dibujo de trébol?[53]

Un rato después era yo el que la ponía ante los ojos un cuadradito de papel para que viese el mérito de algún sello de Eupen y Malmédy.[54] Estábamos bien, y poco a poco empezábamos a no pensar. Se puede vivir sin pensar.

(Cuando Irene soñaba en alta voz yo me desvelaba[55] en seguida. Nunca pude habituarme[56] a esa voz de estatua o papagayo,[57] voz que viene de los sueños y no de la garganta. Irene decía que mis sueños consistían en grandes sacudones[58] que a veces hacían caer el cobertor.[59] Nuestros dormitorios tenían el living de por medio, pero de noche se escuchaba cualquier cosa en la casa. Nos oíamos respirar, toser, presentíamos el ademán que conduce a la llave del velador,[60] los mutuos y frecuentes insomnios.

Aparte de eso todo estaba callado en la casa. De día eran los rumores domésticos, el roce metálico de las agujas de tejer, un crujido al pasar las hojas del álbum filatélico. La puerta de roble, creo haberlo dicho, era maciza. En la cocina y el baño, que quedaban tocando la parte tomada, nos poníamos a hablar en voz más alta o Irene cantaba canciones de cuna.[61] En una cocina hay demasiado ruido de loza[62] y vidrios para que otros sonidos irrumpan en ella. Muy pocas veces permitíamos allí el silencio, pero cuando tornábamos a los dormitorios y al living, entonces la casa se ponía callada y a media luz, hasta pisábamos más despacio para no molestarnos. Yo creo que era por eso que de noche, cuando Irene empezaba a soñar en alta voz, me desvelaba en seguida.)

Es casi repetir lo mismo salvo las consecuencias. De noche siento sed, y antes de acostarnos le dije a Irene que iba hasta la cocina a servirme un vaso de agua. Desde la puerta del dormitorio (ella tejía) oí ruido en la cocina; tal vez en la cocina o tal vez en el baño porque el codo del pasillo apagaba[63] el sonido. A Irene le llamó la atención mi brusca manera de detenerme, y vino a mi lado sin decir palabra. Nos quedamos escuchando los ruidos, notando claramente que eran de este lado de la puerta de roble, en la cocina y el baño, o en el pasillo mismo donde empezaba el codo casi al lado nuestro.

No nos miramos siquiera. Apreté el brazo de Irene y la hice correr conmigo

---

[50]**resulta molesto** it is bothersome [51]**fiambre** cold cuts, cold food [52]**punto** stitch [53]**trébol** clover [54]**Eupen y Malmédy** two districts of Belgium joined in 1920 [55]**me desvelaba** I was unable to sleep [56]**habituarme** get used to [57]**papagayo** parrot [58]**sacudones** brusque movements [59]**cobertor** blanket [60]**velador** bedside lamp switch [61]**canciones de cuna** cradle songs [62]**loza** dishes [63]**apagaba** muffled

hasta la puerta cancel, sin volvernos hacia atrás. Los ruidos se oían más fuerte pero siempre sordos, a espaldas nuestras. Cerré de un golpe la cancel y nos quedamos en el zaguán. Ahora no se oía nada.

—Han tomado esta parte —dijo Irene. El tejido le colgaba de las manos y las hebras[64] iban hasta la cancel y se perdían debajo. Cuando vio que los ovillos habían quedado del otro lado, soltó el tejido sin mirarlo.

—¿Tuviste tiempo de traer alguna cosa? —le pregunté inútilmente.

—No, nada.

Estábamos con lo puesto.[65] Me acordé de los quince mil pesos en el armario de mi dormitorio. Ya era tarde ahora.

Como me quedaba el reloj pulsera, vi que eran las once de la noche. Rodeé con mi brazo[66] la cintura de Irene (yo creo que ella estaba llorando) y salimos así a la calle. Antes de alejarnos tuve lástima, cerré bien la puerta de entrada y tiré la llave a la alcantarilla.[67] No fuese que a algún pobre diablo se le ocurriera robar y se metiera[68] en la casa, a esa hora y con la casa tomada.

DESPUÉS DE LEER

1. ¿Cómo era la casa en que vivían los hermanos?

2. ¿Qué importancia ha tenido la casa en la vida de los hermanos?

3. ¿Cómo se imagina que son los personajes del cuento? ¿A qué se dedican?

4. ¿Cómo reaccionan los hermanos ante los ruidos que oyen? ¿Ante el silencio?

5. ¿Cómo interpretaría usted la decisión final de los hermanos de abandonar la casa?

6. ¿Cree usted que los ruidos son reales o imaginarios?

7. Explique cómo Cortázar entrelaza lo cotidiano con lo fantástico.

---

[64]**hebras** threads   [65]**con lo puesto** with what we were wearing   [66]**rodeé ... brazo** I put my arm around   [67]**alcantarilla** sewer   [68]**se metiera** would enter

—la fusión entre sueño y realidad
—los diferentes planos narrativos
—la ruptura del tiempo cronológico
—el tema del doble

La narración en "La noche boca arriba" se desenvuelve en dos tiempos cronológicos que se entrecruzan. El protagonista vive su presente y a la vez se siente partícipe de la guerra florida al ser perseguido por los aztecas para ser capturado y sacrificado a sus dioses. El accidente de la moto crea el eslabón que enlaza los dos tiempos.

La noche boca arriba

*Y salían en ciertas épocas a cazar enemigos;
le llamaban la guerra florida.*[1]

A mitad del largo zaguán[2] del hotel pensó que debía ser tarde, y se apuró[3] a salir a la calle y sacar la motocicleta del rincón donde el portero de al lado le permitía guardarla. En la joyería de la esquina vio que eran las nueve menos diez; llegaría con tiempo sobrado[4] adonde iba. El sol se filtraba entre los altos edificios del centro, y él —porque para sí mismo, para ir pensando, no tenía nombre— montó en la máquina saboreando[5] el paseo. La moto ronroneaba[6] entre sus piernas, y un viento fresco le chicoteaba[7] los pantalones.

Dejó pasar los ministerios[8] (el rosa, el blanco) y la serie de comercios con brillantes vitrinas de la calle Central. Ahora entraba en la parte más agradable del trayecto,[9] el verdadero paseo: una calle larga, bordeada[10] de árboles, con poco tráfico y amplias villas que dejaban venir los jardines hasta las aceras,[11] apenas demarcadas por setos bajos.[12] Quizá algo distraído, pero corriendo sobre la derecha como correspondía, se dejó llevar por la tersura,[13] por la leve crispación de ese día apenas empezado. Tal vez su involuntario relajamiento le impidió prevenir[14] el accidente. Cuando vio que la mujer parada en la esquina se lanzaba a la calzada[15] a pesar de las luces verdes, ya era tarde para las soluciones fáciles. Frenó con el pie

---

[1]**la guerra florida** refers to *xochiyaoyotl,* a war carried out by the Aztecs with the purpose of capturing victims for sacrificial purposes   [2]**zaguán** hall   [3]**se apuró** he hurried   [4]**tiempo sobrado** time to spare   [5]**saboreando** enjoying   [6]**ronroneaba** purred   [7]**chicoteaba** whipped   [8]**ministerios** reference to different buildings where different government ministries are located   [9]**trayecto** stretch, distance   [10]**bordeada** skirted   [11]**aceras** sidewalks   [12]**setos bajos** low hedges   [13]**tersura** smoothness   [14]**le impidió prevenir** prevented him from avoiding   [15]**se lanzaba a la calzada** rushed into the road

y la mano, desviándose[16] a la izquierda; oyó el grito de la mujer, y junto con el choque perdió la visión. Fue como dormirse de golpe.

Volvió bruscamente del desmayo.[17] Cuatro o cinco hombres jóvenes lo estaban sacando de debajo de la moto. Sentía gusto a sal y sangre, le dolía una rodilla, y cuando lo alzaron[18] gritó, porque no podía soportar[19] la presión en el brazo derecho. Voces que no parecían pertenecer a las caras suspendidas sobre él, lo alentaban[20] con bromas y seguridades. Su único alivio[21] fue oír la confirmación de que había estado en su derecho al cruzar la esquina. Preguntó por la mujer, tratando de dominar la náusea que le ganaba la garganta. Mientras lo llevaban boca arriba hasta una farmacia próxima, supo que la causante del accidente no tenía más que rasguños[22] en las piernas. "Usté la agarró apenas, pero el golpe le hizo saltar la máquina de costado..." Opiniones, recuerdos, despacio, éntrenlo de espaldas, así va bien, y alguien con guardapolvo[23] dándole a beber un trago que lo alivió en la penumbra[24] de una pequeña farmacia de barrio.

La ambulancia policial llegó a los cinco minutos, y lo subieron a una camilla[25] blanda donde pudo tenderse[26] a gusto. Con toda lucidez, pero sabiendo que estaba bajo los efectos de un shock terrible, dio sus señas al policía que lo acompañaba. El brazo casi no le dolía; de una cortadura[27] en la ceja goteaba sangre por toda la cara. Una o dos veces se lamió los labios[28] para beberla. Se sentía bien, era un accidente, mala suerte; unas semanas quieto y nada más. El vigilante le dijo que la motocicleta no parecía muy estropeada.[29] "Natural", dijo él. "Como que me la ligué encima[30]..." Los dos se rieron, y el vigilante le dio la mano al llegar al hospital y le deseó buena suerte. Ya la náusea volvía poco a poco; mientras lo llevaban en una camilla de ruedas hasta un pabellón del fondo, pasando bajo árboles llenos de pájaros, cerró los ojos y deseó estar dormido o clor
oformado. Pero lo tuvieron largo rato en una pieza con olor a hospital, llenando una ficha,[31] quitándole la ropa y vistiéndolo con una camisa grisácea y dura. Le movían cuidadosamente el brazo, sin que le doliera. Las enfermeras bromeaban todo el tiempo, y si no hubiera sido por las contracciones del estómago se habría sentido muy bien, casi contento.

Lo llevaron a la sala de radio,[32] y veinte minutos después, con la placa todavía húmeda puesta sobre el pecho como una lápida[33] negra, pasó a la sala de operaciones. Alguien de blanco, alto y delgado, se le acercó y se puso a mirar la radiografía. Manos de mujer le acomodaban la cabeza, sintió que lo pasaban de una camilla a otra. El hombre de blanco se le acercó otra vez, sonriendo, con algo que le brillaba en la mano derecha. Le palmeó la mejilla e hizo una seña a alguien parado atrás.

---

[16]**desviándose** steering [17]**desmayo** unconsciousness [18]**lo alzaron** lifted him [19]**soportar** put up with [20]**lo alentaban** encouraged him [21]**alivio** relief [22]**rasguños** scratches [23]**guardapolvo** dustcoat, overall [24]**penumbra** semi-darkness [25]**camilla** stretcher [26]**tenderse** lie down [27]**cortadura** cut [28]**se lamió los labios** he licked his lips [29]**estropeada** damaged [30]**me la ligué encima** it landed on me [31]**ficha** hospital records [32]**radio** X-rays [33]**lápida** stone

Como sueño era curioso porque estaba lleno de olores y él nunca soñaba olores. Primero un olor a pantano,[34] ya que a la izquierda de la calzada empezaban las marismas,[35] los tembladerales[36] de donde no volvía nadie. Pero el olor cesó, y en cambio vino una fragancia compuesta y oscura como la noche en que se movía huyendo de los aztecas. Y todo era tan natural, tenía que huir de los aztecas que andaban a caza de hombre,[37] y su única probabilidad era la de esconderse en lo más denso de la selva, cuidando de no apartarse de la estrecha calzada que sólo ellos, los motecas,[38] conocían.

Lo que más lo torturaba era el olor, como si aun en la absoluta aceptación del sueño algo se rebelara contra eso que no era habitual, que hasta entonces no había participado del juego. "Huele a guerra",[39] pensó, tocando instintivamente el puñal[40] de piedra atravesado en su ceñidor[41] de lana tejida. Un sonido inesperado lo hizo agacharse[42] y quedar inmóvil, temblando. Tener miedo no era extraño, en sus sueños abundaba el miedo. Esperó, tapado[43] por las ramas de un arbusto[44] y la noche sin estrellas. Muy lejos, probablemente del otro lado del gran lago, debían estar ardiendo fuegos de vivac;[45] un resplandor rojizo teñía esa parte del cielo. El sonido no se repitió. Había sido como una rama quebrada. Tal vez un animal que escapaba como él del olor de la guerra. Se enderezó despacio, venteando. No se oía nada, pero el miedo seguía allí como el olor, ese incienso dulzón[46] de la guerra florida. Había que seguir, llegar al corazón de la selva evitando las ciénagas.[47] A tientas, agachándose a cada instante para tocar el suelo más duro de la calzada, dio algunos pasos. Hubiera querido echar a correr, pero los tembladerales palpitaban[48] a su lado. En el sendero en tinieblas,[49] buscó el rumbo.[50] Entonces sintió una bocanada[51] horrible del olor que más temía, y saltó desesperado hacia adelante.

—Se va a caer de la cama —dijo el enfermo de al lado—. No brinque[52] tanto, amigazo.[53]

Abrió los ojos y era de tarde, con el sol ya bajo en los ventanales de la larga sala. Mientras trataba de sonreír a su vecino, se despegó[54] casi físicamente de la última visión de la pesadilla.[55] El brazo, enyesado,[56] colgaba de un aparato con pesas[57] y poleas.[58] Sintió sed, como si hubiera estado corriendo kilómetros, pero no querían darle mucha agua, apenas para mojarse los labios y hacer un buche. La fiebre lo iba ganando despacio y hubiera podido dormirse otra vez, pero saboreaba el placer de quedarse despierto, entornados[59] los ojos, escuchando el diálogo de los otros enfermos, respondiendo de cuando en cuando a alguna pregunta. Vio llegar un carrito blanco que pusieron al lado de su cama, una

---

[34]**pantano** swamp   [35]**marismas** salt marshes   [36]**tembladerales** moving bogs   [37]**andaban a caza de hombre** were carrying out their manhunt   [38]**motecas** Mexican natives   [39]**huele a guerra** It smells of war   [40]**puñal** dagger   [41]**ceñidor** belt   [42]**agacharse** squat   [43]**tapado** covered   [44]**arbusto** bush   [45]**fuegos de vivac** camp fires   [46]**incienso dulzón** sweet incense   [47]**ciénagas** marshes   [48]**palpitaban** throbbed   [49]**sendero en tinieblas** dark path   [50]**buscó el rumbo** he found his way   [51]**bocanada** whiff   [52]**brinque** jump   [53]**amigazo** pal   [54]**se despegó** broke away from   [55]**pesadilla** nightmare   [56]**enyesado** in a plaster cast   [57]**pesas** weight   [58]**poleas** pulley   [59]**entornados** half-closed

enfermera rubia le frotó[60] con alcohol la cara anterior del muslo y le clavó[61] una gruesa aguja[62] conectada con un tubo que subía hasta un frasco[63] lleno de líquido opalino. Un médico joven vino con un aparato de metal y cuero que le ajustó al brazo sano[64] para verificar alguna cosa. Caía la noche, y la fiebre lo iba arrastrando[65] blandamente a un estado donde las cosas tenían un relieve como de gemelos de teatro,[66] eran reales y dulces y a la vez ligeramente repugnantes; como estar viendo una película aburrida y pensar que sin embargo en la calle es peor; y quedarse.

Vino una taza de maravilloso caldo[67] de oro oliendo a puerro,[68] a apio,[69] a perejil.[70] Un trocito[71] de pan, más precioso que todo un banquete, se fue desmigajando[72] poco a poco. El brazo no le dolía nada y solamente en la ceja, donde lo habían suturado, chirriaba a veces una punzada caliente y rápida.[73] Cuando los ventanales de enfrente viraron[74] a manchas de un azul oscuro, pensó que no le iba a ser difícil dormirse. Un poco incómodo, de espaldas, pero al pasarse la lengua por los labios resecos y calientes sintió el sabor del caldo, y suspiró de felicidad, abandonándose.

Primero fue una confusión, un atraer hacia sí todas las sensaciones por un instante embotadas[75] o confundidas. Comprendía que estaba corriendo en plena oscuridad, aunque arriba el cielo cruzado de copas de árboles[76] era menos negro que el resto. "La calzada", pensó. "Me salí de la calzada." Sus pies se hundían en un colchón de hojas y barro, y ya no podía dar un paso sin que las ramas de los arbustos le azotaran[77] el torso y las piernas. Jadeante,[78] sabiéndose acorralado[79] a pesar de la oscuridad y el silencio, se agachó para escuchar. Tal vez la calzada estaba cerca, con la primera luz del día iba a verla otra vez. Nada podía ayudarlo ahora a encontrarla. La mano que sin saberlo él aferraba[80] el mango del puñal, subió como el escorpión de los pantanos hasta su cuello, donde colgaba el amuleto protector.[81] Moviendo apenas los labios musitó la plegaria del maíz[82] que trae las lunas felices, y la súplica a la Muy Alta, a la dispensadora de los bienes motecas. Pero sentía al mismo tiempo que los tobillos se le estaban hundiendo despacio en el barro, y la espera en la oscuridad del chaparral[83] desconocido se le hacía insoportable. La guerra florida había empezado con la luna y llevaba ya tres días y tres noches. Si conseguía refugiarse en lo profundo de la selva, abandonando la calzada más allá de la región de las ciénagas, quizá los guerreros no le siguieran el rastro.[84] Pensó en los muchos prisioneros que ya habrían hecho. Pero la cantidad no contaba, sino el tiempo sagrado. La caza continuaría hasta que los sacerdotes dieran la señal del regreso. Todo tenía su número y su fin, y él estaba dentro del tiempo sagrado, del otro lado de los cazadores.

---

[60]**le frotó** rubbed him [61]**le clavó** stuck him [62]**aguja** needle [63]**frasco** small bottle [64]**sano** healthy [65]**arrastrando** dragging him [66]**gemelos de teatro** opera glasses [67]**caldo** broth [68]**puerro** leek [69]**apio** celery [70]**perejil** parsley [71]**trocito** small piece [72]**desmigajando** crumbling [73]**chirriaba ... rápida** at times a hot, quick pain sizzled [74]**viraron** changed [75]**embotadas** blocked up [76]**copas de árboles** tops of trees [77]**le azotaran** would whip [78]**jadeante** gasping [79]**acorralado** cornered [80]**aferraba** grasped [81]**amuleto protector** protective charm [82]**plegaria del maíz** corn prayer [83]**chaparral** oak grove [84]**rastro** trace

Oyó los gritos y se enderezó[85] de un salto, puñal en mano. Como si el cielo se incendiara[86] en el horizonte, vio antorchas[87] moviéndose entre las ramas, muy cerca. El olor a guerra era insoportable, y cuando el primer enemigo le saltó al cuello casi sintió placer en hundirle la hoja de piedra[88] en pleno pecho. Ya lo rodeaban las luces, los gritos alegres. Alcanzó a cortar el aire una o dos veces, y entonces una soga[89] lo atrapó desde atrás.

—Es la fiebre —dijo el de la cama de al lado—. A mí me pasaba igual cuando me operé del duodeno. Tome agua y va a ver que duerme bien.

Al lado de la noche de donde volvía, la penumbra tibia de la sala le pareció deliciosa. Una lámpara violeta velaba en lo alto de la pared del fondo como un ojo protector. Se oía toser, respirar fuerte, a veces un diálogo en voz baja. Todo era grato y seguro, sin ese acoso,[90] sin... Pero no quería seguir pensando en la pesadilla. Había tantas cosas en que entretenerse. Se puso a mirar el yeso del brazo, las poleas que tan cómodamente se lo sostenían en el aire. Le habían puesto una botella de agua mineral en la mesa de noche. Bebió del gollete, golosamente.[91] Distinguía ahora las formas de la sala, las treinta camas, los armarios con vitrinas. Ya no debía tener tanta fiebre, sentía fresca la cara. La ceja le dolía apenas, como un recuerdo. Se vio otra vez saliendo del hotel, sacando la moto. ¿Quién hubiera pensado que la cosa iba a acabar así? Trataba de fijar el momento del accidente, y le dio rabia advertir que había ahí como un hueco,[92] un vacío que no alcanzaba a rellenar. Entre el choque y el momento en que lo habían levantado del suelo, un desmayo o lo que fuera[93] no le dejaba ver nada. Y al mismo tiempo tenía la sensación de que ese hueco, esa nada, había durado una eternidad. No, ni siquiera tiempo, más bien como si en ese hueco él hubiera pasado a través de algo o recorrido distancias inmensas. El choque, el golpe brutal contra el pavimento. De todas maneras al salir del pozo[94] negro había sentido casi un alivio mientras los hombres lo alzaban del suelo. Con el dolor del brazo roto, la sangre de la ceja partida, la contusión en la rodilla; con todo eso, un alivio al volver al día y sentirse sostenido y auxiliado. Y era raro. Le preguntaría alguna vez al médico de la oficina. Ahora volvía a ganarlo el sueño,[95] a tirarlo despacio hacia abajo. La almohada era tan blanda, y en su garganta afiebrada la frescura del agua mineral. Quizá pudiera descansar de veras, sin las malditas pesadillas. La luz violeta de la lámpara en lo alto se iba apagando poco a poco.

Como dormía de espaldas, no lo sorprendió la posición en que volvía a reconocerse, pero en cambio el olor a humedad, a piedra rezumante de filtraciones,[96] le cerró la garganta y lo obligó a comprender. Inútil abrir los ojos y mirar en todas direcciones; lo envolvía una oscuridad absoluta. Quizo enderezarse y sintió las sogas en las muñecas y los tobillos. Estaba estaqueado[97] en el suelo, en

---

[85]**se enderezó** straightened up   [86]**como ... incendiara** as if the sky were burning up   [87]**antorchas** torches   [88]**en ... piedra** in digging the stone blade   [89]**soga** rope   [90]**acoso** hunting down   [91]**Bebió ... golosamente.** He drank from the neck of the bottle, avidly.   [92]**hueco** emptiness   [93]**o lo que fuera** or whatever it was   [94]**pozo** well   [95]**volvía ... sueño** sleep started to take over again   [96]**rezumante de filtraciones** oozing with water   [97]**estaqueado** thrashed

un piso de lajas[98] helado y húmedo. El frío le ganaba la espalda desnuda, las piernas. Con el mentón buscó torpemente el contacto con su amuleto, y supo que se lo habían arrancado. Ahora estaba perdido, ninguna plegaria podía salvarlo del final. Lejanamente, como filtrándose entre las piedras del calabozo,[99] oyó los atabales[100] de la fiesta. Lo habían traído al teocalli;[101] estaba en las mazmorras[102] del templo a la espera de su turno.

Oyó gritar, un grito ronco[103] que rebotaba[104] en las paredes. Otro grito, acabando en un quejido.[105] Era él que gritaba en las tinieblas, gritaba porque estaba vivo, todo su cuerpo se defendía con el grito de lo que iba a venir, del final inevitable. Pensó en sus compañeros que llenarían otras mazmorras, y en los que ascendían ya los peldaños[106] del sacrificio. Gritó de nuevo sofocadamente, casi no podía abrir la boca, tenía las mandíbulas agarrotadas[107] y a la vez como si fueran de goma[108] y se abrieran lentamente, con un esfuerzo interminable. El chirriar de los cerrojos[109] lo sacudió como un látigo. Convulso, retorciéndose,[110] luchó por zafarse[111] de las cuerdas que se le hundían en la carne. Su brazo derecho, el más fuerte, tiraba hasta que el dolor se hizo intolerable y tuvo que ceder.[112] Vio abrirse la doble puerta, y el olor de las antorchas le llegó antes que la luz. Apenas ceñidos con el taparrabos[113] de la ceremonia, los acólitos[114] de los sacerdotes se le acercaron mirándolo con desprecio.[115] Las luces se reflejaban en los torsos sudados, en el pelo negro lleno de plumas. Cedieron las sogas, y en su lugar lo aferraron[116] manos calientes, duras como bronce; se sintió alzado,[117] siempre boca arriba, tironeado[118] por los cuatro acólitos que lo llevaban por el pasadizo.[119] Los portadores de antorchas iban adelante, alumbrando vagamente el corredor de paredes mojadas y techo tan bajo que los acólitos debían agachar[120] la cabeza. Ahora lo llevaban, lo llevaban, era el final. Boca arriba, a un metro del techo de roca viva que por momentos se iluminaba con un reflejo de antorcha. Cuando en vez del techo nacieran las estrellas y se alzara frente a él la escalinata incendiada de gritos y danzas, sería el fin. El pasadizo no acababa nunca, pero ya iba a acabar, de repente olería el aire libre lleno de estrellas, pero todavía no, andaban llevándolo sin fin en la penumbra roja, tironeándolo brutalmente, y él no quería, pero cómo impedirlo si le habían arrancado el amuleto que era su verdadero corazón, el centro de la vida.

Salió de un brinco[121] a la noche del hospital, al alto cielo raso[122] dulce, a la sombra blanda que lo rodeaba. Pensó que debía haber gritado, pero sus vecinos dormían callados. En la mesa de noche, la botella de agua tenía algo de burbuja,[123] de imagen traslúcida contra la sombra azulada de los ventanales. Jadeó, buscando el alivio de los pulmones, el olvido de esas imágenes que seguían pe-

---

[98]**lajas** slabs   [99]**calabozo** prison, cell   [100]**atabales** kettledrums   [101]**teocalli** main temple   [102]**mazmorras** dungeon   [103]**ronco** coarse   [104]**rebotaba** bounced   [105]**quejido** moan   [106]**peldaños** steps   [107]**agarrotadas** tightly bound   [108]**goma** rubber   [109]**cerrojos** bolts   [110]**retorciéndose** twisting   [111]**zafarse** to free himself   [112]**tuvo que ceder** had to let go   [113]**taparrabos** loincloth   [114]**acólitos** acolytes   [115]**desprecio** disdain   [116]**aferraron** grabbed   [117]**alzado** raised   [118]**tironeado** pulled   [119]**pasadizo** corridor   [120]**agachar** lower   [121]**de un brinco** in no time at all   [122]**cielo raso** ceiling   [123]**burbuja** bubbles

gadas a sus párpados. Cada vez que cerraba los ojos las veía formarse instantáneamente, y se enderezaba aterrado[124] pero gozando a la vez del saber que ahora estaba despierto, que la vigilia lo protegía, que pronto iba a amanecer,[125] con el
buen sueño profundo que se tiene a esa hora, sin imágenes, sin nada... Le costaba
mantener los ojos abiertos, la modorra[126] era más fuerte que él. Hizo un último
esfuerzo, con la mano sana esbozó un gesto[127] hacia la botella de agua; no llegó
a tomarla, sus dedos se cerraron en un vacío otra vez negro, y el pasadizo seguía
interminable, roca tras roca, con súbitas fulguraciones rojizas, y él boca arriba
gimió apagadamente porque el techo iba a acabarse,[128] subía, abriéndose como
una boca de sombra, y los acólitos se enderezaban y de la altura una luna men-
guante le cayo en la cara donde los ojos no querían verla, desesperadamente se
cerraban y abrían buscando pasar al otro lado, descubrir de nuevo el cielo raso
protector de la sala. Y cada vez que se abrían era la noche y la luna mientras lo
subían por la escalinata, ahora con la cabeza colgando hacia abajo, y en lo alto estaban las hogueras,[129] las rojas columnas de humo perfumado, y de golpe vio la
piedra roja,[130] brillante de sangre que chorreaba,[131] y el vaivén de los pies del
sacrificado que arrastraban para tirarlo rodando por las escalinatas del norte. Con
una última esperanza apretó los párpados, gimiendo[132] por despertar. Durante un
segundo creyó que lo lograría, porque otra vez estaba inmóvil en la cama, a salvo
del balanceo cabeza abajo. Pero olía la muerte, y cuando abrió los ojos vio la
figura ensangrentada[133] del sacrificador que venía hacia él con el cuchillo de
piedra en la mano. Alcanzó a cerrar otra vez los párpados, aunque ahora sabía
que no iba a despertarse, que estaba despierto, que el sueño maravilloso había
sido el otro, absurdo como todos los sueños; un sueño en el que había andado
por extrañas avenidas de una ciudad asombrosa, con luces verdes y rojas que
ardían sin llama ni humo, con un enorme insecto de metal que zumbaba[134] bajo
sus piernas. En la mentira infinita de ese sueño también lo habían alzado del
suelo, también alguien se le había acercado con un cuchillo en la mano, a él tendido boca arriba, a él boca arriba con los ojos cerrados entre las hogueras.

DESPUÉS DE LEER

1. ¿Cómo comienza el día del protagonista?

2. ¿Qué sueña el protagonista?

3. ¿A qué plano temporal entra el protagonista a través del sueño?

4. ¿Cómo está relacionado lo que le acontece al protagonista en el presente y
lo que acontece en un tiempo anterior? ¿Ve usted algunos paralelismos?

---

[124]**aterrado** terrified   [125]**iba a amanecer** it would be dawn   [126]**modorra** drowsiness   [127]**esbozó un gesto** made a gesture   [128]**el techo iba a acabarse** the roof was about to end (he
was about to be sacrificed)   [129]**hogueras** bonfires   [130]**la piedra roja** the sacrificial stone
[131]**chorreaba** dripped   [132]**gimiendo** moaning   [133]**ensangrentada** stained with blood
[134]**zumbaba** buzzed

5. Describe la guerra florida. ¿Capturan al protagonista?

6. Interprete las oraciones finales del cuento comenzando con "…ahora sabía que no iba a despertarse, que estaba despierto, que el sueño maravilloso había sido el otro, absurdo como todos los sueños…".

7. Explique la importancia del sueño en este cuento de Cortázar.

ALGUNOS ESTUDIOS DE INTERÉS

Alazraki, Jaime. "Voz narrativa en la ficción de Julio Cortázar". *Inti* 10–11 (1979–1980): 145–152.

—— e Ivar Ivask, eds. *The Final Island: The Fiction of Julio Cortázar*. Norman: University of Oklahoma Press, 1978.

García, Erica y Dorine Nieuwenhuijsen. "Revolución en 'La noche boca arriba'". *Nueva Revista de Filología Hispánica* 36:2 (1988): 1277–1300.

Filer, Malva E. *Los mundos de Julio Cortázar.* Long Island City, New York: Las Américas Publishing Co., 1970.

Franco, Jean. "Julio Cortázar: Utopia of Everyday Life". *Inti* 10–11 (1979–1980): 110–118.

Giacomen, Helmy. *Homenaje a Julio Cortázar: variaciones interpretativas en torno a su obra.* New York: Las Américas, 1972.

Lagmanovich, David, ed. *Estudios sobre los cuentos de Julio Cortázar.* Barcelona, España: Ediciones Hispam, 1975.

Mora Válcarcel, Carmen de. *Teoría y práctica del cuento en los relatos de Julio Cortázar.* Sevilla, España: Escuela de Estudios Hispano-Americanos, 1982.

Morello-Frosch, Martha. "El personaje y su doble en las ficciones de Cortázar". *Revista Iberoamericana* 34 (1968): 323–330.

Picón Garfield, Evelyn. *Cortázar por Cortázar.* Xalapa, México: Universidad Veracruzana, 1978.

Rama, Angel. "Julio Cortázar, constructor del futuro". *Texto Crítico* 7:20 (1981): 14–23.

Sosnowski, Saúl. *Julio Cortázar: Una búsqueda mítica.* Buenos Aires, Argentina: Noé, 1973.

Tyler, Joseph. "Tales of Repression and 'desaparecidos' in Valenzuela and Cortázar". *Romance Languages Annual* 3 (1991): 602–606.

Yurkievich, Saúl. "Julio Cortázar: Al calor de su sombra". *Revista Iberoamericana* 51:130–131 (1985): 7–20.

Octavio Paz

(1914, Ciudad de México–1998)

Hombre de gran cultura, ensayista y poeta, Octavio Paz es hoy uno de los grandes exponentes de la literatura hispanoamericana contemporánea. Recibió el Premio Nobel de Literatura en 1990 por la variedad, extensión y calidad de su obra.

Muchos son los temas y problemas sobre los que discurre Paz. Entre ellos, hay dos que no dejan de estar presentes en su obra: la búsqueda del carácter mexicano y la soledad. *El laberinto de la soledad* (1950, 1959, 1993) es un ensayo histórico-sociológico en el que el autor reflexiona sobre el carácter del pueblo mexicano. En él, Paz repasa la historia de México en busca de su identidad. El escritor ha dicho que *El laberinto de la soledad* es "Una tentativa por desenterrarme, y viéndome, ver el rostro de mi país, de mis semejantes". Además de *El laberinto de la soledad* pueden citarse los siguientes libros de ensayos: *El arco y la lira* (1956, 1967), *Corriente alterna* (1969), *Las peras del olmo* (1957), *Cuadrivio* (1965), *Puertas al campo* (1966), *Los hijos del limo* (1974), *Sor Juana Inés de la Cruz o las trampas de la fe* (1982), *Los signos en rotación y otros ensayos* (1983), *La otra voz. Poesía y fin de siglo* (1990), *Al paso* (1992) y *La llama doble. Amor y erotismo* (1993), los cuales giran en torno a la crítica literaria. En el campo del arte y la antropología ha publicado *Marcel Duchamp o El castillo de la pureza* (1968), libro que fue ampliado en *Apariencia desnuda. La obra de Marcel Duchamp* (1973) y *Claude-Lévi Strauss o El nuevo festín de Esopo* (1967). Paz aborda los temas de la historia y la política en *El ogro filantrópico* (1979), *Tiempo nublado* (1984), *Hombres en su siglo y otros ensayos* (1984) y *Pequeña crónica de grandes días* (1990).

Octavio Paz comenzó a dedicarse a la poesía a los catorce años, y a los diecinueve publicó su primer poemario, *Luna silvestre* (1933). En su poesía hay un esfuerzo por encontrar de nuevo "la palabra original". Para él, la función del poeta no es otra que la de salvar al hombre de su soledad y aislamiento, y establecer una comunicación que permita la salvación del hombre integral. La poesía de Octavio Paz no es ajena al movimiento impulsado por André Breton conocido como surrealismo, en el que figura la importancia del automatismo, del subconsciente y de los sueños. Tampoco están ausentes en su obra el sentido de la vida y la filosofía del hombre precolombino y oriental. Con esta última se familiarizó Paz al ser embajador de México en la India. Entre sus libros de poesía se encuentran: *Libertad bajo palabra: Obra poética, 1935–1957* (1960), *Salamandra 1958–1961* (1962), *Ladera este 1962–1968* (1969), *La centena. Poemas 1935–1968* (1969), *Pasado en claro* (1975), *Vuelta* (1976) y *Árbol adentro* (1987).

AL LEER CONSIDERE LO SIGUIENTE:

—cómo se resume una vida

En este epitafio el poeta, a través de términos contrarios, define su vida.

Epitafio para un poeta

Quiso cantar, cantar
para olvidar
su vida verdadera de mentiras
y recordar
su mentirosa vida de verdades.

DESPUÉS DE LEER

1. ¿Por qué canta el poeta?

2. Comente el verso "su vida verdadera de mentiras".

3. ¿Qué desea recordar y olvidar el poeta?

—la importancia de la repetición del verso "Dos cuerpos frente a frente"

—la naturaleza como proyección del hombre

En este poema, Octavio Paz describe una relación a través de la metáfora.

Dos cuerpos

Dos cuerpos frente a frente
son a veces dos olas[1]
y la noche es océano.

Dos cuerpos frente a frente
son a veces dos piedras
y la noche desierto.

Dos cuerpos frente a frente
son a veces raíces
en la noche enlazadas.

Dos cuerpos frente a frente
son a veces navajas[2]
y la noche relámpago.[3]

Dos cuerpos frente a frente
son dos astros que caen
en un cielo vacío.

D E S P U É S   D E   L E E R

1. ¿Qué metáforas usa Paz en este poema? Explique su significado.

2. Analice la siguiente estrofa:

Dos cuerpos frente a frente
son dos astros que caen
en un cielo vacío.

---

[1]**olas** waves   [2]**navajas** razors   [3]**relámpago** lightning

—la soledad del individuo
—la relación con la amada
—la visión de la naturaleza
—la importancia del sol

"Un día de tantos" presenta al individuo contemporáneo en su existencia cotidiana, regida por la soledad, no obstante estar rodeado de otros seres. Inclusive la comunicación con la amada es limitada.

Un día de tantos

Diluvio[1] de soles
no vemos nada pero vemos todo
Cuerpos sin peso[2] suelo sin espesor[3]
¿subimos o bajamos?

Tu cuerpo es un diamante
¿dónde estás?
Te has perdido en tu cuerpo

Esta hora es un relámpago quieto y sin garras[4]
al fin todos somos hermanos
hoy podríamos decirnos buenas tardes
hasta los mexicanos somos felices
y también los extraños

Los automóviles tienen nostalgia de hierba
Andan las torres
                    el tiempo se ha parado
Un par de ojos no me deja
son una playa ágata en el sur calcinado[5]
son el mar entre las rocas color de ira
son la furia de junio y su manto de abejas

Sol león del cielo
tú que la miras
                    mírame

---

[1]**diluvio** flood   [2]**sin peso** weightless   [3]**espesor** thickness   [4]**garras** claws   [5]**calcinado** burnt

Idolo que a nadie miras
                    míranos
El cielo gira[6] y cambia y es idéntico
¿dónde estás?
Yo estoy solo frente al sol y la gente
tú eras cuerpo fuiste luz no eres nada
Un día te encontraré en otro sol
Baja la tarde
                  crecen las montañas
Hoy nadie lee los periódicos
en las oficinas con las piernas entreabiertas
las muchachas toman café y platican
Abro mi escritorio
                      está lleno de alas verdes
está lleno de élitros[7] amarillos
Las máquinas de escribir marchan solas
escriben sin descanso la misma ardiente[8] sílaba
La noche acecha[9] tras los rascacielos[10]
es la hora de los abrazos caníbales
Noche de largas uñas
¡cuánta rabia en unos ojos recordados!
Antes de irse
el sol incendia las presencias

D E S P U É S   D E   L E E R

1. Explique el significado del sol en el poema.

2. ¿Cómo interpreta usted el verso "Cuerpos sin peso suelo sin espesor"?

3. ¿A quién se refiere el poeta al decir "Tu cuerpo es un diamante"?

4. Indique los versos en los cuales el poeta se refiere a la amada.

5. ¿Qué busca el poeta?

6. ¿Hay elementos surrealistas en este poema?

---

[6]**gira** turns   [7]**élitros** elytrons (forewings of some insects such as beetles)   [8]**ardiente** burning
[9]**acecha** spies   [10]**rascacielos** skyscrapers

AL LEER CONSIDERE LO SIGUIENTE:

—la comparación que hace el poeta entre el acto de amor y el acto de escribir un poema
—las metáforas que usa el poeta para definir la poesía
—cómo logra el poeta la unión con el universo
—la importancia del amor

El poeta examina el acto de creación poético y la búsqueda de su ser por medio de la poesía y el amor.

Proema[1]

A veces la poesía es el vértigo de los cuerpos y el vértigo de la dicha y el
    vértigo de la muerte;
el paseo con los ojos cerrados al borde[2] del despeñadero[3] y la verbena[4] en los
    jardines submarinos;
la risa que incendia los preceptos y los santos mandamientos;
el descenso de las palabras paracaídas[5] sobre los arenales[6] de la página;
la desesperación que se embarca[7] en un barco de papel y atraviesa,
durante cuarenta noches y cuarenta días, el mar de la angustia nocturna y
    el pedregal[8] de la angustia diurna;
la idolatría al yo y la execración al yo y la disipación del yo;
la degollación[9] de los epítetos, el entierro[10] de los espejos;
la recolección de los pronombres acabados de cortar en el jardín de Epicuro[11]
    y en el de Netzahualcóyotl;[12]
el solo de flauta en la terraza de la memoria y el baile de llamas en la cueva
    del pensamiento;
las migraciones de miríadas de verbos, alas y garras, semillas y manos;
los substantivos óseos[13] y llenos de raíces, plantados en las ondulaciones
    del lenguaje;
el amor a lo nunca visto y el amor a lo nunca oído y el amor a lo nunca dicho:
    el amor al amor.

---

[1]**proema** word made up from *prosa* and *poema* [2]**al borde de** at the edge of [3]**despeñadero** cliff [4]**verbena** herbs [5]**paracaídas** parachute [6]**arenales** large expanses of sand [7]**que se embarca** that sets sail [8]**pedregal** stony ground [9]**degollación** beheading [10]**entierro** burial [11]**Epicuro** Epicurus (341–270 B.C.), Greek philosopher who considered that freedom from pain and peace of mind constitute the highest good, to be gained by self-control and the pursuit of virtue [12]**Netzahualcóyotl** (1401–1472), king and poet of the ancient kingdom of Mexicas [13]**óseos** bony

DESPUÉS DE LEER

1. Según Paz, ¿cómo es la experiencia de la creación poética?
2. Explique el verso "la idolatría al yo y la execración al yo y la disipación del yo".
3. ¿Qué imágenes usa el poeta para referirse a lo recóndito de su ser?
4. ¿Cuál es la importancia del lenguaje? ¿Cómo juega el poeta con el lenguaje?
5. ¿Qué importancia tiene el amor?

AL LEER CONSIDERE LO SIGUIENTE:

—el hermetismo del mexicano
—la relación del individuo con el mundo que lo rodea
—el concepto de la vida del mexicano

En *El laberinto de la soledad,* Octavio Paz analiza el ser mexicano y busca la esencia de lo que constituye la mexicanidad. En el ensayo "Máscaras mexicanas" contenido en dicha obra, Paz explica a partir de la imagen de "máscaras" lo enigmático del mexicano y su sociedad, así como también la manifestación de éste a través del hermetismo, la disimulación y la soledad.

El laberinto de la soledad
«Máscaras mexicanas»

*Corazón apasionado
disimula*[1] *tu tristeza.
(Canción popular)*

Viejo o adolescente, criollo o mestizo, general, obrero o licenciado, el mexicano se me aparece como un ser que se encierra y se preserva: máscara el rostro y máscara la sonrisa. Plantado en su arisca[2] soledad, espinoso[3] y cortés a un tiempo, todo le sirve para defenderse: el silencio y la palabra, la cortesía y el desprecio, la ironía y la resignación. Tan celoso de su intimidad como de la ajena,[4] ni siquiera se atreve a rozar con los ojos al vecino: una mirada puede desencadenar[5] la cólera de esas almas cargadas de electricidad. Atraviesa la vida como desollado; todo puede herirle, palabras y sospecha de palabras. Su lenguaje está lleno de reticencias, de figuras y alusiones, de puntos suspensivos; en su silencio hay repliegues,[6] matices,[7] nubarrones,[8] arcoíris súbitos,[9] amenazas indescifrables. Aun en la disputa prefiere la expresión velada a la injuria:[10] "al buen entendedor pocas palabras". En suma, entre la realidad y su persona establece una muralla, no por invisible menos infranqueable,[11] de impasibilidad y lejanía. El mexicano siempre está lejos, lejos del mundo y de los demás. Lejos, también de sí mismo.

El lenguaje popular refleja hasta qué punto nos defendemos del exterior: el ideal de la "hombría" consiste en no "rajarse"[12] nunca. Los que se "abren" son cobardes. Para nosotros, contrariamente a lo que ocurre con otros pueblos, abrirse es una debilidad o una traición. El mexicano puede doblarse, humillarse,

---

[1]**disimula** hide [2]**arisca** unfriendly [3]**espinoso** thorny [4]**ajena** that of others [5]**desencadenar** let loose, unchain [6]**repliegues** withdrawals [7]**matices** nuances [8]**nubarrones** large storm clouds [9]**arcoíris súbitos** sudden rainbows [10]**injuria** insult [11]**infranqueable** impassable [12]**no "rajarse"** not being intimidated

"agacharse",[13] pero no "rajarse", esto es, permitir que el mundo exterior penetre en su intimidad. El "rajado" es de poco fiar,[14] un traidor o un hombre de dudosa fidelidad, que cuenta los secretos y es incapaz de afrontar[15] los peligros como se debe. Las mujeres son seres inferiores porque, al entregarse, se abren. Su inferioridad es constitucional y radica en su sexo, en su "rajada", herida que jamás cicatriza.[16]

El hermetismo es un recurso de nuestro recelo y desconfianza. Muestra que instintivamente consideramos peligroso al medio que nos rodea. Esta reacción se justifica si se piensa en lo que ha sido nuestra historia y en el carácter de la sociedad que hemos creado. La dureza y hostilidad del ambiente —y esa amenaza, escondida e indefinible, que siempre flota en el aire— nos obligan a cerrarnos al exterior, como esas plantas de la meseta que acumulan sus jugos tras una cáscara[17] espinosa. Pero esta conducta, legítima en su origen, se ha convertido en un mecanismo que funciona solo, automáticamente. Ante la simpatía y la dulzura nuestra respuesta es la reserva, pues no sabemos si esos sentimientos son verdaderos o simulados. Y además, nuestra integridad masculina corre tanto peligro ante la benevolencia como ante la hostilidad. Toda abertura de nuestro ser entraña[18] una dimisión de nuestra hombría.

Nuestras relaciones con los otros hombres también están teñidas[19] de recelo. Cada vez que el mexicano se confía a un amigo o a un conocido, cada vez que se "abre", abdica. Y teme que el desprecio del confidente siga a su entrega. Por eso la confidencia deshonra[20] y es tan peligrosa para el que la hace como para el que la escucha; no nos ahogamos en la fuente que nos refleja, como Narciso, sino que la cegamos. Nuestra cólera no se nutre[21] nada más del temor de ser utilizados por nuestros confidentes —temor general a todos los hombres— sino de la vergüenza de haber renunciado a nuestra soledad. El que se confía, se enajena;[22] "me he vendido con Fulano", decimos cuando nos confiamos a alguien que no lo merece. Esto es, nos hemos "rajado", alguien ha penetrado en el castillo fuerte. La distancia entre hombre y hombre, creadora del mutuo respeto y la mutua seguridad, ha desaparecido. No solamente estamos a merced del intruso,[23] sino que hemos abdicado.

Todas estas expresiones revelan que el mexicano considera la vida como lucha, concepción que no lo distingue del resto de los hombres modernos. El ideal de hombría para otros pueblos consiste en una abierta y agresiva disposición al combate; nosotros acentuamos el carácter defensivo, listos a repetir el ataque. El "macho" es un ser hermético, encerrado en sí mismo, capaz de guardarse y guardar lo que se le confía. La hombría se mide por la invulnerabilidad ante las armas enemigas o ante los impactos del mundo exterior. El estoicismo[24] es la más alta de nuestras virtudes guerreras y políticas. Nuestra historia está llena de frases y episodios que revelan la indiferencia de nuestros héroes ante el dolor o el peligro.

---

[13]**"agacharse"** grin and bear it   [14]**de poco fiar** not trustworthy   [15]**de afrontar** of confronting   [16]**que jamás cicatriza** that never heals   [17]**cáscara** shell, skin   [18]**entraña** involves   [19]**teñidas** tinted   [20]**deshonra** disgraces   [21]**no se nutre** is not fed   [22]**se enajena** becomes alienated   [23]**intruso** intruder   [24]**estoicismo** indifference to pleasure or pain

Desde niños nos enseñan a sufrir con dignidad las derrotas,[25] concepción que no carece[26] de grandeza. Y si no todos somos estoicos e impasibles —como Juárez[27] y Cuauhtémoc[28]— al menos procuramos ser resignados, pacientes y sufridos. La resignación es una de nuestras virtudes populares. Más que el brillo de la victoria nos conmueve la entereza ante la adversidad.

La preeminencia de lo cerrado frente a lo abierto no se manifiesta sólo como impasibilidad y desconfianza, ironía y recelo, sino como amor a la Forma. Esta contiene y encierra a la intimidad, impide sus excesos, reprime sus explosiones, la separa y aísla, la preserva. La doble influencia indígena y española se conjugan en nuestra predilección por la ceremonia, las fórmulas y el orden. El mexicano, contra lo que supone una superficial interpretación de nuestra historia, aspira a crear un mundo ordenado conforme a principios claros. La agitación y encono[29] de nuestras luchas políticas prueba hasta qué punto las nociones jurídicas juegan un papel importante en nuestra vida pública. Y en la de todos los días el mexicano es un hombre que se esfuerza por ser formal y que muy fácilmente se convierte en un formulista. Y es explicable. El orden —jurídico, social, religioso o artístico— constituye una esfera segura y estable. En su ámbito[30] basta con ajustarse a los modelos y principios que regulan la vida; nadie, para manifestarse, necesita recurrir a la continua invención que exige una sociedad libre. Quizá nuestro tradicionalismo —que es una de las constantes de nuestro ser y lo que da coherencia y antigüedad a nuestro pueblo— parte del amor que profesamos a la Forma.

Las complicaciones rituales de la cortesía, la persistencia del humanismo clásico, el gusto por las formas cerradas en la poesía (el soneto y la décima, por ejemplo), nuestro amor por la geometría en las artes decorativas, por el dibujo y la composición en la pintura, la pobreza de nuestro Romanticismo frente a la excelencia de nuestro arte barroco, el formalismo de nuestras instituciones políticas y, en fin, la peligrosa inclinación que mostramos por las fórmulas —sociales, morales y burocráticas—, son otras tantas expresiones de esta tendencia de nuestro carácter. El mexicano no sólo no se abre; tampoco se derrama.

A veces las formas nos ahogan.[31] Durante el siglo pasado los liberales vanamente intentaron someter la realidad del país a la camisa de fuerza[32] de la Constitución de 1857.[33] Los resultados fueron la Dictadura de Porfirio Díaz[34] y la Revolución de 1910. En cierto sentido la historia de México, como la de cada mexicano, consiste en una lucha contra las formas y fórmulas en que se pretende encerrar a nuestro ser y las explosiones con que nuestra espontaneidad se venga.

---

[25]**derrotas** defeats   [26]**carece** lacks   [27]**Juárez** Benito Juárez (1806–1872), a Zapotec native, governor of the state of Oaxaca and president of Mexico from 1861 until his death. During his presidency the power and privileges of the Roman Catholic church were curtailed. [28]**Cuauhtémoc** (1495–1525), last emperor of the Aztec empire. Even though Cuauhtémoc was defeated by Hernán Cortés, he is considered a national Mexican hero.   [29]**encono** fierceness   [30]**ámbito** world   [31]**nos ahogan** suffocate us   [32]**camisa de fuerza** straitjacket [33]**Constitución de 1857** Mexican President Ignacio Comonfort summoned in 1857 a constitutional assembly to formulate a new constitution that went into effect in 1917.   [34]**Porfirio Díaz** (1830–1915), Mexican general and politician. Díaz fought against Mexico's French intervention and twice became president of his country (1877–1880 and 1884–1911).

Pocas veces la Forma ha sido una creación original, un equilibrio alcanzado no a expensas sino gracias a la expresión de nuestros instintos y quereres. Nuestras formas jurídicas y morales, por el contrario, mutilan con frecuencia a nuestro ser, nos impiden expresarnos y niegan satisfacción a nuestros apetitos vitales.

La preferencia por la Forma, inclusive vacía de contenido, se manifiesta a lo largo de la historia de nuestro arte, desde la época precortesiana hasta nuestros días. Antonio Castro Leal,[35] en su excelente estudio sobre Juan Ruiz de Alarcón,[36] muestra cómo la reserva frente al romanticismo —que es, por definición, expansivo y abierto— se expresa ya en el siglo XVII, esto es, antes de que siquiera tuviésemos conciencia de nacionalidad. Tenían razón los contemporáneos de Juan Ruiz de Alarcón al acusarlo de entrometido,[37] aunque más bien hablasen de la deformidad de su cuerpo que de la singularidad de su obra. En efecto, la porción más característica de su teatro niega al de sus contemporáneos españoles. Y su negación contiene, en cifra, la que México ha opuesto siempre a España. El teatro de Alarcón es una respuesta a la vitalidad española, afirmativa y deslumbrante en esa época, y que se expresa a través de un gran Sí a la historia y a las pasiones. Lope[38] exalta el amor, lo heroico, lo sobrehumano, lo increíble; Alarcón opone a estas virtudes desmesuradas[39] otras más sutiles y burguesas: la dignidad, la cortesía, un estoicismo melancólico; un pudor[40] sonriente. Los problemas morales interesan poco a Lope, que ama la acción, como todos sus contemporáneos. Más tarde Calderón[41] mostrará el mismo desdén por la psicología; los conflictos morales y las oscilaciones, caídas y cambios del alma humana sólo son metáforas que transparentan un drama teológico cuyos dos personajes son el pecado original y la Gracia divina. En las comedias más representativas de Alarcón, en cambio, el cielo cuenta poco, tan poco como el viento pasional que arrebata a los personajes lopescos. El hombre, nos dice el mexicano, es un compuesto, y el mal y el bien se mezclan sutilmente en su alma. En lugar de proceder por síntesis, utiliza el análisis: el héroe se vuelve problema. En varias comedias se plantea la cuestión de la mentira: ¿hasta qué punto el mentiroso de veras miente, de veras se propone engañar?;[42] ¿no es él la primera víctima de sus engaños y no es a sí mismo a quien engaña? El mentiroso se miente a sí mismo: tiene miedo de sí. Al plantearse el problema de la autenticidad, Alarcón anticipa uno de los temas constantes de reflexión del mexicano, que más tarde recogerá Rodolfo Usigli[43] en *El gesticulador.*

---

[35]**Antonio Castro Leal** (1896–1981), Mexican essayist, diplomat, and author of *Juan Ruiz de Alarcón, su vida y su obra* (1943)   [36]**Juan Ruiz de Alarcón** (1580–1639), Mexican playwright who resided most of his life in Spain. His most important works are *Las paredes oyen* (1628) and *No hay mal que por bien no venga* (1653).   [37]**entrometido** meddler   [38]**Lope** reference to Lope de Vega (1562–1635), prolific Spanish playwright of the Golden Age. His works include *Peribáñez y el comendador de Ocaña* (1605–?1608), *Fuenteovejuna* (1612–?1614), and *El caballero de Olmedo* (1620–?1622).   [39]**desmesuradas** excessive   [40]**pudor** modesty   [41]**Calderón** Pedro Calderón de la Barca (1600–1681), Spanish playwright who authored, among other plays, *La vida es sueño* (1635) and *El alcalde de Zalamea* (1638)   [42]**engañar** to deceive   [43]**Rodolfo Usigli** Mexican playwright (1905–1980) known mainly for *El gesticulador* (1947), *Corona de sombra* (1947), *Corona de fuego* (1960), and *Corona de luz* (1965)

En el mundo de Alarcón no triunfan la pasión ni la Gracia; todo se subordina a lo razonable; sus arquetipos son los de la moral que sonríe y perdona. Al sustituir los valores vitales y románticos de Lope por los abstractos de una moral universal y razonable, ¿no se evade, no nos escamotea[44] su propio ser? Su negación, como la de México, no afirma nuestra singularidad frente a la de los españoles. Los valores que postula Alarcón pertenecen a todos los hombres y son una herencia grecorromana tanto como una profecía de la moral que impondrá el mundo burgués. No expresan nuestra espontaneidad, ni resuelven nuestros conflictos; son Formas que no hemos creado ni sufrido, máscaras. Sólo hasta nuestros días hemos sido capaces de enfrentar al Sí español un Sí mexicano y no una afirmación intelectual, vacía de nuestras particularidades. La Revolución mexicana, al descubrir las artes populares, dio origen a la pintura moderna; al descubrir el lenguaje de los mexicanos, creó la nueva poesía.

Si en la política y el arte el mexicano aspira a crear mundos cerrados, en la esfera de las relaciones cotidianas procura que imperen el pudor, el recato[45] y la reserva ceremoniosa. El pudor, que nace de la vergüenza ante la desnudez[46] propia o ajena, es un reflejo casi físico entre nosotros. Nada más alejado de esta actitud que el miedo al cuerpo, característico de la vida norteamericana. No nos da miedo ni vergüenza nuestro cuerpo; lo afrontamos con naturalidad y lo vivimos con cierta plenitud —a la inversa de lo que ocurre con los puritanos. Para nosotros el cuerpo existe; da gravedad y límites a nuestro ser. Lo sufrimos y gozamos; no es un traje que estamos acostumbrados a habitar, ni algo ajeno a nosotros: somos nuestro cuerpo. Pero las miradas extrañas nos sobresaltan, porque el cuerpo no ve la intimidad, sino la descubre. El pudor, así, tiene un carácter defensivo, como la muralla china de la cortesía o las cercas de órganos y cactos que separan en el campo a los jacales de los campesinos. Y por eso la virtud que más estimamos en las mujeres es el recato, como en los hombres la reserva. Ellas también deben defender su intimidad.

D E S P U É S   D E   L E E R

1. ¿Por qué es tan importante la intimidad para el mexicano?

2. Octavio Paz escribe: "Para nosotros, contrariamente a lo que ocurre con otros pueblos, abrirse es una debilidad o una traición". Comente el significado de esa frase.

3. Según Octavio Paz, ¿cuál es la función del hermetismo?

4. ¿Qué significa la vida para el mexicano?

5. Para el autor, ¿cómo se traslada el proceso histórico de México al ámbito personal del mexicano?

6. ¿Qué opina Octavio Paz sobre el pudor?

7. Explique el significado del título de este ensayo de *El laberinto de la soledad*.

---

[44]**escamotea** take away   [45]**recato** discretion   [46]**desnudez** nakedness

ALGUNOS ESTUDIOS DE INTERÉS

Chiles, Frances. *Octavio Paz. The Mythic Dimension.* New York: Peter Lang, 1987.

Edwards, Jorge. "El vértigo continuo". *Antipods* (1992): 207–213.

Espina, Eduardo. "Entre las horas y el lenguaje: Octavio Paz y la temporalidad". *Antipods* (1992): 229–243.

Fein, John. *Toward Octavio Paz: A Reading of His Major Poems, 1957–1976.* Lexington: University of Kentucky Press, 1986.

Flores, Angel, ed. *Aproximaciones a Octavio Paz.* México, D.F.: Joaquín Mortiz, 1974.

Gnutzmann, Rita. "Obra poética (1935–1988) de Octavio Paz: Apuntes y conjeturas". *Antipods* (1992): 245–250.

Leal, Luis. "Octavio Paz and the Chicano". *Latin American Review* 5:10 (1977): 115–123.

Sucre, Guillermo. *La máscara, la transparencia. Ensayos sobre poesía hispanoamericana.* Caracas, Venezuela: Monte Avila, 1975.

Usigli, Rodolfo. "Poeta en libertad". *Cuadernos Americanos* 49:1 (1950): 293–300.

Wilson, Jason. *Octavio Paz.* Boston: Twayne, 1986.

Xirau, Ramón. *Octavio Paz: el sentido de la palabra.* México, D.F.: Joaquín Mortiz, 1970.

Emilio Carballido

(1925, Córdoba, México–)

Emilio Carballido es considerado uno de los dramaturgos más destacados del teatro mexicano e hispanoamericano de hoy, con una obra de más de setenta piezas. Varias de ellas se han traducido al inglés y a otros idiomas; algunas han sido presentadas en Estados Unidos, Latinoamérica y Europa. Carballido también ha escrito novelas, cuentos y guiones cinematográficos.

La técnica que emplea Carballido en sus obras teatrales es amplia. Lo mismo puede decirse de su temática. Algunas de sus piezas teatrales son de tipo experimental o fantásticas; otras son realistas. En el teatro de Carballido se observan diferentes prototipos del pueblo mexicano, tanto de la provincia como de la capital, presentados con humor, ironía, burla y sarcasmo. Las piezas teatrales de Carballido tratan asuntos relacionados con el acontecer diario del mexicano, así como también puntos pertinentes a la deshumanización de la sociedad contemporánea. Los temas que aborda transcienden lo nacional. Con frecuencia, Carballido experimenta con la música como manifestación de una realidad que existe más allá de la realidad aparente.

Emilio Carballido publicó en 1948 *La zona intermedia, El triángulo sutil* y *La triple porfía,* y en 1950 *Rosalba y los llaveros,* pieza de crítica social en la que contrasta por medio del humor y la ironía a una joven de la ciudad con sus primos provincianos. Esta pieza de Carballido es considerada una de sus mejores obras. Otras piezas dramáticas del autor son *Felicidad* (1955), *La danza que sueña la tortuga* (1955) y *La hebra de oro* (1956) en las que se encuentran elementos surrealistas. La antología *El teatro de Emilio Carballido* (1960) contiene una colección de piezas en un acto que han logrado gran popularidad. Carballido además ha escrito: *Teseo* (1962), *Un pequeño día de ira* (1960), *El día que se soltaron los leones* (1963), *¡Silencio, pollos pelones, ya les van a echar su maíz!* (1963), *Yo también hablo de la rosa* (1965), *El almanaque de Juárez* (1968), *Conversación entre las ruinas* (1969), *Acapulco, los lunes* (1969), *Te juro, Juana, que tengo ganas* (1970), *Un vals sin fin sobre el planeta* (1970), *José Guadalupe (las glorias de posada)* (1976), *Fotografía en la playa* (1977), *Nahui Ollín* (1977), *Tiempo de ladrones* (1983), *Ceremonia en el templo del tigre* (1986), *Rosa de dos aromas* (1986) y *Felicidad: obra de teatro en tres actos y un epílogo* (1999). Entre sus novelas se encuentran: *La veleta oxidada* (1954), *El norte* (1958), *El sol* (1970), *Las visitaciones del diablo* (1965) y *Los zapatos de fierro* (1983). *La caja vacía* (1962) es una colección de cuentos.

El solitario en octubre

Personajes
    EVARISTO
    SILVIA
    UN PERIODIQUERO[1]
    UNA VIEJA
    UNA MUJER DE ASPECTO DECENTE
    ELOY

En la Alameda Central. Otoño de 1961.

La fuente de Venus. Último sol de la tarde. Los árboles amarillean, gorgotea[2] la fuente, suenan las hojas, lucen las flores. Llueven hojas doradas sobre las bancas y el agua y la gente que va pasando: el niño PERIODIQUERO; *la* VIEJA, *que lleva un morral[3] lleno; la* MUJER DE ASPECTO DECENTE, *que lleva un morral vacío y delantal;[4]* EVARISTO, *que viste pantalón de pana[5] y suéter grueso. Se oye lejos un organillero,[6] tocando un vals. Ruidos urbanos.*

PERIODIQUERO   (*Pregona.[7]*) El Gráfico... La Extra de las noticias... La Extra...
                    (*Sale.*)

EVARISTO *observa el lugar, lo encuentra bello. Va a un árbol tierno,[8] lo toca, acaricia[9] una hoja. Parece que dijera algo (tal vez versos), pues mueve los labios. Retira la mano.*

El sol se va. La MUJER DE ASPECTO DECENTE *observa a* EVARISTO *y sale. La* VIEJA *del morral parece buscar algo en el suelo.*

---

[1]**periodiquero** newspaper vendor   [2]**gorgotea** gurgles   [3]**morral** bag   [4]**delantal** apron
[5]**pantalón de pana** corduroy pants   [6]**organillero** organ grinder   [7]**pregona** shouts   [8]**tierno** young   [9]**acaricia** caresses

VIEJA   Ks, ks, ks.[10] (*Descubrió un perro, que está un poco alejado, a la izquierda.*) Ks, ks, ks. (*Toda dulzura.*) Anda, tonto, ven. ¿Tú no me conoces? Toma. (*Le tira pan y huesos, que saca del morral.*) No seas desconfiado, anda. Ven. ¡Jesús, qué hambre tienes! Pero no tragues todo entero, ¿eh? Toma. (*Le tira más.*)

EVARISTO *se ha acercado hasta estar junto a ella.*

EVARISTO   Tiene hambre.

VIEJA   Sí, pobrecito. Ven, anda. Es que éste no me conoce todavía.

EVARISTO   Ks, ks, ks.

Pasa SILVIA, *despacio y a gusto,[11] viendo en torno.[12] Los observa un momento.*

VIEJA   (*Enojada.*) Me lo va a espantar,[13] no lo llame usted.

EVARISTO   Ah. (*Se aleja un poco.*)

Va saliendo SILVIA, *despacio.*

VIEJA   (*Seria y profunda como una bruja.[14]*) Es que los maltratan tanto. Aquél, en cambio, ya me conoce. Va a ver cómo viene. ¡Muñeco! ¡Muñeco! Es el Muñeco, y entiende por su nombre. En cuanto me ve, viene corriendo. ¡Muñeco! Es muy inteligente. Toma, Muñeco. Ks, ks, ks. ¡Vaya! ¡Se fue! (*Ve a* EVARISTO. *Muy agria.*) Pues claro, usted los está espantando.

Vuelve el papelero, mientras ella levanta su morral. EVARISTO *se aleja.*

PERIODIQUERO   (*A la* VIEJA.) La Extra, joven, la Extra. ¿No le sobra un panecito[15] por ahí?

VIEJA   No me sobra nada. (*Sale.*)

EVARISTO   Dame la Extra. (*Paga.*) Quédate con el cambio.[16] ¿Qué tal has vendido ahora?

PERIODIQUERO   Mal. (*Se va.*)

EVARISTO   ¿Y no vas a la...? (*Calla, se sienta.*)

Vuelve la MUJER DE ASPECTO DECENTE. *Se le aproxima, lo ve. Le hace un guiño[17] obsceno.*

MUJER   ¿Vamos?

EVARISTO   (*Desprevenido.[18]*) ¿Adónde? Ah. (*Se da cuenta.*) ¿Vas de compras?

---

[10]**ks, ks, ks** sound used to call a dog   [11]**a gusto** with ease   [12]**viendo en torno** looking around   [13]**espantar** to make (him) go away   [14]**bruja** witch   [15]**no le sobra un panecito** don't you have any bread left   [16]**quédate con el cambio** keep the change   [17]**guiño** wink   [18]**desprevenido** off guard

MUJER   No, es que andan llevándonos.[19] Con esto, pues se disimula. ¿Vamos? Aquí nomás, ahí atrasito.[20]

EVARISTO   ¿Se han llevado a tus compañeras?

MUJER   Sí. O si tienes coche… ¿Tienes?

EVARISTO   No, no tengo. ¿Cómo te llamas? Siéntate.

MUJER   (*Observación técnica:*) Tú lo que quieres es platicar, ¿verdad? Nos vemos.[21] (*Sale.*)

EVARISTO, *solo, sube los pies a la banca. Se abraza las rodillas. Otra lluvia de hojas y él recibe varias en la mano. Las examina.*

Entra SILVIA. *La luz ha enrojecido. Ella camina como sin objeto, respirando hondo, viendo al cielo, a las ramas, meneando con indolencia[22] su bolsa de mano. Descubre el mismo árbol que acarició* EVARISTO. *Toca las hojas y de pronto abraza el tronco y le da un beso. Suspira. Al dar la vuelta descubre a* EVARISTO, *viéndola.*

SILVIA   Ay. (*Pronuncia siempre un «ay» muy corto, sobresaltado.[23]*)

Ella quisiera disimular su gesto impulsivo. Va a irse, de prisa.

EVARISTO   No se apure,[24] por poco hago lo mismo.[25]

SILVIA   (*Advierte que se dirige a ella. No sabe si contestar. Al fin.*) ¿Hace qué?

EVARISTO   Besar el árbol.

SILVIA   (*Va a salir. Se ríe un poco.*) Qué tontería, ¿verdad? (*Da un paso más, pero la fuerza de la tarde y las ganas de hablar con alguien triunfan. Dice, sin ver el otro.*) Ay, es que está tan lindo, mírelo. Como niño de los árboles, o… como si se hubiera equivocado de estación… Pero qué ridícula soy, y qué cosas estoy diciendo. (*Ve en torno.*)

EVARISTO   (*Se levanta. Sin verla. Viendo en torno.*) No. Es… El otoño. Es la estación de México. El aire recién lavado por el verano, ni calor, ni frío, no hay polvo… Y los colores… (*Señala varios.*) ¿Ve?

SILVIA   ¿Qué? (*Busca donde él señala.*)

EVARISTO   Tan… nítidos.[26] Tan… primarios. (*Busca la palabra.*) Tan… adánicos.

SILVIA   ¿Tan qué?

EVARISTO   Tan… (*Señala en torno.*) Tan así.

---

[19]**es que andan llevándonos** they (the police) are rounding us up   [20]**atrasito** back in there   [21]**nos vemos** I'll see you   [22]**meneando con indolencia** swinging with apathy   [23]**sobresaltado** startled   [24]**no se apure** don't worry   [25]**por poco hago lo mismo** I almost did the same   [26]**nítidos** clear

Ambos se sonríen. Vuelve el vals del organillo, lo escuchan y caminan unos pasos, casi como si de un momento a otro fueran a bailarlo.

SILVIA   (*Se sienta de pronto.*) Voy a casarme dentro de dos días. Hoy fui a trabajar por última vez. Conseguimos ya un departamento... ¡chulísimo![27]

EVARISTO ¿Qué hace él?

SILVIA   Trabaja en una compañía de seguros.[28] (*Ve el reloj.*) Ya se le hizo muy tarde.[29]

EVARISTO Mi divorcio lo fallaron[30] antier.[31] Como ella va a casarse, no tengo que pasarle pensión.[32] (*Se sienta.*)

SILVIA   Ay. (*Lo ve. Luego, con mucha tristeza.*) Aaaaaay. (*Pausa.*) ¿La quería?

EVARISTO (*Feliz, se levanta y subraya cada palabra con un gran gesto.*) ¡Nada! ¡Nada! ¡Nada!

SILVIA   (*Horrorizada.*) ¿Nada?

EVARISTO ¡Na-da! (*Vuelve a sentarse, muy contento.*)

SILVIA   ¿Y nunca la quiso?

EVARISTO Sí, creo que sí. Hace mucho tiempo. Antes de casarnos.

SILVIA   ¿Nada más mientras fueron novios?

EVARISTO No éramos novios. Bueno, no éramos nada más novios.

SILVIA   Ay. (*Se sienta muy derecha.*)

EVARISTO (*Evoca.*) Magdalena. Muy... (*Hace un gesto vago y opulento.*) Muy... No podía nadie dejar de verla en la calle. Muy...

SILVIA   Sí. Entiendo.

EVARISTO Funcionaba todo... muy bien. (*Ve la cara de ella.*) Digo, nuestras... relaciones. Por eso nos casamos.

SILVIA   (*Muy derecha, calla. Gana la curiosidad.[33]*) ¿Y qué pasó?

EVARISTO (*Busca los términos. Luego.*) ¿Sabe lo que hacen con el empleado nuevo en las dulcerías?

SILVIA   ¿Qué?

EVARISTO Le dicen: "Come cuanto quieras". Y el empleado nuevo come y come y come... Durante algunos días. Después ya no se le antojan[34] los dulces.

SILVIA   (*Ofendida.*) Usted es muy poco espiritual.

---

[27]**chulísimo** really pretty   [28]**seguros** insurance   [29]**ya se le hizo muy tarde** he is already very late   [30]**lo fallaron** was decreed   [31]**antier (*anteayer*)** the day before yesterday   [32]**pensión** alimony   [33]**gana la curiosidad** curiosity takes over   [34]**no se le antojan** he doesn't feel like having

EVARISTO   Al contrario, soy… (*muy convencido:*) *muy* espiritual.

SILVIA   (*Nerviosa.*) Pues Eloy…, se llama Eloy, mi novio. Y somos *novios* desde hace tres años. *Novios.* Ahora ya lo ascendieron,[35] es jefe de su oficina, y ha comprado tantas cosas tan lindas.

EVARISTO   (*Se levanta.*) ¡Eso! ¡Eso les encanta a ustedes! El refrigerador. La licuadora. Los cubiertos. La televisión. ¿Ya tienen televisión?

SILVIA   ¡Claro! Preciosa. ¡Grande!

EVARISTO   (*Sombrío.*) Nosotros tuvimos una. Chica.

SILVIA   ¿Quién se quedó con ella?

EVARISTO   Nadie. La rompí yo a patadas.[36]

SILVIA   Ay.

EVARISTO   Así empezó todo. Digo, el divorcio.

SILVIA   ¿Y los niños?

EVARISTO   No tuvimos.

Pasa un avión. Ambos lo ven perderse. Ella suspira.

EVARISTO   Era un jet.

SILVIA   ¿Cuántos años duraron casados?

EVARISTO   Un año. Seis meses vivimos juntos, y seis tardó el divorcio.

SILVIA   ¿Y antes de casarse?

EVARISTO   Dos años.

SILVIA   ¡Dos años! ¿Y por qué… no vivían juntos?

EVARISTO   Magdalena ayudaba a su familia… Y yo no ganaba lo bastante para comprar… "cosas tan lindas".

SILVIA   Usted *no es* espiritual.

EVARISTO   ¿Y usted?

SILVIA   (*Alarmada.*) ¿Yo? ¡Yo sí!

EVARISTO   Debería ser también realista.

SILVIA   ¿Yo? Sí soy. (*Convencida.*) Espiritual y realista.

EVARISTO   Bah, aah ahh. (*Hace ruidos variados y despectivos.*[37])

SILVIA   (*Ofendida.*) ¿Qué quiere decir con esos… ruidos?

EVARISTO   Realista usted. Tres años de novios, ¿no?

SILVIA   Sí.

EVARISTO   Bueno. Sea sincera. No nos conocemos. Está oscureciendo. Se encienden las luces de la avenida Juárez. Ya no nos vemos bien

---

[35]**lo ascendieron** he had a promotion   [36]**a patadas** kicked it   [37]**despectivos** disparaging

las caras. ¿Cuándo volveremos a encontrarnos? Así es que puede ser sincera. Sea sincera. En tres años..., ¿nunca nada... de nada?

SILVIA   ¡Claro que nunca!

EVARISTO   ¿Y se besaban?

SILVIA   Pues sí, claro. Si somos novios. *Novios.*

EVARISTO   Mm. (*Calla.*)

Una pausa.

SILVIA   Mm, ¿qué?

EVARISTO   Que andan muy mal las cosas. Tres años de besarse... y nada. Cuando se casen... (*Calla.*)

SILVIA   ¡Pues para eso se casa uno! Ya me voy. (*Se levanta.*) ¡No! ¡Váyase usted! Yo tengo que esperarlo aquí. A mi Eloy.

EVARISTO   Bueno. Adiós. (*Se levanta.*)

SILVIA   Adiós. (*Se sienta.*)

EVARISTO   Magdalena y yo empezamos de novios, como todo el mundo. Pero nos besábamos y... (*Silba.*[38]) Bueno, adiós.

SILVIA   Eloy es guapísimo. Me encanta.

EVARISTO   Sí, ¿verdad? (*Saluda con la mano. Va a irse.*)

SILVIA   (*Furiosa.*) ¿Cree que no lo vi platicando con esa vieja? Está solo como perro, y amargado,[39] buscaba usted su pedazo de pan de compañía, y por eso me quiere estropear[40] mi tarde. Mi tarde tan preciosa... (*Parece que fuera a llorar.*)

EVARISTO   Que usted disfrutaba más... por lo mismo que yo..., porque estaba sola. Él no llegó a tiempo... y usted se puso feliz, a platicar intimidades con un desconocido.

SILVIA   Está usted solo y es malo.

EVARISTO   (*Pausa reflexiva.*) Al menos... estoy solo. Sí. (*Suspira.*) Sí estoy solo. (*Se enoja.*) Ahora usted quiere amargarme la tarde.

SILVIA   Ya la tiene amargada desde antes. Y en su casa no lo espera nadie, por eso anda así, de aquí para allá.

EVARISTO   (*Calla. Luego.*) Bueno, adiós. (*Empieza a irse. Patea un objeto.*)

SILVIA   Adiós. (*Pausa.*) ¿De veras nadie lo espera?

EVARISTO   (*Trata de sonar casual.*) No, nadie. Pero... (*Calla. Se detiene.*)

SILVIA   ¡Ya váyase! (*Pausa.*) ¿Cómo se llama usted?

EVARISTO   Evaristo. ¿Y usted?

---

[38]**silba** whistles   [39]**amargado** bitter   [40]**estropear** to spoil

SILVIA   Silvia. (*Se echa a llorar.*)

EVARISTO *se acerca. La ve.*

EVARISTO   Oiga: yo no la hice llorar. Oiga: ¿por qué llora? Silvia, no llore.
              (*Se acerca más.*) Silvia. (*Se sienta junto a ella.*) Silvia.

La abraza y la besa.

SILVIA   (*En el colmo de la indignación.*[41]) ¡Cómo se atreve!

Se abrazan y se besan furiosamente.

EVARISTO   ¿Vas a empezar una vida de rutina con un hombre que te ha
              besado tres años sin que pase nada? ¡Es un imbécil!

Se besan furiosamente.

SILVIA   (*Sofocada.*) Sí, ¿verdad? Es… horrible.

EVARISTO   ¿Eloy?

SILVIA   Sí. No. Esto. Ay, yo no sé qué pasa. Yo no sé por qué están
              pasando estas cosas. ¿Cómo dices que te llamas? Evaristo, ¿ver-
              dad? (*Lo besa.*) ¿Evaristo qué?

EVARISTO   Evaristo Marrón.

Se besan.

SILVIA   ¡Vámonos, porque va a llegar Eloy! (*Lo besa.*)

EVARISTO   Vámonos. (*La besa.*)

Van a salir a la carrera.

SILVIA   (*Se para en seco.*[42]) Te vas a casar conmigo, ¿verdad?

EVARISTO   ¿Yo? ¿Cómo que a casarme? ¡Si me dieron el divorcio hace dos
              días!

SILVIA   ¿Y no puedes casarte?

EVARISTO   ¡No quiero! (*La abraza y la besa.*) ¡Vámonos!

SILVIA   ¿Pero qué clase de mujer crees que soy? ¿Cómo te atreves?
              (*Empieza a llorar.*) Y Eloy me tiene mi casa tan linda, y me ha
              comprado tantas cosas, y es tan bueno… ¡Tan bueno! ¿Por qué
              me haces esto? ¿Por qué?

EVARISTO   ¿Pero no te das cuenta? ¿No has visto este día? ¡Octubre! ¡Sol!
              ¡Hojas doradas! ¡Ocaso! ¡Aviones! ¡Oye la fuente! ¡Oye el
              ruido de la ciudad! (*Gran descubrimiento.*) ¡Mira la luna! ¡Tor-
              cida, enrojecida! ¡Siente el aire! ¡Mira las hojas! ¿Y quieres
              encerrarte conmigo durante años en un departamento, a ver
              televisión?

---

[41]**en el colmo de la indignación** truly angry   [42]**en seco** suddenly

SILVIA   ¡Yo quiero casarme! ¡Yo soy decente! ¿Qué te has creído que soy? ¡Vete de aquí! ¡Vete! ¡Vete! (*Llora y aúlla.*[43])

EVARISTO *está irritado, perplejo. Va a decir algo. Opta por irse. Se detiene. Quiere explicarse.*

EVARISTO   Silvia… Yo estoy solo, pero…

SILVIA   (*Sin dejar de llorar.*) ¿Qué?

EVARISTO   Lo siento mucho, pero…

SILVIA   (*Furiosa.*) ¡No entiendo nada!

EVARISTO   (*Medita.*) Yo tampoco. Es… el mes. El día. Lo siento, pero…

SILVIA   ¿Pero qué?

EVARISTO   (*Sin poder remediar su dicha.*) ¡Adiós! (*Sale corriendo.*)

SILVIA   ¡Evaristo! ¡Evaristo!

Se sienta llorando en la banca. Se suena. Llora más. Entra ELOY, *cargado de paquetes. Casi los tira de sobresalto, al verla llorar.*

ELOY   ¡Vidita! ¡Mi vida! No pasaban coches, las tiendas estaban llenas, y yo quería comprar todo esto, ¡para la casa!, ¡para nosotros! Perdóname, mi amor. Perdóname.

SILVIA *llora más. Él la abraza.*

ELOY   Estás enojada conmigo, ¿verdad? Si esto pasó por querer sorprenderte. Verás qué cosas compré. ¿Qué crees? Perdón, mi amor.

La besa. Ella deja de llorar para examinarlo: lo escruta[44] *de pies a cabeza.*

ELOY   ¿Me perdonas?

SILVIA   (*Sin dejar de analizarlo.*) Bésame.

ELOY   (*Feliz por el perdón.*) ¡Sí mi vida! (*La besa.*) Nunca más te haré llorar.

Ella examina en su mente el beso recibido. Vuelve a observar al novio.

SILVIA   Bésame otra vez.

Él la besa muy largamente. Se separan. Ella rompe a llorar de nuevo, peor que antes, casi a gritos.

ELOY   (*Angustiadísimo.*) ¡Pero, vida, no llores ya! ¡Jamás volveré a llegar tarde! ¡Si vamos a ser tan felices!

Mientras él la mima,[45] *ella no cesa de llorar.*

TELÓN

---

[43]**aúlla** howls   [44]**lo escruta** examines him   [45]**la mima** he coddles her

DESPUÉS DE LEER

1. Describa la escenificación. ¿Considera que ésta sirve para descubrir el mundo interior de Evaristo y Silvia? Explique.

2. ¿Cómo son los personajes que aparecen en la escena? Describa a cada uno de ellos y explique la importancia que tienen en la obra.

3. ¿Hay semejanzas entre Silvia y Evaristo? Explique.

4. ¿Qué descubre Silvia de sí misma al conocer a Evaristo?

5. ¿Cómo es Eloy? ¿Qué comparaciones haría usted entre Evaristo y Eloy? ¿Cree que Silvia los compara?

6. ¿Por qué Silvia llora inconsolablemente al final de la obra? ¿Cree que se casará con Eloy? ¿De qué se ha dado cuenta?

7. Comente los valores que considere que una pareja debe tener en común en una relación duradera.

ALGUNOS ESTUDIOS DE INTERÉS

Bixler, Jacqueline Eyring. "Historia, mito e imaginación constructiva en los dramas históricos de Emilio Carballido". *Literatura Mexicana* 2:2 (1991): 353–368.

Boling, Becky. "Espacio femenino en dos montajes de *Rosa de dos aromas* de Emilio Carballido". *Literatura Mexicana* 2:1 (1991): 165–171.

Castellanos, Rosario. *Juicios sumarios.* Xalapa, México: Universidad Veracruzana, 1966.

Cypress, Sandra Messinger. "I, Too, Speak: 'Female' Discourse in Carballido's Plays". *Latin American Theater Review* 18:1 (1984): 45–52.

Dauster, Frank. "Carballido y el teatro de la liberación". *Alba de América* 7:12–13 (1989): 205–220.

Penden, Margaret Sayers. *Emilio Carballido.* Boston: Twayne, 1980.

Solórzano, Carlos. "El teatro de la posguerra en México". *Hispania* 47 (1964): 693–697.

Vázquez Amaral, Mary. *El teatro de Emilio Carballido: 1950–1965.* México, D. F.: B. Costa-Amic, 1974.

Gabriel García Márquez

(1928, Aracataca, Colombia–)

Gabriel García Márquez adquirió fama internacional con la publicación de la novela *Cien años de soledad* (1967). Este escritor colombiano nació en un pueblo costero del departamento de Magdalena que vivía alimentado con leyendas motivadas tanto por la guerra civil y los conflictos que devastaron a Colombia en el siglo XIX como por los recuerdos de una ilusoria prosperidad al extender la United Fruit Company a ese país su imperio bananero a principios del siglo XX. Las leyendas y los recuerdos, que los abuelos le contaban al niño Gabriel, le permitieron más tarde al escritor elaborar el mundo ficticio de Macondo y desarrollar en él a sus entes de ficción.

García Márquez comenzó la carrera de derecho, pero la abandonó para dedicarse al periodismo. Como corresponsal del diario *El espectador* fue enviado a Roma, donde tuvo la oportunidad de estudiar dirección cinematográfica en el Centro Sperimentale de Cinematografia. Posteriormente ha continuado ejerciendo el periodismo, y al mismo tiempo su creación de obras de ficción y de cine.

Con las primeras novelas de García Márquez, *La hojarasca* (1957), *La mala hora* (1957), *El coronel no tiene quien le escriba* (1961) y el libro de cuentos *Los funerales de la Mamá Grande* (1962), comienza a forjarse el mundo ficticio de Macondo, el cual logrará su plenitud en *Cien años de soledad*. En esta novela el escritor logra entrelazar elementos bíblicos e históricos con legendarios y mágicos, mezcla lo real con lo irreal o fantástico, y produce lo que en la narrativa hispanoamericana se conoce con el nombre de realismo mágico.

Otras obras de este escritor colombiano son *La increíble y triste historia de la cándida Eréndida y de su abuela desalmada* (1972), sobre la cual se ha basado una película; *El otoño del patriarca* (1975), obra que presenta la psicología del dictador; *Crónica de una muerte anunciada* (1981), una parodia del género policíaco; *El amor en los tiempos del cólera* (1985), novela que describe el amor en diferentes etapas de la vida; *El general en su laberinto* (1989), la cual recuenta los últimos meses de vida de Simón Bolívar; *Del amor y otros demonios* (1994), que narra la historia de Sierva María y el papel del Santo Oficio en la América hispana durante el período colonial y *Noticia de un secuestro* (1996), su última novela. Actualmente García Márquez es considerado entre los grandes novelistas de América en el siglo XX. En 1982 se le otorgó el Premio Nobel de Literatura.

AL LEER CONSIDERE LO SIGUIENTE:
—las descripciones del ambiente
—la relación de la madre con sus hijos
—el orgullo y la pobreza
—la crítica social

Una mujer acompañada de su hija llega al pueblo donde su hijo, acusado de robo, ha sido asesinado. Ellas van a la casa cural para que les permitan visitar su tumba situada en el cementerio parroquial.

La siesta del martes

El tren salió del trepidante[1] corredor de rocas bermejas,[2] penetró en las plantaciones de banano, simétricas e interminables, y el aire se hizo húmedo y no se volvió a sentir la brisa del mar. Una humareda[3] sofocante entró por la ventanilla del vagón. En el estrecho camino paralelo a la vía férrea[4] había carretas de bueyes[5] cargadas de racimos[6] verdes. Al otro lado del camino, en intempestivos[7] espacios sin sembrar, había oficinas con ventiladores eléctricos, campamentos de ladrillos rojos y residencias con sillas y mesitas blancas en las terrazas, entre palmeras y rosales polvorientos. Eran las once de la mañana y aún no había empezado el calor.

—Es mejor que subas el vidrio —dijo la mujer—. El pelo se te va a llenar de carbón.

La niña trató de hacerlo pero la persiana[8] estaba bloqueada por óxido.[9]

Eran los únicos pasajeros en el escueto[10] vagón de tercera clase. Como el humo de la locomotora siguió entrando por la ventanilla, la niña abandonó el puesto y puso en su lugar los únicos objetos que llevaban: una bolsa de material plástico con cosas de comer y un ramo de flores envuelto en papel de periódicos. Se sentó en el asiento opuesto, alejada de[11] la ventanilla, de frente a su madre. Ambas guardaban un luto riguroso y pobre.[12]

La niña tenía doce años y era la primera vez que viajaba. La mujer parecía demasiado vieja para ser su madre, a causa de las venas azules en los párpados y del cuerpo pequeño, blando y sin formas, en un traje cortado como una sotana.[13] Viajaba con la columna vertebral firmemente apoyada contra el espaldar[14] del

---

[1]**trepidante** vibrating   [2]**bermejas** reddish   [3]**humareda** cloud of smoke   [4]**vía férrea** railroad track   [5]**carreta de bueyes** oxcart   [6]**racimos** bunches, clusters   [7]**intempestivos** inopportune   [8]**persiana** blind   [9]**óxido** rust   [10]**escueto** plain   [11]**alejada de** far away from   [12]**luto riguroso y pobre** rigorous and poor mourning   [13]**sotana** cassock   [14]**espaldar** back rest

asiento, sosteniendo en el regazo[15] con ambas manos una cartera de charol[16] desconchado.[17] Tenía la serenidad escrupulosa de la gente acostumbrada a la pobreza.

A las doce había empezado el calor. El tren se detuvo diez minutos en una estación sin pueblo para abastecerse[18] de agua. Afuera, en el misterioso silencio de las plantaciones, la sombra tenía un aspecto limpio. Pero el aire estancado[19] dentro del vagón olía a cuero sin curtir.[20] El tren no volvió a acelerar. Se detuvo en dos pueblos iguales, con casas de madera pintadas de colores vivos. La mujer inclinó la cabeza y se hundió en el sopor. La niña se quitó los zapatos. Después fue a los servicios sanitarios a poner en agua el ramo de flores muertas.

Cuando volvió al asiento la madre la esperaba para comer. Le dio un pedazo de queso, medio bollo[21] de maíz y una galleta dulce, y sacó para ella de la bolsa de material plástico una ración igual. Mientras comían, el tren atravesó muy despacio un puente de hierro[22] y pasó de largo por un pueblo igual a los anteriores, sólo que en éste había una multitud en la plaza. Una banda de músicos tocaban una pieza alegre bajo el sol aplastante. Al otro lado del pueblo, en una llanura cuarteada por la aridez,[23] terminaban las plantaciones.

La mujer dejó de comer.

—Ponte los zapatos —dijo.

La niña miró hacia el exterior. No vio nada más que la llanura desierta por donde el tren empezaba a correr de nuevo, pero metió en la bolsa el último pedazo de galleta y se puso rápidamente los zapatos. La mujer le dio la peineta.[24]

—Péinate —dijo.

El tren empezó a pitar[25] mientras la niña se peinaba. La mujer se secó el sudor[26] del cuello y se limpió la grasa de la cara con los dedos. Cuando la niña acabó de peinarse el tren pasó frente a las primeras casas de un pueblo más grande pero más triste que los anteriores.

—Si tienes ganas de hacer algo, hazlo ahora —dijo la mujer—. Después, aunque te estés muriendo de sed no tomes agua en ninguna parte. Sobre todo, no vayas a llorar.

La niña aprobó con la cabeza. Por la ventanilla entraba un viento ardiente[27] y seco, mezclado con el pito de la locomotora y el estrépito[28] de los viejos vagones. La mujer enrolló la bolsa con el resto de los alimentos y la metió en la cartera. Por un instante, la imagen total del pueblo, en el luminoso martes de agosto, resplandeció[29] en la ventanilla. La niña envolvió las flores en los periódicos empapados,[30] se apartó un poco más de la ventanilla y miró fijamente a su madre. Ella le devolvió una expresión apacible.[31] El tren acabó de pitar y disminuyó la marcha. Un momento después se detuvo.

---

[15]**regazo** lap   [16]**charol** patent leather   [17]**desconchado** peeling   [18]**abastecerse** to supply itself   [19]**estancado** stagnant   [20]**cuero sin curtir** rawhide   [21]**bollo** bun   [22]**hierro** iron   [23]**cuarteada por la aridez** cracked due to dryness   [24]**peineta** ornamental comb   [25]**pitar** to blow a whistle   [26]**sudor** perspiration   [27]**ardiente** burning   [28]**estrépito** racket   [29]**resplandeció** shone   [30]**empapados** soaked   [31]**apacible** peaceful

No había nadie en la estación. Del otro lado de la calle, en la acera *sidewalk* sombreada por los almendros,[32] sólo estaba abierto el salón del billar.[33] El pueblo flotaba en el calor. La mujer y la niña descendieron del tren, atravesaron la estación abandonada cuyas baldosas[34] empezaban a cuartearse[35] por la presión de la hierba, y cruzaron la calle hasta la acera de sombra.

Eran casi las dos. A esa hora, agobiado[36] por el sopor,[37] el pueblo hacía la siesta. Los almacenes, las oficinas públicas, la escuela municipal, se cerraban desde las once y no volvían a abrirse hasta un poco antes de las cuatro, cuando pasaba el tren de regreso. Sólo permanecían abiertos el hotel frente a la estación, su cantina y su salón de billar, y la oficina del telégrafo a un lado de la plaza. Las casas, en su mayoría construidas sobre el modelo de la compañía bananera, tenían las puertas cerradas por dentro y las persianas bajas. En algunas hacía tanto calor que sus habitantes almorzaban en el patio. Otros recostaban[38] un asiento a la sombra de los almendros y hacían la siesta sentados en plena *full* calle.

Buscando siempre la protección de los almendros la mujer y la niña penetraron en el pueblo sin perturbar la siesta. Fueron directamente a la casa cural.[39] La mujer raspó[40] con la uña la red metálica[41] de la puerta, esperó un instante y volvió a llamar. En el interior zumbaba un ventilador eléctrico. No se oyeron los pasos. Se oyó apenas el leve crujido[42] de una puerta y en seguida una voz cautelosa[43] muy cerca de la red metálica: "¿Quién es?" La mujer trató de ver a través de la red metálica.

—Necesito al padre —dijo.

—Ahora está durmiendo.

—Es urgente —insistió la mujer. *calm*
Su voz tenía una tenacidad reposada.

La puerta se entreabrió sin ruido y apareció una mujer madura y regordeta,[44] de cutis[45] muy pálido y cabellos color de hierro. Los ojos parecían demasiado pequeños detrás de los gruesos cristales de los lentes.

—Sigan —dijo, y acabó de abrir la puerta.

Entraron en una sala impregnada de un viejo olor de flores. La mujer de la casa los condujo hasta un escaño[46] de madera y les hizo señas de que se sentaran. La niña lo hizo, pero su madre permaneció de pie, absorta, con la cartera apretada en las dos manos. No se percibía ningún ruido detrás del ventilador eléctrico.

La mujer de la casa apareció en la puerta del fondo. *back*

—Dice que vuelvan después de las tres —dijo en voz muy baja—. Se acostó hace cinco minutos.

—El tren se va a las tres y media —dijo la mujer.

---

[32]**almendros** almond trees   [33]**salón del billar** pool hall   [34]**baldosas** tiles   [35]**cuartearse** crack   [36]**agobiado** overwhelmed   [37]**sopor** sleepiness   [38]**recostaban** rested   [39]**casa cural** parish house   [40]**raspó** scratched   [41]**red metálica** metallic screen   [42]**crujido** creaking   [43]**cautelosa** cautious   [44]**regordeta** heavy   [45]**cutis** complexion   [46]**escaño** bench

Fue una réplica[47] breve y segura, pero la voz seguía siendo apacible, con muchos matices. La mujer de la casa sonrió por primera vez.

—Bueno —dijo.

Cuando la puerta del fondo volvió a cerrarse la mujer se sentó junto a su hija. La angosta sala de espera era pobre, ordenada y limpia. Al otro lado de una baranda[48] de madera que dividía la habitación, había una mesa de trabajo, sencilla, con un tapete de hule,[49] encima de la mesa una máquina de escribir primitiva junto a un vaso con flores. Detrás estaban los archivos parroquiales. Se notaba que era un despacho arreglado por una mujer soltera.

La puerta del fondo se abrió y esta vez apareció el sacerdote limpiando los lentes con un pañuelo. Sólo cuando se los puso pareció evidente que era hermano de la mujer que había abierto la puerta.

—¿Qué se le ofrece? —preguntó.

—Las llaves del cementerio —dijo la mujer.

La niña estaba sentada con las flores en el regazo y los pies cruzados bajo el escaño. El sacerdote la miró, después miró a la mujer y después, a través de la red metálica de la ventana, el cielo brillante y sin nubes.

—Con este calor —dijo—. Han podido esperar a que bajara el sol.

La mujer movió la cabeza en silencio. El sacerdote pasó del otro lado de la baranda, extrajo del armario un cuaderno forrado[50] de hule, un plumero de palo y un tintero,[51] y se sentó a la mesa. El pelo que le faltaba en la cabeza le sobraba en las manos.

—¿Qué tumba van a visitar? —preguntó.

—La de Carlos Centeno —dijo la mujer.

—¿Quién?

—Carlos Centeno —repitió la mujer.

El padre siguió sin entender.

—Es el ladrón que mataron aquí la semana pasada —dijo la mujer en el mismo tono—. Yo soy su madre.

El sacerdote la escrutó.[52] Ella lo miró fijamente, con un dominio reposado, y el padre se ruborizó.[53] Bajó la cabeza para escribir. A medida que llenaba la hoja pedía a la mujer los datos de su identidad, y ella respondía sin vacilación, con detalles precisos, como si estuviera leyendo. El padre empezó a sudar. La niña se desabotonó la trabilla[54] del zapato izquierdo, se descalzó el talón y lo apoyó en el contrafuerte.[55] Hizo lo mismo con el derecho.

Todo había empezado el lunes de la semana anterior, a las tres de la madrugada y a pocas cuadras[56] de allí. La señora Rebeca, una viuda solitaria que vivía en una casa llena de cachivaches,[57] sintió a través del rumor de la llovizna[58] que alguien trataba de forzar desde afuera la puerta de la calle. Se levantó, buscó a tien-

---

[47]**réplica** reply   [48]**baranda** railing   [49]**hule** oilcloth   [50]**forrado** covered   [51]**tintero** inkwell   [52]**la escrutó** scrutinized   [53]**se ruborizó** blushed   [54]**trabilla** strap   [55]**contrafuerte** heel of a shoe   [56]**a pocas cuadras** a few blocks away   [57]**cachivaches** knick-knacks   [58]**llovizna** drizzle

tas en el ropero un revólver arcaico que nadie había disparado desde los tiempos del coronel Aureliano Buendía, y fue a la sala sin encender las luces. Orientándose no tanto por el ruido de la cerradura como por un terror desarrollado en ella por 28 años de soledad, localizó en la imaginación no sólo el sitio donde estaba la puerta sino la altura exacta de la cerradura.[59] Agarró el arma con las dos manos, cerró los ojos y apretó el gatillo.[60] Era la primera vez en su vida que disparaba un revólver. Inmediatamente después de la detonación no sintió nada más que el murmullo de la llovizna en el techo de cinc. Después percibió un golpecito metálico en el andén[61] de cemento y una voz muy baja, apacible, pero terriblemente fatigada: "Ay, mi madre". El hombre que amaneció muerto frente a la casa, con la nariz despedazada,[62] vestía una franela a rayas de colores, un pantalón ordinario con una soga[63] en lugar de cinturón, y estaba descalzo.[64] Nadie lo conocía en el pueblo.

—De manera que se llamaba Carlos Centeno —murmuró el padre cuando acabó de escribir.

—Centeno Ayala —dijo la mujer—. Era el único varón.

El sacerdote volvió al armario. Colgadas de un clavo en el interior de la puerta había dos llaves grandes y oxidadas,[65] como la niña imaginaba y como imaginaba la madre cuando era niña y como debió imaginar el propio sacerdote alguna vez que eran las llaves de San Pedro. Las descolgó,[66] las puso en el cuaderno abierto sobre la baranda y mostró con el índice un lugar en la página escrita, mirando a la mujer.

—Firme aquí.

La mujer garabateó[67] su nombre, sosteniendo la cartera bajo la axila.[68] La niña recogió las flores, se dirigió a la baranda arrastrando los zapatos y observó atentamente a su madre.

El párroco suspiró.

—¿Nunca trató de hacerlo entrar por el buen camino?

La mujer contestó cuando acabó de firmar.

—Era un hombre muy bueno.

El sacerdote miró alternativamente a la mujer y a la niña y comprobó con una especie de piadoso[69] estupor que no estaban a punto de llorar. La mujer continuó inalterable:

—Yo le decía que nunca robara nada que le hiciera falta a alguien para comer, y él me hacía caso.[70] En cambio, antes, cuando boxeaba, pasaba hasta tres días en la cama postrado por los golpes.

—Se tuvo que sacar todos los dientes —intervino la niña.

—Así es —confirmó la mujer—. Cada bocado[71] que me comía en ese tiempo me sabía a los porrazos[72] que le daban a mi hijo los sábados a la noche.

—La voluntad de Dios es inescrutable —dijo el padre.

---

[59]**cerradura** lock [60]**gatillo** trigger [61]**andén** platform [62]**despedazada** torn to pieces
[63]**soga** rope [64]**descalzo** barefooted [65]**oxidadas** rusted [66]**las descolgó** took them down
[67]**garabateó** scribbled [68]**axila** armpit [69]**piadoso** kind [70]**me hacía caso** he listened to me
[71]**bocado** mouthful [72]**porrazos** blows

Pero lo dijo sin mucha convicción, en parte porque la experiencia lo había vuelto un poco escéptico, y en parte por el calor. Les recomendó que se protegieran la cabeza para evitar la insolación. Les indicó bostezando[73] y ya casi completamente dormido, cómo debían hacer para encontrar la tumba de Carlos Centeno. Al regreso no tenían que tocar. Debían meter la llave por debajo de la puerta, y poner allí mismo, si tenían, una limosna[74] para la Iglesia. La mujer escuchó las explicaciones con mucha atención, pero dio las gracias sin sonreír.

Desde antes de abrir la puerta de la calle el padre se dio cuenta de que había alguien mirando hacia adentro, las narices aplastadas[75] contra la red metálica. Era un grupo de niños. Cuando la puerta se abrió por completo los niños se dispersaron. A esa hora, de ordinario, no había nadie en la calle. Había grupos bajo los almendros. El padre examinó la calle distorsionada por la reverberación, y entonces comprendió. Suavemente volvió a cerrar la puerta.

—Esperen un minuto —dijo, sin mirar a la mujer.

Su hermana apareció en la puerta del fondo, con una chaqueta negra sobre la camisa de dormir y el cabello suelto en los hombros. Miró al padre en silencio.

—¿Qué fue? —preguntó él.

—La gente se ha dado cuenta —murmuró su hermana.

—Es mejor que salgan por la puerta del patio —dijo el padre.

—Es lo mismo —dijo su hermana—. Todo el mundo está en las ventanas.

La mujer parecía no haber comprendido hasta entonces. Trató de ver la calle a través de la red metálica. Luego le quitó el ramo de flores a la niña y empezó a moverse hacia la puerta. La niña la siguió.

—Esperen a que baje el sol —dijo el padre.

—Se van a derretir[76] —dijo su hermana, inmóvil en el fondo de la sala—. Espérense y les presto una sombrilla. *parasol*

—Gracias —replicó la mujer—. Así vamos bien. —Tomó a la niña de la mano y salió a la calle.

DESPUÉS DE LEER

1. ¿Cómo se imagina usted el pueblo al que llegan la mujer y su hija?

2. ¿Qué tipos de consejos le da la madre a la hija? ¿Qué nos revelan esos consejos de la personalidad de la madre?

3. ¿A qué clase social pertenece la mujer? ¿Qué detalles da el autor para que usted considere la clase social?

4. ¿Cómo son recibidas la mujer y la niña? ¿Cómo se ve la determinación de la mujer?

5. ¿Qué opinión tendrá el pueblo del hijo de la mujer? ¿Qué opina la mujer de su hijo? ¿Qué opina usted de los consejos que la madre le dio a su hijo?

6. ¿Por qué le presta García Márquez tanta importancia al clima?

---

[73]**bostezando** yawning   [74]**limosna** alms   [75]**aplastadas** flattened   [76]**derretir** melt

AL LEER CONSIDERE LO SIGUIENTE:

—la violencia
—la situación política

Aurelio Escovar, dentista sin título, se niega a sacarle la muela al alcalde por tener al pueblo aterrorizado. Por fin accede sabiendo que le hará pagar su injusticia.

Un día de estos

El lunes amaneció tibio y sin lluvia. Don Aurelio Escovar, dentista sin título y buen madrugador,[1] abrió su gabinete[2] a las seis. Sacó de la vidriera una dentadura postiza[3] montada aún en el molde de yeso[4] y puso sobre la mesa un puñado[5] de instrumentos que ordenó de mayor a menor, como en una exposición. Llevaba una camisa a rayas,[6] sin cuello, cerrada arriba con un botón dorado, y los pantalones sostenidos con cargadores elásticos.[7] Era rígido, enjuto,[8] con una mirada que raras veces correspondía a la situación, como la mirada de los sordos.

Cuando tuvo las cosas dispuestas sobre la mesa rodó la fresa[9] hacia el sillón de resortes[10] y se sentó a pulir[11] la dentadura postiza. Parecía no pensar en lo que hacía, pero trabajaba con obstinación, pedaleando[12] en la fresa incluso cuando no se servía de ella.

Después de las ocho hizo una pausa para mirar el cielo por la ventana y vio dos gallinazos[13] pensativos que se secaban al sol en el cabellete[14] de la casa vecina. Siguió trabajando con la idea de que antes del almuerzo volvería a llover. La voz destemplada[15] de su hijo de once años lo sacó de su abstracción.

—Papá.

—Qué.

—Dice el alcalde que si le sacas una muela.

—Dile que no estoy aquí.

Estaba puliendo un diente de oro. Lo retiró a la distancia del brazo y lo examinó con los ojos a medio cerrar. En la salita de espera volvió a gritar su hijo.

—Dice que sí estás porque te está oyendo.

El dentista siguió examinando el diente. Sólo cuando lo puso en la mesa con los trabajos terminados, dijo:

---

[1]**madrugador** early riser   [2]**gabinete** office   [3]**dentadura postiza** false teeth   [4]**yeso** plaster
[5]**un puñado** a fistful   [6]**a rayas** striped   [7]**cargadores elásticos** suspenders   [8]**enjuto** skinny
[9]**fresa** dentist's drill   [10]**sillón de resortes** dentist's chair   [11]**pulir** to polish   [12]**pedaleando** pumping   [13]**gallinazos** buzzards   [14]**cabellete** ridgepole   [15]**destemplada** cracking voice

—Mejor.

Volvió a operar la fresa. De una cajita de cartón donde guardaba las cosas por hacer, sacó un puente de varias piezas y empezó a pulir el oro.

—Papá.

—Qué.

Aún no había cambiado de expresión.

—Dice que si no le sacas la muela te pega un tiro.[16]

Sin apresurarse,[17] con un movimiento extremadamente tranquilo, dejó de pedalear en la fresa, la retiró del sillón y abrió por completo la gaveta[18] inferior de la mesa. Allí estaba el revólver.

—Bueno —dijo—. Dile que venga a pegármelo.

Hizo girar[19] el sillón hasta quedar de frente a la puerta, la mano apoyada[20] en el borde de la gaveta. El alcalde apareció en el umbral.[21] Se había afeitado la mejilla izquierda, pero en la otra, hinchada[22] y dolorida, tenía una barba de cinco días. El dentista vio en sus ojos marchitos[23] muchas noches de desesperación. Cerró la gaveta con la punta de[24] los dedos y dijo suavemente:

—Siéntese.

—Buenos días —dijo el alcalde.

—Buenos —dijo el dentista.

Mientras hervían[25] los instrumentos, el alcalde apoyó el cráneo en el cabezal[26] de la silla y se sintió mejor. Respiraba un olor glacial. Era un gabinete pobre: una vieja silla de madera, la fresa de pedal, y una vidriera con pomos de loza.[27] Frente a la silla, una ventana con un cancel de tela[28] hasta la altura de un hombre. Cuando sintió que el dentista se acercaba, el alcalde afirmó los talones[29] y abrió la boca.

Don Aurelio Escovar le movió la cara hacia la luz. Después de observar la muela dañada, ajustó la mandíbula con una cautelosa presión de los dedos.

—Tiene que ser sin anestesia —dijo.

—¿Por qué?

—Porque tiene un absceso.

El alcalde lo miró en los ojos.

—Está bien —dijo, y trató de sonreír. El dentista no le correspondió. Llevó a la mesa de trabajo la cacerola con los instrumentos hervidos y los sacó del agua con unas pinzas[30] frías, todavía sin apresurarse. Después rodó la escupidera[31] con la punta del zapato y fue a lavarse las manos en el aguamanil.[32] Hizo todo sin mirar al alcalde. Pero el alcalde no lo perdió de vista.

Era una cordal[33] inferior. El dentista abrió las piernas y apretó la muela con el gatillo[34] caliente. El alcalde se aferró[35] a las barras de la silla,[36] descargó toda su

---

[16]**te pega un tiro** he'll shoot you   [17]**sin apresurarse** without hurrying   [18]**gaveta** drawer
[19]**hizo girar** he turned   [20]**apoyada** resting   [21]**umbral** threshold   [22]**hinchada** swollen
[23]**marchitos** wilted   [24]**con la punta de** with the tips of   [25]**hervían** boiled   [26]**cabezal** head-
rest   [27]**pomos de loza** porcelain bottles   [28]**cancel de tela** cloth curtain   [29]**afirmó los
talones** dug in his heels   [30]**pinzas** tweezers   [31]**escupidera** spittoon   [32]**aguamanil** wash
basin   [33]**cordal** wisdom tooth   [34]**gatillo** forceps   [35]**se aferró** held on   [36]**barras de la silla**
arms of a chair

fuerza en los pies y sintió un vacío helado en los riñones,[37] pero no soltó un suspiro. El dentista sólo movió la muñeca. Sin rencor, más bien con una amarga ternura, dijo:

—Aquí nos paga veinte muertos, teniente.

El alcalde sintió un crujido[38] de huesos en la mandíbula y sus ojos se llenaron de lágrimas. Pero no suspiró hasta que no sintió salir la muela. Entonces la vio a través de las lágrimas. Le pareció tan extraña a[39] su dolor, que no pudo entender la tortura de sus cinco noches anteriores. Inclinado sobre la escupidera, sudoroso, jadeante,[40] se desabotonó la guerrera[41] y buscó a tientas[42] el pañuelo en el bolsillo del pantalón. El dentista le dio un trapo[43] limpio.

—Séquese las lágrimas —dijo.

El alcalde lo hizo. Estaba temblando. Mientras el dentista se lavaba las manos, vio el cielorraso desfondado[44] y una telaraña[45] polvorienta con huevos de araña e insectos muertos. El dentista regresó secándose las manos. "Acuéstese —dijo— y haga buches[46] de agua de sal." El alcalde se puso de pie, se despidió con un displicente[47] saludo militar, y se dirigió a la puerta estirando las piernas, sin abotonarse la guerrera.

—Me pasa la cuenta —dijo.

—¿A usted o al municipio?

El alcalde no lo miró. Cerró la puerta, y dijo, a través de la red metálica.

—Es la misma vaina.[48]

DESPUÉS DE LEER

1. ¿Qué significa que Escovar sea un dentista sin título? ¿Qué muestra ello de la sociedad donde vive?

2. ¿Quién va a ver a Escovar? ¿Por qué? ¿Cómo reacciona el dentista?

3. ¿Por qué tiene Escovar un revólver en la gaveta? ¿Cómo interpreta ese hecho? ¿Qué dice ello del ambiente en que se desarrolla el cuento?

4. Interprete la frase: "Aquí nos paga veinte muertos, teniente".

5. ¿Cómo castiga Escovar al alcalde? ¿Qué opina Ud. de su acción?

6. ¿A quién le debe de pasar la cuenta el dentista? ¿Qué sugiere ese hecho?

7. Comente la actitud del alcalde al decir al final del cuento "Es la misma vaina".

---

[37]**riñones** kidneys   [38]**crujido** crunch   [39]**extraña a** foreign to   [40]**jadeante** panting   [41]**guerrera** military uniform   [42]**buscó a tientas** feeling his way   [43]**trapo** rag   [44]**cielorraso desfondado** crumbling ceiling   [45]**telaraña** spiderweb   [46]**haga buches** gargle   [47]**displicente** casual   [48]**Es la misma vaina.** It's all the same.

ALGUNOS ESTUDIOS DE INTERÉS

Alfaro, Gustavo. *Constante de la historia de Latinoamérica en García Márquez*. Cali, Colombia: Biblioteca Banco Popular, 1979.

Arnau, Carmen. *El mundo mítico de Gabriel García Márquez*. Barcelona, España: Península, 1971.

Bell-Villada, Gene H. *García Márquez: The Man and His Work*. Chapel Hill: University of North Carolina Press, 1990.

Benedetti, Mario, et al. *Nueve asedios a García Márquez*. Santiago de Chile: Editorial Universitaria, 1972.

Campra, Rosalba. "Las técnicas del sentido en los cuentos de Gabriel García Márquez". *Revista Iberoamericana* 50 (1984): 937–955.

Earle, Peter, ed. *Gabriel García Márquez*. Madrid, España: Taurus, 1982.

Eyzaguirre, Luis. "Rito y sacrificio en *Crónica de una muerte anunciada*". *Revista Chilena de Literatura* 42 (1993): 81–87.

Haberly, David T. "Bags of Bones: A Source for *Cien años de soledad*". *MLN* 105:2 (1990): 393–394.

Higgins, James. "Gabriel García Márquez: *Cien años de soledad*". Philip Swanson, ed. *Landmarks in Modern Latin American Fiction*. Londres: Routledge Press, 1990.

Ortega, Julio, ed. *García Márquez and the Powers of Fiction*. Austin: University of Texas Press, 1988.

Vargas Llosa, Mario. *Gabriel García Márquez. Historia de un deicidio*. Barcelona, España: Seix Barral, 1971.

Mario Vargas Llosa

(1936, Arequipa, Perú–)

Mario Vargas Llosa, perteneciente al *boom* literario hispanoamericano, es uno de los escritores contemporáneos más destacados de la lengua española. Sus experiencias personales y su interés político han servido de fondo a su ficción. Sus años de adolescente en el Colegio Militar Leoncio Prado le sirven de fuente principal para escribir *La ciudad y los perros* (1962), novela que le dio fama internacional. Su estadía en Piura le proporciona el fondo para *La casa verde* (1965). A estas novelas les siguieron *Los cachorros* (1967) y *La tía Julia y el escribidor* (1977). Ambas, al igual que *La ciudad y los perros,* giran en torno a los recuerdos de la adolescencia. En *La tía Julia y el escribidor* el autor muestra su capacidad humorística. La novela fue inspirada por el matrimonio de Vargas Llosa a los diecinueve años de edad con una parienta divorciada. En esta novela se plantea el tema de qué se entiende por literatura y cuál es la función del escritor.

Otras novelas escritas por Vargas Llosa son *Conversación en la Catedral* (1969), de tema político, *Pantaleón y las visitadoras* (1973), novela de gran sentido del humor, *La guerra del fin del mundo* (1981), *Historia de Mayta* (1984), *¿Quién mató a Palomino Moldero?* (1986), *Elogio de la madrastra* (1989) y *Lituma en los Andes* (1993). Entre sus obras teatrales se encuentran *La señorita de Tacna* (1981), *Kathy y el hipopótamo* (1983) y *El loco de los balcones* (1993).

Vargas Llosa ha escrito extensa crítica literaria. Entre sus obras de crítica se mencionan *Historia de un deicidio* (1971), su tesis doctoral sobre el escritor colombiano Gabriel García Márquez, *García Márquez y la problemática de la novela* (1973), escrita junto con Ángel Rama, y *La orgía perpetua: Flaubert y Madame Bovary* (1975). Los últimos escritos de Vargas Llosa son *Contra viento y marea* (1990), *El pez en el agua: Memorias* (1993) y *Desafíos a la libertad* (1994).

El interés de Vargas Llosa en la política peruana lo llevó a postularse para presidente del Perú en 1990. Derrotado en las elecciones nacionales, Vargas Llosa se estableció en España, país que le concedió la ciudadanía, le otorgó el Premio Miguel de Cervantes en 1994 y le hizo miembro de la Real Academia de la Lengua.

AL LEER CONSIDERE LO SIGUIENTE:

—la relación entre los colegiales
—la lucha por el liderazgo
—la disciplina
—la técnica y el estilo narrativo
—el lenguaje

En "Los jefes", Mario Vargas Llosa trata un tema propio de la adolescencia. Narra la lucha por el liderazgo estudiantil y la oposición de los estudiantes mayores a la decisión del profesorado de darles exámenes finales sin horarios.

Los jefes

I

Javier se adelantó por un segundo:

—¡Pito![1] —gritó, ya de pie.

La tensión se quebró,[2] violentamente, como una explosión. Todos estábamos parados: el doctor Abásalo tenía la boca abierta. Enrojecía, apretando los puños.[3] Cuando, recobrándose, levantaba una mano y parecía a punto de lanzar[4] un sermón, el pito sonó de verdad. Salimos corriendo con estrépito,[5] enloquecidos, azuzados[6] por el graznido[7] de cuervo[8] de Amaya, que avanzaba volteando carpetas.[9]

El patio estaba sacudido por los gritos. Los de cuarto y tercero habían salido antes, formaban un gran círculo que se mecía bajo el polvo. Casi con nosotros, entraron los de primero y segundo, traían nuevas frases agresivas, más odio. El círculo creció. La indignación era unánime en la media. (La primera tenía un patio pequeño, de mosaicos[10] azules, en el ala[11] opuesta del colegio.)

—Quiere fregarnos,[12] el serrano.

—Sí. Maldito sea.

Nadie hablaba de los exámenes finales. El fulgor[13] de las pupilas, las vociferaciones,[14] el escándalo indicaban que había llegado el momento de enfrentar al director. De pronto, dejé de hacer esfuerzos por contenerme y comencé a recorrer febrilmente los grupos: "¿nos friega y nos callamos?". "Hay que hacer algo". "Hay que *hacerle* algo".

---

[1]**pito** the whistle   [2]**se quebró** broke   [3]**puños** fists   [4]**lanzar** launch   [5]**con estrépito** noisily
[6]**azuzados** incited   [7]**graznido** squawking   [8]**cuervo** crow   [9]**volteando carpetas** turning folders upside down   [10]**mosaicos** tiles   [11]**ala** wing   [12]**fregarnos** annoy us   [13]**fulgor** sparkle   [14]**vociferaciones** shouting

Una mano férrea[15] me extrajo del centro del círculo.

—Tú no —dijo Javier—. No te metas.[16] Te expulsan. Ya lo sabes.

—Ahora no me importa. Me las va a pagar todas. Es mi oportunidad, ¿ves? Hagamos que formen.

En voz baja fuimos repitiendo por el patio, de oído en oído: "formen filas",[17] "a formar, rápido".

—¡Formemos las filas! —El vozarrón[18] de Raygada vibró en el aire sofocante de la mañana.

Muchos, a la vez, corearon:[19]

—¡A formar! ¡A formar!

Los inspectores Gallardo y Romero vieron entonces, sorprendidos, que de pronto decaía el bullicio y se organizaban las filas antes de concluir el recreo. Estaban apoyados[20] en la pared, junto a la sala de profesores, frente a nosotros, y nos miraban nerviosamente. Luego se miraron entre ellos. En la puerta habían aparecido algunos profesores; también estaban extrañados.[21]

El inspector Gallardo se aproximó:

—¡Oigan! —gritó desconcertado—. Todavía no…

—Calla —repuso alguien, desde atrás—. ¡Calla, Gallardo, maricón![22]

Gallardo se puso pálido. A grandes pasos, con gesto amenazador,[23] invadió las filas. A su espalda, varios gritaban: "¡Gallardo, maricón!"

—Marchemos —dije—. Demos vueltas al patio. Primero los de quinto.

Comenzamos a marchar. Taconeábamos con fuerza, hasta dolernos los pies. A la segunda vuelta —formábamos un rectángulo perfecto, ajustado a las dimensiones del patio[24]— Javier, Raygada, León y yo principiamos:[25]

—Ho-ra-rio; ho-ra-rio; ho-ra-rio…

El coro se hizo general.

—¡Más fuerte! —prorrumpió[26] la voz de alguien que yo odiaba: Lu—. ¡Griten!

De inmediato, el vocerío aumentó hasta ensordecer.

—Ho-ra-rio; ho-ra-rio; ho-ra-rio…

Los profesores, cautamente,[27] habían desaparecido cerrando tras ellos la puerta de la Sala. Al pasar los de quinto junto al rincón donde Teobaldo vendía fruta sobre un madero, dijo algo que no oímos. Movía las manos, como alentándonos.[28] "Puerco", pensé.

Los gritos arreciaban.[29] Pero, ni el compás de la marcha, ni el estímulo de los chillidos,[30] bastaban para disimular que estábamos asustados. Aquella espera era angustiosa. ¿Por qué tardaba en salir? Aparentando valor aún, repetíamos la

---

[15]**férrea** iron   [16]**no te metas** don't get involved   [17]**formen filas** line up   [18]**vozarrón** booming voice   [19]**corearon** chorused   [20]**apoyados** leaning   [21]**extrañados** surprised   [22]**maricón** (*vulg.*) queer   [23]**amenazador** threatening   [24]**ajustado a las dimensiones del patio** according to the dimensions of the courtyard   [25]**principiamos** we started   [26]**prorrumpió** shouted   [27]**cautamente** cautiously   [28]**alentándonos** encouraging us   [29]**arreciaban** got stronger   [30]**chillido** screaming

frase, mas habían comenzado a mirarse unos a otros y se escuchaban, de cuando en cuando, agudas[31] risitas forzadas. "No debo pensar en nada, me decía. Ahora no". Ya me costaba trabajo gritar: estaba ronco[32] y me ardía la garganta.[33] De pronto, casi sin saberlo, miraba el cielo: perseguía a un gallinazo[34] que planeaba suavemente sobre el colegio, bajo una bóveda[35] azul, límpida y profunda, alumbrada por un disco amarillo, en un costado, como un lunar. Bajé la cabeza, rápidamente.

Pequeño, amoratado, Ferrufino había aparecido al final del pasillo que desembocaba[36] en el patio de recreo. Los pasitos breves y chuecos, como de pato, que lo acercaban interrumpían abusivamente el silencio que había reinado de improviso, sorprendiéndome. (La puerta de la sala de profesores se abre: asoma un rostro diminuto, cómico. Estrada quiere espiarnos: ve al director a unos pasos: velozmente,[37] se hunde; su mano infantil cierra la puerta.) Ferrufino estaba frente a nosotros: recorría desorbitado[38] los grupos de estudiantes enmudecidos. Se habían deshecho las filas: algunos corrieron a los baños, otros rodeaban desesperadamente la cantina de Teobaldo. Javier, Raygada, León y yo quedamos inmóviles.

—No tengan miedo —dije, pero nadie me oyó porque simultáneamente había dicho el director:

—Toque el pito, Gallardo.

De nuevo se organizaron las hileras, esta vez con lentitud. El calor no era todavía excesivo, pero ya padecíamos cierto sopor,[39] una especie de aburrimiento. "Se cansaron —murmuró Javier—. Malo". Y advirtió, furioso:

—¡Cuidado con hablar!

Otros propagaron el aviso.

—No —dije—. Espera. Se pondrán como fieras apenas hable Ferrufino.

Pasaron algunos segundos de silencio, de sospechosa gravedad, antes de que fuéramos levantando la vista, uno por uno, hacia aquel hombrecito vestido de gris. Estaba con las manos enlazadas sobre el vientre, los pies juntos, quieto.

—No quiero saber quién inició este tumulto —recitaba. Un actor: el tono de su voz, pausado, suave, las palabras casi cordiales, su postura de estatua, eran cuidadosamente afectadas. ¿Habría estado ensayándose solo, en su despacho?—. Actos como éste son una vergüenza para ustedes, para el colegio y para mí. He tenido mucha paciencia, demasiada, óiganlo bien, con el promotor de estos desórdenes, pero ha llegado al límite…

¿Yo o Lu? Una interminable y ávida lengua de fuego lamía[40] mi espalda, mi cuello, mis mejillas a medida que los ojos de toda la Media iban girando hasta encontrarme. ¿Me miraba Lu? ¿Tenía envidia? ¿Me miraban los coyotes? Desde atrás, alguien palmeó[41] mi brazo dos veces, alentándome. El director habló

---

[31]**agudas** shrilling   [32]**ronco** hoarse   [33]**me ardía la garganta** my throat was burning   [34]**gallinazo** buzzard   [35]**bóveda** vault   [36]**desembocaba** ran into   [37]**velozmente** quickly   [38]**desorbitado** wide-eyed   [39]**sopor** drowsiness   [40]**lamía** licked   [41]**palmeó** tapped

largamente sobre Dios, la disciplina y los valores supremos del espíritu. Dijo que las puertas de la dirección estaban siempre abiertas, que los valientes de verdad debían dar la cara.[42]

—Dar la cara —repitió: ahora era autoritario—, es decir, hablar de frente, hablarme a mí.

—¡No seas imbécil! —dije, rápido—. ¡No seas imbécil!

Pero Raygada ya había levantado su mano al mismo tiempo que daba un paso a la izquierda, abandonando la formación. Una sonrisa complaciente cruzó la boca de Ferrufino, y desapareció de inmediato.

—Escucho, Raygada... —dijo.

A medida que éste hablaba, sus palabras le inyectaban valor. Llegó incluso, en un momento, a agitar sus brazos, dramáticamente. Afirmó que no éramos malos y que amábamos el colegio y a nuestros maestros; recordó que la juventud era impulsiva. En nombre de todos, pidió disculpas. Luego tartamudeó,[43] pero siguió adelante.

—Nosotros le pedimos, señor director, que ponga horarios de exámenes como en años anteriores... —Se calló, asustado.

—Anote, Gallardo —dijo Ferrufino—. El alumno Raygada vendrá a estudiar la próxima semana, todos los días, hasta las nueve de la noche. —Hizo una pausa—. El motivo figurará en la libreta: por rebelarse contra una disposición pedagógica.

Señor director... —Raygada estaba lívido.

—Me parece justo —susurró Javier—. Por bruto.

II

Un rayo de sol atravesaba el sucio tragaluz[44] y venía a acariciar mi frente y mis ojos, me invadía de paz. Sin embargo, mi corazón estaba algo agitado y a ratos sentía ahogos.[45] Faltaba media hora para la salida; la impaciencia de los muchachos había decaído[46] un poco. ¿Responderían, después de todo?

—Siéntese, Montes —dijo el profesor Zambrano—. Es usted un asno.[47]

—Nadie lo duda —afirmó Javier, a mi costado. —Es un asno.

¿Habría llegado la consigna a todos los años? No quería martirizar de nuevo mi cerebro con suposiciones pesimistas, pero a cada momento veía a Lu, a pocos metros de mi carpeta, y sentía desasosiego[48] y duda, porque sabía que en el fondo iba a decidirse, no el horario de exámenes, ni siquiera una cuestión de honor, sino una venganza personal. ¿Cómo descuidar esta ocasión feliz para atacar al enemigo que había bajado la guardia?

—Toma —dijo a mi lado, alguien—. Es de Lu.

"Acepto tomar el mando, contigo y Raygada". Lu había firmado dos veces. Entre sus nombres, como un pequeño borrón,[49] aparecía con la tinta brillante aún, un signo que todos respetábamos: la letra C, en mayúscula, encerrada en un cír-

---

[42]**dar la cara** face up   [43]**tartamudeó** stuttered   [44]**tragaluz** transom, skylight   [45]**ahogos** suffocated   [46]**decaído** decreased   [47]**asno** ass   [48]**desasosiego** uneasiness   [49]**borrón** smudge

culo negro. Lo miré: su frente y su boca eran estrechas; tenía los ojos rasgados,[50] la piel hundida en las mejillas y la mandíbula pronunciada y firme. Me observaba seriamente: acaso pensaba que la situación le exigía ser cordial.

En el mismo papel respondí: *"Con Javier"*. Leyó sin inmutarse[51] y movió la cabeza afirmativamente.

—Javier —dije.

—Ya sé —respondió—. Está bien. Le haremos pasar un mal rato.

¿Al director o a Lu? Iba a preguntárselo pero me distrajo el silbato que anunciaba la salida. Simultáneamente se elevó el griterío[52] sobre nuestras cabezas, mezclado con el ruido de las carpetas removidas. Alguien —¿Córdoba, quizá?— silbaba con fuerza, como queriendo destacar.

—¿Ya saben? —dijo Raygada, en la fila—. Al Malecón.

—¡Qué vivo! —exclamó uno—. Está enterado hasta Ferrufino.

Salíamos por la puerta de atrás, un cuarto de hora después que la primaria. Otros lo habían hecho ya, y la mayoría de alumnos se había detenido en la calzada,[53] formando pequeños grupos. Discutían, bromeaban, se empujaban.

—Que nadie se quede por aquí —dije.

—¡Conmigo los coyotes! —gritó Lu, orgulloso.

Veinte muchachos lo rodearon.

—Al Malecón —ordenó—, todos al Malecón.

Tomados de los brazos, en una línea que unía las dos aceras,[54] cerramos la marcha los de quinto, obligando a apresurarse a los menos entusiastas, a codazos.[55]

Una brisa tibia que no lograba agitar los secos algarrobos,[56] ni nuestros cabellos, llevaba de un lado a otro la arena que cubría a pedazos el suelo calcinado[57] del Malecón. Habían respondido. Ante nosotros —Lu, Javier, Raygada y yo—, que dábamos la espalda a la baranda y a los interminables arenales que comenzaban en la orilla contraria del cauce,[58] una muchedumbre compacta, extendida a lo largo de toda la cuadra, se mantenía serena, aunque a veces, aisladamente, se escuchaban gritos estridentes.

—¿Quién habla? —preguntó Javier.

—Yo —propuso Lu, listo para saltar a la baranda.

—No, —dije—. Habla tú, Javier.

Lu se contuvo y me miró, pero no estaba enojado.

—Bueno —dijo; y agregó, encogiendo los hombros:[59]— ¡Total!

Javier trepó. Con una de sus manos se apoyaba en un árbol encorvado[60] y seco, y con la otra se sostenía de mi cuello. Entre sus piernas, agitadas por un leve temblor que desaparecía a medida que el tono de su voz se hacía convincente y enérgico, veía yo el seco y ardiente cauce del río y pensaba en Lu y en los coyotes. Había sido suficiente apenas un segundo para que pasara a primer lugar;

---

[50]**ojos rasgados** almond-shaped eyes   [51]**sin inmutarse** without flinching   [52]**griterío** shouting   [53]**calzada** road   [54]**aceras** sidewalks   [55]**codazos** nudges   [56]**algarrobos** carob trees   [57]**calcinado** burned   [58]**cauce** riverbed   [59]**encogiendo los hombros** shrugging his shoulders   [60]**encorvado** bent

ahora tenía el mando y lo admiraban, a él, ratita[61] amarillenta que no hacía seis meses imploraba mi permiso para entrar en la banda. Un descuido infinitamente pequeño, y luego la sangre, corriendo en abundancia por mi rostro y mi cuello: y mis brazos y piernas inmovilizados bajo la claridad lunar, incapaces ya de responder a sus puños.

—Te he ganado —dijo, resollando[62]—. Ahora soy el jefe. Así acordamos.

Ninguna de las sombras estiradas en círculo en la blanda arena, se había movido. Sólo los sapos[63] y los grillos[64] respondían a Lu, que me insultaba. Tendido todavía sobre el cálido suelo, atiné a[65] gritar:

—Me retiro de la banda. Formaré otra, mucho mejor.

Pero yo y Lu y los coyotes que continuaban agazapados[66] en la sombra, sabíamos que no era verdad.

—Me retiro yo también —dijo Javier.

Me ayudaba a levantarme. Regresamos a la ciudad, y mientras caminábamos por las calles vacías, yo iba limpiándome con el pañuelo de Javier la sangre y las lágrimas.

—Habla tú ahora —dijo Javier. Había bajado y algunos lo aplaudían.

—Bueno —repuse y subí a la baranda.[67]

Ni las paredes del fondo, ni los cuerpos de mis compañeros hacían sombra. Tenía las manos húmedas y creí que eran los nervios, pero era el calor. El sol estaba en el centro del cielo; nos sofocaba. Los ojos de mis compañeros no llegaban a los míos: miraban el suelo y mis rodillas. Guardaban silencio. El sol me protegía.

—Pediremos al director que ponga el horario de exámenes, lo mismo que otros años. Raygada, Javier, Lu y yo formamos la Comisión. La media está de acuerdo, ¿no es verdad?

La mayoría asintió, moviendo la cabeza. Unos cuantos gritaron: "Sí".

—Lo haremos ahora mismo —dije—. Ustedes nos esperarán en la Plaza Merino.

Echamos a andar. La puerta principal del colegio estaba cerrada. Tocamos con fuerza; escuchábamos a nuestra espalda un murmullo creciente. Abrió el inspector Gallardo.

—¿Están locos? —dijo—. No hagan eso.

—No se meta —lo interrumpió Lu—. ¿Cree que el serrano nos da miedo?

—Pasen —dijo Gallardo—. Ya verán.

III

Sus ojillos nos observaban minuciosamente. Quería aparentar sorna[68] y despreocupación, pero no ignorábamos que su sonrisa era forzada y que en el fondo de ese cuerpo rechoncho[69] había temor y odio. Fruncía[70] y despejaba el ceño,[71] el sudor brotaba a chorros[72] de sus pequeñas manos moradas.

---

[61]**ratita** small rat   [62]**resollando** puffing   [63]**sapos** toads   [64]**grillos** crickets   [65]**atiné a** I managed to   [66]**agazapados** crouched   [67]**baranda** railing   [68]**sorna** sarcasm, irony   [69]**rechoncho** chubby   [70]**fruncía** frowned   [71]**despejaba el ceño** made his scowl disappear   [72]**a chorros** poured

Estaba trémulo:[73]

—¿Saben ustedes cómo se llama esto? Se llama rebelión, insurrección. ¿Creen ustedes que voy a someterme a los caprichos de unos ociosos?[74] Las insolencias las aplasto[75]...

Bajaba y subía la voz. Lo veía esforzarse[76] por no gritar. "¿Por qué no revientas[77] de una vez? —pensé—. ¡Cobarde!"

Se había parado. Una mancha gris flotaba en torno de sus manos, apoyadas sobre el vidrio del escritorio. De pronto su voz ascendió, se volvió áspera:[78]

—¡Fuera! Quien vuelva a mencionar los exámenes será castigado.

Antes que Javier o yo pudiéramos hacerle una señal, apareció entonces el verdadero Lu, el de los asaltos nocturnos a las inmundas[79] rancherías[80] de la Tablada, el de los combates contra los zorros en los médanos.[81]

—Señor Director...

No me volví a mirarlo. Sus ojos oblicuos[82] estarían despidiendo fuego y violencia, como cuando luchamos en el seco cauce del río. Ahora, tendría también muy abierta su boca llena de babas,[83] mostraría sus dientes amarillos.

—Tampoco nosotros podemos aceptar que nos jalen a todos[84] porque usted quiere que no haya horarios. ¿Por qué quiere que todos saquemos notas bajas? ¿Por qué?...

Ferrufino se había acercado. Casi lo tocaba con su cuerpo. Lu, pálido, aterrado,[85] continuaba hablando

—...estamos ya cansados...

—¡Cállate!

El director había levantado los brazos y sus puños estrujaban[86] algo.

—¡Cállate! —repitió con ira—. ¡Cállate, animal! ¡Cómo te atreves!

Lu estaba ya callado, pero miraba a Ferrufino a los ojos como si fuera a saltar súbitamente sobre su cuello. "Son iguales —pensé—. Dos perros".

—De modo que has aprendido de éste.

Su dedo apuntaba a mi frente. Me mordí el labio: pronto sentí que recorría mi lengua un hilito caliente y eso me calmó.

—¡Fuera! —gritó de nuevo—. ¡Fuera de aquí! Les pesará.[87]

Salimos. Hasta el borde de los escalones que vinculaban el colegio San Miguel con la Plaza Merino se extendía una multitud inmóvil y anhelante.[88] Nuestros compañeros habían invadido los pequeños jardines y la fuente: estaban silenciosos y angustiados. Extrañamente, entre la mancha clara y estática aparecían blancos, diminutos rectángulos que nadie pisaba. Las cabezas parecían iguales, uniformes, como en la formación para el desfile. Atravesamos la plaza. Nadie nos interrogó: se hacían a un lado, dejándonos paso y apretaban los labios. Hasta que pisamos la avenida, se mantuvieron en su lugar. Luego, siguiendo una consigna[89]

---

[73]**trémulo** trembling   [74]**ociosos** idlers   [75]**las aplasto** I squash them   [76]**esforzarse** making an effort   [77]**revientas** burst   [78]**áspera** harsh   [79]**inmundas** filthy   [80]**rancherías** settlements   [81]**médanos** dunes   [82]**oblicuos** slanted   [83]**babas** drool   [84]**que nos jalen a todos** that they fail all of us   [85]**aterrado** frightened   [86]**estrujaban** crumpled   [87]**les pesará** you will be sorry   [88]**anhelante** eager   [89]**consigna** orders

que nadie había impartido,[90] caminaron tras de nosotros, al paso sin compás,[91] como para ir a clases.

El pavimento hervía: parecía un espejo que el sol iba disolviendo. "¿Será verdad?" —pensé. Una noche calurosa y desierta me lo contaron, en esta misma avenida, y no lo creí. Pero los periódicos decían que el sol, en algunos apartados lugares, volvía locos a los hombres y a veces los mataba.

—Javier —pregunté—. ¿Tú viste que el huevo se freía sólo, en la pista?[92]

Sorprendido, movió la cabeza.

—No. Me lo contaron.

—¿Será verdad?

—Quizás. Ahora podríamos hacer la prueba. El suelo arde,[93] parece un brasero.[94]

En la puerta de *La Reina* apareció Alberto. Su pelo rubio brillaba hermosamente: parecía de oro. Agitó su mano derecha, cordial. Tenía muy abiertos sus enormes ojos verdes y sonreía. Tendría curiosidad por saber a dónde marchaba esa multitud uniformada y silenciosa, bajo el rudo calor.

—¿Vienes después? —me gritó.

—No puedo. Nos veremos a la noche.

—Es un imbécil —dijo Javier—. Es un borracho.

—No —afirmé—. Es mi amigo. Es un buen muchacho.

IV

—Déjame hablar, Lu —le pedí, procurando ser suave.

Pero ya nadie podía contenerlo. Estaba parado en la baranda, bajo las ramas del seco algarrobo: mantenía admirablemente el equilibrio y su piel y su rostro recordaban un lagarto.[95]

—¡No! —dijo agresivamente—. Voy a hablar yo.

Hice una seña a Javier. Nos acercamos a Lu y apresamos[96] sus piernas. Pero logró tomarse a tiempo del árbol y zafar[97] su pierna derecha de mis brazos: rechazado por un fuerte puntapié[98] en el hombro tres pasos atrás, vi a Javier enlazar velozmente a Lu de las rodillas, y alzar su rostro y desafiarlo[99] con sus ojos que hería el sol salvajemente.

—¡No le pegues! —grité. Se contuvo, temblando, mientras Lu comenzaba a chillar:[100]

—¿Saben ustedes lo que nos dijo el director? Nos insultó, nos trató como a bestias. No le da su gana de poner los horarios porque quiere fregarnos. Jalará a todo el colegio y no le importa. Es un…

Ocupábamos el mismo lugar que antes y las torcidas[101] filas de muchachos comenzaban a cimbrearse.[102] Casi toda la media continuaba presente. Con el calor y cada palabra de Lu crecía la indignación de los alumnos. Se enardecían.[103]

---

[90]**impartido** given   [91]**sin compás** without timing   [92]**pista** road   [93]**arde** burns   [94]**brasero** hearth   [95]**lagarto** lizard   [96]**apresamos** caught   [97]**zafar** to shake off   [98]**puntapié** kick   [99]**desafiarlo** to defy him   [100]**chillar** to scream   [101]**torcidas** twisted   [102]**cimbrearse** to sway   [103]**se enardecían** they were becoming excited

—Sabemos que nos odia. No nos entendemos con él. Desde que llegó, el colegio no es un colegio. Insulta, pega. Encima quiere jalarnos en los exámenes.

Una voz aguda y anónima lo interrumpió:

—¿A quién le ha pegado?

Lu dudó un instante. Estalló de nuevo:

—¿A quién? —desafió— ¡Arévalo, que te vean todos la espalda!

Entre murmullos, surgió Arévalo del centro de la masa. Estaba pálido. Era un coyote. Llegó hasta Lu y descubrió su pecho y espalda. Sobre sus costillas,[104] aparecía una gruesa franja[105] roja.

—¡Esto es Ferrufino! —La mano de Lu mostraba la marca mientras sus ojos escrutaban los rostros atónitos[106] de los más inmediatos. Tumultuosamente, el mar humano se estrechó en torno a nosotros: todos pugnaban por acercarse a Arévalo y nadie oía a Lu, ni a Javier y Raygada que pedían calma, ni a mí, que gritaba: "¡es mentira! ¡no le hagan caso! ¡es mentira!". La marea me alejó de la baranda y de Lu. Estaba ahogado. Logré abrirme camino hasta salir del tumulto. Desanudé[107] mi corbata y tomé aire con la boca abierta y los brazos en alto, lentamente, hasta sentir que mi corazón recuperaba su ritmo.

Raygada estaba junto a mí. Indignado, me preguntó:

—¿Cuándo fue lo de Arévalo?

—Nunca.

—¿Cómo?

Hasta él, siempre sereno, había sido conquistado. Las aletas de su nariz palpitaban vivamente y tenía apretados los puños.

—Nada —dije—, no sé cuándo fue.

Lu esperó que decayera[108] un poco la excitación. Luego, levantando su voz sobre las protestas dispersas:

—¿Ferrufino nos va a ganar? —preguntó a gritos; su puño colérico amenazaba a los alumnos—. ¿Nos va a ganar? ¡Respóndanme!

—¡No! —prorrumpieron quinientos o más—. ¡No! ¡No!

Estremecido[109] por el esfuerzo que le imponían sus chillidos, Lu se balanceaba victorioso sobre la baranda.

—Que nadie entre al colegio hasta que aparezcan los horarios de exámenes. Es justo. Tenemos derecho. Y tampoco dejaremos entrar a la primaria.

Su voz agresiva se perdió entre los gritos. Frente a mí, en la masa erizada[110] de brazos que agitaban jubilosamente centenares de boinas[111] a lo alto, no distinguí uno solo que permaneciera indiferente o adverso.

—¿Qué hacemos?

Javier quería demostrar tranquilidad, pero sus pupilas brillaban.

—Está bien —dije—. Lu tiene razón. Vamos a ayudarlo.

Corrí hacia la baranda y trepé.[112]

---

[104]**costillas** ribs [105]**franja** stripe [106]**rostros atónitos** astonished faces [107]**desanudé** I undid [108]**decayera** dwindle [109]**estremecido** shaken [110]**erizada** bristling [111]**boinas** berets [112]**trepé** I climbed

—Adviertan a los de primaria que no hay clases a la tarde —dije—. Pueden irse ahora. Quédense los de quinto y los de cuarto para rodear el colegio.

—Y también los coyotes —concluyó Lu, feliz.

V

—Tengo hambre —dijo Javier.

El calor había atenuado.[113] En el único banco útil de la Plaza Merino recibíamos los rayos de sol, filtrados fácilmente a través de unas cuantas gasas que habían aparecido en el cielo, pero casi ninguno transpiraba.

León se frotaba[114] las manos y sonreía: estaba inquieto.

—No tiembles —dijo Amaya—. Estás grandazo[115] para tenerle miedo a Ferrufino.

—¡Cuidado! —La cara de mono de León había enrojecido y su mentón sobresalía—. ¡Cuidado, Amaya! —Estaba de pie.

—No peleen —dijo Raygada tranquilamente—. Nadie tiene miedo. Sería un imbécil.

—Demos una vuelta por atrás —propuse a Javier.

Contorneamos[116] el colegio, caminando por el centro de la calle. Las altas ventanas estaban entreabiertas y no se veía a nadie tras ellas, ni se escuchaba ruido alguno.

—Están almorzando —dijo Javier.

—Sí. Claro.

En la vereda[117] opuesta, se alzaba la puerta principal del Salesiano. Los medio internos[118] estaban apostados[119] en el techo, observándonos. Sin duda, habían sido informados.

—¡Qué muchachos valientes! —se burló alguien.

Javier los insultó. Respondió una lluvia de amenazas. Algunos escupieron,[120] pero sin acertar.[121] Hubo risas. "Se mueren de envidia" —murmuró Javier.

En la esquina vimos a Lu. Estaba sentado en la vereda, solo y miraba distraídamente la pista. Nos vio y caminó hacia nosotros. Estaba contento.

—Vinieron dos *churres*[122] de primero —dijo—. Los mandamos a jugar al río.

—¿Sí? —dijo Javier—. Espera media hora y verás. Se va a armar el gran escándalo.

Lu y los coyotes custodiaban la puerta trasera del colegio. Estaban repartidos entre las esquinas de las calles Lima y Arequipa. Cuando llegamos al umbral[123] del callejón,[124] conversaban en grupo y reían. Todos llevaban palos[125] y piedras.

—Así, no —dije—. Si les pegan, los *churres* van a querer entrar de todos modos.

Lu rió.

---

[113]**atenuado** diminished   [114]**se frotaba** rubbed   [115]**estás grandazo** you are too big   [116]**contorneamos** we went around   [117]**vereda** sidewalk   [118]**los medio internos** students who attend a boarding school but go home overnight   [119]**apostados** posted   [120]**escupieron** spit   [121]**sin acertar** without hitting us   [122]***churres*** greasers   [123]**umbral** threshold   [124]**callejón** alley   [125]**palos** sticks

—Ya verán. Por esta puerta no entra nadie.

También él tenía un garrote[126] que ocultaba hasta entonces con su cuerpo. Nos lo enseñó, agitándolo.

—¿Y por allá? —preguntó.

—Todavía nada.

A nuestra espalda, alguien voceaba nuestros nombres. Era Raygada: venía corriendo y nos llamaba agitando la mano frenéticamente. "Ya llegan, ya llegan —dijo, con ansiedad—. Vengan". Se detuvo de golpe diez metros antes de alcanzarnos. Dio media vuelta y regresó a toda carrera.[127] Estaba excitadísimo. Javier y yo también corrimos. Lu nos gritó algo del río. "¿El río? —pensé—. No existe. ¿Por qué todo el mundo habla del río si sólo baja el agua un mes al año?". Javier corría a mi lado, resoplando.[128]

—¿Podremos contenerlos?

—¿Qué? —Le costaba trabajo abrir la boca, se fatigaba más.

—¿Podremos contener a la primaria?

—Creo que sí. Todo depende.

—Mira.

En el centro de la Plaza, junto a la fuente, León, Amaya y Raygada hablaban con un grupo de pequeños, cinco o seis. La situación parecía tranquila.

—Repito —decía Raygada, con la lengua afuera—. Váyanse al río. No hay clases, no hay clases. ¿Está claro? ¿O paso una película?

—Eso —dijo uno, de nariz respingada[129]—. Que sea en colores.

—Miren —les dije—. Hoy no entra nadie al colegio. Nos vamos al río. Jugaremos fútbol: primaria contra media. ¿De acuerdo?

—Ja, ja —rió el de la nariz, con suficiencia—. Les ganamos. Somos más.

—Ya veremos. Vayan para allá.

—No quiero —replicó una voz atrevida—. Yo voy al colegio.

Era un muchacho de cuarto, delgado y pálido. Su largo cuello emergía de la camisa comando, demasiado ancha para él, como un palo de escoba. Era brigadier de año. Inquieto por su audacia dio unos pasos hacia atrás. León corrió y lo tomó de un brazo.

—¿No has entendido? —Había acercado su cara a la del chiquillo y le gritaba. ¿De qué diablos se asustaba León?— ¿No has entendido, *churre*? No entra nadie. Ya, vamos, camina.

—No lo empujes[130] —dije—. Va a ir solo.

—¡No voy! —gritó. Tenía el rostro levantado hacia León, lo miraba con furia—. ¡No voy! No quiero huelga.[131]

—¡Cállate, imbécil! ¿Quién quiere huelga? —León parecía muy nervioso. Apretaba con todas sus fuerzas el brazo del brigadier. Sus compañeros observaban la escena, divertidos.

—¡Nos pueden expulsar! —El brigadier se dirigía a los pequeños; se lo notaba atemorizado y colérico—. Ellos quieren huelga porque no les van a poner

---

[126]**garrote** club   [127]**a toda carrera** at full speed   [128]**resoplando** puffing   [129]**respingada** turned-up   [130]**no lo empujes** don't push him   [131]**huelga** strike

horario, les van a tomar los exámenes de repente, sin que sepan cuándo. ¿Creen que no sé? ¡Nos pueden expulsar! Vamos al colegio, muchachos.

Hubo un movimiento de sorpresa entre los chiquillos. Se miraban ya sin sonreír, mientras el otro seguía chillando que nos iban a expulsar. Lloraba.

—¡No le pegues! —grité, demasiado tarde. León lo había golpeado en la cara, no muy fuerte, pero el chico se puso a patalear[132] y a gritar.

—Pareces un chivo[133] —advirtió alguien.

Miré a Javier. Ya había corrido. Lo levantó y se lo echó a los hombros como un fardo.[134] Se alejó con él. Lo siguieron varios, riendo a carcajadas.

—¡Al río! —gritó Raygada. Javier escuchó porque lo vimos doblar con su carga por la avenida Sánchez Cerro, camino al Malecón.

El grupo que nos rodeaba iba creciendo. Sentados en los sardineles[135] y en los bancos rotos, y los demás transitando aburridamente por los pequeños senderos asfaltados del parque, nadie, felizmente, intentaba ingresar al colegio. Repartidos[136] en parejas, los diez encargados de custodiar la puerta principal, tratábamos de entusiasmarlos: "tienen que poner los horarios, porque si no, nos friegan. Y a ustedes también, cuando les toque".

—Siguen llegando —me dijo Raygada—. Somos pocos. Nos pueden aplastar, si quieren.

—Si los entretenemos diez minutos, se acabó —dijo León—. Vendrá la media y entonces, los corremos[137] al río a patadas.

De pronto, un chico gritó convulsionado:

—¡Tienen razón! ¡Ellos tienen razón! —Y dirigiéndose a nosotros, con aire dramático—: Estoy con ustedes.

—¡Buena! ¡Muy bien! —lo aplaudimos—. Eres un hombre.

Palmeamos su espalda, lo abrazamos.

El ejemplo cundió.[138] Alguien dio un grito: "Yo también". "Ustedes tienen razón". Comenzaron a discutir entre ellos. Nosotros alentábamos a los mas excitados, halagándolos:[139] "Bien, *churre*. No eres ningún marica".

Raygada se encaramó sobre la fuente. Tenía la boina en la mano derecha y la agitaba, suavemente.

—Lleguemos a un acuerdo —exclamó—. ¿Todos unidos?

Lo rodearon. Seguían llegando grupos de alumnos, algunos de quinto de media; con ellos formamos una muralla, entre la fuente y la puerta del colegio, mientras Raygada hablaba.

—Esto se llama solidaridad —decía—. Solidaridad. —Se calló como si hubiera terminado, pero un segundo después abrió los brazos y clamó—: ¡No dejaremos que se cometa un abuso!

Lo aplaudieron.

—Vamos al río —dije—. Todos.

—Bueno. Ustedes también.

---

[132]**patalear** kick [133]**chivo** goat [134]**fardo** bundle [135]**sardineles** rowlocks [136]**repartidos** scattered [137]**los corremos** we chase them [138]**cundió** spread [139]**halagándolos** praising them

—Nosotros vamos después.

—Todos juntos o ninguno —repuso la misma voz. Nadie se movió.

Javier regresaba. Venía solo.

—Esos están tranquilos —dijo—. Le han quitado el burro a una mujer. Juegan de lo lindo.

—La hora —pidió León—. Dígame alguien qué hora es.

Eran las dos.

—A las dos y media nos vamos —dije—. Basta que se quede uno para avisar a los retrasados.[140]

Los que llegaban se sumergían en la masa de chiquillos. Se dejaban convencer rápidamente.

—Es peligroso —dijo Javier. Hablaba de una manera rara: ¿tendría miedo?—. Es peligroso. Ya sabemos qué va a pasar si al director se le antoja[141] salir. Antes que hable, estaremos en las clases.

—Sí —dije—. Que comiencen a irse. Hay que animarlos.

Pero nadie quería moverse. Había tensión, se esperaba que, de un momento a otro, ocurriera algo. León estaba a mi lado.

—Los de media han cumplido —dijo—. Fíjate. Sólo han venido los encargados de las puertas.

Apenas un momento después, vimos que llegaban los de media, en grandes corrillos[142] que se mezclaban con las olas de chiquillos. Hacían bromas. Javier se enfureció:

—¿Y ustedes? —dijo—. ¿Qué hacen aquí? ¿A qué han venido?

Se dirigía a los que estaban más cerca de nosotros; al frente de ellos iba Antenor, brigadier de segundo de media.

—¡Guá! —Antenor parecía muy sorprendido—. ¿Acaso vamos a entrar? Venimos a ayudarlos.

Javier saltó hacia él, lo agarró[143] del cuello.

—¡Ayudarnos! ¿Y los uniformes? ¿Y los libros?

—Calla —dije—. Suéltalo. Nada de peleas. Diez minutos y nos vamos al río. Ha llegado casi todo el colegio.

La Plaza estaba totalmente cubierta. Los estudiantes se mantenían tranquilos, sin discutir. Algunos fumaban. Por la Avenida Sánchez Cerro pasaban muchos carros, que disminuían la velocidad al cruzar la Plaza Merino. De un camión, un hombre nos saludó gritando:

—Buena, muchachos. No se dejen.

—¿Ves? —dijo Javier—. Toda la ciudad está enterada.[144] ¿Te imaginas la cara de Ferrufino?

—¡Las dos y media! —gritó León—. Vámonos. Rápido, rápido.

Miré mi reloj: faltaban cinco minutos.

—Vámonos —grité—. Vámonos al río.

---

[140]**a los retrasados** those who are behind   [141]**se le antoja** feels like   [142]**corrillos** small groups   [143]**lo agarró** he grabbed him   [144]**está enterada** knows about it

Algunos hicieron como que se movían. Javier, León, Raygada y varios más gritaron también, comenzaron a empujar a unos y a otros. Una palabra se repetía sin cesar: "río, río, río".

Lentamente, la multitud de muchachos principió a agitarse. Dejamos de azuzarlos y al callar nosotros, me sorprendió por segunda vez en el día, un silencio total. Me ponía nervioso. Lo rompí:

—Los de media, atrás —indiqué—. A la cola[145] formando fila...

A mi lado, alguien tiró al suelo un barquillo de helado,[146] que salpicó[147] mis zapatos. Enlazando los brazos, formamos un cinturón humano. Avanzábamos trabajosamente. Nadie se negaba, pero la marcha era lentísima. Una cabeza iba casi hundida en mi pecho. Se volvió: ¿cómo se llamaba? Sus ojos pequeñitos eran cordiales.

—Tu padre te va a matar —dijo.

"Ah —pensé—. Mi vecino".

—No —le dije—. En fin, ya veremos. Empuja.

Habíamos abandonado la Plaza. La gruesa columna ocupaba íntegramente el ancho de la avenida. Por encima de las cabezas sin boinas, dos cuadras más allá, se veía la baranda verde amarillenta y los grandes algarrobos del Malecón. Entre ellos, como puntitos blancos, los arenales.

El primero en escuchar fue Javier, que marchaba a mi lado. En sus estrechos ojos oscuros había sobresalto.

—¿Qué pasa? —dije—. Dime.

Movió la cabeza.

—¿Qué pasa? —le grité—. ¿Qué oyes?

Logré ver en ese instante un muchacho uniformado que cruzaba velozmente la Plaza Merino hacia nosotros. Los gritos del recién llegado se confundieron en mis oídos con el violento vocerío que se desató[148] en las apretadas columnas de chiquillos, parejo a[149] un movimiento de confusión. Los que marchábamos en la última hilera no entendíamos bien. Tuvimos un segundo de desconcierto:[150] aflojamos los brazos, algunos se soltaron. Nos sentimos arrojados hacia atrás, separados. Sobre nosotros pasaban centenares de cuerpos, corriendo y gritando histéricamente. "¿Qué pasa?" —grité a León. Señaló algo con el dedo, sin dejar de correr. "Es Lu —dijeron a mi oído—. Algo ha pasado allá. Dicen que hay un lío".[151] Eché a correr.

En la bocacalle[152] que se abría a pocos metros de la puerta trasera del colegio, me detuve en seco. En ese momento era imposible ver: oleadas de uniformes afluían de todos lados y cubrían la calle de gritos y cabezas descubiertas. De pronto, a unos quince pasos, encaramado sobre algo, divisé a Lu. Su cuerpo delgado se destacaba nítidamente[153] en la sombra de la pared que lo sostenía. Estaba arrinconado y descargaba su garrote a todos lados. Entonces, entre el ruido,

---

[145]**a la cola** at the end of the line   [146]**barquillo de helado** ice cream cone   [147]**salpicó** splashed   [148]**que se desató** that broke out   [149]**parejo a** similar to   [150]**desconcierto** confusion   [151]**lío** trouble   [152]**bocacalle** intersection   [153]**nítidamente** clearly

más poderosa que la de quienes lo insultaban y retrocedían[154] para librarse de sus golpes, escuché su voz:

—¿Quién se acerca? —gritaba—. ¿Quién se acerca?

Cuatro metros más allá, dos coyotes, rodeados también, se defendían a palazos y hacían esfuerzos desesperados para romper el cerco y juntarse a Lu. Entre quienes los acosaban,[155] vi rostros de media. Algunos habían conseguido piedras y se las arrojaban,[156] aunque sin acercarse. A lo lejos, vi asimismo a otros dos de la banda, que corrían despavoridos:[157] los perseguía un grupo de muchachos que tenían palos.

—¡Cálmense! ¡Cálmense! Vamos al río.

Una voz nacía a mi lado, angustiosamente.

Era Raygada. Parecía a punto de llorar.

—No seas idiota —dijo Javier. Se reía a carcajadas—. Cállate, ¿no ves?

La puerta estaba abierta y por ella entraban los estudiantes a docenas, ávidamente. Continuaban llegando a la bocacalle nuevos compañeros: algunos se sumaban al grupo que rodeaba a Lu y los suyos. Habían conseguido juntarse. Lu tenía la camisa abierta: asomaba su flaco pecho lampiño,[158] sudoroso y brillante; un hilillo[159] de sangre le corría por la nariz y los labios. Escupía de cuando en cuando, y miraba con odio a los que estaban más próximos. Unicamente él tenía levantado el palo, dispuesto a descargarlo. Los otros lo habían bajado, exhaustos.

—¿Quién se acerca? Quiero ver la cara de ese valiente.

A medida que entraban al colegio, iban poniéndose de cualquier modo las boinas y las insignias del año. Poco a poco comenzó a disolverse, entre injurias,[160] el grupo que cercaba a Lu. Raygada me dio un codazo:

—Dijo que con su banda podía derrotar a todo el colegio. —Hablaba con tristeza—. ¿Por qué dejamos solo a este animal?

Raygada se alejó. Desde la puerta nos hizo una seña, como dudando. Luego entró. Javier y yo nos acercamos a Lu. Temblaba de cólera.

—¿Por qué no vinieron? —dijo, frenético, levantando la voz—. ¿Por qué no vinieron a ayudarnos? Eramos apenas ocho, porque los otros...

Tenía una vista extraordinaria y era flexible como un gato. Se echó velozmente hacia atrás, mientras mi puño apenas rozaba su oreja y luego, con el apoyo de todo su cuerpo, hizo dar una curva en el aire a su garrote. Recibí en el pecho el impacto y me tambaleé.[161] Javier se puso en medio.

—Acá no —dijo—. Vamos al Malecón.

—Vamos —dijo Lu—. Te voy a enseñar otra vez.

—Ya veremos —dije—. Vamos.

Caminamos media cuadra; despacio, porque mis piernas vacilaban. En la esquina nos detuvo León.

—No peleen —dijo—. No vale la pena. Vamos al colegio. Tenemos que estar unidos.

---

[154]**retrocedían** moved back	[155]**acosaban** harassed, pursued	[156]**se las arrojaban** were throwing them at him	[157]**despavoridos** terrified	[158]**lampiño** hairless	[159]**hilillo** thread	[160]**injurias** curses	[161]**me tambaleé** I lost my balance

Lu me miraba con sus ojos semicerrados. Parecía incómodo.

—¿Por qué les pegaste a los *churres?* —le dije—. ¿Sabes lo que nos va a pasar ahora a ti y a mí?

No respondió ni hizo ningún gesto. Se había calmado del todo y tenía la cabeza baja.

—Contesta, Lu —insistí—. ¿Sabes?

—Está bien —dijo León—. Trataremos de ayudarlos. Dénse la mano.

Lu levantó el rostro y me miró, apenado. Al sentir su mano entre las mías, la noté suave y delicada, y recordé que era la primera vez que nos saludábamos de ese modo. Dimos media vuelta, caminamos en fila hacia el colegio. Sentí un brazo en el hombro. Era Javier.

DESPUÉS DE LEER

1. Describa el ambiente que existe entre los estudiantes en el colegio.

2. ¿Cómo se manifiesta la lucha por el poder entre los estudiantes? ¿Quiénes son enemigos?

3. ¿Por qué se oponen los estudiantes mayores a tomar exámenes sin horarios?

4. ¿Cómo describiría el poder que ejercen los estudiantes mayores con respecto a los menores?

5. ¿Cuál es la actitud del profesorado hacia los estudiantes?

6. ¿Qué organizan los estudiantes? ¿Cree que acontecería algo semejante en una escuela norteamericana? ¿Por qué?

7. Explique el desenlace del cuento.

8. Discuta la importancia de la perspectiva en la narración del cuento.

ALGUNOS ESTUDIOS DE INTERÉS

Bejar, Eduardo. "La fuga erótica de Mario Vargas Llosa". *Symposium: A Quarterly Journal in Modern Foreign Literature* 47:4 (1993): 243–256.

Boldori de Baldussi, Rosa. *Vargas Llosa, un narrador y sus demonios.* Buenos Aires, Argentina: F. García Cambeiro, 1974.

Castro-Klaren, Sara. *Mario Vargas Llosa: análisis introductorio.* Lima, Perú: Latinoamericana, 1988.

Diez, Luis A., ed. *Asedios a Vargas Llosa.* Santiago de Chile: Universitaria, 1972.

Fernández Casto, Manuel. *Aproximación formal a la novelística de Vargas Llosa.* Madrid, España: Nacional, 1977.

Gerdes, Dick. *Mario Vargas Llosa.* Boston: Twayne, 1985.

Martín, José Luis. *La narrativa de Mario Vargas Llosa: acercamiento estilístico.* Madrid, España: Gredos, 1974.

Oviedo, José Miguel. *Mario Vargas Llosa: La invención de la realidad.* Barcelona, España: Seix Barral Editores, 1970 y otra edición de 1977.

Rivera-Rodas, Oscar. *El metateatro y la dramática de Vargas Llosa: Hacia una poética del espectador.* Amsterdam, Holanda: Benjamins, 1992.

Rossman, Charles y Alan Warren Friedman, eds. *Mario Vargas Llosa: Estudios críticos.* Madrid, España: Alhambra, 1983.

Wasserman, Renata R. "Mario Vargas Llosa, Euclides da Cunha, and the Strategy of Intertextuality". *Publications of the Modern Language Association of America (PMLA)* 108:3 (1993): 460–473.

Williams, Raymond L. *Mario Vargas Llosa.* New York: Ungar, 1986.

Carlos Fuentes

(1928, Ciudad de México–)

Carlos Fuentes es considerado una de las figuras cumbres de las letras hispanas y de la literatura universal. Ha escrito novelas, cuentos, obras de teatro, guiones cinematográficos, artículos periodísticos, ensayos y crítica literaria. En su obra se percibe el interés del autor por el pasado y el presente históricos, así como por la coexistencia del mito y la historia en el México contemporáneo. Algunos críticos han sugerido que Carlos Fuentes, con *La región más transparente* (1958), dio inicio al *boom* de la literatura hispanoamericana. *La región más transparente,* como otras novelas del *boom,* se inclina a la experimentación sintáctica y la fragmentación narrativa. ¿Qué es el boom latinoamericano?

Fuentes, autor prolífico, publicó su primer libro, *Los días enmascarados,* en 1954. En 1962 surgió *La muerte de Artemio Cruz,* novela que examina la sociedad mexicana y la herencia de la revolución en la burguesía del país. Otras novelas escritas por Fuentes en la década de los sesenta son *Aura* (1962), *Cambio de piel* (1967), *Zona sagrada* (1967) y *Cumpleaños* (1969). Entre las novelas más recientes se encuentran *Terra Nostra* (1975), *La cabeza de la hidra* (1978), *Una familia lejana* (1980), *Gringo viejo* (1985), *Cristóbal Nonato* (1987), *La campaña* (1987) y *El naranjo* (1993). A esta lista se deben de añadir *Cantar de ciegos* (1964), un libro de cuentos, *El espejo enterrado: reflexiones sobre España y el Nuevo Mundo* (1991), un ensayo sobre la historia cultural latinoamericana y española, *Diana o la cazadora solitaria* (1994) y *La frontera de cristal: una novela en nueve cuentos* (1995), que aborda las relaciones complejas entre México y Estados Unidos. En su más reciente novela, *Los años con Laura Díaz* (1999), Fuentes vuelve a usar la historia mexicana del siglo XX como trasfondo novelesco. Su más reciente novela es *Instinto de Inez* (2001).

El prestigioso Premio Miguel de Cervantes fue otorgado a Carlos Fuentes en 1987, el Premio Príncipe de Asturias, en 1994 y el Premio Rubén Darío en 1998.

– Ha recibido muchos Premios

AL LEER CONSIDERE LO SIGUIENTE:

—el elemento fantástico del relato
—la relación entre el México contemporáneo y el México mítico precolombino
—la condición psicológica del protagonista

Este cuento fue escrito por Carlos Fuentes después de leer la noticia del traslado en 1952 de una estatua del dios de la lluvia a París con motivo de una exposición de arte mexicano. Según la prensa, graves tormentas de mar y lluvia se habían desatado por todo el continente americano.

En "Chac Mool", Fuentes mezcla, al igual que en otras obras, el pasado histórico mexicano con el México contemporáneo y la realidad con el elemento fantástico. La vida de Filiberto, coleccionista de antigüedades mexicanas, queda completamente alterada tras la compra de una estatua del dios maya de la lluvia, Chac Mool. Los apuntes de Filiberto ayudan al lector a esclarecer la situación.

Chac Mool

ace poco tiempo, Filiberto murió ahogado[1] en Acapulco. Sucedió en Semana Santa. Aunque despedido de su empleo en la Secretaría, Filiberto no pudo resistir la tentación burocrática de ir, como todos los años, a la pensión[2] alemana, comer el *choucrout*[3] endulzado por el sudor de la cocina tropical, bailar el sábado de gloria[4] en La Quebrada, y sentirse "gente conocida" en el oscuro anonimato vespertino de la playa de Hornos. Claro, sabíamos que en su juventud había nadado bien, pero ahora, a los cuarenta, y tan desmejorado[5] como se le veía, ¡intentar salvar,[6] y a medianoche, un trecho[7] tan largo! Frau Müller no permitió que se velara[8] —cliente tan antiguo— en la pensión; por el contrario, esa noche organizó un baile en la terracita sofocada, mientras Filiberto esperaba, muy pálido en su caja, a que saliera el camión matutino de la terminal, y pasó acompañado de huacales[9] y fardos[10] la primera noche de su nueva vida. Cuando llegué, temprano, a vigilar el embarque[11] del féretro,[12] Filiberto estaba bajo un túmulo[13] de cocos; el chófer dijo que lo acomodáramos rápidamente en el toldo[14] y lo cubriéramos de lonas,[15] para que no se espantaran los pasajeros, y a ver si no le habíamos echado la sal al viaje.

Salimos de Acapulco, todavía en la brisa. Hasta[16] Tierra Colorada nacieron el calor y la luz. Con el desayuno de huevos y chorizo,[17] abrí el cartapacio[18] de Fili-

---

[1]**ahogado** drowned   [2]**pensión** boarding house   [3]***choucrout*** sauerkraut   [4]**sábado de gloria** Holy Saturday   [5]**desmejorado** in declining health   [6]**salvar** to cover   [7]**trecho** distance   [8]**que se velara** to hold a wake   [9]**huacales** baskets used to transport merchandise   [10]**fardos** bundles   [11]**embarque** shipment   [12]**féretro** coffin   [13]**túmulo** mound   [14]**toldo** awning   [15]**lonas** canvas   [16]**hasta** *en* (Mexican usage)   [17]**chorizo** sausage   [18]**cartapacio** portfolio

berto, recogido el día anterior, junto con sus otras pertenencias, en la pensión de los Müller. Doscientos pesos. Un periódico viejo; cachos[19] de la lotería; el pasaje de ida —¿sólo de ida?—, y el cuaderno barato, de hojas cuadriculadas[20] y tapas de papel mármol.

Me aventuré a leerlo, a pesar de las curvas, el hedor[21] a vómito, y cierto sentimiento natural de respeto a la vida privada de mi difunto amigo. Recordaría —sí, empezaba con eso— nuestra cotidiana labor en la oficina; quizá, sabría por qué fue declinando, olvidando sus deberes, por qué dictaba oficios sin sentido, ni número, ni "sufragio electivo".[22] Por qué, en fin, fue corrido, olvidada la pensión, sin respetar los escalafones.[23]

"Hoy fui a arreglar lo de mi pensión. El licenciado, amabilísimo. Salí tan contento que decidí gastar cinco pesos en un café. Es el mismo al que íbamos de jóvenes y al que ahora nunca concurro,[24] porque me recuerda que a los veinte años podía darme más lujos que a los cuarenta. Entonces todos estábamos en un mismo plano,[25] hubiéramos rechazado con energía cualquier opinión peyorativa hacia los compañeros; de hecho librábamos la batalla por aquellos a quienes en la casa discutían la baja extracción o falta de elegancia. Yo sabía que muchos (quizás los más humildes) llegarían muy alto, y aquí, en la escuela, se iban a forjar[26] las amistades duraderas en cuya compañía cursaríamos el mar bravío. No, no fue así. No hubo reglas. Muchos de los humildes quedaron allí, muchos llegaron más arriba de lo que pudimos pronosticar en aquellas fogosas,[27] amables tertulias.[28] Otros, que parecíamos prometerlo todo, quedamos a la mitad del camino, destripados[29] en un examen extracurricular, aislados por una zanja[30] invisible de los que triunfaron y de los que nada alcanzaron. En fin, hoy volví a sentarme en las sillas, modernizadas —también, como barricada de una invasión, la fuente de sodas—, y pretendí leer expedientes.[31] Vi a muchos, cambiados, amnésicos, retocados de luz neón, prósperos. Con el café que casi no reconocía, con la ciudad misma, habían ido cincelándose[32] a ritmo distinto del mío. No, ya no me reconocían, o no me querían reconocer. A lo sumo —uno o dos— una mano gorda y rápida en el hombro. *Adiós, viejo, qué tal.* Entre ellos y yo, mediaban los dieciocho agujeros del Country Club. Me disfracé en los expedientes. Desfilaron los años de las grandes ilusiones, de los pronósticos felices, y, también, todas las omisiones que impidieron su realización. Sentí la angustia de no poder meter los dedos en el pasado y pegar los trozos[33] de algún rompecabezas abandonado; pero el arcón[34] de los juguetes se va olvidando, y al cabo, quién sabrá a dónde

---

[19]**cachos** stubs   [20]**hojas cuadriculadas** graph paper   [21]**hedor** stench   [22]**"sufragio electivo"** popular phrase used by Francisco Madero (1873–1913) and the Mexican revolutionaries that opposed the re-election of Porfirio Díaz (1830–1915)   [23]**escalafones** seniority or promotion lists   [24]**nunca concurro** I never go to   [25]**en un mismo plano** in the same situation   [26]**forjar** to make   [27]**fogosas** fiery   [28]**tertulias** gatherings   [29]**destripados** disemboweled   [30]**zanja** ditch   [31]**expedientes** dossiers, files   [32]**cincelándose** chiseling   [33]**pegar los trozos** put together the pieces   [34]**arcón** large chest

fueron a dar los soldados de plomo, los cascos, las espadas de madera. Los disfraces tan queridos, no fueron más que eso. Y, sin embargo, había habido constancia, disciplina, apego al deber.[35] ¿No era suficiente, o sobraba? No dejaba, en ocasiones, de asaltarme el recuerdo de Rilke.[36] La gran recompensa de la aventura de juventud debe ser la muerte; jóvenes, debemos partir con todos nuestros secretos. Hoy, no tendría que volver la vista a las ciudades de sal. ¿Cinco pesos? Dos de propina".

"Pepe, aparte de su pasión por el derecho mercantil, gusta de teorizar. Me vio salir de Catedral, y juntos nos encaminamos a Palacio. El es descreído,[37] pero no le basta: en media cuadra tuvo que fabricar una teoría. Que si no fuera mexicano, no adoraría a Cristo, y —No, mira, parece evidente. Llegan los españoles y te proponen adores a un Dios, muerto hecho un coágulo,[38] con el costado herido, clavado[39] en una cruz. Sacrificado. Ofrendado. ¿Qué cosa más natural que aceptar un sentimiento tan cercano a todo tu ceremonial, a toda tu vida…? Figúrate, en cambio, que México hubiera sido conquistado por budistas o mahometanos. No es concebible que nuestros indios veneraran a un individuo que murió de indigestión. Pero un Dios al que no le basta que se sacrifiquen por él, sino que incluso va a que le arranquen[40] el corazón, ¡caramba, jaque mate[41] a Huitzilopochtli![42] El cristianismo, en su sentido cálido, sangriento, de sacrificio y liturgia, se vuelve una prolongación natural y novedosa de la religión indígena. Los aspectos de caridad, amor, y la otra mejilla, en cambio, son rechazados.[43] Y todo en México es eso: hay que matar a los hombres para poder creer en ellos.

"Pepe conocía mi afición, desde joven, por ciertas formas del arte indígena mexicano. Yo colecciono estatuillas, ídolos, cacharros.[44] Mis fines de semana los paso en Tlaxcala,[45] o en Teotihuacán.[46] Acaso por esto le guste relacionar todas las teorías que elabora para mi consumo con estos temas. Por cierto que busco una réplica razonable del Chac Mool desde hace tiempo, y hoy Pepe me informa de un lugar en la Lagunilla donde venden uno de piedra, y parece que barato. Voy a ir el domingo.

"Un guasón[47] pintó de rojo el agua del garrafón[48] en la oficina, con la consiguiente perturbación de las labores. He debido consignarlo al director, a quien sólo le dio mucha risa. El culpable se ha valido de esta circunstancia para hacer sarcasmos a mis costillas[49] el día entero, todo en torno al agua. ¡Ch…!"

---

[35]**apego al deber** fondness of duty [36]**Rilke** Rainer Maria Rilke (1875–1926), German poet [37]**descreído** disbeliever [38]**coágulo** clot [39]**clavado** nailed [40]**arranquen** tear off [41]**jaque mate** checkmate (expression used in chess) [42]**Huitzilopochtli** Aztec god of war [43]**rechazados** rejected [44]**cacharros** old piece of earthenware [45]**Tlaxcala** city and state in Mexico. The Tlaxcalas refused the rule of the Aztecs and allied themselves with, and helped, Hernán Cortés (1485–1547) in the conquest of Mexico. [46]**Teotihuacán** ancient religious center of the Toltecs situated to the northeast of Mexico City, where remains of ancient pyramids and temples can be found [47]**guasón** jokester [48]**garrafón** large carafe [49]**a mis costillas** at my expense

"Hoy, domingo, aproveché para ir a la Lagunilla. Encontré el Chac Mool en la tienducha[50] que me señaló Pepe. Es una pieza preciosa, de tamaño natural, y aunque el marchante asegura su originalidad, lo dudo. La piedra es corriente, pero ello no aminora[51] la elegancia de la postura o lo macizo[52] del bloque. El desleal vendedor le ha embarrado[53] salsa de tomate en la barriga para convencer a los turistas de la autenticidad sangrienta de la escultura.

"El traslado a la casa me costó más que la adquisición. Pero ya está aquí, por el momento en el sótano mientras reorganizo mi cuarto de trofeos a fin de darle cabida.[54] Estas figuras necesitan sol, vertical y fogoso; ése fue su elemento y condición. Pierde mucho en la oscuridad del sótano, como simple bulto agónico,[55] y su mueca[56] parece reprocharme que le niegue la luz. El comerciante tenía un foco exactamente vertical a la escultura, que recortaba todas las aristas,[57] y le daba una expresión más amable a mi Chac Mool. Habrá que seguir su ejemplo".

"Amanecí con la tubería[58] descompuesta. Incauto,[59] dejé correr el agua de la cocina, y se desbordó,[60] corrió por el suelo y llegó hasta el sótano, sin que me percatara.[61] El Chac Mool resiste la humedad, pero mis maletas sufrieron; y todo esto, en día de labores, me ha obligado a llegar tarde a la oficina".

"Vinieron, por fin, a arreglar la tubería. Las maletas, torcidas. Y el Chac Mool, con lama[62] en la base".

"Desperté a la una: había escuchado un quejido terrible. Pensé en ladrones. Pura imaginación".

"Los lamentos nocturnos han seguido. No sé a qué atribuirlo, pero estoy nervioso. Para colmo de males,[63] la tubería volvió a descomponerse, y las lluvias se han colado, inundando el sótano".

"El plomero[64] no viene, estoy desesperado. Del Departamento del Distrito Federal, más vale no hablar. Es la primera vez que el agua de las lluvias no obedece a las coladeras y viene a dar a mi sótano. Los quejidos han cesado: vaya una cosa por otra.

"Secaron el sótano, y el Chac Mool está cubierto de lama. Le da un aspecto grotesco, porque toda la masa de la escultura parece padecer de una erisipela[65] verde, salvo los ojos, que han permanecido de piedra. Voy a aprovechar el domingo para raspar[66] el musgo. Pepe me ha recomendado cambiarme a un apar-

---

[50]**tienducha** small store that sells items of poor quality   [51]**aminora** lessens   [52]**macizo** solid   [53]**embarrado** smeared   [54]**darle cabida** to make room for it   [55]**agónico** moribund   [56]**mueca** grimace   [57]**aristas** edges   [58]**tubería** plumbing   [59]**incauto** unwary   [60]**se desbordó** it overflowed   [61]**sin que me percatara** without noticing   [62]**lama** moss   [63]**para colmo de males** to top it all   [64]**plomero** plumber   [65]**erisipela** erysipelas (acute febrile disease associated with the inflammation of the skin)   [66]**raspar** scrape

[handwritten: porfirio Díaz]

tamiento, y en el último piso, para evitar estas tragedias acuáticas. Pero no puedo dejar este caserón, ciertamente muy grande para mí solo, un poco lúgubre en su arquitectura porfiriana,[67] pero que es la única herencia y recuerdo de mis padres. No sé qué me daría ver una fuente de sodas con sinfonola[68] en el sótano y una casa de decoración en la planta baja".

[handwritten: También vemos el símbolo de la casa como Casa tomada.]

[handwritten: Hace muchas referencias históricas líricas]

"Fui a raspar la lama del Chac Mool con una espátula. El musgo parecía ya parte de la piedra; fue labor de más de una hora, y sólo a las seis de la tarde pude terminar. No era posible distinguir en la penumbra, y al dar fin al trabajo, con la mano seguí los contornos de la piedra. Cada vez que raspaba el bloque parecía reblandecerse.[69] No quise creerlo: era ya casi una pasta. Este mercader de la Lagunilla me ha timado.[70] Su escultura precolombina es puro yeso,[71] y la humedad acabará por arruinarla. Le he puesto encima unos trapos,[72] y mañana la pasaré a la pieza de arriba, antes de que sufra un deterioro total".

[handwritten: engaño]

"Los trapos están en el suelo. Increíble. Volví a palpar el Chac Mool. Se ha endurecido, pero no vuelve a la piedra. No quiero escribirlo: hay en el torso algo de la textura de la carne, lo aprieto como goma, siento que algo corre por esa figura recostada... Volví a bajar en la noche. No cabe duda: el Chac Mool tiene vello[73] en los brazos".

"Esto nunca me había sucedido. Tergiversé[74] los asuntos en la oficina: giré[75] una orden de pago que no estaba autorizada, y el director tuvo que llamarme la atención. Quizá me mostré hasta descortés con los compañeros. Tendré que ver a un médico, saber si es imaginación, o delirio, o qué, y deshacerme de ese maldito Chac Mool".

Hasta aquí, la escritura de Filiberto era la vieja, la que tantas veces vi en memoranda y formas, ancha y ovalada. La entrada del 25 de agosto, parecía escrita por otra persona. A veces como niño, separando trabajosamente cada letra; otras, nerviosa, hasta diluirse en lo ininteligible. Hay tres días vacíos, y el relato continúa:

"Todo es tan natural; y luego, se cree en lo real..., pero esto lo es, más que lo creído por mí. Si es real un garrafón, y más, porque nos damos mejor cuenta de su existencia, o estar, si un bromista pinta de rojo el agua... Real bocanada[76] de cigarro efímera, real imagen monstruosa es un espejo de circo, reales, ¿no lo son todos los muertos, presentes y olvidados...? Si un hombre atravesara el Paraíso en un sueño, y le dieran una flor como prueba de que había estado allí, y si al des-

[handwritten: bromean sus compañeros]

[67]**arquitectura porfiriana** built while Porfirio Díaz was president of Mexico (1877–1880, 1884–1911) [68]**sinfonola** music box [69]**reblandecerse** to soften up [70]**me ha timado** has swindled me [71]**yeso** plaster [72]**trapos** rags [73]**vello** hair [74]**tergiversé** I confused [75]**giré** transferred [76]**bocanada** puff, whiff

pertar encontrara esa flor en su mano…, ¿entonces qué…? Realidad: cierto día la quebraron en mil pedazos, la cabeza fue a dar allá, la cola aquí, y nosotros no conocemos más que uno de los trozos desprendidos de su gran cuerpo. Océano libre y ficticio, sólo real cuando se le aprisiona en un caracol.[77] Hasta hace tres días, mi realidad lo era al grado de haberse borrado hoy: era movimiento reflejo, rutina, memoria, cartapacio. Y luego, como la tierra que un día tiembla para que recordemos su poder, o la muerte que llegará, recriminando mi olvido de toda la vida, se presenta otra realidad que sabíamos estaba allí, mostrenca,[78] y que debe sacudirnos para hacerse viva y presente. Creía, nuevamente, que era imaginación: el Chac Mool, blando y elegante, había cambiado de color en una noche; amarillo, casi dorado, parecía indicarme que era un Dios, por ahora laxo, con las rodillas menos tensas que antes, con la sonrisa más benévola. Y ayer, por fin, un despertar sobresaltado, con esa seguridad espantosa de que hay dos respiraciones en la noche, de que en la oscuridad laten más pulsos que el propio. Sí, se escuchaban pasos en la escalera. Pesadilla. Vuelta a dormir… No sé cuánto tiempo pretendí dormir. Cuando volví a abrir los ojos, aún no amanecía. El cuarto olía a horror, a incienso y sangre. Con la mirada negra, recorrí la recámara,[79] hasta detenerme en dos orificios de luz parpadeante, en dos flámulas[80] crueles y amarillas.

"Casi sin aliento encendí la luz.

"Allí estaba Chac Mool, erguido, sonriente, ocre, con su barriga encarnada. Me paralizaban los dos ojillos, casi bizcos,[81] muy pegados a la nariz triangular. Los dientes inferiores, mordiendo el labio superior, inmóviles; sólo el brillo del casquetón[82] cuadrado sobre la cabeza anormalmente voluminosa, delataba vida. Chac Mool avanzó hacia la cama; entonces empezó a llover".

Recuerdo que a fines de agosto, Filiberto fue despedido de la Secretaría, con una recriminación pública del director, y rumores de locura y aun robo. Esto no lo creía. Sí vi unos oficios descabellados,[83] preguntando al Oficial Mayor si el agua podía olerse, ofreciendo sus servicios al Secretario de Recursos Hidráulicos para hacer llover en el desierto. No supe qué explicación darme; pensé que las lluvias excepcionalmente fuertes, de ese verano, lo habían enervado.[84] O que alguna depresión moral debía producir la vida en aquel caserón antiguo, con la mitad de los cuartos bajo llave y empolvados, sin criados ni vida de familia. Los apuntes siguientes son de fines de septiembre:

"Chac Mool puede ser simpático cuando quiere…, un gluglú de agua embelesada[85]… Sabe historias fantásticas sobre los monzones,[86] las lluvias ecuatoriales, el castigo de los desiertos; cada planta arranca de su paternidad mítica: el sauce,[87] su hija descarriada; los lotos, sus mimados; su suegra: el cacto. Lo que no puedo tolerar es el olor, extrahumano, que emana de esa carne que no lo es,

---

[77]**caracol** conch   [78]**mostrenca** ownerless   [79]**recámara** bedroom   [80]**flámulas** small flames [81]**bizcos** cross-eyed   [82]**casquetón** cap, helmet   [83]**descabellados** crazy   [84]**lo habían enervado** had weakened him   [85]**embelesada** enchanting, bewitched   [86]**monzones** monsoons [87]**sauce** willow

de las chanclas[88] flameantes de ancianidad. Con risa estridente, el Chac Mool revela cómo fue descubierto por Le Plongeon,[89] y puesto, físicamente, en contacto con hombres de otros símbolos. Su espíritu ha vivido en el cántaro[90] y la tempestad, natural; otra cosa es su piedra, y haberla arrancado al escondite[91] es artificial y cruel. Creo que nunca lo perdonará el Chac Mool. Él sabe de la inminencia del hecho estético.

"He debido proporcionarle sapolio[92] para que se lave el estómago que el mercader le untó de *ketchup* al creerlo azteca. No pareció gustarle mi pregunta sobre su parentesco con Tláloc,[93] y, cuando se enoja, sus dientes, de por sí repulsivos, se afilan y brillan. Los primeros días, bajó a dormir al sótano; desde ayer, en mi cama".

Rey Azteca del agua

"Ha empezado la temporada seca. Ayer, desde la sala en la que duermo ahora, comencé a oír los mismos lamentos roncos del principio, seguidos de ruidos terribles. Subí y entreabrí la puerta de la recámara: el Chac Mool estaba rompiendo las lámparas, los muebles; saltó hacia la puerta con las manos arañadas,[94] y apenas pude cerrar e irme a esconder al baño… Luego, bajó jadeante y pidió agua; todo el día tiene corriendo las llaves,[95] no queda un centímetro seco en la casa. Tengo que dormir muy abrigado, y le he pedido no empapar[96] la sala más".

"El Chac Mool inundó hoy la sala. Exasperado, dije que lo iba a devolver a la Lagunilla. Tan terrible como su risilla —horrorosamente distinta a cualquier risa de hombre o animal— fue la bofetada[97] que me dio, con ese brazo cargado de brazaletes pesados. Debo reconocerlo: soy su prisionero. Mi idea original era distinta: yo dominaría al Chac Mool, como se domina a un juguete; era, acaso, una prolongación de mi seguridad infantil; pero la niñez —¿quién lo dijo?— es fruto comido por los años, y yo no me he dado cuenta… Ha tomado mi ropa, y se pone las batas cuando empieza a brotarle musgo verde. El Chac Mool está acostumbrado a que se le obedezca, por siempre; yo, que nunca he debido mandar, sólo puedo doblegarme.[98] Mientras no llueva —¿y su poder mágico?— vivirá colérico o irritable".

"Hoy descubrí que en las noches el Chac Mool sale de la casa. Siempre, al obscurecer, canta una canción chirriona[99] y anciana, más vieja que el canto mismo. Luego, cesa. Toqué varias veces a su puerta, y cuando no me contestó, me atreví a entrar. La recámara, que no había vuelto a ver desde el día en que intentó atacarme la estatua, está en ruinas, y allí se concentra ese olor a incienso y sangre que ha permeado la casa. Pero, detrás de la puerta, hay huesos: huesos de

---

[88]**chanclas** old shoes [89]**Le Plongeon** Augustus Le Plongeon (1826–1908), French explorer of Mayan ruins and author of *Sacred Mysteries Among the Mayas and the Quichés* (1886) and *Queen Móo and The Egyptian Sphinx* (1896) [90]**cántaro** pitcher [91]**escondite** hiding place [92]**sapolio** soap made with pumice stone [93]**Tláloc** Aztec god of the rain [94]**arañadas** scratched [95]**corriendo las llaves** running water [96]**empapar** to soak [97]**bofetada** slap in the face [98]**doblegarme** to bend to his will [99]**chirriona** out of tune

perros, de ratones y gatos. Esto es lo que roba en la noche el Chac Mool para sustentarse. Esto explica los ladridos espantosos de todas las madrugadas".

"Febrero, seco. Chac Mool vigila cada paso mío; ha hecho que telefonee a una fonda para que me traigan diariamente arroz con pollo. Pero lo sustraído[100] de la oficina ya se va a acabar. Sucedió lo inevitable: desde el día primero, cortaron el agua y la luz por falta de pago. Pero Chac ha descubierto una fuente pública a dos cuadras de aquí; todos los días hago diez o doce viajes por agua, y él me observa desde la azotea.[101] Dice que si intento huir me fulminará; también es Dios del Rayo. Lo que él no sabe es que estoy al tanto[102] de sus correrías nocturnas... Como no hay luz, debo acostarme a las ocho. Ya debería estar acostumbrado al Chac Mool, pero hace poco, en la obscuridad, me topé[103] con él en la escalera, sentí sus brazos helados, las escamas de su piel renovada, y quise gritar.

"Si no llueve pronto, el Chac Mool va a convertirse en piedra otra vez. He notado su dificultad reciente para moverse; a veces se reclina durante horas, paralizado, y parece ser, de nuevo un ídolo. Pero estos reposos sólo le dan nuevas fuerzas para vejarme,[104] arañarme, como si pudiera arrancar algún líquido de mi carne. Ya no tienen lugar aquellos intermedios amables en que relataba viejos cuentos; creo notar un resentimiento concentrado. Ha habido otros indicios que me han puesto a pensar: se está acabando mi bodega; acaricia la seda de las batas; quiere que traiga una criada a la casa; me ha hecho enseñarle a usar jabón y lociones. Creo que el Chac Mool está cayendo en tentaciones humanas; incluso hay algo viejo en su cara que antes parecía eterna. Aquí puede estar mi salvación: si el Chac se humaniza, posiblemente todos sus siglos de vida se acumulen en un instante y caiga fulminado. Pero también, aquí, puede germinar mi muerte: el Chac no querrá que asista a su derrumbe, es posible que desee matarme.

"Hoy aprovecharé la excursión nocturna de Chac para huir. Me iré a Acapulco; veremos qué puede hacerse para adquirir trabajo, y esperar la muerte del Chac Mool: sí, se avecina; está canoso, abotagado.[105] Necesito asolearme, nadar, recuperar fuerza. Me quedan cuatrocientos pesos. Iré a la Pensión Müller, que es barata y cómoda. Que se adueñe de todo el Chac Mool: a ver cuánto dura sin mis baldes[106] de agua".

Aquí termina el diario de Filiberto. No quise volver a pensar en su relato; dormí hasta Cuernavaca. De ahí a México pretendí dar coherencia al escrito, relacionarlo con exceso de trabajo, con algún motivo sicológico. Cuando a las nueve de la noche llegamos a la terminal, aún no podía concebir la locura de mi amigo. Contraté una camioneta para llevar el féretro a casa de Filiberto y desde allí ordenar su entierro.

Antes de que pudiera introducir la llave en la cerradura, la puerta se abrió. Apareció un indio amarillo, en bata de casa, con bufanda. Su aspecto no podía

---

[100]**lo sustraído** what was stolen   [101]**azotea** rooftop   [102]**estoy al tanto** I am aware   [103]**me topé** I ran into   [104]**vejarme** to mistreat me   [105]**abotagado** swollen   [106]**baldes** buckets

ser más repulsivo; despedía un olor a loción barata; su cara, polveada, quería cubrir las arrugas;[107] tenía la boca embarrada de lápiz labial mal aplicado, y el pelo daba la impresión de estar teñido.[108]

—Perdone…, no sabía que Filiberto hubiera…

—No importa; lo sé todo. Dígales a los hombres que lleven el cadáver al sótano.

DESPUÉS DE LEER

1. ¿Cómo ha sido la vida de Filiberto? ¿Cuál es su actitud ante la vida?

2. ¿A qué nivel social considera usted que perteneció la familia de Filiberto? ¿Por qué?

3. ¿Cómo describiría usted un día en la vida de Filiberto?

4. ¿Cómo es que el mito de Chac Mool se apodera de la vida del protagonista?

5. Describa los acontecimientos que ocurren en la casa del protagonista y cómo éste se enfrenta a ellos.

6. ¿Cómo repercute en el trabajo de Filiberto lo ocurrido en su casa?

7. ¿Por qué huye Filiberto a la pensión de Acapulco? ¿Qué le ocurre allí?

8. ¿Cuál es la importancia de las anotaciones de Filiberto?

9. ¿Cómo interpreta usted el final del cuento?

10. Discuta el elemento fantástico de "Chac Mool".

11. ¿Ve usted alguna semejanza entre este relato de Carlos Fuentes y "La noche boca arriba" de Julio Cortázar?

---

[107]**arrugas** wrinkles   [108]**teñido** dyed

A L   L E E R   C O N S I D E R E   L O   S I G U I E N T E :
—los puntos de referencia de Fuentes y la relación de ellos con el cuento
—la crítica social
—cómo es presentada la alta burguesía mexicana
—la perspectiva narrativa

En "Las dos Elenas", Carlos Fuentes hace una fuerte crítica a la alta burguesía mexicana y muestra la falta de autenticidad de sus valores. El cuento se desarrolla en torno de la joven pareja, Elena y Víctor. Ella anuncia que busca complemento de su marido durante la cena dominical con su familia. Sin embargo, es el marido quien encuentra el complemento en la otra Elena.

Las dos Elenas

➳

No sé de dónde le salen esas ideas a Elena. Ella no fue educada de ese modo. Y usted tampoco, Víctor. Pero el hecho es que el matrimonio la ha cambiado. Sí, no cabe duda. Creí que le iba a dar un ataque a mi marido. Esas ideas no se pueden defender, y menos a la hora de la cena. Mi hija sabe muy bien que su padre necesita comer en paz. Si no, en seguida le sube la presión. Se lo ha dicho el médico. Y después de todo, este médico sabe lo que dice. Por algo cobra[1] a doscientos pesos la consulta. Yo le ruego que hable con Elena. A mí no me hace caso. Dígale que le soportamos todo. Que no nos importa que desatienda[2] su hogar por aprender francés. Que no nos importa que vaya a ver esas películas rarísimas a unos antros[3] llenos de melenudos.[4] Que no nos importan esas medias rojas de payaso. Pero que a la hora de la cena le diga a su padre que una mujer puede vivir con dos hombres para complementarse… Víctor, por su propio bien usted debe sacarle esas ideas de la cabeza a su mujer.

Desde que vio *Jules et Jim*[5] en un cine-club, Elena tuvo el duende[6] de llevar la batalla a la cena dominical con sus padres —la única reunión obligatoria de la familia—. Al salir del cine, tomamos el MG y nos fuimos a cenar al Coyote Flaco en Coyoacán.[7] Elena se veía, como siempre, muy bella con el suéter negro y la falda de cuero y las medias que no le gustan a su mamá. Además, se había colgado una cadena de oro de la cual pendía un tallado en jadeíta[8] que, según un amigo antropólogo, describe al príncipe Uno Muerte de los mixtecos.[9] Elena,

---

[1]**cobra** charges   [2]**desatienda** that she neglects   [3]**antros** dives   [4]**melenudos** hippies   [5]*Jules et Jim* 1961 French film directed by François Truffaut   [6]**tuvo el duende** had it in her mind   [7]**Coyoacán** residential district of Mexico City   [8]**tallado en jadeíta** jadeite figurine   [9]**príncipe Uno … los mixtecos** one of three princes of the Mixtec indians. The Mixtecs inhabited the region of Oaxaca around 1500 B.C.

que es siempre tan alegre y despreocupada, se veía, esa noche, intensa: los colores se le habían subido a las mejillas y apenas saludó a los amigos que generalmente hacen tertulia[10] en ese restaurante un tanto gótico. Le pregunté qué deseaba ordenar y no me contestó; en vez, tomó mi puño[11] y me miró fijamente. Yo ordené dos pepitos con ajo[12] mientras Elena agitaba su cabellera rosa pálido y se acariciaba el cuello:

—Víctor, nibelungo,[13] por primera vez me doy cuenta que ustedes tienen razón en ser misóginos y que nosotras nacimos para que nos detesten. Ya no voy a fingir más. He descubierto que la misoginia es la condición del amor. Ya sé que estoy equivocada, pero mientras más necesidades exprese, más me vas a odiar y más me vas a tratar de satisfacer. Víctor, nibelungo, tienes que comprarme un traje de marinero antiguo como el que saca[14] Jeanne Moreau.

Yo le dije que me parecía perfecto, con tal de que lo siguiera esperando todo de mí. Elena me acarició la mano y sonrió.

—Ya sé que no terminas de liberarte, mi amor. Pero ten fe. Cuando acabes de darme todo lo que yo te pida, tú mismo rogarás que otro hombre comparta nuestras vidas. Tú mismo pedirás ser Jules. Tú mismo pedirás que Jim viva con nosotros y soporte el peso. ¿No lo dijo el Güerito?[15] Amémonos los unos a los otros, cómo no.[16]

Pensé que Elena podría tener razón en el futuro; sabía después de cuatro años de matrimonio que al lado suyo todas las reglas morales aprendidas desde la niñez tendían a desvanecerse[17] naturalmente. Eso he amado siempre en ella: su naturalidad. Nunca niega una regla para imponer otra, sino para abrir una especie de puerta, como aquellas de los cuentos infantiles, donde cada hoja ilustrada contiene el anuncio de un jardín, una cueva, un mar a los que se llega por la apertura secreta de la página anterior.

—No quiero tener hijos antes de seis años —dijo una noche, recostada sobre mis piernas, en el salón oscuro de nuestra casa, mientras escuchábamos discos de Cannonball Adderley;[18] y en la misma casa de Coyoacán que hemos decorado con estofados[19] policromos y máscaras coloniales de ojos hipnóticos: —Tú nunca vas a misa y nadie dice nada. Yo tampoco iré y que digan lo que quieran; y en el altillo[20] que nos sirve de recámara y que en las mañanas claras recibe la luz de los volcanes: —Voy a tomar el café con Alejandro hoy. Es un gran dibujante y se cohibiría si tú estuvieras presente y yo necesito que me explique a solas algunas cosas; y mientras me sigue por los tablones[21] que comunican los pisos inacabados del conjunto de casas que construyo en el Desierto de los Leones:[22] —Me voy diez días a viajar en tren por la República; y al tomar un café apresurado en el Tirol a media tarde, mientras mueve los dedos en señal de saludo a los

---

[10]**tertulia** get-together [11]**puño** cuff [12]**pepitos con ajo** steak and garlic sandwiches [13]**nibelungo** medieval Germanic knight [14]**saca** wears [15]**el Güerito** blond, here refers to nickname given to Christ [16]**cómo no** of course [17]**desvanecerse** to disappear [18]**Cannonball Adderley** an American jazz musician [19]**estofados** ceramic ornaments [20]**altillo** attic [21]**tablones** planks [22]**Desierto de los Leones** an elegant neighborhood in Mexico City

amigos que pasan por la calle de Hamburgo:[23] —Gracias por llevarme a conocer el burdel,[24] nibelungo. Me pareció como de tiempos de Toulouse-Lautrec,[25] tan inocente como un cuento de Maupassant.[26] ¿Ya ves? Ahora averigüé que el pecado y la depravación no están allí, sino en otra parte; y después de una exhibición privada de *El ángel exterminador:*[27] —Víctor, lo moral es todo lo que da vida y lo inmoral todo lo que quita vida, ¿verdad que sí?

Y ahora lo repitió, con un pedazo de *sandwich* en la boca: —¿Verdad que tengo razón? Si un *ménage à trois*[28] nos da vida y alegría y nos hace mejores en nuestras relaciones personales entre tres de lo que éramos en la relación entre dos, ¿verdad que eso es moral?

Asentí mientras comía, escuchando el chisporroteo[29] de la carne que se asaba[30] a lo largo de la alta parrilla.[31] Varios amigos cuidaban de que sus rebanadas[32] estuvieran al punto que deseaban y luego vinieron a sentarse con nosotros y Elena volvió a reír y a ser la de siempre. Tuve la mala idea de recorrer los rostros de nuestros amigos con la mirada[33] e imaginar a cada uno instalado en mi casa, dándole a Elena la porción de sentimiento, estímulo, pasión o inteligencia que yo, agotado en mis límites, fuese incapaz de obsequiarle. Mientras observaba este rostro agudamente dispuesto a escuchar (y yo a veces me canso de oírla), ése amablemente ofrecido a colmar las lagunas[34] de los razonamientos (yo prefiero que su conversación carezca[35] de lógica o de consecuencias), aquél más inclinado a formular preguntas precisas y, según él, reveladoras (y yo nunca uso la palabra, sino el gesto o la telepatía para poner a Elena en movimiento), me consolaba diciéndome que, al cabo, lo poco que podrían darle se lo darían a partir de cierto extremo de mi vida con ella, como un postre, un cordial, un añadido. Aquél, el del peinado a lo Ringo Starr, le preguntó precisa y reveladoramente por qué seguía siéndome fiel y Elena le contestó que la infidelidad era hoy una regla, igual que la comunión todos los viernes antes, y lo dejó de mirar. Ése, el del cuello de tortuga negro, interpretó la respuesta de Elena añadiendo que, sin duda, mi mujer quería decir que ahora la fidelidad volvía a ser la actitud rebelde. Y éste, el del perfecto saco eduardiano sólo invitó con la mirada intensamente oblicua a que Elena hablara más: él sería el perfecto auditor. Elena levantó los brazos y pidió un café exprés al mozo.

Caminamos tomados de la mano por las calles empedradas[36] de Coyoacán, bajo los fresnos,[37] experimentando el contraste del día caluroso que se prendía a nuestras ropas y la noche húmeda que, después del aguacero[38] de la tarde, sacaba brillo a nuestros ojos y color a nuestras mejillas. Nos gusta caminar, en silencio,

---

[23]**calle de Hamburgo** fashionable street in downtown Mexico City situated in the Zona Rosa district   [24]**burdel** brothel   [25]**Toulouse-Lautrec** reference to Henri de Toulouse-Lautrec (1864–1901), French artist famous for his paintings of Paris's Montmartre district   [26]**Maupassant** reference to Guy de Maupassant (1850–1893), French master of the short story   [27]*El ángel exterminador* reference to Luis Buñuel's (1900–1983) film   [28]*ménage à trois* love triangle   [29]**chisporroteo** spluttering   [30]**que se asaba** that was being grilled   [31]**parrilla** grill   [32]**rebanadas** slices   [33]**recorrer ... mirada** studying the faces of our friends   [34]**lagunas** gaps   [35]**carezca** lack   [36]**empedradas** cobblestoned   [37]**fresnos** ash trees   [38]**aguacero** rain showers

cabizbajos y tomados de la mano, por las viejas calles que han sido, desde el principio, un punto de encuentro de nuestras comunes inclinaciones a la asimilación. Creo que de esto nunca hemos hablado Elena y yo. Ni hace falta. Lo cierto es que nos da placer hacernos de cosas viejas, como si las rescatáramos[39] de algún olvido doloroso o al tocarlas les diéramos nueva vida o al buscarles el sitio, la luz y el ambiente adecuados en la casa, en realidad nos estuviéramos defendiendo contra un olvido semejante en el futuro. Queda esa manija[40] con fauces de león[41] que encontramos en una hacienda de los Altos y que acariciamos al abrir el zaguán[42] de la casa, a sabiendas[43] de que cada caricia la desgasta;[44] queda la cruz de piedra en el jardín, iluminada por una luz amarilla, que representa cuatro ríos convergentes de corazones arrancados, quizás, por las mismas manos que después tallaron[45] la piedra, y quedan los caballos negros de algún carrusel hace tiempo desmontado, así como los mascarones de proa de bergantines[46] que yacerán[47] en el fondo del mar, si no muestran su esqueleto de madera en alguna playa de cacatúas[48] solemnes y tortugas agonizantes.

Elena se quita el suéter y enciende la chimenea, mientras yo busco los discos de Cannonball, sirvo dos copas de ajenjo[49] y me recuesto a esperarla sobre el tapete.[50] Elena fuma con la cabeza sobre mis piernas y los dos escuchamos el lento saxo del Hermano Lateef,[51] a quien conocimos en el Gold Bug de Nueva York con su figura de brujo congolés vestido por Disraeli,[52] sus ojos dormidos y gruesos como dos boas africanas, su barbilla de Svengali[53] segregado y sus labios morados unidos al saxo que enmudece al negro para hacerlo hablar con una elocuencia tan ajena a su seguramente ronco tartamudeo[54] de la vida diaria, y las notas lentas, de una plañidera[55] afirmación, que nunca alcanzan a decir todo lo que quieren porque sólo son, de principio a fin, una búsqueda y una aproximación llenas de un extraño pudor, le dan un gusto y una dirección a nuestro tacto, que comienza a reproducir el sentido del instrumento de Lateef: puro anuncio, puro preludio, pura limitación a los goces preliminares que, por ello, se convierten en el acto mismo.

—Lo que están haciendo los negros americanos es voltearle el chirrión por el palito a los blancos[56] —dice Elena cuando tomamos nuestros consabidos[57] lugares en la enorme mesa chippendale del comedor de sus padres—. El amor, la música, la vitalidad de los negros obligan a los blancos a justificarse. Fíjense que ahora los blancos persiguen físicamente a los negros porque al fin se han dado cuenta de que los negros los persiguen sicológicamente a ellos.

—Pues yo doy gracias de que aquí no haya negros —dice el padre de Elena al

---

[39]**como si las rescatáramos** as if we rescued them   [40]**manija** door knocker   [41]**fauces de león** lion's mouth   [42]**zaguán** portico, lobby   [43]**a sabiendas** knowing   [44]**desgasta** wears away   [45]**tallaron** carved   [46]**mascarones de proa de bergantines** figureheads of clipper ships   [47]**que yacerán** that are probably lying   [48]**cacatúas** cockatoos   [49]**ajenjo** absinthe   [50]**tapete** rug   [51]**Hermano Lateef** Yusef Lateef, a jazz musician   [52]**Disraeli** reference to the British Prime Minister Benjamin Disraeli (1804–1881) who served during the reign of Queen Victoria   [53]**Svengali** character from the novel *Trilby* (1894), written by George du Maurier   [54]**ronco tartamudeo** hoarse stuttering   [55]**plañidera** plaintive   [56]**voltearle ... blancos** turning the whip around and using it on the whites   [57]**consabidos** usual

servirse la sopa de poro y papa[58] que le ofrece, en una humeante sopera de porcelana, el mozo indígena que de día riega los jardines de la casota[59] de las Lomas.[60]

—Pero eso qué tiene que ver,[61] papá. Es como si los esquimales dieran gracias por no ser mexicanos. Cada quien es lo que es y ya. Lo interesante es ver qué pasa cuando entramos en contacto con alguien que nos pone en duda y sin embargo sabemos que nos hace falta. Y que nos hace falta porque nos niega.

—Anda, come. Estas conversaciones se vuelven más idiotas cada domingo. Lo único que sé es que tú no te casaste con un negro, ¿verdad? Higinio, traiga las enchiladas.

Don José nos observa a Elena, a mí y a su esposa con aire de triunfo, y doña Elena madre, para salvar la conversación languideciente, relata sus actividades de la semana pasada, yo observo el mobiliario de brocado color palo-de-rosa,[62] los jarrones[63] chinos, las cortinas de gasa y las alfombras de piel de vicuña de esta casa rectilínea detrás de cuyos enormes ventanales se agitan los eucaliptos de la barranca.[64] Don José sonríe cuando Higinio le sirve las enchiladas copeteadas[65] de crema y sus ojillos verdes se llenan de una satisfacción casi patriótica, la misma que he visto en ellos cuando el Presidente agita la bandera el 15 de septiembre,[66] aunque no la misma —mucho más húmeda— que los enternece cuando se sienta a fumar un puro frente a su sinfonola privada y escucha boleros.[67] Mis ojos se detienen en la mano pálida de doña Elena, que juega con el migajón de bolillo[68] y recuenta, con fatiga, todas las ocupaciones que la mantuvieron activa desde la última vez que nos vimos. Escucho de lejos esa catarata de idas y venidas, juegos de canasta, visitas al dispensario[69] de niños pobres, novenarios, bailes de caridad, búsqueda de cortinas nuevas, pleitos[70] con las criadas, largos telefonazos[71] con los amigos, suspiradas visitas a curas, bebés, modistas, médicos, relojeros, pasteleros, ebanistas[72] y enmarcadores.[73] He detenido la mirada en sus dedos pálidos, largos y acariciantes, que hacen pelotitas con la migaja.

—…les dije que nunca más vinieran a pedirme dinero a mí, porque yo no manejo nada. Que yo los enviaría con gusto a la oficina de tu padre y que allí la secretaria los atendería…

…la muñeca delgadísima, de movimientos lánguidos, y la pulsera con medallones del Cristo del Cubilete, el Año Santo en Roma y la visita del Presidente Kennedy, realzados[74] en cobre y en oro, que chocan entre sí mientras doña Elena juega con el migajón…

—…bastante hace una con darles su apoyo moral, ¿no te parece? Te busqué el

---

[58]**sopa de poro y papa** leek and potato soup; *poro* (Mexican) is spelled *porro* or *puerro* in other countries   [59]**casota** (*pejorative*) mansion   [60]**las Lomas** elegant neighborhood of Mexico City   [61]**qué tiene que ver** what does it have to do with it   [62]**brocado color palo-de-rosa** tulipwood-colored brocade   [63]**jarrones** vases   [64]**barranca** ravine   [65]**copeteadas** topped   [66]**15 de septiembre** Mexican Independence Day   [67]**boleros** slow Caribbean dance with sentimental lyrics   [68]**migajón de bolillo** the soft insides of hard-crust bread   [69]**dispensario** clinic   [70]**pleitos** arguments   [71]**telefonazos** phone calls   [72]**ebanistas** fine wood cabinet makers   [73]**enmarcadores** picture framers   [74]**realzados** embossed

jueves para ir juntas a ver el estreno[75] del *Diana*.[76] Hasta mandé al chofer desde temprano a hacer cola, ya ves qué colas hay el día del estreno...

...y el brazo lleno, de piel muy transparente, con las venas trazadas como un segundo esqueleto, de vidrio, dibujado detrás de la tersura[77] blanca.

—...invité a tu prima Sandrita y fui a buscarla con el coche pero nos entretuvimos con el niño recién nacido. Está precioso. Ella está muy sentida[78] porque ni siquiera has llamado a felicitarla. Un telefonazo no te costaría nada, Elenita...

...y el escote[79] negro abierto sobre los senos altos y apretados como un nuevo animal capturado en un nuevo continente...

—...después de todo, somos de la familia. No puedes negar tu sangre. Quisiera que tú y Víctor fueran al bautizo. Es el sábado entrante. La ayudé a escoger los ceniceritos[80] que van a regalarle a los invitados. Vieras que se nos fue el tiempo platicando y los boletos se quedaron sin usar.

Levanté la mirada. Doña Elena me miraba. Bajó en seguida los párpados y dijo que tomaríamos el café en la sala. Don José se excusó y se fue a la biblioteca, donde tiene esa rocola[81] eléctrica que toca sus discos favoritos a cambio de un falso veinte introducido por la ranura.[82] Nos sentamos a tomar el café y a lo lejos el *jukebox* emitió un glu-glu y empezó a tocar *Nosotros*[83] mientras doña Elena encendía el aparato de televisión, pero dejándolo sin sonido, como lo indicó llevándose un dedo a los labios. Vimos pasar las imágenes mudas de un programa de tesoro escondido, en el que un solemne maestro de ceremonias guiaba a los cinco concursantes[84] —dos jovencitas nerviosas y risueñas peinadas como colmenas,[85] un ama de casa muy modosa[86] y dos hombres morenos, maduros y melancólicos— hacia el cheque escondido en el apretado estudio repleto de jarrones, libros de cartón y cajitas de música.

Elena sonrió, sentada junto a mí en la penumbra[87] de esa sala de pisos de mármol y alcatraces de plástico. No sé de dónde sacó ese apodo[88] ni qué tiene que ver conmigo, pero ahora empezó a hacer juegos de palabras con él mientras me acariciaba la mano:

—Nibelungo. Ni Ve Lungo. Nibble Hongo. Niebla lunga.[89]

Los personajes grises, rayados, ondulantes buscaban su tesoro ante nuestra vista y Elena, acurrucada,[90] dejó caer los zapatos sobre la alfombra y bostezo mientras doña Elena me miraba, interrogante, aprovechada de la oscuridad, con esos ojos negros muy abiertos y rodeados de ojeras[91] profundas. Cruzó una pierna y se arregló la falda sobre las rodillas. Desde la biblioteca nos llegaban los murmullos del bolero: *nosotros, que tanto nos quisimos* y, quizás, algún gruñido[92]

---

[75]**estreno** opening   [76]***Diana*** movie theater on the Paseo de la Reforma, one of the main avenues of Mexico City   [77]**tersura** smoothness   [78]**sentida** offended   [79]**escote** low-cut dress   [80]**ceniceritos** small ashtrays   [81]**rocola** jukebox   [82]**ranura** slot   [83]***Nosotros*** a well-known bolero   [84]**concursantes** contestants   [85]**colmenas** beehives   [86]**modosa** demure   [87]**penumbra** semi-darkness   [88]**apodo** nickname   [89]**Nibelungo ... lunga** wordplay using Nibelungo: Nor Sees Far. Nibble Mushroom. Long fog.   [90]**acurrucada** curled up   [91]**ojeras** dark circles under her eyes   [92]**gruñido** grunt

del sopor[93] digestivo de don José. Doña Elena dejó de mirarme para fijar sus grandes ojos negros en los eucaliptos agitados detrás del ventanal. Seguí su nueva mirada. Elena bostezaba y ronroneaba,[94] recostada sobre mis rodillas. Le acaricié la nuca. A nuestras espaldas, la barranca que cruza como una herida salvaje las Lomas de Chapultepec parecía guardar un fondo de luz secretamente subrayado por la noche móvil que doblaba la espina de los árboles[95] y despeinaba sus cabelleras pálidas.

—¿Recuerdas Veracruz?[96] —dijo, sonriendo, la madre a la hija; pero doña Elena me miraba a mí. Elena asintió con un murmullo, adormilada sobre mis piernas, y yo contesté —Sí. Hemos ido muchas veces juntos.

—¿Le gusta? —Doña Elena alargó la mano y la dejó caer sobre el regazo.[97]

—Mucho —le dije—. Dicen que es la última ciudad mediterránea. Me gusta la comida. Me gusta la gente. Me gusta sentarme horas en los portales y comer molletes[98] y tomar café.

—Yo soy de allí —dijo la señora; por primera vez noté sus hoyuelos.[99]

—Sí. Ya lo sé.

—Pero hasta he perdido el acento —rió, mostrando las encías[100]—. Me casé de veintidós años. Y en cuanto vive una en México pierde el acento jarocho.[101] Usted ya me conoció, pues madurita.

—Todos dicen que usted y Elena parecen hermanas.

Los labios eran delgados pero agresivos: —No. Es que ahora recordaba las noches de tormenta en el Golfo. Como que el sol no quiere perderse, ¿sabe usted?, y se mezcla con la tormenta y todo queda bañado por una luz muy verde, muy pálida, y una se sofoca detrás de los batientes[102] esperando que pase el agua. La lluvia no refresca en el trópico. No más hace más calor. Y no sé por qué los criados tenían que cerrar los batientes cada vez que venía una tormenta. Tan bonito que hubiera sido dejarla pasar con las ventanas muy abiertas.

Encendí un cigarrillo: —Sí, se levantan olores muy espesos. La tierra se desprende de sus perfumes de tabaco, de café, de pulpa…

—También las recámaras. —Doña Elena cerró los ojos.

—¿Cómo?

—Entonces no había closets. —Se pasó la mano por las ligeras arrugas cercanas a los ojos—. En cada cuarto había un ropero y las criadas tenían la costumbre de colocar hojas de laurel[103] y orégano entre la ropa. Además, el sol nunca secaba bien algunos rincones. Olía a moho,[104] ¿cómo le diré?, a musgo…[105]

—Sí, me imagino. Yo nunca he vivido en el trópico. ¿Lo echa usted de menos?

Y ahora se frontó las muñecas, una contra otra, y mostró las venas saltonas[106] de las manos: —A veces. Me cuesta trabajo acordarme. Figúrese, me casé de dieciocho años y ya me consideraban quedada.[107]

---

[93]**sopor** stupor   [94]**ronroneaba** purred   [95]**espina de los árboles** trunk of the trees   [96]**Veracruz** Mexican state and port city   [97]**regazo** lap   [98]**molletes** buttered buns   [99]**hoyuelos** dimples   [100]**encías** gums   [101]**acento jarocho** accent from Veracruz   [102]**batientes** shutters   [103]**hojas de laurel** bay leaves   [104]**moho** mold   [105]**musgo** moss   [106]**saltonas** protruding   [107]**quedada** an old maid

—¿Y todo esto se lo recordó esa extraña luz que ha permanecido en el fondo de la barranca?

La mujer se levantó. —Sí. Son los spots que José mandó poner la semana pasada. Se ven bonitos, ¿no es cierto?

—Creo que Elena se ha dormido.

Le hice cosquillas[108] en la nariz y Elena despertó y regresamos en el MG a Coyoacán.

—Perdona esas latas de los domingos —dijo Elena cuando yo salía a la obra la mañana siguiente—. Qué remedio. Alguna liga[109] debía quedarnos con la familia y la vida burguesa, aunque sea por necesidad de contraste.

—¿Qué vas a hacer hoy? —le pregunté mientras enrollaba mis planos y tomaba mi portafolio.

Elena mordió un higo y se cruzó de brazos y le sacó la lengua a un Cristo bizco que encontramos una vez en Guanajuato. —Voy a pintar toda la mañana. Luego voy a comer con Alejandro para mostrarle mis últimas cosas. En su estudio. Sí, ya lo terminó. Aquí en el Olivar de los Padres. En la tarde iré a la clase de francés. Quizás me tome un café y luego te espero en el cine-club. Dan un western mitológico: *High Noon*. Mañana quedé en verme con esos chicos negros. Son de los Black Muslims y estoy temblando por saber qué piensan en realidad. ¿Te das cuenta que sólo sabemos de eso por los periódicos? ¿Tú has hablado alguna vez con un negro norteamericano, nibelungo? Mañana en la tarde no te atrevas a molestarme. Me voy a encerrar a leerme Nerval[110] de cabo a rabo.[111] Ni crea Juan que vuelve a apantallarme[112] con el soleil noir de la mélancolie[113] y llamándose a sí mismo el viudo y el desconsolado. Ya lo caché[114] y le voy a dar un baño[115] mañana en la noche. Sí, va a "tirar" una fiesta[116] de disfraces. Tenemos que ir vestidos de murales mexicanos. Más vale asimilar eso de una vez. Cómprame unos alcatraces,[117] Víctor nibelunguito, y si quieres vístete del cruel conquistador Alvarado[118] que marcaba con hierros candentes[119] a las indias antes de poseerlas —Oh Sade,[120] where is thy whip? Ah, y el miércoles toca Miles Davis[121] en Bellas Artes. Es un poco passé pero de todos modos me alborota el hormonamen.[122] Compra boletos. Chao, amor.

Me besó la nuca[123] y no pude abrazarla por los rollos de proyectos[124] que traía entre manos, pero arranqué en el auto con el aroma del higo en el cuello y la imagen de Elena con mi camisa puesta, desabotonada y amarrada a la altura

---

[108]**le hice cosquillas** I tickled her   [109]**liga** bond   [110]**Nerval** Gérard de Nerval (1808–1855), French Romantic poet and short story writer   [111]**de cabo a rabo** from cover to cover   [112]**apantallarme** impress, overwhelm me   [113]*soleil noir de la mélancolie* a verse from one of Nerval's poems (the black sun of melancholy)   [114]**ya lo caché** I got his number   [115]**le voy a dar un baño** I am going to give it to him   [116]**"tirar" una fiesta** to give a party   [117]**alcatraces** gannets (large seabirds)   [118]**Alvarado** Pedro de Alvarado (1485–1541), Spanish conqueror who participated with Hernán Cortés (1485–1547) in the conquest of Mexico   [119]**con hierros candentes** with hot irons   [120]**Sade** Comte Donatien-Alphonse-François, Marquis de Sade (1740–1814), controversial French writer from whose name comes the word *sadism*   [121]**Miles Davis** American jazz musician   [122]**me alborota el hormonamen** stirs up my hormones   [123]**nuca** nape   [124]**rollos de proyectos** blueprints

del ombligo y sus estrechos pantalones de torero y los pies descalzos, disponién-
dose a... ¿iba a leer un poema o a pintar un cuadro? Pensé que pronto tendríamos que salir juntos de viaje. Eso nos acercaba más que nada. Llegué al periférico.[125] No sé por qué, en vez de cruzar el puente de Altavista hacia el
Desierto de los Leones, entré al anillo[126] y aceleré. Sí, a veces lo hago. Quiero estar solo y correr y reírme cuando alguien me la refresca. Y, quizás, guardar durante media hora la imagen de Elena al despedirme, su naturalidad, su piel dorada, sus ojos verdes, sus infinitos proyectos, y pensar que soy muy feliz a su
lado, que nadie puede ser más feliz al lado de una mujer tan vivaz, tan moderna,
que... que me... que me complementa tanto.

Paso al lado de una fundidora de vidrio,[127] de una iglesia barroca, de una
montaña rusa,[128] de un bosque de ahuehuetes. ¿Dónde he escuchado esa pala-
brita? Complementar. Giro alrededor de la fuente de Petróleos[129] y subo por el
Paseo de la Reforma. Todos los automóviles descienden al centro de la ciudad,
que reverbera al fondo detrás de un velo impalpable y sofocante. Yo asciendo a
las Lomas de Chapultepec, donde a estas horas sólo quedan los criados y las
señoras, donde los maridos se han ido al trabajo y los niños a la escuela y seguramente mi otra Elena, mi complemento, debe esperar en su cama tibia con los
ojos negros y ojerosos muy azorados y la carne blanca y madura y honda y perfumada como la ropa en los bargueños[130] tropicales.

DESPUÉS DE LEER

1. Describa el mundo de los personajes del cuento.

2. ¿Qué influencias se observan en las vidas de Elena y Víctor?

3. ¿Sobre qué temas conversa Elena en la cena dominical y con sus amigos?

4. ¿Qué críticas hay en el cuento con respecto a los Estados Unidos? ¿Se dan
   cuenta los personajes del cuento de su actitud hacia el indígena mexicano?

5. ¿Por qué la película *Jules et Jim* de Truffaut es tan importante para Elena?
   ¿Ha visto usted esa película? ¿Ha visto la película *El ángel exterminador* de
   Buñuel? Si las ha visto, ¿qué relación diría usted que existe entre las películas
   y el cuento?

6. ¿Cómo caracterizaría la relación entre Víctor y Elena?

7. ¿Cree usted que existe otro hombre en la vida de Elena?

8. Analice los comentarios y las acciones de la madre de Elena a lo largo del
   relato.

9. ¿Quién es la otra Elena?

---

[125]**periférico** highway circling the city   [126]**anillo** traffic circle   [127]**fundidora de vidrio** glass-
works   [128]**montaña rusa** roller coaster   [129]**fuente de Petróleos** fountain in Mexico City
that commemorates the nationalization of oil   [130]**bargueños** wardrobes, armoires

ALGUNOS ESTUDIOS DE INTERÉS

Brody, Robert y Charles Rossman, eds. *Carlos Fuentes: A Critical View.* Austin: University of Texas Press, 1982.

Durán, Gloria. *La magia y las brujas en la obra de Carlos Fuentes.* México, D.F.: UNAM, 1976.

Faris, Wendy B. *Carlos Fuentes.* New York: Ungar, 1983.

Filer, Malva E. "Los mitos indígenas en la obra de Carlos Fuentes". *Revista Iberoamericana* 50 (1984): 475–489.

Giacoman, Helmy F., ed. *Homenaje a Carlos Fuentes.* New York: Las Américas, 1972.

Goncalves, Gracia R. "The Myth of Helen and Her Two Husbands: Ferreira and Fuentes Mirroring Their Selves". *Monographic Review* 7 (1991): 315–324.

Ortega, Julio. "Carlos Fuentes: Espejos y espejismos". *Siglo XX* 9:1–2 (1991–1992): 179–187.

Roy, Joaquín. "Forma y pensamiento de un discurso de Carlos Fuentes". *Hispanic Journal* 13:1 (1992): 97–110.

Sarmiento, Alicia. "Hacia una poética de la novela hispanoamericana contemporánea". *Cuadernos Americanos* 4:1(19) (1990): 83–93.

Van Delden, Maarten. "Carlos Fuentes: From Identity to Alternativity". *MLN* 108:2 (1993): 331–346.

Elena Poniatowska

(1933, París, Francia–)

Elena Poniatowska se ha destacado tanto en la literatura como en el periodismo. Hija de padre francés de ascendencia polaca y madre mexicana, llegó a México con su familia durante la Segunda Guerra Mundial. Cursó sus estudios en México y Estados Unidos. Comenzó a ejercer la carrera de periodismo en 1954 y trabajó como auxiliar del antropólogo norteamericano Oscar Lewis cuando éste hacía estudios en México.

Ambas experiencias se proyectan en su narrativa. Su obra, tanto la de ficción como sus ensayos y trabajos periodísticos, es el mejor vehículo expresivo con que cuentan los seres marginados y silenciados.

Entre los escritos de Poniatowska sobresalen, como obra de ficción, *Lilus Kikus* (1954), *Hasta no verte Jesús mío* (1969), *Querido Diego, te abraza Quiela* (1978), *De noche vienes* (1979), *La "Flor de Lis"* (1988), *Tinísima* (1992) y *Luz y luna, las lunitas* (1994). Su novela *Hasta no verte Jesús mío* es considerada como uno de los textos más representativos de lo que se conoce en la literatura contemporánea como "novela testimonial". Entre los trabajos suyos relacionados con la actualidad mexicana se citan *La noche de Tlatelolco* (1971), que se refiere a la sangrienta represión del ejército del gobierno mexicano contra una manifestación estudiantil, *Fuerte es el silencio* (1980) y *Nada, nadie. Las voces del temblor* (1988). Su más reciente novela es *La piel del cielo* (2001).

Otras escritoras de la generación de Elena Poniatowska que se destacan en el género narrativo son: Elena Garro (1920, México), Rosario Castellanos (1925, México), Josefina Hernández (1928, México), María Luisa Bombal (1910–1980, Chile), Elvira Orphée (1930, Argentina) y Alicia Steimberg (1933, Argentina).

A L   L E E R   C O N S I D E R E   L O   S I G U I E N T E :

—el momento histórico
—la perspectiva de lo americano
—la relación entre Diego y Quiela
—las personalidades de Quiela y Diego
—el tono de las cartas
—la mujer en la primera mitad del siglo XX

Esta selección es de *Querido Diego, te abraza Quiela*, una novela que recuenta el gran amor que la pintora rusa Angelina Beloff (1879-1969) sintió por el muralista mexicano Diego Rivera. La novela se basa en doce cartas ficticias que Quiela le escribe a Diego Rivera desde París al éste regresar a México. Las cartas reconstruyen y sirven de testimonio de los diez años que Quiela y Diego pasaron juntos en París, asimismo de los sentimientos que ella guarda respecto a la creatividad artística, la pasión amorosa, el dolor de la pérdida del hijo, la soledad y el desengaño.

Querido Diego, te abraza Quiela

ﾞ⎌

29 de diciembre de 1921

Siento no haber empezado a pintar más joven y ahora que ha pasado el tiempo, cómo añoro[1] aquellos años de Universidad en San Petersburgo cuando opté por el dibujo. Al principio, mi padre iba por mí, todavía recuerdo cómo nuestros pasos resonaban en las calles vacías y regresábamos platicando[2] (por las calles) y me preguntaba por mis progresos, si no me intimidaba el hecho de que hubiera hombres en el curso nocturno de pintura. Después al ver mi seguridad, la gentileza de mis compañeros, me dejó venir sola a la casa. Cuando gané la beca[3] para la Academia de Bellas Artes de San Petersburgo ¡cuánto orgullo vi en su rostro!

Desde el primer día en que entré al *atelier*[4] en París, me impuse un horario que sólo tú podrías considerar aceptable, de ocho a doce y media del día, de una y media a cinco en la tarde, y todavía de ocho a diez de la noche. Nueve horas de pintura al día ¿te imaginas tú lo que es eso? Diego, sí te lo imaginas tú que sólo vives para la pintura. Comía pensando en cómo lograr las sombras del rostro que acababa de dejar, cenaba a toda velocidad recordando el cuadro en el caballete,[5] cuando hacía ensayos de encáustica[6] pensaba en el momento en que volvería a abrir la puerta del taller y su familiar y persistente olor a espliego.[7] Llegué incluso

---

[1]**añoro** I long for   [2]**platicando** conversing   [3]**beca** scholarship   [4]*atelier* artist's studio   [5]**caballete** easel   [6]**encáustica** encaustic (a paint made from pigment mixed with melted beeswax and resin and after application fixed by heat)   [7]**espliego** lavender

a ir a la Universidad, con el deseo de investigar a fondo en uno de los laboratorios
la física y la química de la pintura. Para la encáustica, fundí[8] mi propia cera, con
un soplete,[9] para después ponerle esencia de espliego y pigmentos y de vez en
cuando los universitarios se asomaban y me preguntaban: "¿Cómo va el color?" A
la hora de comer, me enojaba si alguien me dirigía la palabra, distrayéndome de
mis pensamientos, fijos en la próxima línea que habría de trazar[10] y que deseaba
yo continua y pura y exacta. Entonces estaba poseída, Diego, y tenía sólo veinte
años. Nunca me sentí cansada, al contrario, me hubiera muerto si alguien me
obliga a dejar esa vida. Evité el teatro, evité los paseos, evité hasta la compañía de
los demás, porque el grado de gozo que me proporcionaban era mucho menor
que el placer intensísimo que me daba aprender mi oficio. Suscité[11] envidias entre
mis compañeros por los elogios que me prodigó André Lhote. Una vez se detuvo
ante una cabeza vista desde abajo y me preguntó:

—¿Hizo usted esto sola?

—Sí.

—¿Cuánto tiempo lleva usted aquí?

—Diez días.

Tres compañeras, una danesa, una española y una francesa que estudiaban
desde hacía tres años se acercaron a oír.

—Tiene usted disposiciones extraordinarias.

—¿Quiere usted, maestro, que le enseñe otra cabeza?

—Enséñeme inmediatamente todo lo que ha hecho. Quiero ver hasta su más
mínimo trazo.

Saqué todo y las demás nos hicieron rueda.[12] Veía yo los ojos de la española,
quien dibuja admirablemente (hacía notables academias con modelos magníficos
e incluso entraba al Louvre a copiar), ennegrecerse a medida que él hablaba, su
rostro se había vaciado de color mientras que mis mejillas estaban enrojecidas de
placer. Fue tanto lo que me estimuló Lhote, que iba yo hasta los sábados en la
noche y el director me miraba con simpatía. "Mademoiselle Biélova, es magnífico, trabaja usted cuando todos van a descansar o a divertirse." "Es que no tengo
nada que hacer, monsieur." De abrir el *atelier* los domingos, allí me hubieran encontrado. Los domingos subía yo a Saint Cloud, Diego, siempre me gustó ese
paseo; caminar bajo los árboles frutales en medio del campo verde con mi
cuaderno de apuntes. Parecía yo un fotógrafo con lápiz en vez de cámara. Cubría
yo de apuntes las tres cuartas partes de la libreta y en un rincón de una hoja dibu-
jada, aún conservo un *Emploi du Temps* que ahora me hace sonreír, porque dividí
las veinticuatro horas del día en tal forma que me quedaron cinco para dormir,
una para vestirme y bañarme maldiciendo el agua que se hiela[13] en las tuberías[14] y
hay que poner a calentar sobre la estufa, dos horas para las tres comidas del día
(no por mí, sino por la tía Natasha quien me reprochaba el no visitarla, no escucharla, cuidarme mal, no tomar aire fresco, no acompañarla de compras o de

---

[8]**fundí** I melted   [9]**soplete** blowtorch   [10]**trazar** to draw   [11]**suscité** I provoked   [12]**nos hicieron rueda** surrounded us   [13]**hiela** freezes   [14]**tuberías** pipes

visita) y dieciséis horas para pintar. Los trayectos[15] ¡qué lentos se me hacían mi Diego! De haberlo podido me hubiera tirado a dormir junto a mi caballete, cada minuto perdido era un minuto menos para la pintura. Quería yo hacer en un año el trabajo de cuatro, ganarles a todos, obtener el Prix de Rome. A tía Natasha le sacaba de quicio[16] mi apasionamiento. Una noche en que había quedado de acompañarla al teatro, al ver a toda la gente entrar con ese rostro expectante y vacío del que espera divertirse pensé: "¿Qué estoy haciendo aquí en vez de estar frente a mi caballete?" y sin más me di la vuelta y planté[17] a la tía a la mitad de la explanada. A la mañana siguiente no quiso abrirme la puerta. Yo no entendía por qué, no recordaba nada. Yo creo que la pintura es así, se le olvida a uno todo, pierde uno la noción del tiempo, de los demás, de las obligaciones, de la vida diaria que gira en torno a uno sin advertirla siquiera. En el *atelier,* una tarde que atravesé el salón para tomar la botella de gasolina y limpiar mi paleta, oí que la española decía claramente y en voz alta de modo que yo la oyera: "Al principio se hacen siempre progresos ex-tra-or-di-na-rios, fe-no-me-na-les, pro-di-gio-sos, al principio se deslumbra[18] siempre a los maestros, lo difícil viene después, cuando se ha perdido la impunidad y la frescura y el atrevimiento de los primeros trazos y se da uno cuenta, con toda conciencia, de lo mucho que falta aprender, de que en realidad no se sabe nada." Me seguí de largo,[19] mi paleta limpia y la danesa que es muy buena persona, seguramente pensó que estaba yo herida, porque me ayudó a arreglar mi naturaleza muerta,[20] el vaso, las tres naranjas, la cuchara dentro del vaso de tal modo que le diera el reflejo exacto, la servilleta desdoblada, la rebanada de pan. Yo no estaba herida, pero las palabras de la española zumbaban[21] dentro de mis oídos y en la noche no pude dormir pensando: "¿Y si de pronto fuera yo a perder esta facilidad? ¿Si de pronto me estancara[22] consciente de que no sé nada? ¿Si de pronto me paralizara la autocrítica o llegara al agotamiento[23] de mi facultad?" Sería tanto como perder mi alma, Diego, porque yo no vivía sino en función de la pintura; todo lo veía como un dibujo en prospecto, el vuelo de una falda sobre la acera, las rugosas[24] manos de un obrero comiendo cerca de mí, el pan, la botella de vino, los reflejos cobrizos[25] de una cabellera de mujer, las hojas, los ramajes[26] del primer árbol. Yo nunca me detuve a ver a un niño en la calle (por ejemplo) por el niño en sí. Lo veía ya como el trazo sobre el papel; debía yo captar exactamente la pureza de la barbilla, la redondez de la cabecita, la nariz casi siempre chata[27] ¿por qué serán siempre chatos los niños, chatito?,[28] la boca dulce, jamás inmóvil, y tenía yo que hacerlo en el menor tiempo posible porque los niños no posan[29] ni cinco minutos sin moverse, pero yo no veía al niño, veía sus líneas, su contorno,[30] sus luces, no preguntaba siquiera cómo se lla-

---

[15]**trayectos** distances   [16]**le sacaba de quicio** she would become infuriated   [17]**planté** left standing   [18]**se deslumbra** one dazzles   [19]**me seguí de largo** I kept on going   [20]**naturaleza muerta** still life   [21]**zumbaban** buzzed   [22]**me estancara** I would get bogged down   [23]**agotamiento** exhaustion   [24]**rugosas** wrinkled   [25]**cobrizos** copper-colored   [26]**ramajes** branches   [27]**chata** turned-up nose   [28]**chatito** my dear   [29]**no posan** do not sit   [30]**contorno** outline

maba. A propósito ¿te acuerdas de esa modelo belga un poco entrada en años que lograba dormirse con los ojos abiertos?

Ahora todo ha cambiado y veo con tristeza a los niños que cruzan la calle para ir a la escuela. No son dibujos, son niños de carne y hueso. Me pregunto si irán suficientemente cubiertos, si dentro de la mochila su madre puso un *goûter*[31] alimenticio, quizá *un petit pain au chocolat*. Pienso que uno de ellos podría ser nuestro hijo, y siento que daría no sé qué, mi oficio, mi vida de pintora por verlo así con su *tablier d'écolier*[32] a cuadritos blancos y azules, haberlo vestido yo misma, pasado el peine entre sus cabellos, recomendado que no se llene los dedos de tinta, que no rompa su uniforme, que no... en fin todo lo que hacen las madres dichosas[33] que a esta hora en todas las casas de París aguardan[34] a sus hijos para tomarlos entre sus brazos. La vida se cobra[35] muy duramente Diego, nos merma[36] en lo que creemos es nuestra única fuente de vitalidad; nuestro oficio. No sólo he perdido a mi hijo, he perdido también mi posibilidad creadora; ya no sé pintar, ya no quiero pintar. Ahora que podría hacerlo en casa, no aprovecho mi tiempo. Como este invierno ha sido largo, oscurece a las cuatro de la tarde y entonces tengo que dejar de trabajar durante una hora y hasta dos, mientras mis ojos se acostumbran a la luz eléctrica. ¿Te acuerdas cuando decías que los ojos azules lo son porque no alcanzaron color, que el café es el color de las mujeres de tu tierra y que es rotundo y definitivo como el barro,[37] como el surco,[38] como la madera? Yo siento ahora que estos ojos tan deslavados[39] se han debilitado y me cuesta muchísimo trabajo entrenarlos,[40] volverlos a la hoja blanca, fijarlos. Me siento frente a la mesa con una cobija[41] sobre las piernas, porque es la única manera de no entumirme[42] y avanzo lenta, trabajosamente. Ahora que quisiera tener una tía Natasha a quien visitar, ha muerto y no sé a dónde volver la cabeza.[43] Adiós, Diego, perdona a esta tu Angelina que hoy en la noche, a pesar del trabajo de *Floreal* que espera sobre la mesa, está desmoralizada. Te abrazo y te digo de nuevo que te amo, te amaré siempre, pase lo que pase.[44]

Tu Quiela

2 de enero de 1922

En los papeles que están sobre la mesa, en vez de los bocetos[45] habituales, he escrito con una letra que no reconozco: "Son las seis de la mañana y Diego no está aquí." En otra hoja blanca que nunca me atrevería a emplear si no es para un dibujo, miro con sorpresa mi garabato:[46] "Son las ocho de la mañana, no oigo a Diego hacer ruido, ir al baño, recorrer el tramo[47] de la entrada hasta la ventana y ver el cielo en un movimiento lento y grave como acostumbra hacerlo y creo que

---

[31]*goûter* snack   [32]*tablier d'écolier* smock used by French school children   [33]**dichosas** fortunate   [34]**aguardan** await   [35]**se cobra** pays you back   [36]**nos merma** depletes us   [37]**barro** clay   [38]**surco** furrow   [39]**deslavados** faded   [40]**entrenarlos** train them   [41]**cobija** blanket   [42]**entumirme** to get numb   [43]**no sé a dónde volver la cabeza** I don't know where to turn   [44]**pase lo que pase** come what may   [45]**bocetos** sketches   [46]**garabato** scribble   [47]**tramo** distance

voy a volverme loca", y en la misma más abajo: "Son las once de la mañana, estoy un poco loca, Diego definitivamente no está, pienso que no vendrá nunca y giro[48] en el cuarto como alguien que ha perdido la razón. No tengo en qué ocuparme, no me salen los grabados,[49] hoy no quiero ser dulce, tranquila, decente, sumisa, comprensiva, resignada, las cualidades que siempre ponderan[50] los amigos. Tampoco quiero ser maternal; Diego no es un niño grande, Diego sólo es un hombre que no escribe porque no me quiere y me ha olvidado por completo." Las últimas palabras están trazadas[51] con violencia, casi rompen el papel y lloro ante la puerilidad[52] de mi desahogo.[53] ¿Cuándo lo escribí? ¿Ayer? ¿Antier?[54] ¿Anoche? ¿Hace cuatro noches? No lo sé, no lo recuerdo. Pero ahora Diego, al ver mi desvarío[55] te lo pregunto y es posiblemente la pregunta más grave que he hecho en mi vida. ¿Ya no me quieres, Diego? Me gustaría que me lo dijeras con toda franqueza. Has tenido suficiente tiempo para reflexionar y tomar una decisión por lo menos en una forma inconsciente, si es que no has tenido la ocasión de formularla en palabras. Ahora es tiempo de que lo hagas. De otro modo arribaremos a un sufrimiento inútil, inútil y monótono como un dolor de muelas y con el mismo resultado. La cosa es que no me escribes, que me escribirás cada vez menos si dejamos correr el tiempo y al cabo de unos cuantos años llegaremos a vernos como extraños[56] si es que llegamos a vernos. En cuanto a mí, puedo afirmar que el dolor de muelas seguirá hasta que se pudra la raíz;[57] entonces ¿no sería mejor que me arrancaras[58] de una vez la muela, si ya no hallas nada en ti que te incline hacia mi persona? Recibo de vez en cuando las remesas[59] de dinero, pero tus recados[60] son cada vez más cortos, más impersonales y en la última no venía una sola línea tuya. Me nutro indefinidamente con un "Estoy bien, espero que tú lo mismo, saludos, Diego" y al leer tu letra adorada[61] trato de adivinar algún mensaje secreto, pero lo escueto[62] de las líneas escritas a toda velocidad deja poco a la imaginación. Me cuelgo de[63] la frase: "Espero que tú lo mismo" y pienso: "Diego quiere que yo esté bien" pero mi euforia dura poco, no tengo con qué sostenerla. Debería quizá comprender por ello que ya no me amas, pero no puedo aceptarlo. De vez en cuando, como hoy, tengo un presentimiento[64] pero trato de borrarlo a toda costa.[65] Me baño con agua fría para espantar las aves de mal agüero[66] que rondan dentro de mí,[67] salgo a caminar a la calle, siento frío, trato de mantenerme activa, en realidad, deliro. Y me refugio en el pasado, rememoro[68] nuestros primeros encuentros en que te aguardaba enferma de tensión y de júbilo. Pensaba: en medio de esta multitud, en pleno día entre toda esta gente; del Boulevard Raspail, no, de Montparnasse entre estos hombres y mujeres que surgen de la salida del metro y van subiendo la escalera, él va a aparecer,

---

[48]**giro** I turn [49]**grabados** engravings [50]**ponderan** praise highly [51]**trazadas** outlined [52]**puerilidad** childishness [53]**desahogo** unbosoming [54]**antier** (*anteayer*) the day before yesterday [55]**desvarío** madness [56]**extraños** strangers [57]**hasta que se pudra la raíz** until the root rots [58]**que me arrancaras** that you would pull [59]**remesas** remittances [60]**recados** messages [61]**letra adorada** beloved handwriting [62]**lo escueto** conciseness [63]**me cuelgo de** I cling to [64]**presentimiento** premonition [65]**a toda costa** at all costs [66]**aves de mal agüero** birds of ill omen [67]**que ... mí** that prowl within me [68]**rememoro** I remember

no, no aparecerá jamás porque es sólo un producto de mi imaginación, por lo tanto yo me quedaré aquí plantada en el café frente a esta mesa redonda y por más que abra los ojos y lata[69] mi corazón, no veré nunca a nadie que remotamente se parezca a Diego. Temblaba yo, Diego, no podía ni llevarme la taza a los labios, ¡cómo era posible que tú caminaras por la calle como el común de los mortales!, escogieras la acera de la derecha; ¡sólo un milagro te haría emerger de ese puñado[70] de gente cabizbaja, oscura y sin cara, y venir hacia mí con el rostro levantado y tu sonrisa que me calienta con sólo pensar en ella! Te sentabas junto a mí como si nada, inconsciente ante mi expectativa dolorosa y volteabas a ver al hindú que leía el *London Times* y al árabe que se sacaba con el tenedor el negro de las uñas. Aún te veo con tus zapatos sin bolear,[71] tu viejo sombrero olanudo, tus pantalones arrugados, tu estatura monumental, tu vientre siempre precediéndote y pienso que nadie absolutamente, podría llevar con tanto señorío prendas[72] tan ajadas.[73] Yo te escuchaba quemándome por dentro, las manos ardientes sobre mis muslos, no podía pasar saliva[74] y sin embargo parecía tranquila y tú lo comentabas: "¡Qué sedante[75] eres, Angelina, qué remanso,[76] qué bien te sienta tu nombre, oigo un levísimo rumor de alas!" Yo estaba como drogada, ocupabas todos mis pensamientos, tenía un miedo espantoso de defraudarte. Te hubiera telegrafiado en la noche misma para recomponer nuestro encuentro, porque repasaba cada una de nuestras frases y me sentía desgraciada[77] por mi torpeza,[78] mi nerviosidad, mis silencios, rehacía,[79] Diego, un encuentro ideal para que volvieras a tu trabajo con la certeza de que yo era digna de tu atención, temblaba Diego, estaba muy consciente de mis sentimientos y de mis deseos inarticulados, tenía tanto qué decirte —pasaba el día entero repitiéndome a mí misma lo que te diría— y al verte de pronto, no podía expresarlo y en la noche lloraba agotada[80] sobre la almohada, me mordía las manos: "Mañana no acudirá a la cita, mañana seguro no vendrá. Qué interés puede tener en mí" y a la tarde siguiente, allí estaba yo frente al mármol de mi mesa redonda, entre la mesa de un español que miraba también hacia la calle y un turco que vaciaba el azucarero[81] en su café, los dos ajenos a mi desesperación, a la taza entre mis manos, a mis ojos devoradores[82] de toda esa masa gris y anónima que venía por la calle, en la cual tú tendrías que corporizarte[83] y caminar hacia mí.

¿Me quieres, Diego? Es doloroso, sí, pero indispensable saberlo. Mira Diego, durante tantos años que estuvimos juntos, mi carácter, mis hábitos, en resumen, todo mi ser sufrió una modificación completa: me mexicanicé terriblemente y me siento ligada *par procuration*[84] a tu idioma, a tu patria, a miles de pequeñas cosas y me parece que me sentiré muchísimo menos extranjera contigo que en cualquier otra tierra. El retorno a mi hogar paterno es definitivamente imposible, no

---

[69]**lata** beats   [70]**puñado** handful   [71]**sin bolear** unpolished   [72]**prendas** garments   [73]**ajadas** wrinkled   [74]**pasar saliva** swallow   [75]**sedante** soothing   [76]**remanso** haven   [77]**desgraciada** wretched   [78]**torpeza** clumsiness   [79]**rehacía** repeat   [80]**agotada** exhausted   [81]**azucarero** sugar bowl   [82]**devoradores** devouring   [83]**corporizarte** materialize   [84]***par procuration*** by proxy

por los sucesos políticos[85] sino porque no me identifico con mis compatriotas. Por otra parte me adapto muy bien a los tuyos y me siento más a gusto entre ellos.

Son nuestros amigos mexicanos los que me han animado[86] a pensar que puedo ganarme la vida en México, dando lecciones.

Pero después de todo, esas son cosas secundarias. Lo que importa es que me es imposible emprender[87] algo a fin de ir a tu tierra, si ya no sientes nada por mí o si la mera idea de mi presencia te incomoda. Porque en caso contrario, podría hasta serte útil, moler[88] tus colores, hacerte los estarcidos,[89] ayudarte como lo hice cuando estuvimos juntos en España y en Francia durante la guerra. Por eso te pido Diego que seas claro en cuanto a tus intenciones. Para mí, en esta semana, ha sido un gran apoyo la amistad de los pintores mexicanos en París, Ángel Zárraga sobre todo, tan suave de trato, discreto hasta la timidez. En medio de ellos me siento en México, un poco junto a ti, aunque sean menos expresivos, más cautos,[90] menos libres. Tú levantas torbellinos[91] a tu paso, recuerdo que alguna vez Zadkin me preguntó: "¿Está borracho?" Tu borrachera venía de tus imágenes, de las palabras, de los colores; hablabas y todos te escuchábamos incrédulos; para mí eras un torbellino físico, además del éxtasis en que caía yo en tu presencia, junto a ti era yo un poco dueña del mundo. Élie Faure me dijo el otro día que desde que te habías ido, se había secado un manantial[92] de leyendas de un mundo sobrenatural y que los europeos teníamos necesidad de esta nueva mitología porque la poesía, la fantasía, la inteligencia sensitiva y el dinamismo de espíritu habían muerto en Europa. Todas esas fábulas que elaborabas en torno al sol y a los primeros moradores[93] del mundo, tus mitologías, nos hacen falta, extrañamos la nave espacial en forma de serpiente emplumada[94] que alguna vez existió, giró en los cielos y se posó en México. Nosotros ya no sabemos mirar la vida con esa gula,[95] con esa rebeldía fogosa,[96] con esa cólera tropical; somos más indirectos, más inhibidos, más disimulados.[97] Nunca he podido manifestarme en la forma en que tú lo haces; cada uno de tus ademanes[98] es creativo; es nuevo, como si fueras un recién nacido, un hombre intocado, virginal, de una gran e inexplicable pureza. Se lo dije alguna vez a Bakst y me contestó que provenías de un país también recién nacido: "Es un salvaje —respondió— los salvajes no están contaminados por nuestra decadente ci-vi-li-za-ción, pero ten cuidado porque suelen tragarse[99] de un bocado[100] a las mujeres pequeñas y blancas." ¿Ves cuán presentes te tenemos, Diego? Como lo ves estamos tristes. Élie Faure dice que te ha escrito sin tener respuesta. ¿Qué harás en México, Diego, qué estarás pintando? Muchos de nuestros amigos se han dispersado. Marie Blanchard se fue de

---

[85]**sucesos políticos** reference to the Russian Revolution of 1917   [86]**me han animado** have encouraged me   [87]**emprender** to undertake   [88]**moler** pulverize   [89]**estarcidos** stencils   [90]**cautos** cautious   [91]**torbellinos** whirls   [92]**manantial** source   [93]**moradores** dwellers   [94]**serpiente emplumada** reference to Quetzalcóatl, one of the deities of ancient Mexico   [95]**gula** gluttony   [96]**fogosa** fiery   [97]**disimulados** concealing   [98]**ademanes** gestures   [99]**tragarse** swallow   [100]**un bocado** one gulp

nuevo a Brujas a pintar y me escribió que trató de alquilar una pieza en la misma casa en que fuimos tan felices y nos divertimos tanto, cuando te levantabas al alba a adorar al sol y las mujeres que iban al mercado soltaban sus canastas de jitomates,[101] alzaban los brazos al cielo y se persignaban al verte parado en el pretil[102] de la ventana, totalmente desnudo. Juan Gris[103] quiere ir a México y cuenta con tu ayuda, le prometiste ver al Director del Instituto Cultural de tu país, Ortiz de Zárate y Ángel Zárraga piensan quedarse otro tiempo, Lipschitz también mencionó su viaje, pero últimamente le he perdido la pista porque dejó de visitarme. Picasso[104] se fue al sur en busca del sol; de los Zeting nada, como te lo he escrito en ocasiones anteriores. A veces, pienso que es mejor así. Hayden, a quien le comuniqué la frecuencia con la que te escribía, me dijo abriendo los brazos: "Pero, Angelina ¿cuánto crees que tarden las cartas? Tardan mucho, mucho, uno, dos, tres meses y si tú le escribes a Diego cada ocho, quince días, como me lo dices, no da tiempo para que él te conteste." Me tranquilizó un poco, no totalmente, pero en fin, sentí que la naturaleza podía conspirar en contra nuestra. Sin embargo, me parece hasta inútil recordarte que hay barcos que hacen el servicio entre Francia y México. Zadkin en cambio me dijo algo terrible mientras me echaba su brazo alrededor de los hombros obligándome a caminar a su lado: "Angelina, ¿qué no sabes que el amor no puede forzarse a través de la compasión?"

Mi querido Diego te abrazo fuertemente, desesperadamente por encima del océano que nos separa.

                                                                                    Tu Quiela

28 de enero de 1922

Sabía yo por amigos que también le mandas dinero a Marievna Vorobiev Stebelska (y en ello reconozco tu gran nobleza), pero hoy para que no me cupiera la menor duda le enviaste **300** francos conmigo, rogándome con tu letra presurosa[105] que se los hiciera llegar porque según tú, yo soy la persona más cumplida[106] y más responsable sobre la tierra. *C'est un peu fort*[107] ¿no, Diego? Le pedí a Fischer que llevara el dinero. No las he vuelto a ver, ni a Marievna ni a la pequeña Marika, pero me han dicho que ella se te parece muchísimo. Aunque me hayas escogido como confidente y agradezco tu gesto, no puedo verlas porque siento celos y no logro reprimirlos. Hiciste bien en decírmelo Diego, no te reprocho nada, después de todo Ehrenburg fue quien te presentó a Marievna cuando preguntaste en *La Rotonde*: "¿Y quién es esta admirable caucasiana?" Y en ese momento, Marievna también buscó mi amistad, pero mis celos son ardientes y no tolero siquiera pensar en ellas, ni en la madre, ni en tu hija. Pienso en nuestro hijo muerto y me invade una gran desesperación. Cuando te pedí otro hijo, aunque te fueras, aunque regresaras a México sin mí, me lo negaste. Y Marievna tiene una hija tuya y está viva y crece y se parece a ti, aunque tú la llames la

---

[101]**jitomates** tomatoes   [102]**pretil** parapet   [103]**Juan Gris** José Victoriano González (1887–1927), Spanish cubist painter   [104]**Picasso** Pablo Picasso (1881–1973), Spanish painter and sculptor   [105]**presurosa** hurried   [106]**cumplida** correct   [107]***C'est un peu fort*** it is somewhat hard

"hija del Armisticio".[108] Tú has sido mi amante, mi hijo, mi inspirador, mi Dios, tú eres mi patria; me siento mexicana, mi idioma es el español aunque lo estropee[109] al hablarlo. Si no vuelves, si no me mandas llamar, no sólo te pierdo a ti, sino a mí misma, a todo lo que pude ser. Para Marievna, tú sólo fuiste uno más. Tú mismo me lo dijiste: "Era el armisticio y por ese solo hecho, con la loca alegría del fin de la guerra, todas las mujeres abrieron los brazos para recibir a todos los hombres. La vida se vengaba así de la muerte." Marievna Vorobiev Stebelska estuvo siempre entre nuestras amistades rusas, sentada en *La Rotonde* junto a Boris Savinkov. Una noche contó casi a gritos que había sido amante de Gorki;[110] creíamos que lo era de Ehrenburg; en Montparnasse llamaba la atención por su forma desinhibida de llegar hasta nosotros. Por lo pronto yo no tenía tiempo para Marievna, lo único que me interesaba era ver tu evolución entre mis amigos, cómo te concretaste primero a escuchar, después al calor de la discusión, a gritarles tus ideas en un español salpicado[111] de palabras francesas, de palabras rusas; inventabas el idioma, lo torcías[112] a tu antojo[113] y rompías la barrera; tus ideas iban más allá de las limitaciones del lenguaje; eras tan claro que nos dejabas a todos sorprendidos, sobre todo a mí, que día tras día, tomaba clases para aprender tu idioma y repetía la gramática con una puntualidad escolar sin aventurarme jamás. ¡Cómo recuerdo los ojos de nuestros amigos fijos en ti! Los de Marievna también, prodigiosamente atentos y por el solo hecho de admirarte la hice mi amiga, sí, era mi amiga y la embarazaste[114] y sin embargo tú y yo seguimos. Sentí que las simpatías de los amigos eran para mí, no para Marievna. Ella era la amante, yo la esposa. Enfermaste a raíz de tu relación con ella. Fuimos al Perigueux[115] a la cura de ostras. Después quisiste hacer la dieta de fresas. Tú y yo atravesamos juntos las mismas penalidades. Me lo contabas todo, la locura de Marievna, su persecución desquiciante, el peligro que según tú, representaba. Yo te escuchaba y lo compartí todo; Marievna también fue mi verdugo.[116]

Lo compartimos todo, Diego, cuando había un queso, una hogaza de pan,[117] una botella de vino llamábamos a los amigos para gozar de estos manjares.[118] ¿Recuerdas el salchichón[119] que conseguí en el mercado negro y cómo por poco y se lo acaba Modigliani?[120] ¿Y el camembert que Hayden trajo escondido entre los pliegues[121] de su abrigo y que estuvo a punto de dejar caer por la ventana al asomarse?[122] ¡Qué tiempos aquellos, chatito! ¡Nos reíamos como niños en medio del horror! ¿Recuerdas cómo Adam Fischer trajo a la casa *un litre de gros rouge*[123] y en el camino no aguantó[124] y le dio un sorbito,[125] en la esquina otro y bajo la puerta de nuestro estudio otro y llegó mareado porque hacía tanto que no lo

[108]**Armisticio** Armistice Day (November 11, 1918). Reference to the armistice that terminated World War I.   [109]**lo estropee** I ruin it   [110]**Gorki** pseudonym of the Russian writer Aleksey Maximovich Pechkov (1868–1926)   [111]**salpicado** sprinkled   [112]**lo torcías** you changed it   [113]**a tu antojo** to your liking   [114]**y la embarazaste** you got her pregnant   [115]**Perigueux** city in France   [116]**verdugo** torment   [117]**hogaza de pan** large loaf of bread   [118]**manjares** food   [119]**salchichón** highly seasoned sausage   [120]**Modigliani** the Italian painter Amadeo Modigliani (1884–1920)   [121]**pliegues** folds   [122]**al asomarse** when he leaned out   [123]***un litre de gros rouge*** cheap red wine   [124]**no aguantó** could not hold back   [125]**sorbito** a small sip

probaba? Marievna era parte de nuestra camaradería y en cierta forma nos traicionó a todos. El otro jueves seguí a los niños —a veces me sorprendo siguiendo a los *écoliers*[126]— y me senté junto a ellos en el Jardin du Luxembourg para ver el Guignol.[127] Entre las figuras había una mujer muy alta, con un tupé rubio en forma de fleco sobre los ojos tremendamente azules y la marioneta me hizo pensar en Marievna. En la obra hacía lo mismo que Marievna; les propinaba[128] a todos una tremenda cachetada[129] lo cual hacía reír hasta las lágrimas a los espectadores. Parecía una fiera. Todos los demás títeres se comunicaban entre sí por medio del habla, la única que lo hacía a golpes era la muñeca rubia y los niños empezaron a llamarla a gritos; querían ver cómo se liaba a sopapos[130] con el primero que se le atravesaba. Era muy popular. También fue popular Marievna. Hasta conmigo. ¡Pero bata de Marievna! ¿Te acuerdas de ese frasco de arena de mar que trajimos de Mallorca, de Cala de San Vicente y que empezaste a pegar[131] sobre la tela[132] dejando intacta la textura de la arena? No lo he encontrado en ninguna parte y me duele porque recuerdo tu emoción ante el Mediterráneo y los movimientos del agua a nuestros pies. Quisiera encontrarlo porque justamente pinté un paisaje de agua y me gustaría recobrar algo de aquella playa.

Avanzo lentamente, estoy muy lejos de pintar como el pájaro canta, como lo pedía Renoir.[133] Pero soy tu pájaro al fin y al cabo y he anidado para siempre entre tus manos.

Tu Quiela

22 de julio de 1922

Parece haber transcurrido una eternidad desde que te escribí y sé de ti Diego. No había querido escribirte porque me resulta difícil callar ciertas cosas que albergo[134] en mi corazón y de las cuales ahora sé a ciencia cierta que es inútil hablar. Tomo la pluma sólo porque juzgaría descortés no darte las gracias por el dinero que me has enviado. No lo hice por las tres últimas remesas de febrero 6, marzo 10 y principios de junio por 260, 297 y 300 francos respectivamente, y han pasado más de cuatro meses. Te mandé, eso sí, los nuevos grabados aparecidos en *Floreal,* pero ni una línea tuya al respecto. Tampoco una sola línea en las remesas de dinero. Si te dijera que hubiera preferido una línea al dinero, estaría mintiendo sólo en parte; preferiría tu amor es cierto, pero gracias al dinero he podido sobrevivir, mi situación económica es terriblemente precaria y he pensado en dejar la pintura, rendirme, conseguir un trabajo de institutriz,[135] dactilógrafa[136] o cualquier otra cosa durante ocho horas diarias, un *abrutissement*[137] general con ida al cine o al teatro los sábados y paseo en Saint Cloud o Robinson los domingos. Pero no quiero eso. Estoy dispuesta a seguir en las mismas, con tal

---

[126]**écoliers** school-age children   [127]**Guignol** puppet show   [128]**les propinaba** would give [129]**cachetada** slaps   [130]**se liaba a sopapos** they had come to blows   [131]**a pegar** to glue [132]**tela** canvas   [133]**Renoir** French painter Pierre Auguste Renoir (1841–1919)   [134]**que albergo** that I harbor   [135]**institutriz** governess   [136]**dactilógrafa** typist   [137]**abrutissement** stupor

de poder dedicarme a la pintura y aceptar las consecuencias: la pobreza, las aflicciones y tus pesos mexicanos.

Ahora sé por Élie Faure de tu amor mexicano, pero mis sentimientos por ti no han cambiado ni me he buscado ni deseo yo un nuevo amor. Siento que tu amor mexicano puede ser pasajero porque tengo pruebas de que así suelen serlo. Sé que a Marievna tampoco le escribes; sólo remesas de dinero, pero ya no a través mío, para no herirme, sino de Adam Fischer. Ya ves que estoy bien enterada, no porque intente averiguarlo sino porque tus amigos y los míos me lo dicen de golpe y porrazo[138] sin duda alguna porque creen hacerme un bien al sacarme del sueño en el que vivo. Élie Faure fue claro: "Angelina, usted siempre ha sido una mujer de un gran equilibrio y de buen sentido, tiene usted que rehacer su vida. Con Diego todo ha terminado y usted es demasiado valiosa…" Ya no recuerdo lo que siguió diciendo porque no quise escucharlo, ni lo creí siquiera. Cuando te fuiste Diego, todavía tenía ilusiones. Me parecía que a pesar de todo seguían firmes esos profundos vínculos[139] que no deben romperse definitivamente, que todavía ambos podríamos sernos útiles el uno al otro. Lo que duele es pensar que ya no me necesitas para nada, tú que solías gritar: "Quiela" como un hombre que se ahoga[140] y pide que le echen al agua un salvavidas.[141]

Pero ¡vamos! Podría seguir escribiendo indefinidamente, pero como tienes poco tiempo para desperdiciar,[142] tal vez esta carta vaya resultando demasiado larga. Es inútil pedirte que me escribas, sin embargo deberías hacerlo. Sobre todo, contéstame esta carta que será la última con la que te importe,[143] en la forma que creas conveniente pero *en toutes lettres.*[144] No necesitas darme muchas explicaciones, unas cuantas palabras serán suficientes, un cable, la cosa es que me las digas. Para terminar te abraza con afecto

Quiela

P.S. ¿Qué opinas de mis grabados?

Bertram Wolfe, a quien estas cartas le deben mucho de su información, consigna en *La fabulosa vida de Diego Rivera,* que sólo en 1935, es decir, trece años después, impulsada por pintores mexicanos amigos suyos, Angelina Beloff logró ir a la tierra de sus anhelos. No buscó a Diego, no quería molestarlo. Cuando se encontraron en un concierto en Bellas Artes, Diego pasó a su lado sin siquiera reconocerla.

---

[138]**de golpe y porrazo** straightforward   [139]**vínculos** ties   [140]**que se ahoga** who drowns   [141]**salvavidas** life preserver   [142]**desperdiciar** to waste   [143]**te importune** bother you   [144]*en toutes lettres* clearly

DESPUÉS DE LEER

29 de diciembre de 1921

1. ¿Por qué fue Quiela a París?

2. ¿Qué representa para Quiela la creatividad artística?

3. Describa el estado de ánimo de Quiela.

2 de enero de 1922

1. ¿Cómo expresa Quiela su frustración ante la ausencia de Diego?

2. Describa la relación de Quiela y Diego al principio. ¿Diría usted que la atracción que sintieron Diego y Quiela fue una atracción de opuestos? Explique.

3. Para los amigos europeos, ¿qué representaba Diego? Para Diego, ¿qué representaba lo europeo?

4. Explique por qué Zadkin le dice a Quiela "Angelina, ¿qué no sabes que el amor no puede forzarse a través de la compasión?" ¿Cree usted que Quiela busca la compasión de Diego? Explique.

28 de enero de 1922

1. Describa el papel de Marievna Vorobiev Stebelska en la vida de Diego y de Quiela.

2. Describa las emociones y actitud de Quiela con respecto a Marievna y la relación de ésta con Diego.

3. ¿Cuál cree usted que ha sido la intención de Diego Rivera al mandarle dinero a Marievna por medio de Quiela?

22 de julio de 1922

1. Explique la situación económica de Quiela.

2. ¿Cómo se enfrenta Quiela a la realidad de su relación con Diego?

3. ¿Por qué Quiela necesita que Diego le diga directamente que tiene un nuevo amor? ¿Qué es lo que más le duele a Quiela?

4. ¿Considera usted que es sincera la esperanza de una reunión con Diego en México o es un autoengaño?

5. Comente la técnica narrativa empleada por Elena Poniatowska. ¿Por qué cree usted que la autora empleó cartas en la novela?

Epílogo

1. Explique la importancia del epílogo.

2. Describa su actitud hacia Diego Rivera y Quiela.

3. ¿Consideraría usted *Querido Diego, te abraza Quiela* una novela feminista?

ALGUNOS ESTUDIOS DE INTERÉS

Castelví-Demoor, Magda. "*Querido Diego, te abraza Quiela* o la escritura de un texto femenino". *Alba de América* 10:18–19 (1992): 261–271.

Chevigny, Bell Gale. "The Transformations of Privilege in the Work of Elena Poniatowska". *Latin American Literary Review* 13 (1985): 49–62.

Fermán, Claudia. "México en la post-modernidad: Textualización de la cultura popular urbana". *Nuevo Texto Crítico* 4:7 (1991): 157–167.

Flori, Mónica. "Visions of Women: Symbolic Physical Portrayal as Social Commentary in the Short Fiction of Elena Poniatowska". *Third Woman* 2:2 (1984): 77–83.

Lemaitre, Monique J. "Jesusa Palancares y la dialéctica de la emancipación femenina". *Revista Iberoamericana* 51 (1985): 751–763.

López González, Aralia. "Nuevas formas de ser mujer en la narrativa contemporánea de escritoras mexicanas". *Casa de las Américas* 31:183 (1991): 3–8.

Steele, Cynthia. "Elena Poniatowska". *Hispamérica* 18:53–54 (1989): 89–105.

Isabel Allende

(1942, Lima, Perú–)

Isabel Allende, de nacionalidad chilena, es una de las voces más importantes de la narrativa latinoamericana actual. Ha publicado *La casa de los espíritus* (1982), *De amor y de sombra* (1984), *Eva Luna* (1987) y *Cuentos de Eva Luna* (1990). En estas obras domina una combinación de elementos realistas y fantásticos encasillando su narrativa dentro del realismo mágico. Su novela *El plan infinito* (1991) se diferencia de su narrativa anterior. En ella, Allende es más realista al presentar la vida del norteamericano Gregory Reeves, el protagonista de la novela. Reeves crece entre inmigrantes ilegales del barrio latino de Los Angeles; vive la experiencia del movimiento *hippie* de la década de los sesenta en Estados Unidos; y sirve en el ejército norteamericano en Vietnam. En *Paula* (1994), libro autobiográfico, Isabel Allende evoca la enfermedad de su hija, quien murió tras un año en estado de coma. En él hay también una rememoración familiar y personal, y vuelve a utilizar parcialmente elementos que había empleado en su obra anterior, sobre todo en *La casa de los espíritus*. Su más reciente publicación, la novela histórica *Hija de la fortuna* (1999), relata la vida de la chilena Eliza Sommers y su peregrinaje durante el siglo IXX por cuatro continentes.

En las creaciones narrativas de Isabel Allende encontramos una dimensión feminista; sus personajes femeninos son fuertes e independientes. No faltan en su obra, velados por el humor, comentarios sutiles a problemas sociopolíticos presentes en la sociedad contemporánea.

A L   L E E R   C O N S I D E R E   L O   S I G U I E N T E :

—elementos feministas
—la crítica política
—uso del lenguaje en el texto

En este cuento la protagonista, Belisa Crepusculario, descubre la importancia de las palabras, las cuales vende. Con dos palabras secretas transforma al hombre más temido del país. En "Dos palabras", también se aprecia una velada crítica política.

Dos palabras

Tenía el nombre de Belisa Crepusculario, pero no por fe de bautismo[1] o acierto[2] de su madre, sino porque ella misma lo buscó hasta encontrarlo y se vistió con él. Su oficio era vender palabras. Recorría[3] el país, desde las regiones más altas y frías hasta las costas calientes, instalándose en las ferias y en los mercados, donde montaba cuatro palos con un toldo de lienzo,[4] bajo el cual se protegía del sol y de la lluvia para atender a su clientela. No necesitaba pregonar[5] su mercabritada y las tuyas impacientes. Te deslizabas, me recorrías, me trepabas, me envolvías con tus piernas invencibles, otro, y cuando aparecía por la aldea con su atado[6] bajo el brazo hacían cola frente a su tenderete.[7] Vendía a precios justos. Por cinco centavos entregaba versos de memoria, por siete mejoraba la calidad de los sueños, por nueve escribía cartas de enamorados, por doce inventaba insultos para enemigos irreconciliables. También vendía cuentos, pero no eran cuentos de fantasía, sino largas historias verdaderas que recitaba de corrido,[8] sin saltarse[9] nada. Así llevaba las nuevas de un pueblo a otro. La gente le pagaba por agregar una o dos líneas: nació un niño, murió fulano, se casaron nuestros hijos, se quemaron las cosechas. En cada lugar se juntaba una pequeña multitud a su alrededor para oírla cuando comenzaba a hablar y así se enteraban de las vidas de otros, de los parientes lejanos, de los pormenores[10] de la Guerra Civil. A quien le comprara cincuenta centavos, ella le regalaba una palabra secreta para espantar[11] la melancolía. No era la misma para todos, por supuesto, porque

---

[1]**fe de bautismo** baptismal certificate   [2]**acierto** good judgment   [3]**recorría** traveled   [4]**toldo de lienzo** canvas awning   [5]**pregonar** to announce   [6]**atado** bundle   [7]**tenderete** stall, stand   [8]**de corrido** rapidly, fluently   [9]**sin saltarse** without skipping   [10]**pormenores** details   [11]**espantar** to drive away

eso habría sido un engaño colectivo. Cada uno recibía la suya con la certeza de que nadie más la empleaba para ese fin en el universo y más allá.

Belisa Crepusculario había nacido en una familia tan mísera,[12] que ni siquiera poseía nombres para llamar a sus hijos. Vino al mundo y creció en la región más inhóspita, donde algunos años las lluvias se convierten en avalanchas de agua que se llevan todo, y en otros no cae ni una gota del cielo, el sol se agranda[13] hasta ocupar el horizonte entero y el mundo se convierte en un desierto. Hasta que cumplió doce años no tuvo otra ocupación ni virtud que sobrevivir al hambre y la fatiga de siglos. Durante una interminable sequía le tocó enterrar[14] a cuatro hermanos menores y cuando comprendió que llegaba su turno, decidió echar a andar por las llanuras en dirección al mar, a ver si en el viaje lograba burlar a la muerte. La tierra estaba erosionada, partida en profundas grietas,[15] sembrada de piedras, fósiles de árboles y de arbustos espinudos,[16] esqueletos de animales blanqueados por el calor. De vez en cuando tropezaba con familias que, como ella, iban hacia el sur siguiendo el espejismo del agua. Algunos habían iniciado la marcha llevando sus pertenencias[17] al hombro o en carretillas,[18] pero apenas podían mover sus propios huesos y a poco andar debían abandonar sus cosas. Se arrastraban penosamente, con la piel convertida en cuero de lagarto y los ojos quemados por la reverberación de la luz. Belisa los saludaba con un gesto al pasar, pero no se detenía, porque no podía gastar sus fuerzas en ejercicios de compasión. Muchos cayeron por el camino, pero ella era tan tozuda[19] que consiguió atravesar el infierno y arribó por fin a los primeros manantiales,[20] finos hilos de agua, casi invisibles, que alimentaban una vegetación raquítica,[21] y que más adelante se convertían en riachuelos[22] y esteros.[23]

Belisa Crepusculario salvó la vida y además descubrió por casualidad la escritura. Al llegar a una aldea en las proximidades de la costa, el viento colocó a sus pies una hoja de periódico. Ella tomó aquel papel amarillo y quebradizo[24] y estuvo largo rato observándolo sin adivinar su uso, hasta que la curiosidad pudo más que su timidez. Se acercó a un hombre que lavaba un caballo en el mismo charco turbio[25] donde ella saciara su sed.[26]

—¿Qué es esto? —preguntó.

—La página deportiva del periódico —replicó el hombre sin dar muestras de asombro ante su ignorancia.

La respuesta dejó atónita[27] a la muchacha, pero no quiso parecer descarada[28] y se limitó a inquirir el significado de las patitas de mosca dibujadas sobre el papel.

—Son palabras, niña. Allí dice que Fulgencio Barba noqueó[29] al Negro Tiznao en el tercer round.

---

[12]**tan mísera** so poor   [13]**se agranda** grows   [14]**enterrar** bury   [15]**grietas** cracks   [16]**arbustos espinudos** thorny bushes   [17]**pertenencias** belongings   [18]**carretillas** carts   [19]**tozuda** stubborn   [20]**manantiales** springs   [21]**raquítica** meager   [22]**riachuelos** streams   [23]**esteros** swamps   [24]**quebradizo** brittle   [25]**charco turbio** muddy puddle   [26]**saciara su sed** would quench her thirst   [27]**dejó atónita** amazed   [28]**descarada** brazen   [29]**noqueó** knocked out

Ese día Belisa Crepusculario se enteró de que las palabras andan sueltas[30] sin dueño y cualquiera con un poco de maña[31] puede apoderárselas para comerciar con ellas. Consideró su situación y concluyó que aparte de prostituirse o emplearse como sirvienta en las cocinas de los ricos, eran pocas las ocupaciones que podía desempeñar. Vender palabras le pareció una alternativa decente. A partir de ese momento ejerció esa profesión y nunca le interesó otra. Al principio ofrecía su mercancía sin sospechar que las palabras podían también escribirse fuera de los periódicos. Cuando lo supo calculó las infinitas proyecciones de su negocio, con sus ahorros le pagó veinte pesos a un cura para que le enseñara a leer y escribir y con los tres que le sobraron se compró un diccionario. Lo revisó desde la A hasta la Z y luego lo lanzó al mar, porque no era su intención estafar a los clientes con palabras envasadas.[32]

Varios años después, en una mañana de agosto, se encontraba Belisa Crepusculario en el centro de una plaza, sentada bajo su toldo vendiendo argumentos de justicia a un viejo que solicitaba su pensión desde hacía diecisiete años. Era día de mercado y había mucho bullicio[33] a su alrededor. Se escucharon de pronto galopes y gritos; ella levantó los ojos de la escritura y vio primero una nube de polvo y enseguida un grupo de jinetes que irrumpió en el lugar. Se trataba de los hombres del Coronel, que venían al mando del Mulato, un gigante conocido en toda la zona por la rapidez de su cuchillo y la lealtad hacia su jefe. Ambos, el Coronel y el Mulato, habían pasado sus vidas ocupados en la Guerra Civil y sus nombres estaban irremisiblemente unidos al estropicio[34] y la calamidad. Los guerreros entraron al pueblo como un rebaño en estampida, envueltos en ruido, bañados de sudor y dejando a su paso un espanto de huracán. Salieron volando las gallinas, dispararon a perderse los perros, corrieron las mujeres con sus hijos y no quedó en el sitio del mercado otra alma viviente que Belisa Crepusculario, quien no había visto jamás al Mulato y por lo mismo le extrañó que se dirigiera a ella.

—A ti te busco —le gritó señalándola con su látigo enrollado y antes que terminara de decirlo, dos hombres cayeron encima de la mujer atropellando[35] el toldo y rompiendo el tintero, la ataron de pies y manos y la colocaron atravesada como un bulto de marinero sobre la grupa[36] de la bestia del Mulato. Emprendieron galope en dirección a las colinas.

Horas más tarde, cuando Belisa Crepusculario estaba a punto de morir con el corazón convertido en arena por las sacudidas[37] del caballo, sintió que se detenían y cuatro manos poderosas la depositaban en tierra. Intentó ponerse de pie y levantar la cabeza con dignidad, pero le fallaron las fuerzas y se desplomó[38] con un suspiro, hundiéndose en un sueño ofuscado.[39] Despertó varias horas después con el murmullo de la noche en el campo, pero no tuvo tiempo de descifrar esos sonidos, porque al abrir los ojos se encontró ante la mirada impaciente del Mulato, arrodillado a su lado.

---

[30]**andan sueltas** go about free, loose, unattached   [31]**maña** dexterity   [32]**palabras envasadas** packaged words   [33]**bullicio** bustle   [34]**estropicio** uproar   [35]**atropellando** trampling   [36]**grupa** rump   [37]**sacudidas** jerking   [38]**se desplomó** collapsed   [39]**ofuscado** confused

—Por fin despiertas, mujer —dijo alcanzándole su cantimplora[40] para que bebiera un sorbo[41] de aguardiente con pólvora[42] y acabara de recuperar la vida.

Ella quiso saber la causa de tanto maltrato y él le explicó que el Coronel necesitaba sus servicios. Le permitió mojarse la cara y enseguida la llevó a un extremo del campamento, donde el hombre más temido del país reposaba en una hamaca colgada entre dos árboles. Ella no pudo verle el rostro porque tenía encima la sombra incierta del follaje y la sombra imborrable de muchos años viviendo como un bandido, pero imaginó que debía ser de expresión perdularia[43] si su gigantesco ayudante se dirigía a él con tanta humildad. Le sorprendió su voz, suave y bien modulada como la de un profesor.

—¿Eres la que vende palabras? —preguntó.

—Para servirte —balbuceó[44] ella oteando[45] en la penumbra para verlo mejor.

El Coronel se puso de pie y la luz de la antorcha que llevaba el Mulato le dio de frente. La mujer vio su piel oscura y sus fieros ojos de puma y supo al punto que estaba frente al hombre más solo de este mundo.

—Quiero ser Presidente —dijo él.

Estaba cansado de recorrer esa tierra maldita en guerras inútiles y derrotas que ningún subterfugio podía transformar en victorias. Llevaba muchos años durmiendo a la intemperie,[46] picado de mosquitos, alimentándose de iguanas y sopa de culebra, pero esos inconvenientes menores no constituían razón suficiente para cambiar su destino. Lo que en verdad le fastidiaba[47] era el terror en los ojos ajenos. Deseaba entrar a los pueblos bajo arcos de triunfo, entre banderas de colores y flores, que lo aplaudieran y le dieran de regalo huevos frescos y pan recién horneado. Estaba harto[48] de comprobar cómo a su paso huían los hombres, abortaban de susto las mujeres y temblaban las criaturas; por eso había decidido ser Presidente. El Mulato le sugirió que fueran a la capital y entraran galopando al Palacio para apoderarse del gobierno, tal como tomaron tantas otras cosas sin pedir permiso, pero al Coronel no le interesaba convertirse en otro tirano; de ésos ya habían tenido bastantes por allí y, además, de ese modo no obtendría el afecto de las gentes. Su idea consistía en ser elegido por votación popular en los comicios[49] de diciembre.

—Para eso necesito hablar como un candidato. ¿Puedes venderme las palabras para un discurso? —preguntó el Coronel a Belisa Crepusculario.

Ella había aceptado muchos encargos, pero ninguno como ése; sin embargo no pudo negarse, temiendo que el Mulato le metiera un tiro entre los ojos o, peor aún, que el Coronel se echara a llorar. Por otra parte, sintió el impulso de ayudarlo, porque percibió un palpitante calor en su piel, un deseo poderoso de tocar a ese hombre, de recorrerlo con sus manos, de estrecharlo entre sus brazos.

Toda la noche y buena parte del día siguiente estuvo Belisa Crepusculario buscando en su repertorio las palabras apropiadas para un discurso presidencial, vigilada de cerca por el Mulato, quien no apartaba los ojos de sus firmes piernas de

---

[40]**cantimplora** canteen, water bottle   [41]**sorbo** gulp   [42]**pólvora** gunpowder   [43]**perdularia** careless, slovenly   [44]**balbuceó** stammered   [45]**oteando** observing   [46]**intemperie** outdoors   [47]**le fastidiaba** bothered him   [48]**estaba harto** he was fed up   [49]**comicios** elections

caminante y sus senos virginales. Descartó las palabras ásperas[50] y secas, las demasiado floridas,[51] las que estaban desteñidas[52] por el abuso, las que ofrecían promesas improbables, las carentes[53] de verdad y las confusas, para quedarse sólo con aquellas capaces de tocar con certeza el pensamiento de los hombres y la intuición de las mujeres. Haciendo uso de los conocimientos comprados al cura por veinte pesos, escribió el discurso en una hoja de papel y luego hizo señas al Mulato para que desatara la cuerda con la cual la había amarrado por los tobillos a un árbol. La condujeron nuevamente donde el Coronel, y al verlo ella volvió a sentir la misma palpitante ansiedad del primer encuentro. Le pasó el papel y aguardó, mientras él lo miraba sujetándolo con la punta de los dedos.

—¿Qué carajo dice aquí? —preguntó por último.

—¿No sabes leer?

—Lo que yo sé hacer es la guerra —replicó él.

Ella leyó en alta voz el discurso. Lo leyó tres veces, para que su cliente pudiera grabárselo[54] en la memoria. Cuando terminó vio la emoción en los rostros de los hombres de la tropa que se juntaron para escucharla y notó que los ojos amarillos del Coronel brillaban de entusiasmo, seguro de que con esas palabras el sillón presidencial sería suyo.

—Si después de oírlo tres veces los muchachos siguen con la boca abierta, es que esta vaina[55] sirve, Coronel —aprobó el Mulato.

—¿Cuánto te debo por tu trabajo, mujer? —preguntó el jefe.

—Un peso, Coronel.

—No es caro —dijo él abriendo la bolsa que llevaba colgada del cinturón con los restos del último botín.[56]

—Además tienes derecho a una ñapa.[57] Te corresponden dos palabras secretas —dijo Belisa Crepusculario.

—¿Cómo es eso?

Ella procedió a explicarle que por cada cincuenta centavos que pagaba un cliente, le obsequiaba una palabra de uso exclusivo. El jefe se encogió[58] de hombros, pues no tenía ni el menor interés en la oferta, pero no quiso ser descortés con quien lo había servido tan bien. Ella se aproximó sin prisa al taburete[59] de suela donde él estaba sentado y se inclinó para entregarle su regalo. Entonces el hombre sintió el olor de animal montuno[60] que se desprendía de esa mujer, el calor de incendio que irradiaban sus caderas, el roce terrible de sus cabellos, el aliento de yerbabuena[61] susurrando en su oreja las dos palabras secretas a las cuales tenía derecho.

—Son tuyas, Coronel —dijo ella al retirarse—. Puedes emplearlas cuanto quieras.

El Mulato acompañó a Belisa hasta el borde del camino, sin dejar de mirarla con ojos suplicantes de perro perdido, pero cuando estiró la mano para tocarla,

---

[50]**ásperas** harsh   [51]**las demasiado floridas** those that were too flowery   [52]**desteñidas** faded
[53]**carentes** lacking   [54]**grabárselo** record it   [55]**esta vaina** this nonsense   [56]**botín** spoils,
booty   [57]**una ñapa** something extra, a bonus   [58]**encogió** shrugged   [59]**taburete** stool
[60]**animal montuno** wild animal   [61]**yerbabuena** (*hierbabuena*) mint

ella lo detuvo con un chorro[62] de palabras inventadas que tuvieron la virtud de espantarle el deseo, porque creyó que se trataba de alguna maldición irrevocable.

En los meses de setiembre, octubre y noviembre el Coronel pronunció su discurso tantas veces, que de no haber sido hecho con palabras refulgentes[63] y durables el uso lo habría vuelto ceniza. Recorrió el país en todas direcciones, entrando a las ciudades con aire triunfal y deteniéndose también en los pueblos más olvidados, allá donde sólo el rastro de basura indicaba la presencia humana, para convencer a los electores de que votaran por él. Mientras hablaba sobre una tarima[64] al centro de la plaza, el Mulato y sus hombres repartían caramelos y pintaban su nombre con escarcha dorada en las paredes, pero nadie prestaba atención a esos recursos de mercader, porque estaban deslumbrados por la claridad de sus proposiciones y la lucidez poética de sus argumentos, contagiados de su deseo tremendo de corregir los errores de la historia y alegres por primera vez en sus vidas. Al terminar la arenga[65] del Candidato, la tropa lanzaba pistoletazos al aire y encendía petardos y, cuando por fin se retiraban, quedaba atrás una estela de esperanza que perduraba muchos días en el aire, como el recuerdo magnífico de un cometa. Pronto el Coronel se convirtió en el político más popular. Era un fenómeno nunca visto, aquel hombre surgido de la guerra civil, lleno de cicatrices[66] y hablando como un catedrático, cuyo prestigio se regaba por el territorio nacional conmoviendo el corazón de la patria. La prensa se ocupó de él. Viajaron de lejos los periodistas para entrevistarlo y repetir sus frases, y así creció el número de sus seguidores y de sus enemigos.

—Vamos bien, Coronel —dijo el Mulato al cumplirse doce semanas de éxitos.

Pero el candidato no lo escuchó. Estaba repitiendo sus dos palabras secretas, como hacía cada vez con mayor frecuencia. Las decía cuando lo ablandaba la nostalgia, las murmuraba dormido, las llevaba consigo sobre su caballo, las pensaba antes de pronunciar su célebre discurso y se sorprendía saboreándolas en sus descuidos. Y en toda ocasión en que esas dos palabras venían a su mente, evocaba la presencia de Belisa Crepusculario y se le alborotaban los sentidos con el recuerdo del olor montuno, el calor de incendio, el roce terrible y el aliento de yerbabuena, hasta que empezó a andar como un sonámbulo y sus propios hombres comprendieron que se le terminaría la vida antes de alcanzar el sillón de los presidentes.

—¿Qué es lo que te pasa, Coronel? —le preguntó muchas veces el Mulato, hasta que por fin un día el jefe no pudo más y le confesó que la culpa de su ánimo eran esas dos palabras que llevaba clavadas[67] en el vientre.

—Dímelas, a ver si pierden su poder —le pidió su fiel ayudante.

—No te las diré, son sólo mías —replicó el Coronel.

Cansado de ver a su jefe deteriorarse como un condenado a muerte, el Mulato se echó el fusil al hombro y partió en busca de Belisa Crepusculario. Siguió sus huellas[68] por toda esa vasta geografía hasta encontrarla en un pueblo del sur,

---

[62]**chorro** gush   [63]**refulgentes** brilliant   [64]**tarima** movable platform   [65]**arenga** harangue
[66]**cicatrices** scars   [67]**clavadas** nailed to   [68]**sus huellas** her tracks

instalada bajo el toldo de su oficio, contando su rosario de noticias. Se le plantó delante con las piernas abiertas y el arma empuñada.

—Tú te vienes conmigo —ordenó.

Ella lo estaba esperando. Recogió su tintero, plegó[69] el lienzo de su tenderete, se echó el chal sobre los hombros y en silencio trepó al anca del caballo. No cruzaron ni un gesto en todo el camino, porque al Mulato el deseo por ella se le había convertido en rabia y sólo el miedo que le inspiraba su lengua le impedía destrozarla a latigazos. Tampoco estaba dispuesto a comentarle que el Coronel andaba alelado,[70] y que lo que no habían logrado tantos años de batallas lo había conseguido un encantamiento susurrado[71] al oído. Tres días después llegaron al campamento y de inmediato condujo a su prisionera hasta el candidato, delante de toda la tropa.

—Te traje a esta bruja para que le devuelvas sus palabras, Coronel, y para que ella te devuelva la hombría[72] —dijo apuntando el cañón de su fusil[73] a la nuca de la mujer.

El Coronel y Belisa Crepusculario se miraron largamente, midiéndose desde la distancia. Los hombres comprendieron entonces que ya su jefe no podía deshacerse del hechizo[74] de esas dos palabras endemoniadas, porque todos pudieron ver los ojos carnívoros del puma tornarse mansos[75] cuando ella avanzó y le tomó la mano.

D E S P U É S   D E   L E E R

1. ¿Cómo fue la infancia de Belisa Crepusculario?

2. ¿Quiénes buscan el servicio de Belisa? ¿Cómo se manifiesta la sociedad en que se desarrolla el cuento?

3. ¿Qué adjetivos emplearía usted para describir a Belisa?

4. ¿Cómo presenta la autora la crueldad y el despotismo político?

5. Describa al Coronel y a su gente.

6. ¿Qué ocurre cuando Belisa y el Coronel se conocen? ¿Qué descubre Belisa en el Coronel?

7. ¿Qué importancia tiene para usted la palabra? ¿Qué valor le concede la narradora a la palabra en el cuento?

8. ¿Hay sentido del humor en el cuento? ¿Y exageración?

9. ¿Diría usted que hay elementos fantásticos en el cuento? Explique.

10. ¿Qué opina de la técnica narrativa de Isabel Allende?

---

[69]**plegó** folded [70]**alelado** stupefied [71]**susurrado** whispered [72]**hombría** manhood [73]**cañón de su fusil** barrel of his rifle [74]**hechizo** spell [75]**mansos** tame

AL LEER CONSIDERE LO SIGUIENTE:

—las relaciones y el sentido de obligación
—los cambios sociales
—la capacidad insólita de la protagonista

En "Clarisa" vemos de nuevo la fuerza innata del personaje femenino. Tras desgracias familiares, Clarisa sabe sobreponerse a su situación familiar mientras que el marido se encierra en un cuarto y se aparta del mundo. Ella encuentra consuelo en las obras de caridad que hace y en el amor. Confía en la capacidad de Dios para equilibrar la balanza del destino.

Clarisa

larisa nació cuando aún no existía la luz eléctrica en la ciudad, vio por televisión al primer astronauta levitando sobre la superficie de la luna y se murió de asombro cuando llegó el Papa de visita y le salieron al encuentro los homosexuales disfrazados[1] de monjas. Había pasado la infancia entre matas de helechos[2] y corredores alumbrados por candiles de aceite.[3] Los días transcurrían lentos en aquella época. Clarisa nunca se adaptó a los sobresaltos[4] de los tiempos de hoy, siempre me pareció que estaba detenida en el aire color sepia de un retrato de otro siglo. Supongo que alguna vez tuvo cintura virginal, porte gracioso[5] y perfil de medallón, pero cuando yo la conocí ya era una anciana algo estrafalaria, con los hombros alzados como dos suaves jorobas y su noble cabeza coronada por un quiste sebáceo, como un huevo de paloma, alrededor del cual ella enrollaba sus cabellos blancos. Tenía una mirada traviesa y profunda, capaz de penetrar la maldad más recóndita y regresar intacta. En sus muchos años de existencia alcanzó fama de santa y después de su muerte muchos tienen su fotografía en un altar doméstico, junto a otras imágenes venerables, para pedirle ayuda en las dificultades menores, a pesar de que su prestigio de milagrera no está reconocida por el Vaticano y con seguridad nunca lo estará, porque los beneficios otorgados por ella son de índole caprichosa: no cura ciegos como Santa Lucía ni encuentra marido para las solteras como San Antonio, pero dicen que ayuda a soportar el malestar de la embriaguez, los tropiezos[6] de la conscripción[7] y el acecho[8] de la soledad. Sus prodigios[9] son humildes e improbables, pero tan necesarios como las aparatosas maravillas de los santos de catedral.

---

[1]**disfrazados** dressed up [2]**matas de helechos** ferns [3]**candiles de aceite** oil lamps [4]**sobresaltos** the unexpected [5]**porte gracioso** graceful bearing [6]**tropiezos** obstacles [7]**conscripción** military draft [8]**acecho** ambush [9]**prodigios** marvels

La conocí en mi adolescencia, cuando yo trabajaba como sirvienta en casa de La Señora, una dama de la noche, como llamaba Clarisa a las de ese oficio. Ya entonces era casi puro espíritu, parecía siempre a punto de despegar[10] del suelo y salir volando por la ventana. Tenía manos de curandera[11] y quienes no podían pagar un médico o estaban desilusionados de la ciencia tradicional esperaban turno para que ella les aliviara los dolores o los consolara de la mala suerte. Mi patrona solía llamarla para que le aplicara las manos en la espalda. De paso, Clarisa hurgaba[12] en el alma de La Señora con el propósito de torcerle la vida y conducirla por los caminos de Dios, caminos que la otra no tenía mayor urgencia en recorrer, porque esa decisión habría descalabrado[13] su negocio. Clarisa le entregaba el calor curativo de sus palmas por diez o quince minutos, según la intensidad del dolor, y luego aceptaba un jugo de fruta como recompensa por sus servicios. Sentadas frente a frente en la cocina, las dos mujeres charlaban sobre lo humano y lo divino, mi patrona más de lo humano y ella más de lo divino, sin traicionar la tolerancia y el rigor de las buenas maneras. Después cambié de empleo y perdí de vista a Clarisa hasta un par de décadas más tarde, en que volvimos a encontrarnos y pudimos restablecer la amistad hasta el día de hoy, sin hacer mayor caso de los diversos obstáculos que se nos interpusieron, inclusive el de su muerte, que vino a sembrar cierto desorden en la buena comunicación.

Aun en los tiempos en que la vejez le impedía moverse con el entusiasmo misionero de antaño,[14] Clarisa preservó su constancia para socorrer al prójimo,[15] a veces incluso contra la voluntad de los beneficiarios, como era el caso de los chulos[16] de la calle República, quienes debían soportar, sumidos en la mayor mortificación, las arengas[17] públicas de esa buena señora en su afán inalterable de redimirlos. Clarisa se desprendía[18] de todo lo suyo para darlo a los necesitados; por lo general sólo tenía la ropa que llevaba puesta y hacia el final de su vida le resultaba difícil encontrar pobres más pobres que ella. La caridad se convirtió en un camino de ida y vuelta y ya no se sabía quién daba y quién recibía.

Vivía en un destartalado[19] caserón[20] de tres pisos, con algunos cuartos vacíos y otros alquilados como depósito a una licorería, de manera que una ácida pestilencia de borracho contaminaba el ambiente. No se mudaba de esa vivienda, herencia de sus padres, porque le recordaba su pasado abolengo[21] y porque desde hacía más de cuarenta años su marido se había enterrado allí en vida, en un cuarto al fondo del patio. El hombre fue juez de una lejana provincia, oficio que ejerció con dignidad hasta el nacimiento de su segundo hijo, cuando la decepción le arrebató[22] el interés por enfrentar su suerte y se refugió como un topo[23] en el socavón[24] maloliente de su cuarto. Salía muy rara vez, como una sombra huidiza, y sólo abría la puerta para sacar la bacinilla[25] y recoger la comida que su mujer le dejaba cada día. Se comunicaba con ella por medio de notas escritas con su per-

---

[10]**despegar** taking off   [11]**curandera** healer   [12]**hurgaba** would stir up   [13]**habría descalabrado** would have destroyed   [14]**antaño** of days gone by   [15]**socorrer al prójimo** to help thy neighbor   [16]**chulos** rascals   [17]**arengas** harangues   [18]**se desprendía** detach herself   [19]**destartalado** dilapidated   [20]**caserón** large ramshackle house   [21]**abolengo** lineage   [22]**le arrebató** took from him   [23]**topo** mole   [24]**socavón** cave   [25]**bacinilla** small chamber pot

fecta caligrafía y de golpes en la puerta, dos para sí y tres para no. A través de los muros de su cuarto se podían escuchar su carraspeo[26] asmático y algunas palabrotas de bucanero que no se sabía a ciencia cierta a quién iban dirigidas.

—Pobre hombre, ojalá Dios lo llame a Su lado cuanto antes y lo ponga a cantar en un coro de ángeles —suspiraba Clarisa sin asombro de ironía; pero el fallecimiento[27] oportuno de su marido no fue una de las gracias otorgadas[28] por La Divina Providencia, puesto que la ha sobrevivido hasta hoy, aunque ya debe tener más de cien años, a menos que haya muerto y las toses y maldiciones que se escuchan sean sólo el eco de ayer.

Clarisa se casó con él porque fue el primero que se lo pidió y a sus padres les pareció que un juez era el mejor partido posible. Ella dejó el sobrio bienestar del hogar paterno y se acomodó a la avaricia y la vulgaridad de su marido sin pretender una fortuna mejor. La única vez que se le oyó un comentario nostálgico por los refinamientos del pasado fue a propósito de un piano de cola[29] con el cual se deleitaba de niña. Así nos enteramos de su afición por la música y mucho más tarde, cuando ya era una anciana, un grupo de amigos le regalamos un modesto piano. Para entonces ella había pasado casi sesenta años sin ver un teclado[30] de cerca, pero se sentó en el taburete y tocó de memoria y sin la menor vacilación un Nocturno de Chopin.

Un par de años después de la boda con el juez, nació una hija albina, quien apenas comenzó a caminar acompañaba a su madre a la iglesia. La pequeña se deslumbró en tal forma con los oropeles de la liturgia, que comenzó a arrancar[31] los cortinajes[32] para vestirse de obispo y pronto el único juego que le interesaba era imitar los gestos de la misa y entonar cánticos en un latín de su invención. Era retardada sin remedio,[33] sólo pronunciaba palabras en una lengua desconocida, babeaba[34] sin cesar y sufría incontrolables ataques de maldad, durante los cuales debían atarla como un animal de feria para evitar que masticara[35] los muebles y atacara a las personas. Con la pubertad se tranquilizó y ayudaba a su madre en las labores de la casa. El segundo hijo llegó al mundo con un dulce rostro asiático, desprovisto de curiosidad, y la única destreza[36] que logró adquirir fue equilibrarse sobre una bicicleta, pero no le sirvió de mucho porque su madre no se atrevió nunca a dejarlo salir de la casa. Pasó la vida pedaleando en el patio en una bicicleta sin ruedas fija en un atril.[37]

La anormalidad de sus hijos no afectó el sólido optimismo de Clarisa, quien los consideraba almas puras, inmunes al mal, y se relacionaba con ellos sólo en términos de afecto. Su mayor preocupación consistía en preservarlos incontaminados por sufrimientos terrenales; se preguntaba a menudo quién los cuidaría cuando ella faltara. El padre, en cambio, no hablaba jamás de ellos, se aferró al pretexto de los hijos retardados para sumirse[38] en el bochorno,[39] abandonar su trabajo, sus amigos y hasta el aire fresco y sepultarse en su pieza, ocupado en

---

[26]**carraspeo** clearing of throat   [27]**fallecimiento** passing away   [28]**otorgadas** granted   [29]**piano de cola** grand piano   [30]**teclado** keyboard   [31]**arrancar** to pull down   [32]**cortinajes** drapes   [33]**sin remedio** without fail   [34]**babeaba** drooled   [35]**masticara** chew   [36]**destreza** skill   [37]**atril** lectern   [38]**sumirse** bury himself   [39]**bochorno** shame

copiar con paciencia de monje medieval los periódicos en un cuaderno de notario. Entretanto su mujer gastó hasta el último céntimo de su dote[40] y de su herencia y luego trabajó en toda clase de pequeños oficios para mantener a la familia. Las penurias propias no la alejaron de las penurias ajenas y aún en los períodos más difíciles de su existencia no postergó sus labores de misericordia.

Clarisa poseía una ilimitada comprensión por las debilidades humanas. Una noche, cuando ya era una anciana de pelo blanco, se encontraba cosiendo en su cuarto cuando escuchó ruidos desusados[41] en la casa. Se levantó para averiguar de qué se trataba, pero no alcanzó a salir, porque en la puerta tropezó de frente con un hombre que le puso un cuchillo en el cuello.

—Silencio, puta, o te despacho[42] de un solo corte —la amenazó.

—No es aquí, hijo. Las damas de la noche están al otro lado de la calle, donde tienen la música.

—No te burles,[43] esto es un asalto.

—¿Cómo dices? —sonrió incrédula Clarisa—. ¿Y qué me vas a robar a mí?

—Siéntate en esa silla, voy a amarrarte.[44]

—De ninguna manera, hijo, puedo ser tu madre, no me faltes el respeto.

—¡Siéntate!

—No grites, porque vas a asustar a mi marido, que está delicado de salud. Y de paso guarda el cuchillo, que puedes herir a alguien —dijo Clarisa.

—Oiga, señora, yo vine a robar —masculló el asaltante desconcertado.

—No, esto no es un robo. Yo no te voy a dejar que cometas un pecado. Te voy a dar algo de dinero por mi propia voluntad. No me lo estás quitando, te lo estoy dando, ¿está claro? —fue a su cartera y sacó lo que le quedaba para el resto de la semana—. No tengo más. Somos una familia bastante pobre, como ves. Acompáñame a la cocina, voy a poner la tetera.[45]

El hombre se guardó el cuchillo y la siguió con los billetes en la mano. Clarisa preparó té para ambos, sirvió las últimas galletas que le quedaban y lo invitó a sentarse en la sala.

—¿De dónde sacaste la peregrina idea de robarle a esta pobre vieja?

El ladrón le contó que la había observado durante días, sabía que vivía sola y pensó que en aquel caserón habría algo que llevarse. Ese era su primer asalto, dijo, tenía cuatro hijos, estaba sin trabajo y no podía llegar otra vez a su casa con las manos vacías. Ella le hizo ver que el riesgo era demasiado grande, no sólo podían llevarlo preso, sino que podía condenarse en el infierno, aunque en verdad ella dudaba que Dios fuera a castigarlo con tanto rigor, a lo más iría a parar al purgatorio, siempre que se arrepintiera y no volviera a hacerlo, por supuesto. Le ofreció incorporarlo a la lista de sus protegidos y le prometió que no lo acusaría a las autoridades. Se despidieron con un par de besos en las mejillas. En los diez años siguientes, hasta la muerte de Clarisa, el hombre le enviaba por correo un pequeño regalo en Navidad.

---

[40]**dote** dowry   [41]**desusados** unusual   [42]**te despacho** I'll take care of you   [43]**no te burles** don't make fun   [44]**amarrarte** tie you up   [45]**tetera** tea kettle

No todas las relaciones de Clarisa eran de esa calaña,[46] también conocía a gente de prestigio, señoras de alcurnia, ricos comerciantes, banqueros y hombres públicos, a quienes visitaba buscando ayuda para el prójimo, sin detenerse a especular sobre cómo sería recibida. Cierto día se presentó en la oficina del diputado Diego Cienfuegos, conocido por sus incendiarios[47] discursos y por ser uno de los pocos políticos incorruptibles del país, lo cual no le impidió ascender a ministro y acabar en los libros de historia como padre intelectual de un cierto tratado de la paz. En esa época Clarisa era joven y algo tímida, pero ya tenía la misma tremenda determinación que la caracterizó en la vejez. Llegó donde el diputado a pedirle que usara su influencia para conseguirles una nevera moderna a las Madres Teresianas. El hombre la miró pasmado,[48] sin entender las razones por las cuales él debía ayudar a sus enemigas ideológicas.

—Porque en el comedor de las monjitas almuerzan gratis cien niños cada día, y casi todos son hijos de los comunistas y evangélicos que votan por usted —replicó mansamente Clarisa.

Así nació entre ambos una discreta amistad que habría de costarle muchos desvelos[49] y favores al político. Con la misma lógica irrefutable conseguía de los jesuitas becas escolares para muchachos ateos, de la Acción de Damas Católicas ropa usada para las prostitutas de su barrio, del Instituto Alemán instrumentos de música para un coro hebreo, de los dueños de viñas fondos para los programas de alcohólicos.

Ni el marido sepultado en el mausoleo de su cuarto, ni las extenuantes horas de trabajo cotidiano, evitaron que Clarisa quedara embarazada una vez más. La comadrona[50] le advirtió que con toda probabilidad daría a luz otro anormal, pero ella la tranquilizó con el argumento de que Dios mantiene cierto equilibrio en el universo, y tal como El crea algunas cosas torcidas,[51] también crea otras derechas, por cada virtud hay un pecado, por cada alegría una desdicha, por cada mal un bien y así, en el eterno girar de la rueda de la vida todo se compensa a través de los siglos. El péndulo va y viene con inexorable precisión, decía ella.

Clarisa pasó sin prisa el tiempo de su embarazo y dio a luz un tercer hijo. El nacimiento se produjo en su casa, ayudada por la comadrona y amenizado por la compañía de las criaturas retardadas, seres inofensivos y sonrientes que pasaban las horas entretenidos en sus juegos, una mascullando galimatías[52] en su traje de obispo y el otro pedaleando hacia ninguna parte en una bicicleta inmóvil. En esta ocasión la balanza se movió en el sentido justo para preservar la armonía de la Creación y nació un muchacho fuerte, de ojos sabios y manos firmes, que la madre se puso al pecho, agradecida. Catorce meses después Clarisa dio a luz otro hijo con las características del anterior.

—Estos crecerán sanos para ayudarme a cuidar a los dos primeros —decidió ella, fiel a su teoría de las compensaciones, y así fue, porque los hijos menores resultaron derechos como dos cañas y bien dotados para la bondad.

---

[46]**de esa calaña** of that nature [47]**incendiarios** fiery [48]**pasmado** amazed [49]**desvelos** sleeplessness [50]**comadrona** midwife [51]**torcidas** bent [52]**galimatías** gibberish

De algún modo Clarisa se las arregló para mantener a los cuatro niños sin ayuda del marido y sin perder su orgullo de gran dama solicitando caridad para sí misma. Pocos se enteraron de sus apuros financieros. Con la misma tenacidad con que pasaba las noches en vela fabricando muñecas de trapo o tortas de novia para vender, batallaba contra el deterioro de su casa, cuyas paredes comenzaban a sudar un vapor verdoso, y le inculcaba a los hijos menores sus principios de buen humor y de generosidad con tan espléndido efecto que en las décadas siguientes estuvieron siempre junto a ella soportando la carga de sus hermanos mayores, hasta que un día éstos se quedaron atrapados en la sala de baño y un escape de gas los trasladó apaciblemente a otro mundo.

La llegada del Papa se produjo cuando Clarisa aún no cumplía ochenta años, aunque no era fácil calcular su edad exacta, porque se la aumentaba por coquetería, nada más que para oír decir cuán bien se conservaba a los noventa y cinco que pregonaba. Le sobraba ánimo, pero le fallaba el cuerpo, le costaba caminar, se desorientaba en las calles, no tenía apetito y acabó alimentándose de flores y miel. El espíritu se le fue desprendiendo en la misma medida en que le germinaron las alas, pero los preparativos de la visita papal le devolvieron el entusiasmo por las aventuras terrenales. No aceptó ver el espectáculo por televisión, porque sentía una desconfianza profunda por ese aparato. Estaba convencida de que hasta el astronauta en la luna era una patraña[53] filmada en un estudio de Hollywood, igual como engañaban con esas historias en las cuales los protagonistas se amaban o se morían de mentira y una semana después reaparecían con sus mismas caras, padeciendo otros destinos. Clarisa quiso ver al Pontífice con sus propios ojos, para que no fueran a mostrarle en la pantalla a un actor con paramentos episcopales, de modo que tuve que acompañarla a vitorearlo en su paso por las calles. Al cabo de un par de horas defendiéndonos de la muchedumbre de creyentes y de vendedores de cirios, camisetas estampadas, policromías y santos de plástico, logramos vislumbrar al Santo Padre, magnífico dentro de una caja de vidrio portátil, como una blanca marsopa en su acuario. Clarisa cayó de rodillas, a punto de ser aplastada por los fanáticos y por los guardias de la escolta. En ese instante, justamente cuando teníamos al Papa a tiro de piedra, surgió por una calle lateral una columna de hombres vestidos de monjas, con las caras pintarrajeadas,[54] enarbolando pancartas[55] en favor del aborto, el divorcio, la sodomía y el derecho de las mujeres a ejercer el sacerdocio. Clarisa hurgó en su bolso con mano temblorosa, encontró sus gafas y se las colocó para cerciorarse de que no se trataba de una alucinación.

—Vámonos, hija. Ya he visto demasiado —me dijo, pálida.

Tan desencajada[56] estaba, que para distraerla ofrecí comprarle un cabello del Papa, pero no lo quiso, porque no había garantía de su autenticidad. El número de reliquias capilares ofrecidas por los comerciantes era tal, que alcanzaba para rellenar un par de colchones,[57] según calculó un periódico socialista.

---

[53]**patraña** hoax   [54]**pintarrajeadas** with heavy make-up   [55]**enarbolando pancartas** raising placards   [56]**desencajada** disconnected   [57]**colchones** mattresses

—Estoy muy vieja y ya no entiendo el mundo, hija. Lo mejor es volver a casa.

Llegó a su caserón extenuada, con el fragor[58] de campanas y vítores todavía retumbándole en las sienes.[59] Partí a la cocina a preparar una sopa para el juez y a calentar agua para darle a ella una infusión de camomilla, a ver si eso la tranquilizaba un poco. Entre tanto Clarisa, con una expresión de gran melancolía, colocó todo en orden y sirvió el último plato de comida para su marido. Puso la bandeja ante la puerta cerrada y llamó por primera vez en más de cuarenta años.

—¿Cuántas veces he dicho que no me molesten? —protestó la voz decrépita del juez.

—Disculpa, querido, sólo deseo avisarte que me voy a morir.

—¿Cuándo?

—El viernes.

—Está bien —y no abrió la puerta.

Clarisa llamó a sus hijos para darles cuenta de su próximo fin y luego se acostó en su cama. Tenía una habitación grande, oscura, con pesados muebles de caoba[60] tallada que no alcanzaron a convertirse en antigüedades, porque el deterioro los derrotó por el camino. Sobre la cómoda había una urna de cristal con un Niño Jesús de cera de un realismo sorprendente, parecía un bebé recién bañado.

—Me gustaría que te quedaras con el Niñito, para que me lo cuides, Eva.

—Usted no piensa morirse, no me haga pasar estos sustos.

—Tienes que ponerlo a la sombra, si le pega el sol se derrite.[61] Ha durado casi un siglo y puede durar otro si lo defiendes del clima.

Le acomodé en lo alto de la cabeza sus cabellos de merengue, le adorné el peinado con una cinta y me senté a su lado, dispuesta a acompañarla en ese trance, sin saber a ciencia cierta de qué se trataba, porque el momento carecía de todo sentimentalismo, como si en verdad no fuera una agonía, sino un apacible resfrío.

—Sería bien bueno que me confesara, ¿no te parece, hija?

—¡Pero qué pecados puede tener usted, Clarisa!

—La vida es larga y sobra tiempo para el mal, con el favor de Dios.

—Usted se irá derecho al cielo, si es que el cielo existe.

—Claro que existe, pero no es tan seguro que me admitan. Allí son bien estrictos —murmuró. Y después de una larga pausa agregó—: Repasando mis faltas, veo que hay una bastante grave...

Tuve un escalofrío, temiendo que esa anciana con aureola de santa me dijera que había eliminado intencionalmente a sus hijos retardados para facilitar la justicia divina, o que no creía en Dios y que se había dedicado a hacer el bien en este mundo sólo porque en la balanza le había tocado esa suerte, para compensar el mal de otros, mal que a su vez carecía de importancia, puesto que todo es parte del mismo proceso infinito. Pero nada tan dramático me confesó Clarisa. Se vol-

---

[58]**fragor** din   [59]**sienes** temples   [60]**caoba** mahogany   [61]**se derrite** it melts

vió hacia la ventana y me dijo ruborizada que se había negado a cumplir sus deberes conyugales.

—¿Qué significa eso? —pregunté.

—Bueno... me refiero a no satisfacer los deseos carnales de mi marido ¿entiendes?

—No.

—Si una le niega su cuerpo y él cae en la tentación de buscar alivio con otra mujer, una tiene la responsabilidad moral.

—Ya veo. El juez fornica y el pecado es de usted.

—No, no. Me parece que sería de ambos, habría que consultarlo.

—¿El marido tiene la misma obligación con su mujer?

—¿Ah?

—Quiero decir que si usted hubiera tenido otro hombre, ¿la falta sería también de su esposo?

—¡Las cosas que se te ocurren, hija! —me miró atónita.

—No se preocupe, si su peor pecado es haberle escamoteado el cuerpo al juez, estoy segura de que Dios lo tomará en broma.

—No creo que Dios tenga humor para esas cosas.

—Dudar de la perfección divina ése... sí es un gran pecado, Clarisa.

Se veía tan saludable que costaba imaginar su próxima partida, pero supuse que los santos, a diferencia de los simples mortales, tienen el poder de morir sin miedo y en pleno uso de sus facultades. Su prestigio era tan sólido, que muchos aseguraban haber visto un círculo de luz en torno de su cabeza y haber escuchado música celestial en su presencia; por lo mismo no me sorprendió, al desvestirla para ponerle el camisón, encontrar en sus hombros dos bultos inflamados, como si estuviera a punto de reventarle un par de alas de angelote.

El rumor de la agonía de Clarisa se regó con rapidez. Los hijos y yo tuvimos que atender una inacabable fila de gentes que venían a pedir su intervención en el cielo para diversos favores o simplemente a despedirse. Muchos esperaban que en el último momento ocurriera un prodigio significativo, como que el olor a botellas rancias que infectaba el ambiente se transformara en perfume de camelias o su cuerpo refulgiera con rayos de consolación. Entre ellos apareció su amigo, el bandido, quien no había enmendado el rumbo y estaba convertido en un verdadero profesional. Se sentó junto a la cama de la moribunda y le contó sus andanzas sin asomo de arrepentimiento.

—Me va muy bien. Ahora me meto nada más que en las casas del barrio alto. Le robo a los ricos y eso no es pecado. Nunca he tenido que usar violencia, yo trabajo limpiamente. Como un caballero —explicó con cierto orgullo.

—Tendré que rezar mucho por ti, hijo.

—Rece, abuelita, que eso no me puede hacer mal.

También La Señora apareció compungida[62] a darle el adiós a su querida

---

[62]**compungida** sorrowful

amiga, trayendo una corona de flores y unos dulces de alfajor para contribuir al velorio. Mi antigua patrona no me reconoció, pero yo no tuve dificultad en identificarla a ella, porque no había cambiado tanto, se veía bastante bien, a pesar de su gordura, su peluca[63] y sus extravagantes zapatos de plástico con estrellas doradas. A diferencia del ladrón, ella venía a comunicarle a Clarisa que sus consejos de antaño habían caído en tierra fértil y ahora ella era una cristiana decente.

—Cuénteselo a San Pedro, para que me borre del libro negro —le pidió.

—Qué tremendo chasco[64] se llevarán estas buenas personas si en vez de irme al cielo acabo cocinándome en las pailas del infierno[65]… —comentó la moribunda, cuando por fin pude cerrar la puerta para que descansara un poco.

—Si eso ocurre allá arriba, aquí abajo nadie lo sabrá, Clarisa.

—Mejor así.

Desde el amanecer del viernes se congregó una muchedumbre en la calle y a duras penas sus hijos lograron impedir el desborde[66] de creyentes dispuestos a llevarse cualquier reliquia, desde trozos de papel de las paredes hasta la escasa ropa de la santa. Clarisa decaía a ojos vista y por primera vez dio señales de tomar en serio su propia muerte. A eso de las diez se detuvo frente a la casa un automóvil azul con placas del Congreso. El chofer ayudó a descender del asiento trasero a un anciano, que la multitud reconoció de inmediato. Era don Diego Cienfuegos, convertido en prócer después de tantas décadas de servicio en la vida pública. Los hijos de Clarisa salieron a recibirlo y lo acompañaron en su penoso ascenso hasta el segundo piso. Al verlo en el umbral de la puerta, Clarisa se animó, volvieron el rubor a sus mejillas y el brillo a sus ojos.

—Por favor, saca a todo el mundo de la pieza y déjanos solos —me sopló[67] al oído.

Veinte minutos más tarde se abrió la puerta y don Diego Cienfuegos salió arrastrando los pies, con los ojos aguados, maltrecho[68] y tullido,[69] pero sonriendo. Los hijos de Clarisa, que lo esperaban en el pasillo, lo tomaron de nuevo por los brazos para ayudarlo; y entonces, al verlos juntos, confirmé algo que ya había notado antes. Esos tres hombres tenían el mismo porte y perfil, la misma pausada seguridad, los mismos ojos sabios y manos firmes.

Esperé que bajaran la escalera y volví donde mi amiga. Me acerqué para acomodarle las almohadas y vi que también ella, como su visitante, lloraba con cierto regocijo.[70]

—Fue don Diego su pecado más grave, ¿verdad? —le susurré.

—Eso no fue pecado, hija, sólo una ayuda a Dios para equilibrar la balanza del destino. Y ya ves cómo resultó de lo más bien, porque por dos hijos retardados tuve otros dos para cuidarlos.

---

[63]**peluca** wig   [64]**chasco** disappointment   [65]**pailas del infierno** cauldrons from hell   [66]**desborde** overflow   [67]**me sopló** he whispered   [68]**maltrecho** battered   [69]**tullido** crippled   [70]**regocijo** joy

Esa noche murió Clarisa sin angustia. De cáncer, diagnosticó el médico al ver sus capullos de alas; de santidad, proclamaron los devotos apiñados[71] en la calle con cirios[72] y flores; de asombro, digo yo, porque estuve con ella cuando nos visitó el Papa.

DESPUÉS DE LEER

1. ¿Quién narra el cuento?
2. ¿Cómo es la sociedad presentada en el relato? ¿Qué cambios han ocurrido durante la vida de Clarisa?
3. ¿Se casó Clarisa por amor con el juez? ¿Cómo fue la vida familiar de ellos? ¿Cómo eran los hijos?
4. Describa la reacción ante la adversidad por parte del juez y de Clarisa.
5. ¿A qué dedica Clarisa su vida? ¿Cómo la considera el pueblo?
6. ¿Es importante para Clarisa el don de la palabra? Explique.
7. ¿Cuál es el secreto que descubre la narradora?
8. ¿Cómo resumiría usted la filosofía de Clarisa con respecto a la balanza del destino? ¿Está usted de acuerdo con ella?
9. Según la narradora del cuento, ¿qué relación existe entre la visita del Papa y la muerte de Clarisa? Explique la actitud de Clarisa ante la muerte.
10. ¿Qué elementos de la narrativa moderna ve usted en los cuentos de Isabel Allende?

ALGUNOS ESTUDIOS DE INTERÉS

Antoni, Robert. "Parody or Piracy: The Relationship of *The House of the Spirits* to *One Hundred Years of Solitude*". *Latin American Literary Review* 16:32 (1988): 16–28.

Escudero, Javier. "Función de la prolepsis en las novelas de Isabel Allende". *Cuadernos de Aldeeu* 9:2 (1993): 191–203.

Foster, Douglas. "Isabel Allende Unveiled". *Mother Jones* 13:10 (1988): 42–46.

Gálvez Carlisle, Gloria. "El sabor picaresco en *Eva Luna*". Riquelme Rojas, ed. *Critical Approaches to Isabel Allende's Novels*. New York: Peter Lang: 1991.

Mujica, Bárbara. "*Cuentos de Eva Luna*, by Isabel Allende". *Américas* 42:5 (1990): 60–61.

Rojas, Mario A. "*La casa de los espíritus*, de Isabel Allende: Un caleidoscopio de espejos desordenados". *Revista Iberoamericana* 51:132 (1988): 917–925.

Rivero, Elizna. "Scheherazade Liberated: *Eva Luna* and Women Storytellers". Lucía Guerra Cunningham, ed. *Splintering Darkness: Latin American Women Writers in Search of Themselves*. Pittsburgh, Pennsylvania: Latin American Literature Rev. Press, 1990.

---

[71]**apiñados** crowded   [72]**cirios** candles

Rosario Ferré

(1942, Ponce, Puerto Rico–)

Rosario Ferré es una de las escritoras más conocidas de su generación. Ha escrito cuentos, novelas, poesías y ensayos. En su obra se manifiestan tres temas centrales y constantes. Uno de ellos lo constituye la crítica a la alta burguesía puertorriqueña. Otro se refiere a la problemática de la mujer en un mundo dominado por el hombre. Asimismo, a Ferré le interesan los asuntos relacionados con la historia, la economía y la política, como se observa en la novela *Maldito amor* (1986).

Su primer libro, *Papeles de Pandora* (1976), consta de catorce cuentos y seis poemas narrativos que anticipan su temática. Además ha publicado: *El medio pollito: Siete cuentos infantiles* (1976), *La caja de cristal* (1978), *Los cuentos de Juan Bobo* (1981), *La mona que le pisaron la cola* (1981), *Fábulas de la garza desangrada* (1982), *Sitio a Eros* (1980, 1986) y *Maldito amor,* que incluye, aparte de la novela que lleva el mismo título, tres cuentos adicionales. Sus más recientes publicaciones han sido *Sonatinas* (1989), *Las dos Venecias* (1992), *El árbol y su sombra* (1992), *El coloquio de las perras* (1992), *La batalla de las vírgenes* (1993) y *La casa de la laguna* (1996).

AL LEER CONSIDERE LO SIGUIENTE:

—la situación económica de los personajes
—la falta de escrúpulos de los médicos, padre e hijo
—la relación de la tía con las sobrinas
—el significado de las muñecas
—el papel de la mujer en la sociedad
—el elemento fantástico
—las metáforas y los simbolismos

En "La muñeca menor", Ferré entrelaza lo real y lo fantástico. En este cuento una tía hacedora de muñecas y su sobrina menor son presentadas como víctimas de un padre y su hijo. Al final, ellas llevan a cabo una venganza inesperada. El elemento de lo fantástico se encuentra en la "chágara", animal que muerde a la tía y en la muñeca que le ha dado ésta a su sobrina como regalo de boda. En la muñeca se encuentra el desquite.

La muñeca menor

La tía vieja había sacado desde muy temprano el sillón al balcón que daba al cañaveral[1] como hacía siempre que se despertaba con ganas de hacer una muñeca. De joven se bañaba a menudo en el río, pero un día en que la lluvia había recrecido[2] la corriente en cola de dragón había sentido en el tuétano[3] de los huesos una mullida[4] sensación de nieve. La cabeza metida en el reverbero[5] negro de las rocas, había creído escuchar, revolcados con el sonido del agua, los estallidos[6] del salitre[7] sobre la playa y pensó que sus cabellos habían llegado por fin a desembocar en el mar. En ese preciso momento sintió una mordida terrible en la pantorrilla.[8] La sacaron del agua gritando y se la llevaron a la casa en parihuelas[9] retorciéndose[10] de dolor.

El médico que la examinó aseguró que no era nada, probablemente había sido mordida por una chágara[11] viciosa. Sin embargo pasaron los días y la llaga[12] no cerraba. Al cabo de un mes el médico había llegado a la conclusión de que la chágara se había introducido dentro de la carne blanda de la pantorrilla, donde había

---

[1]**cañaveral** sugarcane plantation [2]**recrecido** risen [3]**tuétano** marrow [4]**mullida** fluffy [5]**reverbero** wallowing [6]**estallidos** shattering [7]**salitre** saltpeter [8]**pantorrilla** calf [9]**parihuelas** stretcher [10]**retorciéndose** doubling up [11]**chágara** a fictitious aquatic animal created by the author for the purpose of the story. The word *chágara* comes from Taino, the language spoken by the Taino Indians who inhabited the Antilles. *Chágara* means fresh-water shrimp. [12]**llaga** wound

evidentemente comenzado a engordar. Indicó que le aplicaran un sinapismo[13] para que el calor la obligara a salir. La tía estuvo una semana con la pierna rígida, cubierta de mostaza desde el tobillo hasta el muslo, pero al finalizar el tratamiento se descubrió que la llaga se había abultado[14] aún más, recubriéndose de una substancia pétrea[15] y limosa que era imposible tratar de remover sin que peligrara[16] toda la pierna. Entonces se resignó a vivir para siempre con la chágara enroscada[17] dentro de la gruta[18] de su pantorrilla.

Había sido muy hermosa, pero la chágara que escondía bajo los largos pliegues de gasa[19] de sus faldas la había despojado[20] de toda vanidad. Se había encerrado en la casa rehusando[21] a todos sus pretendientes.[22] Al principio se había dedicado a la crianza[23] de las hijas de su hermana, arrastrando por toda la casa la pierna monstruosa con bastante agilidad. Por aquella época la familia vivía rodeada de un pasado que dejaba desintegrar a su alrededor con la misma impasible musicalidad con que la lámpara de cristal del comedor se desgranaba[24] a pedazos sobre el mantel raído[25] de la mesa. Las niñas adoraban a la tía. Ella las peinaba, las bañaba y les daba de comer. Cuando les leía cuentos se sentaban a su alrededor y levantaban con disimulo el volante almidonado[26] de su falda para oler el perfume de guanábana[27] madura que supuraba la pierna en estado de quietud.

Cuando las niñas fueron creciendo la tía se dedicó a hacerles muñecas para jugar. Al principio eran sólo muñecas comunes, con carne de guata de higüera[28] y ojos de botones perdidos. Pero con el pasar del tiempo fue refinando su arte hasta ganarse el respeto y la reverencia de toda la familia. El nacimiento de una muñeca era siempre motivo de regocijo[29] sagrado, lo cual explicaba el que jamás se les hubiese ocurrido vender una de ellas, ni siquiera cuando las niñas eran ya grandes y la familia comenzaba a pasar necesidad. La tía había ido agrandando el tamaño de las muñecas de manera que correspondieran a la estatura y a las medidas de cada una de las niñas. Como eran nueve y la tía hacía una muñeca de cada niña por año, hubo que separar una pieza de la casa para que la habitasen exclusivamente las muñecas. Cuando la mayor cumplió diez y ocho años había ciento veintiséis muñecas de todas las edades en la habitación. Al abrir la puerta, daba la sensación de entrar en un palomar,[30] o en el cuarto de muñecas del palacio de las tzarinas, o en un almacén donde alguien había puesto a madurar una larga hilera de hojas de tabaco. Sin embargo, la tía no entraba en la habitación por ninguno de estos placeres, sino que echaba el pestillo[31] a la puerta e iba levantando amorosamente cada una de las muñecas canturreándoles[32] mientras las mecía:[33] Así eras cuando tenías un año, así cuando tenías dos, así cuando tenías tres, reviviendo la

---

[13]**sinapismo** mustard plaster   [14]**se había abultado** swelled   [15]**pétrea** hard   [16]**sin que peligrara** without endangering   [17]**enroscada** curled up   [18]**gruta** cavity   [19]**pliegues de gasa** gauze folds   [20]**despojado** put aside   [21]**rehusando** refusing   [22]**pretendientes** suitors   [23]**a la crianza** to the rearing   [24]**se desgranaba** was wearing away   [25]**raído** frayed   [26]**almidonado** starched   [27]**guanábana** soursop (a tropical fruit)   [28]**guata de higüera** pulp of the calabash (a pumpkin-like fruit)   [29]**regocijo** joy   [30]**palomar** pigeon coop   [31]**pestillo** bolt   [32]**canturreándoles** singing to them   [33]**mecía** rocked

vida de cada una de ellas por la dimensión del hueco que le dejaban entre los brazos.

El día que la mayor de las niñas cumplió diez años, la tía se sentó en el sillón frente al cañaveral y no se volvió a levantar jamás. Se balconeaba[34] días enteros observando los cambios de agua de las cañas y sólo salía de su sopor cuando la venía a visitar el doctor o cuando se despertaba con ganas de hacer una muñeca. Comenzaba entonces a clamar[35] para que todos los habitantes de la casa viniesen a ayudarla. Podía verse ese día a los peones de la hacienda haciendo constantes relevos al pueblo como alegres mensajeros incas, a comprar cera, a comprar barro de porcelana, encajes, agujas, carretes de hilos[36] de todos los colores. Mientras se llevaban a cabo estas diligencias,[37] la tía llamaba a su habitación a la niña con la que había soñado esa noche y le tomaba las medidas. Luego le hacía una mascarilla de cera que cubría de yeso[38] por ambos lados como una cara viva dentro de dos caras muertas; luego hacía salir un hilillo rubio interminable por un hoyito[39] en la barbilla.[40] La porcelana de las manos era siempre translúcida; tenía un ligero tinte marfileño[41] que contrastaba con la blancura granulada de las caras de biscuit.[42] Para hacer el cuerpo, la tía enviaba al jardín por veinte higüeras relucientes. Las cogía con una mano y con un movimiento experto de la cuchilla las iba rebanando[43] una a una en cráneos[44] relucientes de cuero verde. Luego las inclinaba en hilera contra la pared del balcón, para que el sol y el aire secaran los cerebros algodonosos de guano gris. Al cabo de algunos días raspaba[45] el contenido con una cuchara y lo iba introduciendo con infinita paciencia por la boca de la muñeca.

Lo único que la tía transigía en utilizar en la creación de las muñecas sin que estuviese hecho por ella, eran las bolas de los ojos. Se los enviaban por correo desde Europa en todos los colores, pero la tía los consideraba inservibles hasta no haberlos dejado sumergidos durante un número de días en el fondo de la quebrada[46] para que aprendiesen a reconocer el más leve movimiento de las antenas de las chágaras. Sólo entonces los lavaba con agua de amoníaco y los guardaba, relucientes como gemas, colocados sobre camas de algodón, en el fondo de una lata de galletas holandesas.[47] El vestido de las muñecas no variaba nunca, a pesar de que las niñas iban creciendo. Vestía siempre a las más pequeñas de tira bordada[48] y a las mayores de broderí,[49] colocando en la cabeza de cada una el mismo lazo abullonado[50] y trémulo de pecho de paloma.

Las niñas empezaron a casarse y a abandonar la casa. El día de la boda la tía les regalaba a cada una la última muñeca dándoles un beso en la frente y diciéndoles con una sonrisa: "Aquí tienes tu Pascua de Resurrección".[51] A los novios los tran-

---

[34]**se balconeaba** she would sit on the balcony [35]**clamar** to cry out [36]**carretes de hilos** spools of thread [37]**diligencias** errands [38]**yeso** plaster [39]**hoyito** small hole [40]**barbilla** chin [41]**marfileño** ivory-like [42]**biscuit** pottery baked but not glazed [43]**rebanando** slicing [44]**cráneos** skulls [45]**raspaba** she scraped [46]**quebrada** brook [47]**galletas holandesas** Dutch cookies [48]**tira bordada** embroidered strip [49]**broderí** embroidered fabric [50]**lazo abullonado** full bow [51]**"Aquí ... Resurrección".** Here is your Easter gift.

quilizaba asegurándoles que la muñeca era sólo una decoración sentimental que solía colocarse sentada, en las casas de antes, sobre la cola del piano.[52] Desde lo alto del balcón la tía observaba a las niñas bajar por última vez las escaleras de la casa sosteniendo en una mano la modesta maleta a cuadros de cartón y pasando el otro brazo alrededor de la cintura de aquella exhuberante muñeca hecha a su imagen y semejanza, calzada con zapatillas de ante,[53] faldas de bordados nevados y pantaletas de valenciennes.[54] Las manos y la cara de estas muñecas, sin embargo, se notaban menos transparentes, tenían la consistencia de la leche cortada.[55] Esta diferencia encubría otra más sutil: la muñeca de boda no estaba jamás rellena de guata, sino de miel.

Ya se habían casado todas las niñas y en la casa quedaba sólo la más joven cuando el doctor hizo a la tía la visita mensual acompañado de su hijo que acababa de regresar de sus estudios de medicina en el norte. El joven levantó el volante de la falda almidonada y se quedó mirando aquella inmensa vejiga abotagada[56] que manaba una esperma perfumada por la punta de sus escamas[57] verdes. Sacó su estetoscopio y la auscultó[58] cuidadosamente. La tía pensó que auscultaba la respiración de la chágara para verificar si todavía estaba viva, y cogiéndole la mano con cariño se la puso sobre un lugar determinado para que palpara el movimiento constante de las antenas. El joven dejó caer la falda y miró fijamente al padre. —Usted hubiese podido haber curado esto en sus comienzos —le dijo—. Es cierto —contestó el padre—, pero yo sólo quería que vinieras a ver la chágara que te había pagado los estudios durante veinte años.

En adelante fue el joven médico quien visitó mensualmente a la tía vieja. Era evidente su interés por la menor y la tía pudo comenzar su última muñeca con amplia anticipación. Se presentaba siempre con el cuello almidonado, los zapatos brillantes y el ostentoso alfiler[59] de corbata oriental del que no tiene donde caerse muerto.[60] Luego de examinar a la tía se sentaba en la sala recostando su silueta de papel dentro de un marco ovalado, a la vez que le entregaba a la menor el mismo ramo de siemprevivas moradas.[61] Ella le ofrecía galletitas de jengibre[62] y cogía el ramo quisquillosamente[63] con la punta de los dedos como quien coge el estómago de un erizo[64] vuelto al revés. Decidió casarse con él porque le intrigaba su perfil dormido, y porque ya tenía ganas de saber cómo era por dentro la carne de delfín.

El día de la boda la menor se sorprendió al coger la muñeca por la cintura y encontrarla tibia, pero lo olvidó enseguida, asombrada ante su excelencia artística. Las manos y la cara estaban confeccionadas con delicadísima porcelana de Mikado. Reconoció en la sonrisa entreabierta y un poco triste la colección completa de sus dientes de leche.[65] Había, además, otro detalle particular: la tía ha-

---

[52]**cola del piano** lid of the piano   [53]**ante** suede   [54]**pantaletas de valenciennes** ruffled bloomers   [55]**leche cortada** curdled milk   [56]**vejiga abotagada** swollen blister   [57]**escamas** scales   [58]**la auscultó** examined it   [59]**alfiler** pin   [60]**del que ... muerto** of those who do not have any money   [61]**siemprevivas moradas** purple forget-me-nots   [62]**jengibre** ginger   [63]**quisquillosamente** sensitively   [64]**erizo** urchin   [65]**dientes de leche** baby teeth

bía incrustado en el fondo de las pupilas de los ojos sus dormilonas de brillantes.[66]

El joven médico se la llevó a vivir al pueblo, a una casa encuadrada dentro de un bloque de cemento. La obligaba todos los días a sentarse en el balcón, para que los que pasaban por la calle supiesen que él se había casado en sociedad.[67] Inmóvil dentro de su cubo de calor, la menor comenzó a sospechar que su marido no sólo tenía el perfil de silueta de papel sino también el alma. Confirmó sus sospechas al poco tiempo. Un día él le sacó los ojos a la muñeca con la punta del bisturí[68] y los empeñó[69] por un lujoso reloj de cebolla[70] con una larga leontina.[71] Desde entonces la muñeca siguió sentada sobre la cola del piano, pero con los ojos bajos.

A los pocos meses el joven médico notó la ausencia de la muñeca y le preguntó a la menor qué había hecho con ella. Una cofradía de señoras piadosas le habían ofrecido una buena suma por la cara y las manos de porcelana para hacerle un retablo[72] a la Verónica en la próxima procesión de Cuaresma. La menor le contestó que las hormigas habían descubierto por fin que la muñeca estaba rellena de miel y en una sola noche se la habían devorado. —Como las manos y la cara eran de porcelana de Mikado —dijo—, seguramente las hormigas las creyeron hechas de azúcar, y en este preciso momento deben de estar quebrándose[73] los dientes, royendo[74] con furia dedos y párpados en alguna cueva subterránea. —Esa noche el médico cavó toda la tierra alrededor de la casa sin encontrar nada.

Pasaron los años y el médico se hizo millonario. Se había quedado con toda la clientela del pueblo, a quienes no les importaba pagar honorarios exorbitantes para poder ver de cerca a un miembro legítimo de la extinta aristocracia cañera. La menor seguía sentada en el balcón, inmóvil dentro de sus gasas y encajes, siempre con los ojos bajos. Cuando los pacientes de su marido, colgados de collares, plumachos[75] y bastones, se acomodaban cerca de ella removiendo los rollos de sus carnes satisfechas con un alboroto[76] de monedas, percibían a su alrededor un perfume particular que les hacía recordar involuntariamente la lenta supuración de una guanábana. Entonces les entraban a todos unas ganas irresistibles de restregarse[77] las manos como si fueran patas.[78]

Una sola cosa perturbaba la felicidad del médico. Notaba que mientras él se iba poniendo viejo, la menor guardaba la misma piel aporcelanada y dura que tenía cuando la iba a visitar a la casa del cañaveral. Una noche decidió entrar en su habitación para observarla durmiendo. Notó que su pecho no se movía. Colocó delicadamente el estetoscopio sobre su corazón y oyó un lejano rumor de agua. Entonces la muñeca levantó los párpados[79] y por las cuencas vacías[80] de los ojos comenzaron a salir las antenas furibundas[81] de las chágaras.

---

[66]**dormilonas de brillantes** round diamond earrings   [67]**se había casado en sociedad** had married a society woman   [68]**bisturí** scalpel   [69]**los empeñó** pawned them   [70]**reloj de cebolla** pocket watch   [71]**leontina** watch chain   [72]**retablo** altarpiece   [73]**quebrándose** breaking   [74]**royendo** gnawing   [75]**plumachos** feathers   [76]**alboroto** noise   [77]**restregarse** scrub   [78]**patas** legs of animals   [79]**párpados** eyelids   [80]**cuencas vacías** empty cavities   [81]**furibundas** furious, enraged

DESPUÉS DE LEER

1. ¿Cómo es el ambiente físico-geográfico en el que se desarrolla en cuento?

2. ¿Qué le ocurrió a la tía vieja? ¿Cuál es el diagnóstico del médico y cómo él se aprovecha de la tía?

3. ¿Cuáles son las etapas de la creación de una muñeca? ¿Cree usted que tiene algún significado especial el que la tía pusiera en el fondo de la quebrada las bolas de colores que usaba como ojos "para que aprendiesen a conocer el más leve movimiento de las antenas de la chágara"?

4. Cuando la tía les da a las sobrinas las muñecas no les dice que es un regalo de boda sino de Pascua de Resurrección. ¿Considera usted que ello tenga algún significado especial? ¿En qué se diferencia la muñeca de la sobrina menor de las otras muñecas?

5. ¿Cree usted que la tía y la sobrina son víctimas del padre y del hijo? ¿Cómo es presentada la mujer en esta sociedad? Explique.

6. ¿Qué hace el esposo de la sobrina menor con la muñeca?

7. ¿Cómo explica la sobrina la desaparición de la muñeca?

8. Vuelva a leer los dos últimos párrafos y dé su interpretación.

AL LEER CONSIDERE LO SIGUIENTE:

—las clases sociales
—el lenguaje popular
—el elemento folklórico del cuento

Este cuento popular muestra a un simplón, un pobre campesino que se encuentra en la ciudad confundido al participar en una fiesta opulenta creyendo que es una misa. Ferré aprovecha el cuento para delinear la diferencia entre los ricos y los que tienen poco o nada.

Juan Bobo va a oír misa

Un domingo Juan Bobo le dijo a su madre:

—¡Mai,[1] hoy yo quiero dil[2] a misa!

Y su madre le contestó, —¡Ay, Juan Bobo, mijo,[3] qué bueno que quieras ir a misa! Pero yo no te puedo llevar porque estoy muy enferma. Juan Bobo le dijo: —¡No se ocupe,[4] Mai, no se ocupe! ¡Dígame dónde queda la iglesia, que yo sé lo que tengo que hacel![5] Entonces la madre le aconsejó que se fuera por el camino y que donde viera entrar y salir mucha gente, ahí mismo quedaba la iglesia. No bien terminó de hablarle, Juan Bobo se puso su cotona[6] nueva y se fue a buscar la iglesia.

Luego de caminar un rato, llegó a una casa en la que se estaba celebrando un bautizo. De la casa entraba y salía mucha gente, y Juan Bobo se acercó a ver qué pasaba. Estaba la mesa puesta y, sobre el mantel de encaje[7] había colocadas toda suerte[8] de bandejas,[9] iluminadas por candelabros de plata.[10] En las bandejas había aderezados[11] un sin fin[12] de manjares[13] exquisitos: embutidos[14] de ternera y de pollo, perniles[15] doraditos, jamón planchao,[16] gelatinas de pavo, encurtidos,[17] escabeches,[18] almojábanas,[19] alcapurrias,[20] surullitos,[21] bacalaítos[22] y suma y sigue.[23]

Acercóse Juan Bobo a la mesa como quien traspasa[24] las puertas de la gloria, pero viendo a todo el mundo de pie saludándose y conversando muy cortés-

---

[1]**mai** *madre*   [2]**dil** *de ir*   [3]**mijo** *mi hijo*   [4]**ocupe** *preocupe*   [5]**hacel** *hacer*   [6]**cotona** light jacket   [7]**encaje** lace   [8]**toda suerte** all types   [9]**bandejas** trays   [10]**candelabros de plata** silver candelabra   [11]**aderezados** prepared   [12]**un sin fin** a large amount   [13]**manjares** dishes   [14]**embutidos** sausages   [15]**perniles** pork   [16]**jamón planchao** baked ham served cold   [17]**encurtidos** pickles   [18]**escabeches** pickled chicken, fish, etc.   [19]**almojábanas** soft cookies   [20]**alcapurrias** green bananas filled with meat and deep fried   [21]**surullitos** fried corn meal   [22]**bacalaítos** deep fried strips of codfish   [23]**y suma y sigue** and on and on   [24]**traspasa** goes through

mente, se quedó arrimado[25] a un rincón, observándolo todo y sin atreverse a probar nada. Bautizado el niño y ungido[26] con los óleos y las sales, cumplidos los parabienes[27] del rito entre el cura y los padrinos, los invitados se acercaron a la mesa, donde comieron y bebieron de todo con gran elegancia, hasta que por fin se fueron despidiendo. Cuando Juan Bobo se vio solo ante aquella mesa en la que los restos y las migas[28] conformaban un festín como él jamás había visto en su vida, merendó[29] y cenó todo junto, tragándose[30] lo que se le puso delante. No bien se hartó,[31] regresó corriendo a su casa y le dijo a su madre:

—¡Ay, Mai, si supiera qué misa más espléndida yo he oío! ¡Me quedé pa lo último y cuidao que yo he comió![32]

—Ea, muchacho, pero qué tú has hecho!, le contestó su madre. ¡Sabe Dios a dónde te has ido a meter![33] ¡Mucho me temo que has ido a parar donde no era!

A la semana siguiente Juan Bobo dijo:

—¡Oiga Mai, yo quiero volvel a dil a misa este domingo!

Y su madre le contestó, —¡Ay, sí mijo, qué bueno que quieras ir a misa! ¡Pero ten cuidado a dónde te metes y acuérdate que la iglesia está allí donde entra y sale mucha gente! En seguida Juan Bobo se puso la cotona nueva y, como al desdichado[34] las desdichas[35] le buscan y le hallan, se fue por el camino a buscar la iglesia, dando esta vez con ella.

Estábase celebrando la misa mayor, cuando Juan Bobo entró por el atrio, saludando a todo el mundo con mucho desenfado.[36] Al fondo de la nave divisó una gran mesa tendida con hermosos manteles de encaje e iluminada por candelabros de plata, cosa que reafirmó su confianza de estar en el lugar que buscaba. A la puerta de la iglesia se detuvo, y observó cómo todos los que entraban allí metían la mano en la pila de agua bendita[37] y se persignaban.[38] Juan Bobo pensó que, como era gente muy fina, por eso sólo se atrevían a probar con la punta del dedo el manjar que había al fondo de la pila, y se quedó arrimado a un rincón, esperando que todos pasaran. Cuando se vio solo, agarró[39] la pila de agua bendita con ambas manos y se la bebió de un golpe. Entonces dijo:

—¡Avemaría purísima, pero qué salao[40] está ese sancocho![41] ¡Si se comieron tó el guiso[42] y no me dejaron más quel agua!

Esperó entonces Juan Bobo a que la ceremonia terminara. Cuando vio que los parroquianos,[43] a la hora de la comunión, se acercaron en puntas de pie al altar, pensó que estaban siendo muy finos, y se quedó otra vez para lo último. Arrimándose entonces muy alambicado[44] a donde estaba el cura, abrió la boca más grande que un embudo,[45] para que a él también le diesen de comer. Pero cuando

---

[25]**arrimado** close to   [26]**ungido** anointed   [27]**parabienes** congratulations   [28]**migas** crumbs   [29]**merendó** had his afternoon snack   [30]**tragándose** swallowing   [31]**no bien se hartó** as soon as he was full   [32]**y cuidao que yo he comío** (*y cuidado que he comido*) and did I ever eat! [33]**dónde te has ido a meter** where you have been   [34]**desdichado** unlucky   [35]**desdichas** misfortunes   [36]**con mucho desenfado** with great ease   [37]**pila de agua bendita** stoup of holy water   [38]**persignaban** made the sign of the cross   [39]**agarró** he grabbed   [40]**salao** (*salado*) salty   [41]**sancocho** stew   [42]**guiso** stew   [43]**parroquianos** parishioners   [44]**alambicado** overly refined   [45]**embudo** funnel

le tocó su turno, y le colocaron la hostia[46] en la lengua, exclamó en voz alta:
—¡Avemaría santísima, pero qué galleta más jincha[47] y rebejía[48] me han dao!, y
metiendo la mano en el copón[49] agarró diez hostias más y se las tragó de un
golpe. Alzóse[50] entonces el cura indignado, llamando al sacristán, y entre los dos
sacaron a Juan Bobo de la iglesia a puño limpio.[51]

Tomó Juan Bobo las de villadiego[52] y, no bien llegó a su casa, fue a donde estaba su madre y le dijo muy mohino:[53]

—¡Ay Mai, si supiera qué misa más móndriga[54] he oío! ¡Si me siento como si
no me hubiera ni desayunao! Llegué a la iglesia y esperé con mucha paciencia a
que la ceremonia hubiese terminao. Pero cuando llegó la hora de la comía,[55] me
quisieron dal un caldero e[56] agua salá y una galleta bien jincha, y cuando les pedí
que me dieran más, me molieron las espaldas a palos.[57] ¡Ahora sí que fui a paral[58]
aonde no era! Y Kikirikí, Kikirimoche, este cuento se ha acabao y al que le toque
su turno que cague de día y no de noche.

D E S P U É S   D E   L E E R

1. ¿Cómo describiría el personaje de Juan Bobo?

2. ¿Sigue Juan Bobo las indicaciones de su madre de cómo llegar a la iglesia?

3. ¿Qué confunde a Juan Bobo? ¿A dónde va?

4. ¿Qué paralelismos se delinean en la mente de Juan Bobo entre lo que él cree
ser su primera misa y la verdadera?

5. Describa los elementos populares que aparecen en el cuento.

6. ¿Considera usted que en este cuento hay una crítica social? Explique.

7. ¿Qué elementos folklóricos existen en el cuento? Descríbalos.

---

[46]**hostia** host   [47]**jincha** pale   [48]**rebejía** (*revejida*) sickly   [49]**copón** chalice   [50]**alzóse** got up
[51]**a puño limpio** by force   [52]**tomó ... villadiego** he got out of there fast   [53]**mohino** sad
[54]**móndriga** poor   [55]**comía** *comida*   [56]**e** *de*   [57]**me ... a palos** I was beaten up   [58]**paral** *parar*

ALGUNOS ESTUDIOS DE INTERÉS

Castro-Klaren, Sara. "Unpacking Her Library: Rosario Ferré on Love and Women". *Review: Latin American Literature and Arts* 48 (1994): 33-35.

Chaves, María José. "La alegoría como método en los cuentos y ensayos de Rosario Ferré". *Third Woman* 2:2 (1984): 64-76.

Francescato, Martha Paley. "Un cuento de hadas contemporáneo (envenenado) de Rosario Ferré". *Revista de Crítica Literaria Latinoamericana* 20:39 (1994): 177-181.

Fernández-Olmos, Margarite. "Desde una perspectiva femenina: la cuentística de Rosario Ferré y Ana Lydia Vega". *Homines* 8:2 (1984-1985): 303-311.

Gosser-Esquilín, Mary Ann. "Textualidad y sensualidad compartidas en 'El regalo' de Rosario Ferré". *Alba de América:* 11:20-21 (1993): 199-210.

Guerra-Cunningham, Lucía. "Tensiones paradójicas de la feminidad en la narrativa de Rosario Ferré". *Chasqui* 13:2-3 (1984): 13-25.

López, Ivette. "'La muñeca menor': ceremonias y transformaciones en un cuento de Rosario Ferré". *Explicación de Textos Literarios* 11:1 (1982-1983): 49-58.

Méndez-Clark, Ronald. "La pasión y la marginalidad en (de) la escritura: Rosario Ferré". Patricia Elena González y Eliana Ortega, eds. *La sartén por el mango: Encuentro de escritoras latino-americanas*. Río Piedras, Puerto Rico: Huracán, 1984.

Roses, Lorraine Elena. "Las esperanzas de Pandora: Prototipo femenino en la obra de Rosario Ferré". *Revista Iberoamericana* 59:162-163 (1993): 279-287.

Vega Carney, Carmen. "Sexo y texto en Rosario Ferré". *Confluencia* 4:1 (1988): 119-127.

Bibliography

Ainsa, Fernando. *Identidad cultural de Iberoamérica en su narrativa*. Madrid, España: Gredos, 1986.

——. "Raíces del nuevo discurso identitario en la narrativa y en el ensayo latinoamericano". *Alba de América* 6:10–11 (1988): 29–46.

Alegría, Fernando. *Nueva historia de la novela hispanoamericana*. Hanover, New Hampshire: Ediciones del Norte, 1986.

Alonso Velez, Carlos Javier. *The Spanish American Regional Novel. Modernity and Autochthony*. Cambridge, Inglaterra: Cambridge University Press, 1990.

Anderson Imbert, Enrique. *Latin American Literature: A History*. Detroit, Michigan: Wayne State University Press, 1969.

Araujo, Helena. "Narrativa femenina latinoamericana". *Hispamérica* 11:32 (1982): 23–34.

Arrom, José Juan. *Imaginación del Nuevo Mundo*. México, D.F.: Siglo Veintiuno Editores, 1991.

Balderston, Daniel, ed. *The Historical Novel in Latin America. A Symposium*. Gaithersburg, Maryland: *Hispamérica*, 1986.

Bautista, Gloria. *Realismo mágico, cosmos latinoamericano. Teoría y práctica*. Santafé de Bogotá, Colombia: Librería-Editorial América Latina, 1991.

Benedetti, Mario. *La realidad y la palabra*. Barcelona, España: Destino, 1990.

Beverley, John. "Postmodernism in Latin America". *Siglo XX–20th Century* 9:1–2 (1991–1992): 19–29.

Blasi, Alberto, ed. "Movimientos literarios del siglo XX en Iberoamérica: Teoría y práctica". *Revista Iberoamericana* 48:118–119 (1982).

Boland, Roy C., y Sally Harvey, eds. "Magical Realism and Beyond: The Contemporary Spanish and Latin American Novel". *Antipodas* 3 (1991).

Bueno Chávez, Raúl. "Sobre la nueva novela y la nueva crítica latino-americana". *Revista de Crítica Literaria Latinoamericana* 9:18 (1983): 81–84.

Burgos, Fernando. *La novela hispano-americana (un ensayo sobre el concepto literario de modernidad)*. Madrid, España: Orígenes, 1985.

Calviño, Julio. *Historia, ideología y mito en la narrativa hispanoamericana contemporánea*. Madrid, España: Ayuso, 1987.

Carilla, Emilio. *El romanticismo en la América Hispánica*. 2 tomos. Madrid, España: Gredos, 1967.

Carpentier, Alejo. *La novela latinoamericana en vísperas de un nuevo siglo y otros ensayos*. México, D.F.: Siglo Veintiuno, 1981.

Carrera Andrade, Jorge. *Reflections on Spanish-American Poetry*. Don C. Bliss y Gabriela de C. Bliss, trads. Albany, New York: State University of New York Press, 1973.

Casas de Faunce, María. *La novela picaresca latinoamericana*. Madrid, España: Cupsa, Editorial, 1977.

Castillo, Debra A. *Talking Back: Toward a Latin American Feminist Criticism*. Ithaca, New York: Cornell University Press, 1992.

Columbus, Claudette Kemper. "Latin American Literature and the Critics". *Latin American Research Review* 25:1 (1990): 253–258.

Cometta Mannzoni, Aida. *El indio en la novela de América*. Buenos Aires, Argentina: Editorial Futuro, S.R.L., 1960.

Cortázar, Julio. "El escritor y su quehacer en América Latina". *Cuadernos Americanos* 247:2 (1983): 7–16.

Chang-Rodríguez, Eugenio, y Alfredo Roggiano, eds. "Proyección de lo indígena en las literaturas de la América Hispánica". *Revista Ibero-americana* 50:127 (1984).

Dauster, Frank. "Hacia la historia del teatro hispanoamericano". *Latin American Review* 26:2 (1993): 9–15.

Dorfman, Ariel. "Some Write to the Future. Essays on Contemporary Latin American Fiction". George Shines, trad., con el autor. Durham, North Carolina: Duke University Press, 1991.

Duncan, Cynthia K. "Hacia una interpretación de lo fantástico en el contexto de la literatura hispanoamericana". *Texto Crítico* 16:42–43 (1990).

Fernández, Teodosio. *Los géneros ensayísticos hispanoamericanos*. Madrid, España: Taurus, 1990.

Franco, Jean. *Historia de la literatura hispano-americana a partir de la Independencia*. Barcelona, España: Editorial Ariel, S.A., 1975.

Fuentes, Carlos. *Valiente mundo nuevo. Épica, utopía y mito en la novela hispano-americana*. Madrid, España: Narrativa Mondadori, 1990.

Gallagher, D. P. *Modern Latin American Literature*. Oxford, Inglaterra: Oxford University Press, 1973.

García Pinto, Magdalena. *Women Writers of Latin America: Intimate Histories*. Trudy Balch, trad., con la autora. Austin, Texas: University of Texas Press, 1988.

Goic, Cedomil. *Historia y crítica de la literatura hispanoamericana*. 3 tomos. Barcelona, España: Editorial Crítica, 1988.

Gómez-Gil, Orlando. *Historia crítica de la literatura hispanoamericana. Desde los orígenes hasta el momento actual*. New York: Holt, Rinehart and Winston, 1968.

González, Aníbal. *La nueva novela modernista hispanoamericana*. Madrid, España: Gredos, 1987.

Harss, Luis, y Barbara Dohmann. *Into the Mainstream: Conversations with Latin American Writers*. New York: Harper and Row, Publishers, 1967.

Jackson, Richard. *The Black Image in Latin American Literature*. Albuquerque, New Mexico: University of New Mexico Press, 1976.

Johnson, Julie Gree. *Women in Colonial Spanish American Literature. Literary Images*. Westport, Connecticut: Greenwood Press, 1983.

Jordan, David. *New World Regionalism: Literature in the Americas*. Toronto, Canadá: University of Toronto Press, 1994.

Langowski, Gerald J. *El surrealismo en la ficción hispanoamericana*. Madrid, España: Gredos, 1982.

Larsen, Neil. "The 'Boom' Novel and the Cold War in Latin America". *Modern Fiction Studies* 38:3 (1992).

Lazo, Raimundo. *Historia de la literatura hispanoamericana*. México, D.F.: Editorial Porrúa, S.A., 1969.

Lienhard, Martin. *La voz y su huella. Escritura y conflicto étnico-social en América Latina 1492–1988*. Hanover, New Hampshire: Ediciones del Norte, 1991.

Lindstrom, Naomi. *Twentieth-Century Spanish American Fiction*. Austin: University of Texas Press, 1994.

Lipp, Solomon. "The Popular Novel in Nineteenth-Century Latin America". *Canadian Review of Contemporary Literature* 9:3 (1982): 406–423.

Liscano, Juan. *National Identity in Latin American Literature*. Jeanne Ferguson, trad. *Diógenes* 138 (1987).

Losada, Alejandro. "Bases para un proyecto de una historia social de la literatura en América Latina (1780–1970)". *Revista Iberoamericana* 47:114–115 (1981): 167–188.

———. "La historia social de la literatura latinoamericana". *Revista de Crítica Literaria Latinoamericana* 11:24 (1986).

Loveluck, Juan. *La novela hispanoamericana*. Santiago de Chile: Editorial Universitaria, 1972.

Mahieu, José. "Literatura y cine en Latinoamérica". *Cuadernos Hispanoamericanos* 367–368 (1981): 299–309.

Martin, Gerald. *Journeys Through the Labyrinth. Latin American Fiction in the Twentieth Century*. Londres, Inglaterra: Verso, 1989.

Meléndez, Concha. *La novela indianista en Hispanoamérica (1832–1889).* Río Piedras, Puerto Rico: Ediciones de la Universidad de Puerto Rico, 1961.

Meléndez, Priscilla. *La dramaturgia hispanoamericana contemporánea: teatralidad y autoconciencia.* Madrid, España: Editores Pliegos, 1990.

Meyer, Doris, y Margarite Fernández Olmos, eds. *Contemporary Women Authors of Latin America: Introductory Essays.* Brooklyn, New York: Brooklyn College Press, 1983.

Minc, Rose, ed. *Latin American Fiction Today. A Symposium.* Takoma Park, Maryland: Hispamérica, 1980.

Monsivais, Carlos. "Ídolos populares y literatura en América Latina". *Boletín Cultural y Bibliográfico* 21:1 (1984): 47–57.

Morales Padrón, Francisco. *América en sus novelas.* Madrid, España: Ediciones Cultura Hispánica del Instituto de Cooperación Iberoamericana, 1983.

Oliveira, Celso de. "The Early National Period in Latin American Literature". *Arizona Quarterly* 38:3 (1982): 251–257.

Ortega, Julio. "La literatura latinoamericana en la década de los 90". *Inti* 32–33 (1991): 167–171.

Pedemonte, Hugo. "El indio como tema poético". *Cuadernos Hispanoamericanos* 399 (1983): 83–92.

Pérez, Alberto Julián. "El modernismo ante el romanticismo y la vanguardia". *Cincinnati Romance Review* 8 (1989): 86–90.

Pérez-Firmat, Gustavo, ed. *Do the Americas Have a Common Literature?* Durham, North Carolina: Duke University Press, 1990.

Pizarro, Ana. "América Latina: Vanguardia y modernidad periférica". *Hispamérica* 20:59 (1991): 23–35.

——, ed. *Hacia una historia de la literatura latinoamericana.* México, D.F.: Centro de Estudios Lingüísticos y Literarios, Colegio de México, [Caracas, Venezuela], Universidad Simón Bolívar, 1987.

Rama, Ángel. *La novela en América Latina: Panoramas 1920–1980.* Bogotá, Colombia: Instituto Colombiano de Cultura, 1982.

——. "Literatura y cultura en América Latina". *Revista de Crítica Literaria Latinoamericana* 9:18 (1983).

Ricci della Grisa, Graciela N. *Realismo mágico y conciencia mítica en América Latina. Textos y contextos.* Buenos Aires, Argentina: Fernando García Cambeiro, 1985.

Rodríguez-Luis, Julio. *La literatura hispanoamericana entre compromiso y experimento.* Madrid, España: Fundamentos, 1984.

Rodríguez-Monegal, Emir. *El arte de narrar; diálogos.* Caracas, Venezuela: Monte Ávila Editores, 1968.

Sánchez, Luis Alberto. *Proceso y contenido de la novela hispanoamericana.* Madrid, España: Gredos, 1968.

Sandoval, Adriana. *Los dictadores y la dictadura en la novela hispanoamericana. 1851–1978.* México, D.F.: Universidad Nacional Autónoma de México, 1989.

Santí, Enrico Mario. "Politics, Literature and the Intellectual in Latin America". *Salmagundi* 82–83 (1989): 92–110.

Schulman, Iván A. *Génesis del modernismo; Martí, Nájera, Silva, Casal.* México, D.F.: El Colegio de México/Washington University Press, 1966.

Schwartz, Kessel. *A New History of Spanish American Fiction.* 2 tomos. Baton Rouge: Louisiana State University Press, 1991.

Serma Armaiz, Mercedes. "El positivismo latinoamericano. Positivismo y modernismo: Encuentros y desencuentros". *Cuadernos Hispanoamericanos* 529–530 (1994).

Suárez-Murias, Marguerite C. *La novela romántica en Hispanoamérica.* New York: Hispanic Institute, 1963.

Sucre, Guillermo. "El pensamiento poético: Dentro del cristal". *Hora de poesía* 83–84 (1992).

Toro, Alfonso de, y Fernando de Toro. *Hacia una nueva crítica y un nuevo teatro latinoamericano.* Frankfurt am Main, Alemania: Vervuert Verlag, 1993.

Versenyi, Adam. *Theatre in Latin America: Religion, Politics and Culture from Cortés to the 1980s.* Cambridge, Inglaterra: Cambridge University Press, 1993.

Williams, Jerry M. "Encountering and Countering Discourse in Colonial Latin American Chronicles". *Romance Languages Annual* 4 (1992): 646–648.

Zea, Leopoldo. *Precursores del pensamiento latinoamericano contemporáneo.* México, D.F.: Sep Diana, 1979.

Acknowledgments

Grateful acknowledgment is given authors, heirs, agents, agencies, publishers, and photographers for permission to reprint or reproduce the following copyrighted material. Every effort has been made to determine copyright owners. In the case of any omissions, the publisher will be happy to make suitable acknowledgment in future editions.

Fondo de Cultura Económica for "De cómo al fin lloró Juan Pablo" de Mariano Azuela; © Herederos de Mariano Azuela © Fondo de Cultura Económica.

Doris Dana for the following works by Gabriela Mistral: "Los sonetos de la muerte," "La maestra rural," "Mis libros," "Pan," "Muro."

The Wylie Agency for the following works by Jorge Luis Borges: "Fundación mítica de Buenos Aires," "Límites," "Poemas de los dones," "La casa de Asterión," "El milagro secreto," © Maria Kodama. Reprinted with the permission of the Wylie Agency, Inc.

Agencia Literaria Latinoamericana for the following works by Nicolás Guillén: "Mulata," Búcate plata," "Tú no sabe inglé," "Sensemayá," "Dos niños," "Canción puertorriqueña."

Agencia Literaria Latinoamericana for the following work by Alejo Carpentier: "Viaje a la semilla."

Agencia Literaria Carmen Balcells, S.A., for the following works by Pablo Neruda: "Poema 20," from Veinte poemas de amor y una canción desesperada © 1924 Pablo Neruda and Fundación Pablo Neruda; "Oda a la alcachofa," from Odas elementales © 1954 Pablo Neruda and Fundación Pablo Neruda; "Cortés" and "La Standard Oil Co.," from Canto general © 1950 Pablo Neruda and Fundación Pablo Neruda; "Pido silencio," from Estravagario © 1958 Pablo Neruda and Fundación Pablo Neruda.

Sybila Arredondo de Arguedas for a selection from Los ríos profundos ("El Viejo"), by José María Arguedas.

Agencia Literaria Carmen Balcells, S.A., for the following works by Juan Rulfo: "Es que somos muy pobres" and "Talpa," belonging to the work entitled El llano en llamas © Juan Rulfo, 1953 and Heirs of Juan Rulfo.

Agencia Literaria Carmen Balcells, S.A., for the following works by Julio Cortázar: "Casa tomada," from Bestiario © 1951 Julio Cortázar and Heirs of Julio Cortázar; "La noche boca arriba," from Final del juego © 1956 Julio Cortázar and Heirs of Julio Cortázar.

Maria José Paz for the following works by Octavio Paz: "Epitafio para un poeta," "Dos cuerpos," "Un día de tantos," "Proema," selection from El laberinto de la soledad ("Máscaras mexicanas").

Editorial Grijalbo (Mexico) for the following work by Emilio Carballido: El solitario en octubre.

Agencia Literaria Carmen Balcells, S.A., for the following works by Gabriel García Márquez: "La siesta del martes" and "Un día de estos," belonging to the work entitled Los funerales de la Mamá Grande © Gabriel García Márquez, 1962.

Agencia Literaria Carmen Balcells, S.A., for the following work by Mario Vargas Llosa: "Los jefes."

Agencia Literaria Carmen Balcells, S.A., for the following works by Carlos Fuentes: "Chac Mool," from Los días enmascarados © 1954 Carlos Fuentes; and "Las dos Elenas," from Cantar de ciegos © 1964 Carlos Fuentes.

Elena Poniatowska for a selection from Querido Diego, te abraza Quiela.

Agencia Literaria Carmen Balcells, S.A., for the following works by Isabel Allende: "Dos palabras" and "Clarisa," belonging to a work entitled Cuentos de Eva Luna © Isabel Allende, 1989.

Susan Bergholz Literary Services for the following works by Rosario Ferré: "La muñeca menor," from Papeles de Pandora © 1976 Rosario Ferré; first published by Editorial Joaquín Mortiz, Mexico; and "Juan Bobo va a oír misa," from Los cuentos de Juan Bobo © 1981 Rosario Ferré; first published by Ediciones Huracán, Puerto Rico.

Photo Credits

Alcyone/Archivo fotográfico (Mexico City): 42, 55, 95, 123, 143, 170, 193

Archive Photos/Chris Felver: 222

Archive Photos/Horst Tappe: 256

Archive Photos/REUTERS/Aníbal Solimano: 204

Clasos Press, © Clasos Press (Mexico City): 2, 183

Columbus Memorial Library, Organization of American States (Washington, D.C.): 10, 28, 72, 84, 109, 156

Antonio Perez (Chicago): 242, 274

Index of Authors and Works